Die preußsische Handelspolitik vor dem Zollverein

DIE PREUSSISCHE HANDELSPOLITIK VOR DEM ZOLLVEREIN

UND DER WIEDERAUFBAU VOR HUNDERT JAHREN

VON

CARL BRINKMANN

MIT UNTERSTÜTZUNG DER PREUSSISCHEN ARCHIVVERWALTUNG

BERLIN UND LEIPZIG 1922
VEREINIGUNG WISSENSCHAFTLICHER VERLEGER
WALTER DE GRUYTER & CO.
VORM. G. J. GÖSCHEN'SCHE VERLAGSHANDLUNG
J. GUTTENTAG, VERLAGSBUCHHANDLUNG / GEORG REIMER
KARL J. TRÜBNER / VEIT & COMP.

Vorwort.

In einer systematischen Neubegründurg deutscher Geschichte des neunzehnten Jahrhunderts auf ihre unmittelbaren Überreste wird die Erforschung der wirtschaftlichen Verhältnisse schon deshalb einen hervorragenden Platz einzunehmen haben, weil sie viel mehr als andere Forschungszweige der neuesten Geschichte der eigentlich historischen und urkundlichen Methoden bisher entbehrt hat. Immer wieder sind uns in verhängnisvoller Sonderung bald tüchtige Darstellungen persönlicher Verwaltungsgeschichte, bald hervorragende Entwicklungsbilder größerer oder kleinerer Wirtschaftsgebiete gegeben worden. Aber die einen kümmerten sich fast niemals um den Zusammenhang mit den anderen. Und doch scheint darin der eigentlich geschichtliche Sinn wirtschaftlicher Vorgänge so gewiß zu liegen wie allenthalben in der Verbindung des Einzelnen mit dem Allgemeinen, des Persönlichen mit dem Sachlichen durch die Geschichtschreibung.

Wenn im Folgenden unternommen worden ist, wesentlich aus den Akten der preußischen Zentralbehörden, vor allem des Ministeriums der Auswärtigen Angelegenheiten, den Grund zum Verständnis der preußischen Handelspolitik im Zeitalter des Wiederaufbaus nach den Napoleonischen Kriegen zu legen, so wird man schon nach der Natur dieser Hauptquellen nicht erwarten, jenes Ideal wirtschaftsgeschichtlicher Forschung auch nur annähernd erreicht zu finden. Gerade der Nationalökonom wird vielleicht mit einer Masse ihm scheinbar unwichtiger Nachrichten wenig anzufangen wissen. Wollte man aber überhaupt den Anfang damit machen, an die Stelle der Konstruktion und Hypothese die Untersuchung des wirtschaftlichen Teilvorgangs zu setzen, so waren die hier benützten Stoffgruppen der unvermeidliche Ausgangspunkt; denn im Staat und seinen Organen ist nun einmal aller Geschichte, auch der der Wirtschaft, äußerlich wie innerlich das beste Ordnungs- und Erhaltungsprinzip der Überlieferung gegeben. Auch zu der Überlieferung der Privatwirtschaft wird man auf alle Fälle am besten durch die des Staates vordringen. Die Vorbedingung dafür, daß ein solcher Plan auch die wirtschaftliche Erkenntnis fördert, ist natürlich der Versuch, hinter den Akten überall die wirtschaftliche Wirklichkeit auch um ihrer selbst willen, nicht bloß als das gleichgültige Mittel persönlicher Wirksamkeiten, aus der erreichbaren Sachliteratur in möglichster Breite aufzubauen.

Allgemeingeschichtlich haben für den hier herausgehobenen Zeitraum zwischen der Reform des Preußischen Staats und seinen ersten Zollvereinsverhandlungen zwei Meister wie Leopold Ranke[1]) und Gustav Schmoller[2]) Rahmen von einer Größe aufgestellt, die der einzelne auszuschöpfen nicht imstande ist. Sie haben aber vor allem auch in einer der wichtigsten grundsätzlichen Richtungen dem Historiker dieser Dinge den Weg gewiesen, wenn sie ihren Blick von vorneherein mit gleichem Anteil auf die Gegenspieler der internationalen Beziehungen einstellten, in denen sich die preußische Handelspolitik bewegte. Ein Vergleich etwa mit der letzten zusammenhängenden Darstellung des Gegenstandes durch Alfred Zimmermann wird zeigen können, welche Fülle von neuem Licht die Heranziehung der Auslandsgeschichte in dem der jüngeren Methodik entsprechenden Umfang, insbesondere die Verwertung der neueren englischen und niederländischen, russischen und polnischen Literatur, darüber ausgebreitet hat. In diesen, namentlich aber auch in den vorher erwähnten nationalökonomischen Quellenkreis möchte das Bücherverzeichnis eine erste Einführung sein.

In unmittelbarer Anknüpfung an die letzten Bemerkungen gebührt auch hier wärmster Dank den zahlreichen Förderern so weit verzweigter Untersuchungen, voran den Herren Beamten des Geh. Staatsarchivs, des Auswärtigen Amts, des Finanz- und Handelsministeriums und der Berliner Bibliotheken, deren unermüdliches Entgegenkommen die im Krieg noch gesteigerten Schwierigkeiten der Arbeit in den meisten Fällen überwinden half.

Carl Brinkmann.

---

[1]) Zur Geschichte der deutschen, insbesondere der preußischen Handelspolitik 1818—1828, Historisch-Politische Zeitschrift 1833, wieder S. W 49—50, 248—96.

[2]) Das preußische Handels- und Zollgesetz vom 26. Mai 1818, Berliner Rektoratsrede 1898.

Inhaltsverzeichnis.

Einleitung.

Die theoretischen und die gesellschaftlichen Grundlagen der preufsischen Handelspolitik.

Eine preußische Handelspolitik in dem vollen Sinn, den dies Wort in der modernen Weltpolitik und Weltwirtschaft erworben hat, konnte es erst seit dem äußeren und inneren Neubau des Preußischen Staats in den beiden Jahrzehnten vor und nach dem Wiener Kongreß geben [1]). Gewiß hatte gerade das alte Preußen so gut wie irgendein anderer absolutistischer Polizeistaat auch den Handel seiner überall gegenwärtigen Bevormundung und Leitung unterworfen. Aber eben auf kommerziellem Gebiet fehlte diesem Regime doch zweierlei, was von großstaatlicher Handelspolitik unzertrennlich ist: die Einheit der inneren Volkswirtschaft und dementsprechend nach außen die volle Selbständigkeit des politischen und damit natürlich auch handelspolitischen Daseins. Der Territorialstaat mit seinen gesonderten Provinzialverwaltungen und Provinzialwirtschaften war die Ergänzung zu und fand seine eigene Ergänzung in dem Bestand des Reichs, das räumlich und sachlich die Hoheit selbst des privilegiertesten Territoriums auf Schritt und Tritt durchbrach und umschloß. Soweit die altpreußische, d. h. wesentlich die friderizianische Handelspolitik in Wechselwirkung mit dem Ausland stand, waren der Wettbewerb mit dem sächsischen Kleinstaat und die kommerzielle Beherrschung des polnischen Hinterlandes ihre Hauptgegenstände, während die großen Fragen des Seehandels überwiegend in den Händen der ständisch und örtlich sehr unabhängigen Hafenstädte lagen. Die entscheidende Ausbreitung des neuen Preußens nach Westen änderte diese Lage ganz. Der Zuwachs der wichtigen linksrheinischen Handels- und Industriebezirke und des nassauischen Fürstentums Siegen machte, wie schon zeitgenössische Beurteiler bemerkten [2]), Preußen zum ersten „Fabrikstaat“ des Festlandes, auch in der Beziehung, daß hier eine durch die französische Herrschaft verwöhnte Unternehmerschaft eine viel größere gesellschaftliche und politische Bedeutung hatte und beanspruchte als der gewerbliche Bürgerstand der alten Monarchie. Gleichzeitig aber schuf die Reform des Staats für die obersten Landesangeregenheiten einen Apparat von Zentralbehörden, der anders als die alten Provinzialministerien die wachsenden privatwirtschaftlichen

---

[1]) Vgl. dazu jetzt L. Tümpel, Die Entstehung des brandenburgisch-preußischen Einheitsstaats im Zeitalter des Absolutismus (Gierkes Untersuchungen 124, Breslau 1915) 262 ff.

[2]) Neigebaur, Kameralwissenschaft 435.

Interessen erst recht beobachten, zusammenfassen und ausgleichen konnte und dem handelspolitischen Verkehr auch mit den wirtschaftlich reiferen Westmächten und im schwierigen System des lockeren Deutschen Bundes gewachsen war.

Diese Wandlung war nun natürlich nicht das Werk der kurzen Epoche, in der ihre Wurzeln lagen. Ein Staatsmann wie Friedrich v. Motz, der freilich nicht wie der vorhin angeführte Gewährsmann mit der rheinländischen Verwaltung vertraut war, überzeugte sich erst auf seiner großen Dienstrundreise 1827 „immer mehr, daß wir mit der Rheinprovinz eine sehr große Akquisition gemacht haben" [3]). Und in die handelspolitischen Verhandlungen, die im folgenden zu schildern sind, hat wenigstens im Anfang noch vielfach auch auf seiten der Behörden, etwa der von jeher am meisten abgesonderten schlesischen Provinzialverwaltung oder von Theodor v. Schöns eigenwilligem preußischen Oberpräsidium, der landschaftliche Gesichtspunkt einer Übergangszeit eingegriffen, die in der Provinzialinstanz oft zum Territorialstaat zurückzustreben schien [4]). So hatte die Zentralbehörde, der von nun an die Leitung der handelspolitischen Beziehungen zum Ausland amtlich oblag, das Ministerium des Auswärtigen, lange Zeit hindurch von dem schwankenden Boden ungeklärter Verwaltungsverhältnisse und unbeendeter Gesetzgebungsarbeiten aus zu verhandeln. Die feste Grundlage, die wenigstens der Zollpolitik durch das Zollgesetz vom 26. Mai 1818 gegeben wurde, ermöglichte sogleich den Abschluß so wichtiger Handelsverträge wie der mit Dänemark und Rußland, und anderseits hat gerade die Langsamkeit, mit der sich die westlichen Landesteile in die neue Zollordnung fanden, und die Art, wie Hardenberg und nach ihm Graf Lottum das Auswärtige Ministerium beaufsichtigte [5]) oder wie bis 1825 die finanziellen Zentralgewalten wechselten und sich kreuzten, die handelspolitische Stellung des auswärtigen Diensts gegenüber den Westmächten unleugbar erschwert.

Noch mehr als alle diese Umstände machte die allgemeine weltwirtschaftliche Lage die Lehrzeit der preußischen Handelspolitik zu einer sehr kritischen Periode. Selbst wenn man nicht mit Unrecht die literarischen und aktenmäßigen Äußerungen des Handelsstands selbst einer mehr oder minder bewußten pessimistischen Tendenz für verdächtig hält, läßt doch namentlich die neuere wirtschaftsgeschichtliche Forschung [6]) keinen Zweifel darüber, daß die große Vergewaltigung des Weltverkehrs durch die napoleonisch-englischen Sperrmaßregeln gerade Deutschland beim Frieden in einem durchschnittlich sehr gesunkenen Wohlstand zurückließ. Zwar erkannten einsichtige Be-

---

[3]) Petersdorff, Motz 2, 38.

[4]) Das tritt in der damaligen Finanzreform z. B. auch in dem Gedanken J. G. Hoffmanns hervor, die Klassensteuer provinziell zu quotisieren, Schmoller U. u. U 208 f.

[5]) Das hebt hervor Steigenteschs Bericht an Metternich 1824 ed. A. Stern, Hist. Ztschr. 83, 260.

[6]) Darmstädter in VjsSozWG. 2, 124. 3, 580. Zusammenfassend Vogel, Kontinentalsp. 56 ff. Dazu jetzt E. Melvin, Napoleon's Navigation Policy, Philad. 1919.

urteiler[7]) an, daß die Kriegskonjunktur mit der anfänglichen Lahmlegung des französischen Wirtschaftslebens durch Revolution und Revolutionskriege, mit der darauffolgenden Behinderung des englischen Festlandsabsatzes dem deutschen Geschäft vielfach zugute gekommen war. Aber mit der weiteren Entwicklung des englisch-französischen Wirtschaftskriegs war Deutschland der Möglichkeit, sich als Dritter daran zu freuen, immer mehr verlustig gegangen. Napoleons Industrieschutz entschädigte nur das Französische Reich, nicht seine Verbündeten für die Abschließung vom Weltmarkt, und um so größer wurde die Notlage der linksrheinischen Lande, die 1815 den Vorzug dieses französischen Protektionssystems verloren. Der Rest Deutschlands aber fand sich, abgesehen von einigen standörtlichen Verschiebungen, wie dem Aufblühen des sächsischen auf Kosten des schlesischen Baumwollgewerbes[8]), nicht nur durch die Bevorzugung Frankreichs beeinträchtigt, sondern vor allem auch aus der andern Hälfte der Handelswelt, dem See- und Überseehandel, durch die Umstellung und beispiellose Ausdehnung der englischen und amerikanischen Ausfuhr fast noch gründlicher verdrängt. In diesem niedergedrückten Zustand mußte der deutsche Handel in den wilden Wettbewerb eintreten, der sich nach der Wiederherstellung des freien Verkehrs im Frieden besonders um die national weniger zusammen- und abgeschlossenen Märkte erhob[9]) und von der auch innerlich befreiten europäischen Gewerbeerzeugung noch beinahe ein Jahrzehnt hindurch zu einer chronischen Überfüllungskrise gesteigert wurde. Diesen Schwierigkeiten der Verteilung entsprachen, sie verstärkend und von ihnen verstärkt, in der Produktionsverfassung die ersten heftigen Schwankungen des Arbeitsmarkts, die ja damals zuerst die Theorie der Volkswirtschaft auf die kritische Natur der hochkapitalistischen Betriebsweise aufmerksam machten[10]). Kein Wunder, daß unter solchen Verhältnissen die Probleme der Handelspolitik Unternehmern und Volkswirten immer wieder die brennendsten Fragen des Staats und der Gesellschaft dünkten und Lösungsversuche der verschiedensten Art eine verhängnisvolle Neigung zeigten, sich durch die Drohung mit der Revolution Beachtung zu erzwingen[11]).

Noch in einer andern, allgemeineren Rücksicht waren die Spuren des voraufgegangenen Zeitalters der großen Staatsumwälzungen unverkennbar. Wie auf allen übrigen Gebieten der Staatskunst herrschte auch in der Handelspolitik bei Regierenden und Regierten ein tief-

---

[7]) Wie Jakob Aders in seinem Bericht an Benzenberg, Deutscher Beobachter 1818, Januar, auch bei Langewiesche, Elberfeld, 281 ff.

[8]) Roemer 47 ff.

[9]) »Lorsque la paix générale est venue libérer la route des mers, les navires français, hollandais se sont lancés avec une sorte d'ivresse au milieu d'une carrière qui venait s'ouvrir.« J. B. Say, Lettres à Malthus 111.

[10]) Sie verursachten die erste Abwendung Sismondis (Nouv. princ. 1, IV f.) von den Lehren Adam Smiths. Vgl. darüber jetzt am besten R. Luxemburg, Akkumulation des Kapitals (Berlin 1913) 144 ff.

[11]) Siehe die Äußerungen von Görres 1818, Benzenberg, ProvVf. 2, 216, Hansemann 1820, Bergengrün 42, und des Vors. des Handels- und Gewerbevereins J. J. Schnell 1822, Doeberl, Bayern u. d. wirtsch. Einigung 231.

eingewurzeltes Streben, das tätige Leben deduktiv von der wissenschaftlichen oder doch popularisierten Theorie aus zu meistern, mindestens aber zu beurteilen. Davon zeugt jede Seite der beratenden und sogar der ausführenden Akten der damaligen Verwaltung. So entsteht (und entstand bei den Mitlebenden) leicht der Anschein, jene Zeit habe mehr als irgendeine andere das Ideal einer grundsätzlichen, philosophischen Regierungsweise verwirklicht, eine Voraussetzung, aus der sich dann je nach Wertung der erreichten Erfolge oder erlittenen Mißerfolge beliebige Schlüsse auf die Natur des Ideals selbst ziehen lassen. Eine vorsichtige Beurteilung wird, wie ich glaube, zunächst einmal den vorausgesetzten Sachverhalt genauer zu untersuchen haben. Gerade die unmittelbare Folgezeit der Revolutionen war wissenschaftsgeschichtlich die Epoche, in der die großen Systementwürfe des rationalistischen Klassizismus sich langsam und auf vielen Wegen gesonderter Forschung mit dem Stoff neuer Beobachtung und Erfahrung füllten. Der herrschsüchtigen Theorie hält also einmal von vorneherein eine praktisch-empiristische Gegenströmung kritisierend und umbildend die Wage. Sodann und hauptsächlich aber war auch die staatswissenschaftliche Theorie selber keine klare Einheit oder Vielheit feststehender Lehrmeinungen, sondern ein ungemein verwickeltes Gebilde wechselnder Gedanken, deren Wechsel, ja deren Wesen nicht zuletzt wieder durch die von ihnen beeinflußten äußeren Ereignisse der Wirtschafts- und Gesellschaftsentwicklung rückwirkend bestimmt waren.

Wenn die wirtschaftspolitische Geschichte im Unterschied von der der nationalökonomischen Dogmen versucht, dies Wechselverhältnis zu verstehen, so ist die erste Tatsache, auf die sie dabei stößt, der weitreichende, in langer Überlieferung befestigte Synkretismus der staatswissenschaftlichen Durchschnittslehre, eine Stetigkeit und Versöhnlichkeit des Denkens, gegenüber der paradoxerweise die eigentliche Schärfe der Entscheidungen oft in den blinden Nöten und Zusammenstößen der sozialen Außenwelt zu liegen scheint. Namentlich der Zerfall der Wirtschaftstheorien in die beiden Lager der Befürworter und Gegner einer staatlich geleiteten Volkswirtschaft, von dem noch immer das wirtschaftliche Geschehen der vorletzten Jahrhundertwende ganz abhängig gedacht wird, ist in Wirklichkeit für viele Einzelprobleme dem Auftreten entsprechender wirtschaftlicher Interessengegensätze sehr spät nachgefolgt. Fragt man z. B. nach dem Abstand, der die handelspolitischen Überzeugungen der französischen Vorrevolutionäre von denen der altpreußischen Verwaltung trennt, so wird man bei weitem nicht etwa die theoretische Rechtfertigung der herben Kritik eines Mirabeau finden. Die fraglichen Lehren sind beinahe gleichzeitig in den zwei großen politisch-technologischen Nachschlagewerken der beiden Lebenskreise ausgesprochen, aber man kann nicht sagen, daß sie sachlich sehr viel weiter auseinander sind als zeitlich. Die preußische Verwaltungsweisheit, die freilich in der „guten Einrichtung der Zölle, Mauten und Akzisen die vornehmsten Unterstützungsmittel der Kommerzien" und jedenfalls die notwendige Vorbedingung eines „blühenden Kaufhandels" sieht, warnt doch schon vor der „üblen Einrichtung", die sich in das Geschäftsgeheimnis des Kaufmanns mengt, und predigt Vertrauen zur Privatwirtschaft als das Kennzeichen einer guten, im patriarchalischen Sinn „leutseligen" Wirtschaftspolitik wie der preußischen [12]). Auf der andern Seite ist die Darstellung der Enzyklopädisten weit entfernt von irgendeiner Betrachtung des Handels unter dem Gesichtspunkt des Geschehenlassens; sie bietet vielmehr eine höchst positive Theorie seiner staatswirtschaftlichen Zwecke, des innern Ausgleichs von Urproduktion und Gewerbe in der Richtung des größten und breitesten Wohlstandes und der äußeren Erhaltung der staatlichen Unabhängigkeit und Handelsaktivität, wobei der Bearbeiter lediglich den „relativen", „konventionellen" Reichtumsbegriff der Merkantilisten durch den „reellen" der produktiven Volkswirtschaft ersetzt. Und als sei das noch nicht deutlich genug, wendet er sich noch ausdrücklich gegen die falschen Vorstellungen von einer dem Allgemeinwohl widersprechenden Handelsfreiheit und von einer zureichenden handelspolitischen Einsicht des einzelnen Kaufmanns [13]).

Alle diese Meinungen sind allerdings noch unberührt von dem umgekehrten Skeptizismus Adam Smiths an der Allweisheit der staatlichen Wirtschaftsbevormundung. Aber wie tief hat denn die Kritik des "Wealth of nations" selbst in das überlieferte, nenne man es merkantilistische, physiokratische oder synkretistische System der Handelspolitik einzuschneiden gewagt? Gewiß ist Smiths Verwerfung jeder handelspolitischen Beförderung der Produktion auf lange hinaus die Losung der Freihandelsschule geworden. Aber dadurch wurde ein einzelner Baustein aus seinem Lehrgebäude herausgerissen. Wenn nicht den positiven, so kennt seine Handelspolitik doch sehr wohl den negativen, abwehrenden Schutz der Volkswirtschaft durch den eignen Staat gegen fremde Staaten. Er zählt sogar drei sehr wichtige und umfassende Fälle auf, in denen die Verwerfung aller Handelsbeschränkungen Ausnahmen unterliege. Darunter ist der, daß ein einheimisches Gewerbe gegen den Wettbewerb eines ausländischen, mit geringeren Unkosten arbeitenden nur durch Staatshilfe zwar nicht großgezogen, aber doch in seinem Bestehen bewahrt werden kann. Ferner der, daß ein Staat die Verletzung der Handelsfreiheit durch Prohibitivmaßregeln eines anderen mit gleichen Maßregeln vergilt und so die Herstellung des freien Verkehrs zu erzwingen sucht. Zu allererst aber nennt Smith, der vermeintliche Staatsgegner [14]), noch eine

---

[12]) Krünitz 21 (1780), 682f.

[13]) Grande Encyclopédie 8³ (1778), 627ff.: »Les restrictions que l'intérêt politique apporte au commerce ne peuvent être appelés une gêne; cette liberté si souvent citée et si rarement entendue consiste seulement à faire facilement le commerce que permet l'intérêt général de la société bien entendue (632) . . . Savoir faire le commerce et savoir le conduire sont deux choses très distinctes (633)«. Die drei den Handel betreffenden Bände der Encyclopédie méthodique (1782—84) sind wesentlich eine Bearbeitung von Savarys 1675 zuerst erschienenem Parfait négociant!

[14]) S. Huth, Soziale und individualistische Aufassung im 18. Jahrhundert (Leipzig 1907) 136 und jetzt treffend Sieveking, Grundriß 46. Die besprochene Stelle Buch 4, Kap. 2 (Einfuhrbeschränkungen) am Schluß. Merk-

Ausnahme seiner Freihandelsregel, die im Grunde allein alle späteren Einwürfe gegen seine Lehre vorwegnimmt, weil sie nahezu beliebiger Ausdehnung fähig ist: Auch die Sicherheit des Staats kann jederzeit Abweichungen von dem Grundgesetz der Handelsfreiheit begründen. Man sieht, auch die folgende Darstellung der preußischen Handelspolitik zur Zeit des größten freihändlerischen Drucks innerhalb und außerhalb der Regierung bietet sicher kein Beispiel, wo die vermeintlichen Vollstrecker des Smithschen Vermächtnisses von seinen vermeintlichen Bekämpfern nicht mit seinen eignen Waffen hätten geschlagen werden können. Das Laisser-faire ist eben stets die rücksichtslose Forderung privatwirtschaftlicher Interessen, niemals auch nur annähernd eine vollständige Formel irgendwelcher staatswirtschaftlichen Systematik gewesen.

Aus diesem Ergebnis wird eine ganze Reihe von Erscheinungen des zeitgenössischen Staatslebens erst begreiflich. Die seltsame Mischung merkantilistischer und physiokratischer Ansichten, die in Friedrich Wilhelms III. „Gedanken über Regierungskunst“[15]) gleichsam am Eingang der neuen preußischen Wirtschafts- und Handelspolitik steht, ist typisch für die Prägung, die die Staatsmänner der Reform von der gleichzeitigen Staatswissenschaft an und für sich empfangen mußten. Auch umgekehrt aber ist es bei der Abhängigkeit, in der sich gerade die deutsche Staatswissenschaft vom Staate selbst befand, natürlich, daß sich bei ihr der konservative, am Alten Regime und seinen Aufsichts- und Wohlfahrtsbegriffen haftende Zug ganz besonders stark und lange erhielt. Die Flut von neuen Lehrbüchern der „Staatswirtschaft“, in denen die deutschen Universitäten und Residenzen von den späteren Jahren der Französischen Revolution an die physiokratischen und Smithschen Einsichten für die deutsche Öffentlichkeit fruchtbar zu machen suchten: die Schriften des Göttingers G. Sartorius (1796), des Braunschweigers A. F. Lüder (1800—04), des Würzburgers Johaun Jacob Wagner (1805), des Berliners Leopold Johann Krug (1808), des Königsbergers Christian Jakob Kraus (1808), des Hallensers T. A. H. Schmalz (1808), des Kasselers J. K. A. Murhardt (1808) und des Wieners J. Zizius (1811)[16]), erinnern doch in Aufbau und Gesinnung fast überall noch so stark an ihre deutschen Vorgänger, die Handbücher der „Polizeiwissenschaft“ und des Kameralismus, daß man ihnen unmöglich gerecht wird, wenn man sie mit den schon so weitgehend individualistisch und privatwirtschaftlich gerichteten Systemen der englischen und französischen Volkswirte vergleicht. . Wenn man

---

würdig, wie Zizius 135 nachher die Theorie der staatlichen Verantwortung für die Wettbewerbsfähigkeit einer Volkswirtschaft bei Ganilh (Des systèmes d'économie politique 1809 Bd. 2, S. 51) für eine bloße „Zusammenziehung“ der Smithschen Ausnahmefälle erklärt!

[15]) Ed. Max Lehmann, HZ. 61, 453ff. Vgl. die staatsrechtliche Entsprechung dazu in Suarez' Vortrag an Friedrich Wilhelm als Kronprinzen „Über das Recht der Polizei“ ed. H. Rosin Ztschr. f Gesch. u. Lit. d. Staatswissensch. 3, 371ff. und dazu jetzt Wolzendorff, Polizeigedanke 72ff., 92ff. Für Österreich vgl Mitrofanov 457.

[16]) Vgl. über sie, wenn auch nicht systematisch, Grünfeld 32—40.

neuerdings bei der Untersuchung der Hefte, die Theodor v. Schön in Kraus' berühmten Vorlesungen 1788—95 nachschrieb, nicht ohne Verwunderung die Unsicherheit des Urteils, die Abhängigkeit von Gewährsmännern festgestellt und ausgesprochen hat, „von einer Einheitheitlichkeit und systematischen Auffassung aller staatswirtschaftlichen Fragen kann doch gar nicht die Rede sein“[17]), so erklärt sich das weder aus Kraus' unselbständiger Persönlichkeit noch aus dem frühen Zeitpunkt der Vorlesungen, vor dem breiteren Bekanntwerden Adam Smiths durch die Basler französische Ausgabe. Auch Smith wurde später von Kraus genau so unselbständig ausgezogen, und das Gesamtbild dieser Arbeitsweise kehrt in größerem oder geringerem Grad bei Kraus' deutschen Berufs- und Zeitgenossen immer wieder: Es ist die Folge des kompilatorischen Eklektizismus, der die akademische Nationalökonomie in Deutschland noch fast durch die ganze erste Hälfte des 19. Jahrhunderts beherrschte und durch die beliebte Verquickung mit Nachbarwissenschaften, wie den mathematischen auf der einen, den kulturgeschichtlichen auf der andern Seite, befestigt und gesteigert wurde.

Dieser unklare Zustand der deutschen Wirtschaftstheorie schloß nun nicht etwa aus, sondern beruhte im Gegenteil mit darauf, daß ihr eklektisches System seit dem Verfall des absolutistischen Staates unter dem Druck der großen gesellschaftlichen Umwälzungen in einer wachsenden Gärung war. Wie Kritik stets leichter ist als Aufbau, so war auch in der bunten Menge dieser Übergangslehren der verhältnismäßig häufigste und daher ihnen allen mehr oder minder gemeinsame Bestandteil die an Haß streifende Ablehnung, die nach Jahrhunderten immer drückenderer polizeistaatlicher Willkür und besonders noch von den jüngsten Erfahrungen rücksichtsloser Kriegswirtschaft aus dem Gedanken der staatlichen Wirtschaftsregelung zuteil wurde. In der Einleitung von Sismondis Übertragung der Smithschen Lehre auf Frankreich steht die bittere Bemerkung, die Wirtschaftssysteme würden leider vom Gesetzgeber verändert, kaum daß sich die Wissenschaft in sie hineingedacht habe[18]). Und auch in Deutschland begegnet trotz der längeren Dauer und größeren Daseinsberechtigung des territorialen Merkantilismus die gleiche Gesinnung auf Schritt und Tritt. Wenn Leopold Krug seine ganze statistische Wirtschaftsforschung auf den bewußten Gegensatz zu den fertigen ökonomischen Dogmen und der unwissenschaftlichen Zweckschriftstellerei der Staatswirtschaftler begründete[19]), so ist das nur scheinbar eine Abwendung von der Theorie zum Empirismus; in Wirklichkeit protestiert hier beinahe umgekehrt die individualistische Ethik der Aufklärung gegen die Pfuscherei einer kasuistischen Staatsräson. „Auf die Bestimmungen, wie ein Dieb-

[17]) Kühn 95 (dazu schon das Urteil Alexander v. d. Marwitz' an Rahel Levin 24. Oktober 1811 in „Galerie von Bildnissen aus R.s Umgang und Briefwechsel“ [Leipzig 1836]); für die staatswissenschaftliche Vorbildung des bayrischen Beamtentums vgl. Hoffmann, Ökon. Gesch. Bayerns unter Montgelas 1, 63ff.; besonders die dort S. 70f. wiedergegebenen Urteile Anselm v. Feuerbachs und Aretins.

[18]) Sismondi, Richesse commerciale 1, XXIIf.

[19]) Krug, Nationalreichtum 1, XVI.

stahl untersucht und ein Dieb bestraft werden solle, hat man bei der preußischen Gesetzgebung die sorgfältigste Aufmerksamkeit verwendet, um den möglich höchsten Grad von Gerechtigkeit, die Achtung gegen die menschliche Würde, auch in dem Verbrecher zu erhalten und die Strafe mit dem Verbrechen in das richtigste Verhältnis zu bringen — und diese Gesetze sind doch nur für einzelne, verhältnismäßig selten vorkommende Fälle gegeben; aber in der staatswirtschaftlichen Gesetzgebung: wo oft ein Aus- oder Einfuhrverbot, eine Taxe oder ein Polizeigesetz tausend rechtliche Bürger um einen unschuldigen Genuß, viele in große Verlegenheit, viele in Armut bringt und viele zwingt: ein nützliches Gewerbe mit einem andern weniger einträglichen oder gar unmoralischen zu vertauschen — sollte da die Achtung gegen Gerechtigkeit, gegen bürgerliche Freiheit und der Schutz aller von der Moral nicht verworfenen Gewerbe nicht ebensosehr, wo nicht noch mehr die Aufmerksamkeit der höchsten gesetzgebenden und gesetzerklärenden Behörde verdienen? Aber es ist wirklich in der Ausübung nicht so! Oft reicht der Bericht einiger Behörden, die Besorgnis einiger Beamten, die es mit dem Wohl des Staats gut meinen mögen, die aber von diesem Wohl falsche Begriffe haben, hin, ein Gesetz zu geben"[20]).

Nicht zufällig war sogar die „liberale" Verneinung der wirtschaftlichen Staatsweisheit unter dem Staatsbeamtentum der Reformzeit fast noch verbreiteter als in der reinen Wissenschaft. Es ist für das Verhältnis von Theorie und Praxis doch sehr bezeichnend, daß noch nach fast einem Vierteljahrhundert die wissenschaftliche Rückschau auf die erste Periode der neupreußischen Handelspolitik kein besseres Motto fand als das Diogenische Bekenntnis aus Frieses berühmter Regierungsinstruktion von 1808: „Es ist nicht notwendig, den Handel zu begünstigen, er muß nur nicht erschwert werden."[21]) Solcher Beamtenliberalismus geht nun zweifellos in vielen Fällen nicht bloß wie bei dem Kreis der ostpreußischen Staatsbildner mittelbar, sondern ganz unmittelbar auf den Einfluß der freiheitsdurstigen Privatwirtschaft zurück. Aus dem bayrischen Oberzollbuchhalter Hans Kaspar Brunner z. B., der drei Jahre vor der Neuordnung des bayrischen Zollwesens in einem sehr klugen Buch für völlige Abschaffung der „Mauten" zugunsten direkter Gewerbesteuern eintrat, sprach sicherlich der ehemalige Nürnberger Handelsherr. Aber Kaufmann und Beamter fußten damals eben auf demselben Boden des aufklärerischen Idealismus: „Der Mensch ist durch seine Bestimmung nicht wie das Tier, bloß auf das Futter angewiesen, das der Boden hervorbringt, auf dem es graset; die Welt ist sein Vaterland, und was sein Geist umfassen, sein Wille erstreben, seine Tat ohne Unrecht gewinnen kann, das ist sein, und das soll ihm nicht verkümmert werden."[22]) Ein Mann wie August

[20]) Krug, Staatsw. Gesetzgebung 1, XXIVf.

[21]) Betrachtungen zu Ferber, Titelrückseite; dazu Zimmermann 3f., Lehmann, Stein 2, 441, Meier-Thimme 203 ff.

[22]) Brunner 28; seine Herkunft erschließe ich aus den anonymen Angaben seines Vorworts IV in Verbindung mit denen über (seinen Bruder?) Christoph Lorenz B. in Schadens Gelehrtem München (1834).

Wilhelm v. Leipziger, der 1815 als preußischer Regierungsdirektor zu Bromberg mit der Vorbereitung einer so wichtigen handelspolitischen Angelegenheit wie des russischen Handelsvertrags betraut wurde, wird schon als Generaladjutant Möllendorffs in den Revolutionskriegen den Grund zu den merkwürdigen Wirtschaftsanschauungen gelegt haben, die er dann während der Freiheitskriege einem erhofften Publikum von „Nationalrepräsentanten" vortrug: „Aus der Ansicht eines Zolltarifs wird man sich am dringendsten von der Notwendigkeit überzeugen, daß die Nation die Art der Erhebung der Abgaben bestimmen muß; bestimmen sie, wie hier, die Akziser und Zöllner, wenn auch in einer höheren Potenz, so ist es bloß ihr Zweck — der natürlich auch nur aus ihren Ansichten hervorgehen kann —, daß der Zoll und die Zöllner gewinnen sollen, unbekümmert, ob diese Gesetze der ganzen Gesellschaft wohltätig oder nachteilig seien, ob die Freiheit der Staatsbürger dadurch gekränkt und beschränkt werde oder nicht, wenn nur für sie ein Plus herauskommt. Ich bin erbötig, diese Wahrheit durch alle Akzise- und Zollgesetze zu beweisen. Dieser Vorwurf trifft die Akziser und Zöllner aber nicht allein. Alle Gesetze, die von den Vollziehern derselben festgestellt werden, werden dem allgemeinen Wohle nie vorteilhaft sein."[23]) In Österreich erwartete der Inhaber des Wiener Lehrstuhls für Statistik, zugleich „referierender Redaktor bei der Hofkommission in politischen Gesetzsachen", am unmittelbaren Vorabend der entscheidenden Wendung der Monarchie zum Protektionismus ganz ahnungslos die Gesundung der Volkswirtschaft nicht von Schutzzöllen, sondern von der Hebung der Bodenproduktion durch Beseitigung der Feudalrechte namentlich auch in Ungarn, und erging sich über den Zug der Zeit zum Wirtschaftskrieg in verzweifelten Klagen: „Wenn der gewaltsame Zustand noch lange in den Eingeweiden der europäischen Staaten fortwüten und mit der Zerstörung des Handels und den Mitteln der äußeren Kultur auch mit der Zeit die so weit gediehene geistige Kultur abnehmen oder versinken sollte; wenn, während sich die kultivierten Nationen wechselweise aufzureiben suchen, rohe und kulturlose die Oberhand gewinnen sollten: dann dürfte einst das Schicksal Europens das umgekehrte von dem werden, was es sonst und besonders durch die letzten drei Jahrhunderte gegen die anderen Weltteile war — statt Beherrscher der Welt zu sein, der unterjochte Teil derselben zu werden. Das Fortschreiten des nordamerikanischen Freistaates auf einem Raum von mehr als 80000 Quadratmeilen mit einer energischen Regierung und liberalen Verfassung, das Losreißen der spanisch-amerikanischen Kolonien von der europäischen Abhängigkeit, das Unterbleiben der Zuflüsse der Schätze aus den Gold- und Silberbergwerken der Neuen Welt dürfte vielleicht manche bedeutendere Folgen in den Verhältnissen von Europa hervorbringen, als es noch vor der Hand scheinen mag."[24])

---

[23]) Leipziger 2, 245; seine Biographie im Neuen Nekrolog der Deutschen 7, 2 (1831), 933 erzählt ohne Angabe des Grundes, daß er 1797—1801 Staatsgefangener in Graudenz war.

[24]) Zizius 133, 235 ff. Vgl. den Hinweis auf Amerika bei Friedrich Schlegel,

Dieser seltsame Prophet einer erst heute vielleicht wieder verständlichen Sorge brachte es, freilich wohl von außen stark beeinflußt durch die augenblickliche politische Annäherung seines Staates an Napoleon, fertig, die großen wirtschaftspolitischen Systeme der Zeit, den Smithianismus und die napoleonische Staatswirtschaft, beide zugleich als Ideale eines neuen Geistes dem deutsch-österreichischen Wirtschaftselend entgegenzustellen. Damit steht er denn allerdings fast völlig allein. Unter den Entwicklungsanstößen, die die volkswirtschaftliche Meinung von dem Gange der großen Politik empfing, war es vielmehr gerade der Daseinskampf Englands mit Napoleon, der fast noch mehr als der Verfall des Ancien Régime die Gedanken beherrschte, in dessen konkrete Form sich diese allgemeine Erscheinung für die meisten kleidete. Die von vornherein und besonders noch im weiteren Verlauf ungeheuer verwickelte Natur dieses Kampfes erlaubte ja der beiderseitigen Kriegspropaganda in seiner Darstellung von ganz entgegengesetzten Seiten auszugehen. In dem Zeitpunkt, da seit Einstellung der baren Noteneinlösung durch die Bank von England die beiden Hauptfeinde zuerst mit öffentlichen Erörterungen auch ihrer Wirtschaftslage gegeneinander losgingen und sogleich auch die deutsche Staatswissenschaft in der Person des alten Hamburgers Johann Georg Büsch und des jungen Preußen Friedrich Gentz in diesen Streit eingriff[25]), war der europäische Nimbus der Revolution bereits etwas im Verblassen und umgekehrt das Ansehen der wirtschaftlichen Vormacht der Koalition im Steigen. Die Sache der Freiheit begann unter Direktorium und Konsulat so absolutistische Formen anzunehmen, daß der englische Widerstand dagegen je länger je mehr seinerseits wieder unter die alten Zeichen der Demokratie und des Völkerfriedens rückte. In der Finanzfrage, die hauptsächlich die Staatsmänner und Volkswirte in Atem hielt und mit der gleichzeitig die ganze Kreditwirtschaft des modernen Kapitalismus zur Diskussion stand, der Frage, ob nicht die Deckungsart der großen Kriegsanleihen den englischen Staatshaushalt über kurz oder lang dem Zusammenbruch entgegenführe, stellt sich nach Gentz die Mehrheit der preußischen Staatswirtschaftslehrer, wiederum offenbar nicht nur aus theoretischen Gründen[26]), auf Englands Seite. Daß selbst die glühendste Be-

---

Die Signatur des Zeitalters, Concordia 29 (Wien 1820). Über die theoretisch freihändlerischen Überzeugungen der Wiener Kommerz-Hofkommission s. jetzt Hudeczek 26 ff.

[25]) Büschs Schrift „John Bull der Jüngere oder über die neuesten Vorfälle mit der Londoner Bank" (Hamburg 1797) war englandfeindlich. Gentzens anglophiler „Jetziger Zustand der Finanzadministration und des Nationalreichtums von Großbritannien" (Hist. Journ. 3, Berlin 1799) verwickelte ihn in die Polemik mit Hauterives offiziösem État de la France à la fin de l'an VIII (1800). Vgl. Roux 71, Anm. 25, und jetzt Ebbinghaus 36, 126 ff., 133 ff., Stroh 30 ff.

[26]) Siehe darüber treffend Schmoller, Zollges. 33 f. Vgl. jetzt auch J. Hashagen, Propaganda gegen England im Rheinland unter französ. Herrschaft, Schmollers Jb. 41 (1917), 1173; auch Stroh 172 ff. Noch 1819 spottet Benzenberg (Handel u. Gewerbe 78) über die Prophezeiungen von Englands Untergang.

geisterung für England nicht immer so viel wie bei Gentz mit beginnenden reaktionären Tendenzen zu tun hatte, beweist die merkwürdige Apologie, die Hardenbergs späterer Liebling und „kleiner Staatskanzler"[27]) Friedrich v. Raumer kurz vor der Katastrophe dieser Politik 1806 der englischen Sache in ihrer ganzen Breite und Tiefe widmete: Sämtliche von der napoleonischen Publizistik bloßgestellten Schwächen der englischen Außen- und Innenpolitik, ihre Zensur-, Bestechungs- und Heuchelkünste werden hier zuweilen scharfsinnig, immer aber völlig parteiisch aus der Notwendigkeit des nationalen und internationalen Geschehens gerechtfertigt. Auch das heikle Thema des immer weiter sich ausbreitenden englischen „Handelsmonopols" wird bereits ausführlich erörtert, und es ist angesichts der durch die Kontinentalsperre nur noch gesteigerten Anglomanie des deutschen Verbraucherpublikums[28]) weniger freihändlerisch naiv und trivial, als es zunächst den Anschein hat, wenn Raumer ausruft: „Kauf und Verkauf ist ein Vertrag, zu dem zwei gehören, ein Verkäufer und ein Käufer ... Also macht der Verkäufer nicht allein den Preis, sondern mit diesem der Käufer; nicht allein der Engländer, sondern auch alle, die von ihm kaufen."[29]) Den Höhepunkt scheint dieser Englandkult der deutschen Nationalökonomen am Ende des Befreiungskrieges 1814 erreicht zu haben, als das englische Großkapital einen Unterstützungsausschuß für das notleidende Festland gründete und auch die größten preußischen Handelshäuser zu Treuhändern der gespendeten Summen ernannt wurden.[30]) Selbst als sich dann in der beginnenden Friedenswirtschaft die deutsche Unternehmung von England statt unterstützt mehr und mehr überflügelt sah und die Empörung darüber sich bereits in nationalen Boykottbewegungen wie der des mittel- und süddeutschen Handels- und Gewerbevereins[31]) oder jener kleineren der Berliner Stadtverordneten[32]) Luft machte, war doch in der wissen-

---

[27]) Raumer, Lebenserinnerungen 1, 168.

[28]) Diese betont zur Abschwächung der landläufigen Vorstellungen von der späteren „Überschwemmung" Deutschands mit englischen Waren treffend Lindner 306, 344 Anm. 89. Vgl. auch Kunths Denkschrift 25. März 1817 bei Goldschmidt 335 ff.

[29]) Dialogen 116. Über das Buch vgl. auch Mamroth 169. Zur selben Zeit erklärte Krug (Nationalreichtum 2, 645) das der Freihandelslehre widersprechende System der englischen Einfuhrzölle treuherzig für ein „notwendiges Übel", das auf andere Staaten nicht übertragen werden dürfe. Vgl. auch Solly, der Englands Handelsmonopol ihm von Napoleon für aufgezwungen erklärt (11) und ausruft (16): „Sind nicht die Engländer vielmehr die Arbeitssklaven der Deutschen, wenn sie für sie fabrizieren?"

[30]) Nathusius 194 ff., der neben Splittgerber in London und Schickler in Berlin einer der Hauptmitwirkenden war.

[31]) Preußische Anschlußtendenzen wie die Benzenbergs (Brief an List 20. Aug. 1819 für die Kaufmannschaft von Rheydt, Geldhaushalt 314 ff.) oder C. C. Bechers (Briefwechsel mit List 1820—21 ed. A. Hasenclever, Monatsschr. Berg. Gesch.-Ver. 23 [1916], 161 ff.) bleiben vereinzelt.

[32]) Treitschke 2, 172, Doeberl 6. Für den rheinischen Handel vgl. Schwemer 2, 724 und Bemerkungen S. 66 ff. über die englische mittelbare

schaftlichen Literatur ein so täuschungslos scharfer Beobachter Englands wie Nebenius unbefangen genug, in seiner deutschen Ausgabe von Jean-Baptiste Says Schrift über England und die Engländer eben vor solchen Überspannungen des Nationalgefühls zu warnen und die Mahnung der Agitatoren zur Beschränkung des Verbrauchs auf das Unentbehrliche als gefährlich für die gesunde Entwicklung der eigenen Gewerbtätigkeit zu bezeichnen[83]); wohl nicht ohne Absicht machte er gerade Nürnberg, den Hauptsitz des Handels- und Gewerbevereins, auf seine alten Geschäftsverbindungen bis nach Amerika aufmerksam. Es ist ein ganz vereinzelter Fall, wenn ein Sonderling wie der unglückliche Stratege C. K. A. L. von Massenbach im Dienste seiner Theorie vom politischen Anschluß Deutschlands an Frankreich 1810 unter dem Einfluß einer nationalökonomischen Eintagsautorität von 1797, des Welschschweizers P. J. v. Herrenschwand, schreibt, daß England trotz aller Steuer-„Erpressungen" zur Verzinsung seiner Kriegsschuld nur noch wenige Jahre in seiner gegenwärtigen Verfassung bestehen könne.[84]) Geschichtlich betrachtet boten natürlich die französische und die englische Wirtschaftsmacht ganz parallele Wunder und auch wieder parallele Angriffsflächen: Die Zentralisierung aller volkswirtschaftlichen Kräfte in der napoleonischen Beamtenregierung und die in umgekehrter Richtung, aber völlig gleichem Sinn wirkende Beherrschung der englischen Parlamentsverfassung durch die wirtschaftlich führenden Klassen standen vor dem europäischen Bürgertum als zwei ebenbürtige Lösungen der dunkel erstrebten kapitalistischen Staats- und Gesellschaftsordnung, aber ihre rücksichtslose Machtpolitik machte sie dem individualistisch-weltbürgerlichen Bewußtsein dieses Bürgertums und seiner Staatslehre doch auch in gewisser Beziehung unheimlich. Es ist für die heutige, das Tatsächliche so gern aus der Idee ableitende Auffassung heilsam, zu beobachten, wie die Zeitgenossen im Gegenteil die bedeutendsten Erscheinungen der Wirtschaftstheorie höchst naiv mit den praktischen Interessen der englisch-französischen Erbfeindschaft in Zusammenhang brachten: Bekanntlich hat der theoretische Hauptvertreter des napoleonischen Wirtschaftsabsolutismus, der Generalzolldirektor F. L. A. Ferrier, und nach ihm Friedrich List mit Heftigkeit die Überzeugung ausgesprochen, daß Adam Smiths großes Werk geschrieben worden sei, um durch die Freihandelslehre die ganze Welt zur freiwilligen Öffnung ihrer Märkte für den schutzzöllnerischen Exportstaat England zu bewegen[85]); demgegenüber mutet es wie Ironie des Geschicks an, daß noch 1829 ein Mann wie C. W. Ferber Ferrier selbst als den einzigen Smithgegner

---

Schutzpolitik der Ausfuhrprämien bzw. -verbote, Lotterien und Armensteuern. Solly 3 ff., 25 f. klagt über gehässige Äußerungen Arndts, Reinhardts, Adam Müllers gegen England, sobald seine Hilfe Deutschland entbehrlich geworden sei.

[83]) Nebenius, Zustand Großbritanniens 146.

[84]) Über die Mittel usw. 159. Es verdient bemerkt zu werden, daß er von keinem Geringeren als Struensee auf Herrenschwand verwiesen sein will (S. VIII).

[85]) Vgl. jetzt Ladenthin 5 und 100.

von Gewicht durch die Behauptung zu entkräften suchte, er sei „von Napoleon zur Verteidigung der Kontinentalsperre gedungen und bezahlt" gewesen.[36])

Neben den Gegensätzen polizeistaatlicher und freiheitlicher, französischer und englischer Wirtschaftspolitik gab es noch einen dritten, der weniger offensichtlich, aber desto tiefer das wirtschaftliche Leben und Denken besonders auf dem Gebiet der Handelspolitik zu spalten anfing: es war der des Industrie- und des Handelskapitals. Im Durchschnitt der Unternehmungsformen allerdings war dieser Gegensatz selbst eben erst im Entstehen. Namentlich für Deutschland wird es völlig zugetroffen haben, wenn noch 1830 ein Volkswirt des Ferberschen Kreises schrieb: „Die Sonderung der verschiedenen Handelszweige nimmt auch bei uns, wie in England schon längst, immer mehr und gewiß zum allgemeinen Vorteil zu, sowie die aufgeklärten Fabrikanten auch bei uns immer mehr dahin kommen, ihre Fabrikate nicht mehr selbst den Verbrauchern zuzuführen und so neben ihrem Fabrikationsgewerbe noch ein Handelsgewerbe zu treiben, sondern sie lieber den Kaufleuten zu überlassen, deren Gewerbe in dem weiteren Vertrieb derselben besteht."[37]) Vor diesem Zeitpunkt also war weitgehende Vereinigung der verschiedensten kaufmännischen und gewerblichen Geschäftszweige in einem und demselben Personalbetrieb die Regel. Daß sie das vornehmlich auch bei Großunternehmungen war, lehrt jeder Blick in die Geschichte der damaligen Privatwirtschaft. Einer der größten preußischen Unternehmer, den auch die Staatsbehörden stets zu den Beratungen über Finanz- und Handelspolitik zuzogen, Johann Gottlob Nathusius in Hundisburg bei Magdeburg, verwaltete wie ein kleiner Territorialfürst in 33 von einer Zentralkasse abhängigen Sonderverrechnungen 16 verschiedene Orts- und Sachbetriebe von Landwirtschaft und ihren Nebengewerben, wie Forsten, Mühlen, Stärke- und Zuckerfabrik, Brennerei und Brauerei, über die Magdeburger Tabakfabrik und Althaldenslebener Steingutfabrik zu Kupferhammer, Eisengießerei und Maschinenfabrik bei Hundisburg einerseits, Niederlage und Detailhandlung in Magdeburg andererseits.[38]) Und das war nicht etwa eine vereinzelte Erscheinung des industriell rückständigen Altpreußens. So bunt wie die Warenverzeichnisse etwa der großen Breslauer „Materialisten" Eichborn und B. J. Grund war auch das erste eigne Kommissionsgeschäft, das David Hansemann 1817 in Aachen für Wolle, Krapp, Öl und Farbhölzer eröffnete.[39]) Diese Häufigkeit der Branchenmischung unterstrich nur die allgemeine Verteilung des Schwerpunktes zwischen dem Kaufmann und dem In-

---

[36]) Beiträge 3.

[37]) Betrachtungen zu Ferber 15. Über die Teilnahme der Fabrikanten am Überseehandel s. a. Gülich 2, 488. Nach Gothein, Köln 184, legte 1818 der Oberbürgermeister Mylius der dortigen Handelskammer den Plan vor, die Gewerbefreiheit des Hausierabsatzes der bergischen Fabriken zu beschränken.

[38]) Siehe die Tabelle bei Nathusius 223 f. Die Steingutfabrik war nach Gülich 2, 480 eine der bedeutendsten in Europa, was neben der hochentwickelten englischen Fabrikation viel sagen wollte.

[39]) Bergengrün 18 und 32 ff.

dustriellen im Unternehmer: jener überwog diesen als der Neutralere, an der Herkunft der Ware weniger Beteiligte bei weitem.[40]) Das hieß aber bei der vorzüglich auf Rohstoffe, Luxus- und Kolonialwaren angewiesenen Natur des frühkapitalistischen Großhandels[41]), daß die Interessen der eigentlich gewerblichen Erzeugung in der Theorie und Praxis der Handelspolitik außerordentlich zurücktraten. Nicht zufällig war die alles überragende Einschätzung des Außenhandels in der Volkswirtschaft einer der wenigen Punkte, wo die Lehren der Merkantilisten und Adam Smiths übereinstimmten. Wenn Krug, der Gegner der Polizeistaatswirtschaft, unter den Zweigen des Außenhandels nur die Ausfuhr, nicht die Einfuhr und den Zwischenhandel als „echtes Einkommen" anerkennt[42]), so ist das doch Erinnerung an die merkantilistische Bilanztheorie, nicht Vorwegnahme eines Exportkapitalismus, der in der gewerblichen Entwicklung Preußens noch gar keine Unterlage hatte.

Gleichwohl setzt nun aber hier die Gegenwehr gegen den einseitig kommerziellen Gesichtspunkt der Theorie ein. Über die internationale Ausbildung eines neuen Produzentenstandpunkts in der Literatur gibt einen der frühesten Aufschlüsse die Verbreitung des Buchs, das noch vor Ferrier der Lyoner Vital Roux, einer der Mitarbeiter am Code de Commerce und ein Schüler und Freund der Großbankiers Delessert, Fould und Laffitte[43]), über den Einfluß der Regierung auf den Handel schrieb. Es ist 1802 in Dresden von einem Ungenannten, der wie die Brunners (s. o. Anm. 22) über die Doppelerfahrung des Kaufmanns und Staatsbeamten verfügte[44]), mit ausführlichen Erläuterungen deutsch herausgegeben worden. Ungemein lehrreich, wie hier zwei offene Geister die analogen und abweichenden Erlebnisse ihrer Volkswirtschaften austauschen. Ausdrücklichen Widerspruch erhebt der Deutsche nur gelegentlich, wo ihm die Abkehr des Franzosen von der staatlichen Wirtschaftsinitiative zu weit geht, um rühmend der Tätigkeit der sächsischen, preußischen, welfischen Herrscher für Verkehr und Gewerbe ihrer Länder zu gedenken. Aber um so lebhafter ist sein Gefühl für das Neue, das gerade der französische Volkswirt dem

---

[40]) Vgl. etwa die Bemerkung Benzenbergs (Handel u. Gew. 49), J. Aders (o. S. Anm. 4) werde als „Twisthändler" nicht ernst genommen werden.

[41]) Deren Bedeutung auch für die Handelspolitik erhellt aus der Tatsache, daß von den 8829233 Rt. durchschnittlicher Jahreszolleinnahmen in Preußen 1822—28 die Eingangszölle 7484611 Rt., von diesen aber allein die Zölle auf Zucker, Kaffee und Spirituosen die Hälfte, die auf Tabak, Heringe, Reis, Gewürze, Öle, Baumwoll- und Wollwaren ein weiteres Viertel ausmachten; Hoffmann, Steuern 398 f.

[42]) Nationalreichtum 1, 217 ff. Vgl. Leipziger 1, 162: „Nur insofern dieser Überschuß der ganzen Nationalproduktion auf den Weltmärkten an Ausländer umgetauscht oder verkauft werden kann, vermehrt er den Nationalreichtum."

[43]) Biogr. Univ. 36, 650.

[44]) Es scheint nach dem Zitat der 2. Aufl. 1806 bei K. H. Rau, Handelspolitik (Ersch-Gruber 2, 2) 122 ein gewisser Treitschke gewesen zu sein, vielleicht der Vater des berühmten Leipziger Handelsrechtlers Karl Georg und Großvater Heinrich von Treitschkes.

deutschen Staatswirt zu sagen hat. Gleich anfangs bemerkt er zu einer französischen Tirade über den Handel als einzigen Urheber von Macht und Reichtum der Völker: „Es läßt sich ein mächtiges Volk ohne auswärtige Handlung denken: folglich ist hier dies Wort im weitesten Sinne auch vom bloßen inneren Umsatz der Erzeugnisse genommen." Und seine Erwartung trügt ihn nicht. Roux weiß dem abgelebten System der polizeistaatlichen Handelsverbote und fiskalischen Handelsabgaben noch etwas anderes entgegenzusetzen als die bloße Verneinung des Laissez faire. Es ist ein denkwürdiger Augenblick in der Geschichte der europäischen und deutschen Nationalökonomie, da der Übersetzer ausruft: „Mit wahrer Freude finde ich endlich hier die ganze verkannte und doch gewiß einzig richtige Theorie über das kluge Verfahren einer Regierung in Absicht auf das Eindringen solcher fremden Waren, die im Lande verfertigt, und auf die Ausfuhr solcher roher Erzeugnisse, die im Lande selbst verarbeitet werden können."[45]) Diese Einführung des Schutzzollgedankens in Deutschland ist durchaus keine Ausnahme von einer geistigen Regel. In anderen Fällen genügen viel äußerlichere Anlässe zu dem gleichen Durchbruch. Beispielshalber, wie Johann Jacob Wagner die Zusammenarbeit mit dem Nürnberger Kaufmann und Technologen J. M. Leuchs zur Erkenntnis der Leerheit und Heimatlosigkeit des nackten Handelsgeists verhilft: „Dem Ökonomen ist jeder Fleck Erde zuwider, auf dem die Natur ihr freies Spiel nutzlos treibt, und dem Egoisten jeder Mensch ein Feind, der, auf eigner Kraft ruhend, nicht zum Werkzeug in fremden Händen herabsinkt."[46]) Man fühlt dann diesen ganz persönlichen Eindruck nachzittern, wenn wenige Jahre darauf der Würzburger Professor lehrt, die Geldwirtschaft führe die Herrschaft des Kaufmanns herbei, reiße die verschiedenen Zweige der Produktion aus ihrem Verhältnis zueinander und schaffe den „Nationalreichtum" an Stelle der „Selbständigkeit der Ernährung"[47]). Der liberalen Ideologie des freien Handels tritt hier nicht minder ideologisch der Anspruch der produktiven Stände auf die Beachtung des Staats im Gewande bäuerlich-handwerklicher Heimatsliebe und Genügsamkeit gegenüber. Die Unterscheidung des alten Ständestaats zwischen Luxusverbrauch und notwendigem Konsum, die zunächst wohl bei Schutzzöllnern wie Roux fehlt, bei Freihändlern wie Krug auftritt[48]), wird bald zum eisernen Bestand der nationalen Wirtschaftsanschauungen (vgl. o. Anm. 33).

Auch ferner jedoch bleibt die Fortbildung der beiden feindlichen Kapitalgruppen und ihrer Handelstheorien von den Tatsachen des

---

[45]) Roux 26f. Anm. 7, 42 Anm. 11, 54 Anm. 19, 68 Anm. 23, 171f. Anm. 60, 179ff. Anm. 62.

[46]) An A. Adam, Nürnberg, 26. Oktober 1800, Lebensnachr. 173.

[47]) Staatswissenschaft § 717, 724.

[48]) Roux 174 (der Übersetzer tadelt S. 263 Anm. 91 sogar die Unterscheidung „nützlicher" und „angenehmer Künste", weil auch diese Gewerbe und Ausfuhr fördern), Krug, Nationalreichtum 2, 708. Mit treffender Ironie wendet sich schon Hauterive, Elémens 193f gegen die volksfremden Moralprediger, die unter dem Vorwand der Luxusbesteuerung die arbeitenden Klassen auf das Existenzminimum herabdrücken.

Wirtschafts- und Gesellschaftslebens aufs engste abhängig. Die ersten großen Werke der Nationalökonomie nach dem Krieg sind ja gewissermaßen gesteigerte Zusammenfassungen der geschilderten Wirtschaftsgegensätze: Ricardos Principles 1817 die des in Großgrundbesitz und Welthandel gesättigten englischen, die Schriften der Brüder Say und Chaptals die des parlamentarisch und gewerblich erst aufsteigenden, durch den Verlust des Kolonial- und Levantehandels auf den inneren Markt zurückgeworfenen französischen Unternehmertums[49]). Zwischen ihnen dreht sich der Streit nicht so sehr um den Grundsatz oder das Maß der staatlichen Wirtschaftsbeeinflussung als darum, die unparteiische Staatsgewalt zu dieser oder jener Gruppe wirtschaftlich-sozialer Interessen hinüberzuziehen Im Drange des Hauptproblems, die Neubelebung der nationalen Produktionen mit der Überfüllung des wiederhergestellten Friedensweltmarkts in Einklang zu bringen, erscheinen sogar die hergebrachten Rollen der Anhänger und Gegner der Staatseinmischung eine Zeitlang vertauscht: Wie die Schule Ricardos und Tookes durch ihr furchtloses Eintreten für die Papierwährung im Grunde die positive Wirtschaftsbedeutung des Staats und seines Geldes erhöht, so ist die des Malthus und seines schweizerischen Fortbildners Sismondi darauf und daran, gegen die Krisen zutreibende Übererzeugung der neuen Gewerbe, während sie ihnen den Schutz des Staates abspricht, das Einschreiten des Staates anzurufen[50]). Demgegenüber predigen dann gerade die französischen Industriepolitiker neben den Anfängen des Protektionismus doch zuvörderst auch eine Art Laissez faire und ökonomische Naturharmonie, wenn sie dem in künstlichen Tauschwerten befangenen Denken des Kaufmanns, der „prodigalité" des Verbraucherinteresses die Sparsamkeit des echten Produzenten und seine patriarchalische Sorge für die Arbeiter, seine „frères producteurs" entgegenrücken und voll Zukunftsmut in den Absatzkrisen nur eine Kinderkrankheit der neuen Friedenswirtschaft zu sehen meinen[51]).

---

[49]) Chaptal, Industrie I, XVIIf. J. B. Say war Baumwoll-, L. Say Kaliko-, dann Zuckerfabrikant. Charakteristisch, wie sich Chaptal in der Einleitung (XXIIf.) zu seinem doch großenteils auch theoretischen Werk anf den Rat der Praktiker und Parlamentarier Ternaux (Tuchfabrikant), Darcet (Chemiker), Molard (Gewerbeschulgründer), Bardel, Séguin (Finanzmann), Roard, Baron de Laitre (Historiker), Graf Lasteyrie (Landwirt) u. a. beruft.

[50]) S. das hübsche Gleichnis Sismondis, Nouv. princ. 1, 417 von den Strümpfen und Hüten, die früher da sind als die dazugehörigen Beine und Köpfe; ebd. 419f.: »La naissance de cette population manufacturière et l'obligation de pourvoir à ses besoins ont contraint les gouvernements à changer le but de leur législation. Ils avaient encouragé les manufactures dans le vrai esprit du système mercantile, pour vendre beaucoup aux étrangers et s'enrichir à leurs dépens. Aujourd'hui ils s'aperçoivent que le système prohibitif ou est adopté partout ou est partout réclamé par les producteurs: ils ne peuvent donc plus compter sur la pratique des étrangers et ils s'étudient seulement à trouver dans leurs propres états des consommateurs pour leurs propres ouvriers.«

[51]) L. Say, Considérations 153; J. B. Say, Lettre à Malthus 85, 95, 122f.: »Durant ces dernières années, il y a eu un grand nombre de spéculations hasardées, parce qu'il y avait beaucoup de nouveaux rapports entre différentes nations. Partout on manquait des données qui doivent entrer dans un bon

Die durchgängige Bestimmtheit dieser Gedanken durch ganz konkrete Wirtschaftsgestaltungen erklärt sogleich, weshalb trotz aller theoretischer Bemühungen die deutsche Staatswissenschaft während dieser Streitigkeiten fortfuhr, ruhig im Fahrwasser der Deutschland so wenig angemessenen englischen zu schwimmen[52]), und weshalb sogar ein Friedrich List selbst trotz seines großen subjektiven Gegensatzes dazu noch Jahrzehnte im Rahmen des alten, kosmopolitischen Systems gedacht hat: In Deutschland fehlte jene die französische Opposition gegen England beflügelnde Vorherrschaft des Industriekapitals entweder ganz oder war doch erst in den bescheidensten Anfängen. Wie verschieden sowohl von dem patriarchalischen Unternehmertum eines Say als von der halb sozialistischen Arbeiterfürsorge Sismondis oder Canards[53]) ist die kleinbürgerliche Befriedigung, mit der Malthus' deutscher Übersetzer, der Kieler Arzt F. H. Hegewisch, der spätere Schwager Dahlmanns und Förderer der Burschenschaftsbewegung, feststellt: „daß der Arme schlechthin kein Recht habe, Unterstützung zu fordern, daß die gepriesenen Armenanstalten, welche auf gezwungenen Armenabgaben beruhen, Unmögliches unternommen haben und allesamt über kurz oder lang zugrunde gehen werden usw.“[54]). Wo (freilich auch ein Jahrzehnt später) die Wirtschaftsliteratur einmal unmittelbar auf das sich entfaltende industrielle Leben zurückgeht wie in dem namenlosen Buch über die Fabriken und Manufakturen im Großherzogtum Niederrhein, da findet sich, soviel erkennbar, gar nicht einmal auf den Schultern der benachbarten französischen Literatur, sogleich deren ganze Einstellung mit instinkthafter Sicherheit: die Abneigung gegen das Handels- und Bankkapital, das in den Rheinlanden das Getreide ausführt und so die Lohnkosten des Unternehmers steigert; der scharfe Blick für die unsichere Lage der Arbeitermassen und ihre Neigung zur Abwanderung in die entwickelteren französischen

---

calcul; mais de ce qu'on a mal fait beauconp d'affaires s'ensuit-il qu'il fût impossible, étant mieux instruit, d'en faire de bonnes? J'ose prédire qu'à mesure que les relations nouvelles deviendront anciennes et que les besoins réciproques seront mieux appréciés, les engorgemens cesseront partout, et qu'il s'établira des relations constantes mutuellement profitables.« Vgl. i. A. Becker 9, Ladenthin 45ff. Ricardo erklärte sich von seinem Übersetzer J. B. Say wiederholt unverstanden. Hollander 21, Bonar 196.

[52]) Die akademischen Nationalökonomen der Friedenszeit entwickelten sich zum Teil, wie A. Hufeland und der Koburger J. F. Lotz, erst jetzt zu Adam Smith, Grünfeld 68, 72; der Hallenser F. L. v. Jacob trat in seiner Übersetzung von J. B. Says Traité (Halle u. Leipzig 1807f.) 1, V; 2, 533 gegen den Verfasser für die Engländer ein. (Vgl. jetzt Forsch. Br.Pr.G. 31, 345, 349, 359.) K. H. Rau, dessen Kommentar zu H. F. Storchs Nationalwirtschaftslehre „das Unanwendbare“ Smiths „in wichtigen Angelegenheiten“ zeigen will, ist doch erst ungefähr auf Sismondis Standpunkt angelangt (1, XIIIf.). Über die Herausgabe von Smith, Say, Ganilh und Landerdale in Österreich durch Pillersdorf und Kübeck s. Beidtel, Öst. Staatsverw. 1740—1848 ed. A. Huber 2, 223f.

[53]) Über seine Begründung des Ehernen Lohngesetzes 1901 vgl. Bruno Hildebrand in seinen Jahrbüchern 1 (1862), 24 Anm. 27.

[54]) Malthus-Hegewisch, Versuch über Bedingungen und Folgen der Volksvermehrung (Altona 1807), 1, X.

und russischen Industrien; endlich die spöttische Ablehnung Adam Smiths, dessen oft angeführte Autorität für Preußen passe wie Mondschein für tropische Sonnenpflanzen [55]).

Was eine Staatswissenschaft wie die soeben umrissene den Staatsmännern an handelspolitischen Richtlinien geben konnte, war wenig genug, meist bloße allgemeine Richtung und Stimmung, die, wie sie letzten Endes dem Wirtschaftsleben selbst entstammte [56]), auch erst wieder in der praktischen Berührung mit diesem bestimmtere Formen annahm. Fragt man etwa von dem Mittelpunkte der handelspolitischen Verhandlungen, dem Abschluß von Handelsverträgen aus, wie weit hier die Theorie den ungemein verwickelten Problemen des Ausgleichs nationaler und internationaler, privat- und volkswirtschaftlicher Rücksichten vorgearbeitet hatte, so hat man überrascht festzustellen, daß es irgendeine systematische Übersicht dieses Problemkreises, von unbedeutenden Ansätzen abgesehen, gar nicht gab. Vor allen Dingen muß betont werden, daß der Grundsatz vertraglicher Regelung der zwischenstaatlichen Handelsbeziehungen durchaus nicht wie in der späteren Epoche des verwirklichten europäischen Freihandels zum festen Bestand der Freihandelslehre gehörte. Was der preußische Merkantilismus im allgemeinen gegen die Politik der Handelsverträge eingewandt hatte, daß sie leicht Dritte von der „allgemeinen und gleichen Handlungsfreiheit“ ausschlössen und dadurch die „Handlung überhaupt“ und die „allgemeine Nahrung“ beeinträchtigten [57]), war trotz aller Liberalisierung der Staatswissenschaft die geläufige Ansicht geblieben. Man wird nicht fehlgehen, wie andere so auffällig zähe Wirtschaftsdogmen auch dies aus dem nachhaltigen Eindruck bestimmter Wirtschaftserlebnisse zu erklären, hier wahrscheinlich der berühmten Siege des englischen Ausfuhrhandels im Methuenvertrag mit Portugal 1703 und im Edenvertrag mit Frankreich 1786. Dieser war trotz aller Zweifel der Wissenschaft [58]) in der Erinnerung des französischen Volks doch als eine der Hauptursachen der revolutionären Aufregung und der Erbfeindschaft gegen England haften geblieben, und man hört noch aus der ersten wissenschaftlich durchdachten Erörterung des Wesens der Handelsverträge, der freilich stark schutz-

---

[55]) Bemerkungen 14, 44, 74, 102f. Anm. 31; als Verf. vermute ich nach der Signatur des Vorworts L...d B...ff den Aachener Textilfabrikanten Braff. — Vgl. auch die Anklage gegen die Bankiers bei dem Erforscher des polnischen Wirtschaftsverfalls Surowiecki 252.

[56]) Vgl. Kunth an Stein 7. April 1826, Goldschmidt 379: „Der reiche Schatz historischer Gelehrsamkeit, aus welchem Ew. Exzellenz Ihrem A. Smith — denn er ist weit mehr der Ihrige als der meinige — seine historischen Irrtümer nachweisen, hat mich beim ersten Lesen, ich gestehe es, fast bestürzt gemacht und persönlich fast beschämt und gedrückt. Beim zweiten ist es schon besser gegangen. Die Staatswirtschaftslehre ist eine Erfahrungswissenschaft; ihre Sätze müssen sich also auf unzweifelhafte Fakta zurückführen lassen, und so stände es freilich schlimm um das große Buch, wenn es in seinem Wesen auf historischen Irrtümern beruhte, wie doch der Fall nicht ist, da ihm die historischen Beziehungen eigentlich nur zur Seite liegen.“

[57]) Krünitz 21, 685.

[58]) Roux 182ff.; Sismondi, Richesse commerciale 2, 399ff.

zöllnerischen Chaptals [59]), diese bittere Nationalerfahrung heraus: Solche Verträge setzten nicht nur in ein schiefes Verhältnis zu Dritten, sie übervorteilten auch meist den einen Teil, gewöhnlich das unentwickeltere Land mit vorwiegender Rohstoffausfuhr, indem sie die Entwicklung seiner Industrie hintanhielten; auf alle Fälle, und das wenigstens ist ein Satz, den jeder Schritt der gleichzeitigen Handelspolitik zu bestätigen geeignet war, neigten gerade diese Staatsverträge mit der Fülle ihrer wirtschaftlichen Einzelheiten in besonders hohem Maß dazu, zu veralten und streitig zu werden. Außerhalb Frankreichs aber hatte ja das von Methuen begründete und 1810 erneuerte Handelsvertragsverhältnis nicht bloß Portugal und seine Kolonien der englischen Handelsvorherrschaft ausgeliefert, sondern verschloß auch dem übrigen europäischen und namentlich dem preußischen Handel dort immer wieder in empfindlichster Weise die Tür. Zu diesen Bedenken kam in dem frühkapitalistischen Preußen noch die auf Handelsverträge wenig eingerichtete Schwerfälligkeit der Finanzverwaltung, die den später so geläufigen Gegensatz von autonomen und gebundenen Tarifen zu einem kaum lösbaren technischen Problem machte [60]). Das alles muß man sich vor Augen halten, will man verstehen, warum in der preußischen Handelspolitik der ersten, an vertraglichen Ergebnissen so reichen Friedenszeit gerade der schärfste Vertreter des Freihandelsgedankens, Johann Gottfried Hoffmann, sichtlich den von ihm selbst ausgesprochenen Grundsatz befolgte, daß „Handelstraktate nur in besondern Fällen nutzen“ [61]), und den auf den Abschluß solcher Verträge gerichteten Bemühungen der wirtschaftlichen Zentralbehörden und der Handelswelt mit einer diesen sehr unerwünschten Überspannung des staatlichen Geschehenlassens oft nur zögernd und widerwillig den auswärtigen Dienst zur Verfügung stellte.

Allerdings trat die Freihandelstheorie bei dem Staatsbeamtentum der Restauration auch noch in einer zweiten, entgegengesetzten Form auf: Überall da, wo die Tätigkeit des Staats nicht wie größtenteils im auswärtigen Dienst von der Privatwirtschaft herbeigerufen wurde, sondern sie um der eignen Belange des Staats willen aufsuchen mußte, ging jene unbeteiligte Haltung der Regierung leicht in die umgekehrte über, wo das Besserwissen hochstehender und auch wirtschaftlich über den privaten Durchschnitt gebildeter Bureaukraten die Volkswirtschaft zu schulmeistern und gleichsam zu dem Glück des Fortschritts zu zwingen unternahm. Es war die Geburtsstunde jener bis 1848 herrschenden liberalen Bureaukratie, die Bismarck als das Widerspiel seiner eignen, zugleich autoritativeren und weniger mechanistischen Politik so sehr gehaßt hat [62]). Der Theorie nach war die Mehrheit

[59]) Industrie 2, 239 ff.

[60]) Das trat besonders im Verhältnis zu Rußland hervor u. S. 56.

[61]) Gutachten über ein Handels- und Gewerbesystem für Saargebiet und Rheinland 12. Februar 1816, Rep. 74 K. XII Nr. 1. Auch Kunth führte die Klagen des Handels- und Fabrikantenstandes außer auf den stockenden Auslandsabsatz besonders auf die inneren Abgaben zurück, Goldschmidt 94.

[62]) Greifswald 29. Sept. 1838. Briefe an Braut und Gattin 23 ff.

der Beamtenschaft mit Hoffmann[63]) darin einig, daß die merkantilistische Pflege und Beaufsichtigung der Gewerbe gerade durch die Finanzbehörden der Gipfel administrativer Unnatur, und mit Staegemanns Freund F. Cramer[64]), daß sie die eigentliche Ursache der Absatzkrisen sei. Praktisch aber war es natürlich auch für die neuen, aus der Verbindung mit der Steuerverwaltung sorgsam gelösten Handels- und Gewerbedepartements ungemein schwierig, die Verfahrungsweisen des aufgeklärten Polizeistaats mit einem Male aufzugeben. Als Symbol für eine solche halb unbewußte Erneuerung wenigstens der Formen der absolutistischen Handelspolitik mitten in der preußischen Reform[65]) ist namentlich die Gestalt Gottlob Johann Christian Kunths denkwürdig. Dieser bedeutendste wirtschaftliche Mitarbeiter des Freiherrn vom Stein konnte nicht mit Unrecht kurz vor dem Frieden stolz von sich sagen, daß die von ihm in 25jährigem „Dienstleben" erprobten und seit zwölf Jahren verteidigten „Hauptgrundsätze" in seinem Geschäftsbereich die herrschenden geworden seien[66]). Es waren die Grundsätze der Freihandelslehre. Aber wie vertrat er diese Grundsätze? Noch nicht einen Monat nach jenem Rückblick hat er in der allgemeinen Frage einer vorzubereitenden preußischen Handelsvertragspolitik an der sehr guten und gründlichen Denkschrift des Breslauer Regierungsrats Bothe, des Schwagers und wirtschaftlichen Haupthelfers des Oberpräsidenten Merckel, äußerst scharfe Kritik geübt. Und während er da einem Gesinnungsgenossen der Wirtschaftsreform[67]) aufs unduldsamste entgegentritt, nur weil dieser die Fürsorge der staatlichen Handelspolitik für die bedrohten Gewerbe besonders seiner schlesischen Heimat beansprucht, entwirft er selbst von der Zukunft des europäischen Handels ein Bild, das mit seiner naiven Unterschätzung der ausländischen, vornehmlich englischen, Wettbewerbsfähigkeiten und -absichten fast das genaue Gegenteil der späteren Entwicklung enthält. Wie ein Siegel der alten polizeistaatlichen Bevormundungstendenz aber steht vor dieser liberalen Utopie der Gedanke, die im Grunde nutzlosen und überflüssigen Handelsverträge wenigstens zur „Beruhigung der Meinung" zu verwenden[68]). Ein ähn-

---

[63]) Gutachten über die Handelsverhältnisse mit England 7. März 1814.

[64]) Denkschrift über die Fabriken in dem Verhältnisse zum Staate, überreicht an Hardenberg 21. Febr. 1818: „Bei der Erwägung aller gegenseitigen Beschwerden und Ansprüche ist es sichtbar, daß die heutige Generation für die Sünden der Väter büßen muß; Sinnesänderung aber ist die beste Buße" (A. A. II, Rep. 6 Niederl. 1 vol. 3). Vgl. Rühl 2, 234.

[65]) Über die Allgemeinheit dieser eigentümlichen Mischung jetzt gut, wenn auch etwas einseitig, Wolzendorff, Polizeigedanke 94 ff.

[66]) An Humboldt 15. März 1814; Goldschmidt 78.

[67]) Bothe war begeisterter Liberaler, in England gereist und um Einführung des Maschinenbetriebs bemüht. Linke 1, 133 ff., Roemer 41.

[68]) Gutachten vom 7. April 1814. Vgl. auch Hoffmann, Steuern 395: „Wenn auch die Regierungen Schutzzölle nur in dem Maße bewilligen wollen, worin das Verhältnis der fremden Gewerbsamkeit zu der inländischen dieselben notwendig zu machen scheint: so wird es ihnen doch aber schwer, hierin wirklich das richtige Maß zu treffen. Je gewandter und einflußreicher die Wort-

liches Aburteilen von der Höhe des Wirtschaftsdogmas findet sich dann auch bei der Berührung mit der Privatwirtschaft selbst in jenen glänzenden Provinzialreiseberichten Kunths, die schon ein Jahrzehnt vor denen von Friedrich von Motz die Idee einer handels- und gewerbepolitischen Landesaufnahme verwirklichten. Die Art, wie hier, zumal wieder in dem unglücklichen Schlesien, die Rückständigkeit des Gewerbes beurteilt und als eine ihrer vornehmsten Ursachen das Vorwiegen der Hausindustrie („manufacture dispersée") bezeichnet wird, erinnert unmittelbar an das erzieherische Wesen, das die freilich an Selbstbewußtsein den preußischen überlegnen französischen Gewerbetreibenden ihrem großen Generalzolldirektor St. Cricq zu so bitterem Vorwurf machten[69]. Auch Kunths Nachfolger in dem 1817 dem Ministerium des Innern zugeteilten Gewerbedepartement, der Vater der neuen preußischen Industriepolitik Beuth, hat anscheinend in der Handelspolitik gegenüber den Privatinteressen die kühle und mißtrauische Haltung seines Vorgängers bewahrt[70]. Um so schärfer werden die durchschnittlichen Gewohnheiten des Beamtentums durch das Urteil David Hansemanns beleuchtet, das gerade diese beiden Männer mit ihrer Zugänglichkeit für die Bedürfnisse des Unternehmertums in seinem „Kampf mit der Bureaukratie" als erfreuliche Ausnahmen rühmt[71].

Man hat wohl gelegentlich in der preußischen Handelspolitik einen Gegensatz zwischen der mehr theoretisch freihändlerisch und international denkenden Diplomatie und den mehr peotektionistisch und national empfindenden Innenbehörden zu erkennen geglaubt[72]. Und zweifellos liegt in dieser Verschiedenheit der Ressorts, wo das

---

führer der einzelnen Gewerbe sind, um desto mehr wird es ihnen gelingen, die Meinung für eine hohe Besteuerung der ausländischen Mitbewerbung zu gewinnen. Die Macht dieser Meinung hat weit mehr als eine gerechte Würdigung der wahren gewerblichen Verhältnisse die Höhe der Schutzzölle bestimmt".

69) Goldschmidt 188ff., 202ff.: „Die allgemeinste Handelsfreiheit kann nicht helfen, solange man seine natürlichen Vorteile gegen die Konkurrenz anderer Fabrikländer nicht geltend zu machen versucht." Vaublanc, Commerce de la France 142ff.

70) Siehe u. S. 189 sein Gutachten 28. Jan. 1826 gegen preußische Roheisenausfuhrzölle.

71) Bergengrün 59, 81ff. Dennoch sieht Gülich 2, 484 in der großen Bedeutung der preußischen Fabrikanten und der fiskalischen Engherzigkeit der außerpreußischen Regierungen einen Hauptgrund für Preußens Wirtschaftsvormacht in Deutschland. Vgl. auch Hoffmanns Nekrolog auf Kunth, Goldschmidt 136f.

72) Nach Zimmermanns Preußischer Handelspolitik erscheint diese Ansicht namentlich auch in Petersdorffs (ja vom Standort einer überlegen geleiteten Innenbehörde geschriebener) Motz-Biographie. Vgl. Bernstorff an Graf Bülow 14. Aug. 1822 A. A. II Rep. 6 Niederl. vol. 6: „Meine Pflicht fordert die strengste Beachtung der gegen auswärtige Staaten übernommenen Verbindlichkeiten, sobald mir daher nicht die Überzeugung gewährt wird, daß selbigen gewissenhaft genügt worden sei, würde ich durch die Behauptung des Gegenteils dasjenige Vertrauen in meine Aufrichtigkeit und Worttreue zu verscherzen fürchten, welches ich in meiner Stellung als das erste und kräftigste Mittel, dem Staate, welchem ich diene, zu nutzen, ansehe."

eine dem Druck der außenpolitischen Verhandlungen und den Gesichtspunkten des Welthandels, das andre den Rücksichten auf den Staatshaushalt und die Volkswirtschaft besonders nahesteht, überall in der neueren Wirtschaftsgeschichte eine bedeutende Ursache entgegengesetzter wirtschaftspolitischer Überzeugungen, die sich durch die unvermeidliche rein formelle Ressorteifersucht meist noch verschärfen. Allein stärker als diese allgemeinen und besonderen Gegensätze war doch in jeder Periode das Vereinigende der großen Zeitmeinungen und Zeitverhältnisse. Läge aus der Feder des frühverstorbnen Finanzunterhändlers der Befreiungskriege Heinrich v. Beguelin weiter nichts vor als sein Gutachten[73]) „Audiatur et altera pars", so wäre man versucht, ihn für einen zielbewußten Vorläufer der Schutzzollpolitik in einer Wüste von freihändlerischem Dogmatismus zu halten. So aber zeigt ihn eine andre Stellungnahme, zu den Handelsvertragsverhandlungen mit England 1813, auch von der andern Seite als Gesinnungsgenossen Hoffmanns, der Vorschläge zur staatlichen Lenkung des Außenhandels mit dem typischen Satz abfertigt: „Laissons faire les négociants".[74]) Derselbe Graf Bülow, der an der Spitze des neugeschaffenen Handelsministeriums 1817—25 unablässig das Auswärtige Ministerium zu einer mehr oder minder repressiven Handelspolitik fortzureißen suchte, gibt sich in den Begründungen seiner Vorschläge doch fortdauernd als derselbe fast naive Theoretiker des „liberalen" Handelssystems, als der er aus Jeromes Diensten nach Preußen gekommen war[75]) und für seinen Zollgesetzplan 1817 sogar die Tagespresse freihändlerisch zu beeinflussen unternommen hatte[76]).

Je offener sich aber dem genaueren Blick die bureaukratischen Unzulänglichkeiten der ganzen amtlichen preußischen Handelspolitik zeigen, desto weniger wird auch der handelspolitische Gegenspieler des Beamtentums, das Unternehmertum, vor der Geschichte den oft beanspruchten Ruhm behaupten können, seinerseits auch nur im allgemeinen die höhere volkswirtschaftliche Einsicht vertreten zu haben. Freilich ist hier abermals zunächst an die Jugendlichkeit des preußischen

---

[73]) Zimmermann 437ff.

[74]) Unten S. 38. Vgl. Schindler, Zollges. 38. Der daselbst 39 als agrarischer Schutzzöllner gekennzeichnete Schuckmann hatte doch zur Zeit des Ständekampfs gegen den Wollausfuhrzoll gegutachtet, weil er dem Gewerbeinteresse zuwider sei, und gegen Einfuhrerschwerung für polnisches Getreide, weil sie in Warschau „Sensation" machen werde. An Hardenberg 17. Mai 1811 R. 74 K. XII nr. 1.

[75]) Nathusius' (122f.) Lob auf „seine Freimütigkeit in Bekämpfung der vaterlandsfeindlichen Vorschläge, durch Darstellung des Druckes und des Unvermögens des Untertanen, seine Menschlichkeit in der Behandlung der Steuerpflichtigen, seinen Verdruß über die schändliche Verschwendung des Hofes" trägt wichtige neue Züge zu seinem Bilde bei.

[76]) Sein Plan, zur Unterstützung des Artikels „Die Freiheit oder Beschränkung des Handels" Spenersche Ztg. nr. 156f. und Bekämpfung der dagegen gerichteten „Bemerkungen" in Gubitz' Gesellschafter nr. 24f. hier eine Erwiderung zu veranlassen, wurde von Hardenberg anfangs scheinbar gebilligt, nachher aber unter scharfem Hinweis auf die Unparteilichkeit der Regierung fallen gelassen: An Bülow 2., an Heydebreck 13. März R. 74 K. XII nr. 1.

Wirtschaftslebens zu erinnern, das namentlich auf der politisch schutzbedürftigeren und daher regeren Seite des Kapitals, unter den eigentlichen Industriellen, die geistig und materiell Großen noch nicht in hinreichender Menge hervorgebracht hatte, um politisch geschlossene und einflußreiche Klassen wie in Westeuropa zu bilden. Und die absolutistische Staatsform, die den Ständen in der örtlichen und sachlichen Begrenzung auf die Provinz nur späte und geringe Möglichkeiten des rechtlichen Drucks auf die Gesamtregierung einräumte[77]), war nicht dazu angetan, die wirtschaftliche Rückständigkeit politisch auszugleichen oder zu mildern. Sogar in den ehemals westfälischen Landesteilen sehnte man sich schmerzlich nach der unter Jerome gewohnten Teilnahme am öffentlichen Leben zurück[78]). Anderseits erweist sich jedoch die durch manche Klagen der Privatwirtschaft genährte Vorstellung, der Abolutismus habe etwas wie das handelspolitische Zusammenarbeiten des Verfassungsstaats mit Handel und Gewerbe gar nicht gekannt, als durchaus irrig. Wie die ganze Finanzgesetzgebung der Reformzeit von dem Gedanken ausging, durch die Beteiligung der besteuerten Staatsbürger daran den Staatskredit auf eine neue Grundlage zu stellen[79]), so war bekanntlich auch das Zollgesetz vom 26. Mai 1818 in mehr als einem Sinn das Ergebnis gründlichster Erforschung der privatwirtschaftlichen Ansichten, und man wird nicht sagen können, daß in der Folgezeit das langsame Abschwenken vom Freihandelssystem[80]) an dieser Überlieferung etwas änderte; dieser Übergang auf schutzzöllnerische Bahnen war vielmehr zum großen Teil gerade durch die immer lauteren Forderungen des Gewerbes selbst hervorgerufen. Dem Staat, dessen Handelspolitik mit den territorialen Neuerwerbungen und der Ausweitung der Volks- und Weltwirtschaft überhaupt vielen örtlichen und sachlichen Aufgaben ganz neu und unerfahren gegenübertrat, blieb in solchen Fällen nichts andres, sicherlich aber nichts Besseres übrig als den Rat derer einzuholen, die auf diesen Gebieten lange vor ihm heimisch gewesen waren, und das waren bei der geringen Entwicklung eines zuverlässigen Wahlkonsulats[81]) allermeist die einzelnen Handel- und Gewerbetreibenden. Ein Mann wie der Hirschberger Webstoffabrikant Wilhelm

---

[77]) Vgl. die industrielle Handelspolitik der westfälischen, die agrarische der altpreußischen Provinzialstände u. S. 183, 191, 199, 212f.

[78]) Nathusius 201.

[79]) Schmoller, U. u. U. 198ff. Eine der besten theoretischen Formulierungen dieses Gedankens findet sich (nicht zufällig) bei Massenbach-Herrenschwand XXVI. Unrichtig ist die Behauptung Gotheins, Köln 175f., die Vorbereitung des Zollgesetzes habe sich nicht auf Gutachten des Handels gestützt; die Beratung war nur nicht öffentlich, Schmoller, Zollges. 39. Moriz-Eichborn 315, Anm. 2. Vgl. a. Kunth bei Goldschmidt 101 über den Einfluß „einer gewissen Klasse von Fabrikanten“.

[80]) Gut beobachtet von F. Cramer, an Staegemann 7. Feb. 1824, Rühl 3, 170. Dazu Krökel 28f.

[81]) Zahlenmäßig hob sich die konsularische Auslandsvertretung von 34 Orten im Jahre 1792: 1806 auf 71, 1818 auf 80 und 1824 auf 114, König, Handbuch 21.

Jentsch hat während der Jahre der Revolution in Spanien eine Stellung bekleidet, die der der modernen Handelsattachés überaus ähnlich sieht. Ganz allgemein aber bezeugen die unzähligen, sehr oft in den krausen Schreibarten der Halbbildung[82]) abgefaßten Gutachten und Eingaben der Geschäftswelt in den handelspolitischen Akten, daß auch hier das gesellschaftliche Leben für die mangelnden konstitutionellen Rechtseinrichtungen mannigfachen Ersatz fand.

Daran, daß unter diesen Umständen die Einwirkung kaufmännischer Sachverständiger auf die preußische Handelspolitik nicht noch entscheidender war, trug die Schuld neben der geringen Stärke dieser Wirtschaftsfaktoren doch auch vielfach ihre zu größerer volkswirtschaftlicher Einsicht und Übersicht unfähige Engherzigkeit oder gar Unrechtlichkeit. Gewiß liegen Täuschungen sehr nahe, wenn man den Urteilen anderer Berufe und besonders des Beamtentums über die sittlichen Eigenschaften des Handelsstandes folgt. Aber wenn die lautesten Klagen darüber sich gerade während der Restauration erschreckend häufen, so wird auf alle Fälle an die Tatsache zu erinnern sein, daß eben damals der Übergang von den wirtschaftlichen Gesinnungen des frühkapitalistischen zu denen des hochkapitalistischen Zeitalters[83]) auch der Geschäftsmoral ein besonders unsicheres Gepräge geben und oft Schwächen des Alters mit den Fehlern der Jugend ohne die Tugenden der Reifeperioden vereinen mußte. Überall sieht man zunächst das moralfrohe Bürgertum der Aufklärung vor dem ungezügelten Gewinnstreben sich bekreuzigen, das letzten Endes den kosmopolitischen Händler wie den nationalen Fabrikanten gleichmäßig kennzeichnete. Was jenen angeht, war schon beispielsweise die Rede von Johann Jacob Wagners schaudernder Bewunderung für seinen Arbeitgeber Leuchs (oben Anm. 46). Den eigensüchtigen Hintergrund des industriellen Nationalismus aber glaubte der patriotisch freilich sehr hoch gespannte und durch Besteuerungsschwierigkeiten verärgerte Generalgouverneur von Berg, Justus Gruner, mit dem harten Tadel der Elberfelder brandmarken zu müssen: „Sie kennen nichts als ihren Vorteil. Dieser treibt sie jetzt, preußische Patrioten zu *scheinen*, wie er sie 1810 trieb, eine Deputation nach Paris zu senden, welche die *Einverleibung mit Frankreich* betreiben sollte und über 20000 Franken kostete.“[84]) Und in den Kreisen der Privatwirtschaft selbst findet man wenigstens einen robusten Materialismus gelegentlich geradezu gerühmt, wie wenn sogar von einem halb grund-

---

[82]) Es ist mindestens ein Beitrag zur Kulturgeschichte des Frühkapitalismus, daß J. G. Hoffmann, Steuern 165, für seine Klassensteuer nur gewisse Rentner („gewerblos lebende Kapitalisten“) und Bankiers mit den hohen Beamten zur ersten, Kaufleute und Fabrikunternehmer mit den Akademikern zur zweiten Klasse rechnet, eine Einteilung, die neben dem Einkommen auch gewisse Einheiten von „Lebensweise, Ton und Benehmen im Umgange“ erfassen soll.

[83]) Vgl. Sombart, Kapitalismus 2, 23 ff. und 1113 ff.

[84]) An Hardenberg auf dessen Erlaß vom 16. November 1814, Ztschr. d. Berg. Gesch.-Ver. 19, 68. Vgl. auch die Äußerung Fichtes, der seinen Geschlossenen Handelsstaat dem Merkantilisten Struensee gewidmet hatte, über den Königsberger Handel u. S. 33 Anm. 1.

herrlichen Führer des Wirtschaftslebens in der Grafschaft Mark, Friedrich v. Hövell, sein Biograph erzählt, er habe sich 1815 für die Kölner Dombaufrage nicht sehr erwärmt: „Er hielt sich an das prosaische Wort: Prius est ditandum, deinde philosophandum. Erst möge man den Handelsglanz herstellen, aus welchem einst Cölns Kraft geboren sei.“ [85])

War das rücksichtslose Gewinnstreben mindestens in seinem unverhüllten Hervortreten mehr ein Vorbote des kommenden Hochkapitalismus, so steckte der Handel mit einer andern, die staatliche Handelspolitik ganz besonders nahe berührenden Eigenheit noch tief in den Bedenklichkeiten des frühkapitalistischen Merkantilsystems. Schmoller hat einmal vom 18. Jahrhundert gesagt, die Geschichte des Schmuggels sei damals die eigentliche Geschichte des Handels gewesen [86]). Obwohl nun die Hauptursache dieser Erscheinung, die übertriebene und einseitige Belastung oder das Verbot gerade der hochwertigsten und leichtesten Luxuswaren, mit der Ablösung des Merkantilismus sowohl durch den Freihandel wie durch allgemeine mäßige Schutzzollsysteme außerordentlich eingeschränkt wurde [87]), hielten sich gleichwohl noch jahrzehntelang die alten, während der Kontinentalsperre ja noch einmal zu voller Blüte entfalteten Methoden der Zollhinterziehung und des verbotenen Handels auf allen wichtigen Verkehrsgrenzen als eine Tatsache, mit der nicht bloß der Handel selbst, sondern auch die Regierungen statistisch und politisch rechneten und die mit steigendem Export, nicht selten von einer jeden auf ihrer eigenen Seite, offenbar aus dem doppelten Beweggrund freihändlerischer Abneigung gegen allzu enge Staatsaufsicht und polizeistaatlicher Gewerbefürsorge, eine an Begünstigung streifende Duldung erfuhr. Das Problem der preußischen Zollenklaven war ja vor allem der Kampf gegen die nachbarstaatliche Ausnutzung dieser Schmuggelnester. Aber auch in der außerdeutschen Handelspolitik Preußens spielte, von heutigen Standpunkten aus gesehen, der Schmuggel eine unverhältnismäßige Rolle. Als nach Abschluß des Handelsvertrags mit Rußland vom 19. Dezember 1818 der preußische Unterhändler Semler eine Unterweisung der Regierungen der Grenzbezirke anregte, „den Unterschleif auf der Grenze gegen Rußland in diesem Jahre nicht zu stark werden zu lassen“, hat sich kein Geringerer als J. G. Hoffmann in einem geheimen Gutachten dahin ausgesprochen, der einzige Zweck eines solchen Schritts könne die Vermeidung russischer Vergeltungsmaßregeln sein; er stelle anheim, „wie weit die Überzeugung der Kaufmannschaft für diese Ansicht zu gewinnen sei, und wie weit in der bloßen Handhabung unserer eigenen Zollgesetze ein Mittel liege, die Übertretung der nachbarlichen Zollgesetze zu erschweren“ [88]). Noch deutlicher wurde Hoffmann bald darauf aus Anlaß eines Antrags des Finanz-

[85]) Harkort-Rauschenbusch XXIII, dazu Gothein, Köln 193.

[86]) Zollges. 19.

[87]) Doch schildert noch Hoffmann, Steuern 414, eindrücklich die mittelbare Beteiligung des ganzen jene Waren verbrauchenden Publikums am Schmuggel.

[88]) Ziffernachschrift zu Semlers Bericht 16. Januar 1819, Hoffmanns Entwurf an Graf Bülow 2. Februar 1819, A. A. II Rep. 6 Rußland 10 vol. 4.

ministeriums, in den Handelsvertragsverhandlungen mit den Niederlanden gemeinsame Maßregeln zur Bekämpfung des beiderseitigen Schmuggels zu verabreden: Unter Berufung darauf, daß er auch gegenüber Rußland ein solches Verfahren abgelehnt habe, erklärte er geradezu, es liege nicht im Interesse Preußens, bei der Überwachung fremder Grenzen zu helfen[89]). Da nun auch die Zollbeamtenschaft noch nach der Reform am Schmuggel oft derart beteiligt war, daß der Freihandelstheoretiker damit gern ihre Parteilichkeit für prohibitive Zollsysteme erklärte[90]), so konnte sich der schmuggelnde Kaufmann mit einem gewissen Recht dem Glauben hingeben, für die Sache seiner Volkswirtschaft gegen die schutzzöllnerische Unvernunft der Einfuhrländer zu kämpfen. Kein Wunder, daß der blühende Schmuggelhandel durch die Niederlande nach Frankreich in der zeitgenössischen preußischen Literatur ganz offen Erwähnung fand[91]) und mit Bezug auf Rußland Kunth einmal der Ansicht der Petersburger Gesandtschaft entgegentreten mußte, der dortige Absatz preußischer Fabrikate werde auf dem Wege des Schleichhandels viel bedeutender sein als auf gesetzlichem[92]). Es versteht sich von selbst, wie sehr diese im eigentlichen Sinn vorkapitalistische Vorherrschaft des Schmuggels das gegenseitige Vertrauen in den zwischenstaatlichen Handelsverhältnissen schädigen und neben den früher besprochenen Ursachen (S. 18f.) zur Entwertung des Handelsvertragsprinzips beitragen mußte. Auch daß die bloße Möglichkeit einer Grenzbewachung bei einem Staat wie Preußen anfänglich überall in der Geschäftswelt bezweifelt wurde, wird erst aus dem Standpunkt des Schleichhandels begreiflich[93]).

---

[89]) Klewitz an Bernstorff 5., Hoffmann an Klewitz 24. März 1819, A. A. II Rep. 6 Niederl. 1 vol. 3. Vgl. Hoffmann an Klewitz 15. Januar 1818, Österr. 1 vol. 1, betr. die Schwierigkeiten der Verständigung mit Österreich über den schlesischen Grenzschmuggel. Österreich wird schon zur Begünstigung des Einfuhrwegs über Triest der „Annahme liberalerer Formen des Zollwesens“ widersprechen.

[90]) Brunner 41. Vgl. auch F. Cramer an Staegemann 11. September 1825, Rühl 3, 218f. über den Kriegszustand zwischen Zollbeamten und Schmugglern, wo „auch der redlich gesonnene Handelsmann, um nicht unterzugehen, mit der Menge wider den Strom der Gesetze ankämpfen muß“.

[91]) Neigebaur 427. Vgl. auch Lindner 391ff. und für die polnische Grenze Klebs 375f.

[92]) An G. v. Raumer 3. Mai 1814 A. A. II Rep. 6 Rußland 6 vol. 2. Vgl. Bericht Semlers, Petersburg 29. Juli 1818 ebd. 10 vol. 3: „Solange die öffentlichen Zölle übermäßig hoch sind, wählt man hier, wie überall, die Privatzölle, und solange der hiesige Finanz- und Handelsminister nicht so weit ist, sagen zu können, was der französische im vergangenen Winter den Kammern erklärte, daß die Assekuranzprämie der Konterbande auf 30 v. H. gesteigert sei, also noch auf sehr lange Zeit wird der Vorteil des unterschleiflichen Handels die damit verknüpfte Gefahr in Rußland übersteigen.“

[93]) Siehe z. B. die Eingabe von Saarbrücker Kaufleuten an Hardenberg 25. Januar 1818 (A. A. II Rep. 6, Niederl. 1 vol. 3), vgl. Freymark 60. Auch Benzenberg, Geldhaushalt 321ff. und Handel u. Gew. 68 Anm., wonach amtlichen Angaben zufolge 1818 in Frankreich 26000 Zollstellen 15 (nach dem Immediatber. des Staatsmin. 20. Novbr. 1822, Rep. 74 K. XII 1 vol. 1 sogar 23) Millionen ranken verschlungen hätten.

Wie im Zollwesen, so waren auch im allgemeinen Warenverkehr betrügerische Praktiken namentlich da an der Tagesordnung, wo das Streben der kapitalistischen Erzeugung nach Verbilligung durch Qualitätsverschlechterung oder der Drang nach ungehindertem Handel überhaupt mit den Verboten und Aufsichtsmaßregeln des alten polizeistaatlichen oder des neuen schutzzöllnerischen Merkantilismus zusammenstieß. Besonders der Webstoffhandel erscheint als der Schauplatz von Methoden, denen teils privatrechtlich, teils nur vom Standpunkt strenger Zollgesetze der Makel der Fälschung anhaftete. So haben z. B. die spanischen Zollbehörden das allmähliche Eindringen der Baumwolle in die rheinländischen Webereien unaufhörlich zum Anlaß und Vorwand der ärgsten Belästigungen dieser Einfuhr genommen[94]. Als Grund der Beliebtheit der Überseeausfuhr für Rechnung des Empfängers wird gelegentlich angegeben, daß der preußische Exporteur dabei die Eidesleistung über den Ursprung der Ware umgehen konnte[95]. Schon im 18. Jahrhundert gingen preußische Webstoffe mit spanischen Warenzeichen in den Südamerikahandel, und sogar ein preußischer Konsul hat in einem amtlichen Bericht dazu aufgefordert, die beliebte Nachahmung der neuen irischen Leinenwaren durch die schlesische Weberei bis zum Gebrauch englischer Umschläge, Etiketten und Namen zu treiben[96].

So langsam wie aus dem patriarchalischen, je nachdem persönlich ehrenhaften oder unehrenhaften Kaufmann des Frühkapitalismus der rein sachlich kalkulierende Großhändler der Neuzeit erwuchs, wandelte sich auch politisch der bevormundete Gewerbestand des Alten Regime zum mitratenden und handelnden Staatsbürger. Die Geistesart des alten Kaufmanns, wie sie sich in seinem Verkehr mit den Staatsbehörden ausspricht, wird ebensosehr wie durch eine Fülle aufklärerischer theoretischer Formeln durch eine große Kindlichkeit des praktischen volkswirtschaftlichen Überblicks bezeichnet. Hier kehrt auf niedrigerer Ebene jene enzyklopädische Unfruchtbarkeit wieder, die das hervorragendste Merkmal auch der damaligen Wirtschaftswissenschaft war. Diese Privatwirtschaft lebt im Grunde dem Staat gegenüber zwischen zwei höchst einfachen Bedürfnissen: seine Hilfe zu erlangen, wo es Notstände der Natur oder Wettbewerber des In- und Auslandes zu besiegen gilt; in allem übrigen aber frei von seiner Einmischung und Aufsicht zu bleiben. So erklärt sich z. B., daß vor dem Zollgesetz vom 26. Mai 1818 fast jeder besondere Handels- und Gewerbezweig seine besonderen Wünsche dem Staat vorlegte und

[94]) Siehe u. 176.

[95]) Gesuch des Berliner Bankiers v. Halle 14. Mai 1824 an das Auswärtige Ministerium um Ausstellung von Ursprungszeugnissen für Tuchexport Hamburg—Amerika, A. A. II Rep. 6 Nordamerika 1 vol. 2.

[96]) J. W. Schmidt an Greuhm 6. Febr. 1818 a. a. O. vol. 1. Von umgekehrter Verwendung schlesischer Marken durch die Engländer (vgl. Smart, Ec. ann. 1, 586) erzählt die große Denkschrift des Breslauer Regierungsrats Bothe 27. Jan. 1814, Rep. 74 K. XII 1 vol. 1. Der Handel hielt diese Übung nicht für unlauter, weil dadurch „niemand getäuscht“ werde: Denkschr. Harrer-Züllichau 31. März 1823, A. A. II Rep. 6 Rußl. 12 vol. 5.

dennoch sie alle zugleich auch wieder über den Grundsatz des einheitlich durchgebildeten Zollsystems jammerten. Hat doch nicht einmal ein so erfahrener und bedeutender Geschäftsmann wie Josua Hasenclever den Widerspruch gemerkt, als er im selben Atem Ausfuhrzölle auf Roheisen zur Bekämpfung der französischen Konkurrenzfabrikate forderte und im allgemeinen den freien Handel als Richtschnur aufstellte[97]. Und selbst der feingebildete Schulmann Johann Wilhelm Oelsner in Breslau, der Schüler Friedrich August Wolfs, lieferte schon vor der Übernahme der verwandtschaftlichen Tuchgroßhandlung in seinen „Patriotischen Ideen" eine wirtschaftspolitische Tendenzschrift nach allen Regeln der Kunst[98]. Nicht zufällig hat gewiß einen Unternehmer wie Johann Gottlob Nathusius jene ungeheure geschäftliche Vielseitigkeit (o. S. 13f.) auch zu abgewogenen handelspolitischen Urteilen wie seinem Gutachten über das Zollgesetz[99] befähigt oder einen Carl Christian Becher seine Exportkenntnis zu einer Art norddeutschem List gemacht (u. S. 158). Im großen ganzen hätte die ordentliche und öffentliche Mitwirkung der Privatwirtschaft bei der Regelung der staatlichen Handelspolitik, wie sie die ausgebildete liberale Theorie als Folgerung aus dem Verfassungsstaat ableitete[100], in dem Preußen der Restauration auch sozial wohl kaum die nötigen Voraussetzungen gefunden. Handelspolitisch wie politisch war es zunächst schon ein hinreichend weiter und schwieriger Schritt, daß der Druck der bürgerlichen Forderungen den Staat dazu vermochte, seine Finanz- und Wirtschaftsgesetze aus dem Dunkel der Kabinettsregierung überhaupt an die Öffentlichkeit zu bringen. Während in Staaten wie Brasilien überhaupt nicht die Höhe, sondern die Berechnung der Zölle das handelspolitisch Ausschlaggebende war[101], während Dänemark sich trotz aller Vorstellungen der ganzen handeltreibenden Welt hartnäckig weigerte, den Sundzolltarif zu kodifizieren[102], während die Schutzzollpolitik der Vereinigten Staaten von Amerika in den Minimalzöllen ein neues Mittel zur Verschleierung der wirklichen Zollhöhe schuf[103], wies der preußische Außenminister, der so oft als gleichgültig gegen die Interessen des nationalen Handels geschildert worden ist, bereits auf die Wichtigkeit des westeuropäischen Prinzips genügend spezifizierter und unzweideutiger Tarifpositionen hin[104], und gerade darin hat denn

---

[97]) Eingabe an Hardenberg 9. März 1818, A. A. II Rep. 6 Niederl. 1 vol. 2.

[98]) S. [Oelsner] und ADB. 24, 341, dazu Oelsners Kurze Darstellung der Handelsverhältnisse zwischen Preußen und Rußland in dem verflossenen Zeitraum von 25 Jahren und freimütige Beurteilung der russischen Ukase vom 19. Dezbr. 1810, a. a. O. Rußl. 6 vol. 2.

[99]) Januar 1817, Rep. 80 Finanzsachen 1 vol. 1. Vgl. Schmoller, Zollges. 39.

[100]) Vincens 3, 429ff.

[101]) Theremins Bericht 24. Mai 1822 A. A. II Rep. 6 Bras. 1 vol. 1.

[102]) Siehe u. S. 177f.

[103]) Hock 92.

[104]) Randbemerkung Bernstorffs im Mémoire explicatif zum Niederländischen Zollgesetz vom 20. Aug. 1822, a. a. O. Niederl. 1 vol. 5. Über die Gründe, die Preußen 1818 zur Beschränkung auf gleichbesteuerte Hauptklassen von Waren im Zolltarif bewogen, Hoffmann, Steuern 359f.

auch sehr bald der Handel selbst den überragenden, alle Härten ausgleichenden Vorzug des preußischen Zollgesetzes erkannt[105]).

Gegenüber den objektiven Forderungen des Wirtschaftslebens war schließlich das durchschnittliche, wirtschaftlich weder theoretisch noch praktisch besonders vorgebildete Beamtentum nicht weniger auf allmähliche Erfahrung und Anpassung angewiesen als das Unternehmertum. Die wirtschaftliche Fachschulung, die gerade die geschmähte friderizianische Verkoppelung von Finanz- und Wirtschaftsbehörden deren Mitgliedern vermittelte, ist der neuen preußischen Handelspolitik außer in der ganz abgesonderten Person J. G. Hoffmanns wesentlich nur in den provinzialen Oberbehörden zugute gekommen, wohin die Regierung Hardenbergs die stärksten (und freilich deshalb auch eigenwilligsten) Säulen der Steinschen Reform wahrscheinlich noch mehr im natürlichen Lauf der Dinge als planmäßig abgedrängt hatte. Es ist sicher kein Zufall, daß sich die „satrapischen" Neigungen der drei großen alten Oberpräsidenten Sack, Schön und Vincke in den Kämpfen des ersten für seinen niederländischen Handelsvertrag, des zweiten für die Interessen der Ostseehäfen und des dritten für die der jungen westfälischen Industrie[106]) vorzugsweise auf wirtschafts- und namentlich handelspolitischem Gebiet geltend machten. Neben der Überlegenheit der Ortskenntnis nahmen sie dabei unverkennbar auch die Glorie einer größeren staatsmännischen Epoche für sich in Anspruch. Und in der Tat konnte sich innerhalb der Zentralbehörden eine neue wirtschaftspolitische Überlieferung aus persönlichen Gründen ebenso sehr wie aus den geschilderten sachlichen (S. 18 ff.) erst langsam formen. Das autokratische Regiment, durch das unter Hardenberg Preußen vom alten zum neuen Ministerialsystem hindurchging, hatte besonders für die von tausend verschiedenen Bedürfnissen erfüllte Zeit der ersten Friedenswirtschaft ohne Zweifel seine großen Vorteile. Dagegen stand dann allerdings der Nachteil eines gewissen persönlichen Dilettantismus, der nur durch Auswahl und Gewöhnung wieder dem unentbehrlichen Maß sachlicher Geschäftsroutine Platz machte. Bei der Art, wie zunächst das Staatskanzleramt die Eingänge ziemlich willkürlich an die häufig wechselnden Instanzen verteilte, kam z. B. anläßlich der Reise Friedrich Wilhelms III. nach den Rheinlanden eine Reihe von Throneingaben vornehmlich wirtschaftlichen Inhalts außer an Hoffmann und Staegemann auch an den Geh. Staatsrat Tzschoppe, den nachmals bekannten Demagogenverfolger, zur Begutachtung, darunter eine von vielen französisch geschriebenen Beschwerden der Handelskammer Malmedy über die Schädigung der dortigen Gerbereien durch den niederländischen Ausfuhrzoll auf Eichenlohe. So fern davon, die zahlreichen Vorgänge in der Angelegenheit zu kennen, mißverstand der verdiente Jurist den von der Lohe gebrauchten Ausdruck „produit du sol" dahin, daß von Erleichterung des Salzbezugs (sel) die Rede sei, was erst der Nachgutachter Hoffmann nicht ohne Genugtuung feststellte.[107])

---

[105]) Schwarzer, Grund 49. [106]) Siehe u. S. 44 ff., 185, 191.
[107]) A. A. II Rep. 6 Frankreich 3 vol. 2.

Ursache und zugleich Wirkung dieses anfänglichen Dilettantismus in der Handelspolitik war vor allem die sehr mangelhafte Entwicklung der Ressorteinteilung und -verteilung auch innerhalb des in erster Linie zuständigen Auswärtigen Ministeriums, die sich nach oben in dem doppelten Vorsitz Hardenbergs bzw. seines Vertrauten Jordan dort und im Staatskanzleramt bis zur Ernennung Bernstorffs, nach unten in der unvollkommenen Trennung der einzelnen Abteilungen äußerte. Das Personal der zweiten, eigentlich handelspolitischen, und der dritten, rechtspolitischen Abteilung, war weitgehend ungetrennt, und erst 1825 trat im Gefolge der damaligen Ministerialveränderungen an die Spitze beider ein eigener Leiter, der Bernstorff durch seine Frau, eine Stolberg, nahestehende Oberpräsident v. Schönberg als „Direktor für den auf die innere Verwaltung sich beziehenden Teil der Geschäfte“[108]). Gleich nach der Neuordnung bei Kriegsende wurden die handelspolitischen Sachen offenbar ziemlich teilnahmlos von dem Juristen Georg v. Raumer mit versehen. Doch hat sich gerade unter ihm der erste handelspolitische Fachdezernent, der Legationsrat Zyka[109]), herangebildet, der dann auch unter der Leitung Hoffmanns 1817—21 einen großen Teil der wichtigsten Verfügungen behielt und erst später dem Legationsrat Michaelis Platz machte. Hoffmanns Nachfolger endlich wurde nach seiner Rückkehr von dem Londoner Geschäftsträgerposten und offenbar im Hinblick auf die dortigen Erfahrungen Humboldts Schwiegersohn Heinrich v. Bülow[110]). Er ist es bis zu seiner abermaligen Mission als Gesandter nach England geblieben. Bei seiner bekannten Gewissenhaftigkeit und Gründlichkeit ist es doppelt merkwürdig zu sehen, welcher geschäftliche Schlendrian noch im zweiten Jahrzehnt der preußischen Handelspolitik möglich war. Daß ihm gelegentlich wichtige handelspolitische Gesandtschaftsberichte nur spät und zufällig zu Gesicht kamen[111]), erklärt sich vielleicht aus den Schwierigkeiten der Aktenabgabe seitens der politischen Abteilung. Aber daß ein wichtiger und dringender Erlaß nach seinem Vollzug hinter seinem Rücken Monate lang liegen bleiben konnte[112]), scheint den damaligen Kanzleibetrieb doch bedenklich den Geschäftsmethoden des Ancien Régime anzunähern, über die sich die preußischen Vertreter in den südeuropäischen Ländern so sehr erhaben fühlten.[113])

In vielleicht noch größerem Maße, als es im auswärtigen Dienst

[108]) Staatshandbuch 1828, S. 126. Vgl. Varnhagen 3, 216; Petersdorff, Motz 1, 240. Staegemann bezeichnet 26. Juni 1819 Verwischung der Sektionen, Abschaffung des Direktors und größere Selbständigkeit der Referenten als neue Gedanken Bernstorffs, an K. E. Ölsner ed. Rühl, Baust. z. Preuß. G. 3, 1, 60.

[109]) Vermutlich ein Abkomme der bekannten böhmischen Musikerfamilie an der kgl. Oper Wurzbach, Künstlerlexikon 60, 354.

[110]) Vgl. über ihn jetzt K. Hampe, Das belgische Bollwerk (Stuttgart, Berlin 1918) 46 ff.

[111]) Randbemerkungen Bülows zu der Denkschrift Schepelers 1824.

[112]) Siehe u. S. 171.

[113]) Siehe u. S. 176. Aber selbst Canning berief sich in seiner Note an Maltzahn vom 8. Okt. 1825 (A. A. II Rep. 6 Engl. 1 vol. 7) auf die Laxheit des Sommerdienstes in seinem Amt. Vgl. die gleichzeitigen Rügen Cannings bei E. J. Stapleton, Official correspondence (London 1897) 1, 297 ff.

der neueren Zeit hergebracht ist, hob sich von dem so weithin neuen und bürgerlichen Personal des inneren Betriebs das vorwiegend alte und feudale der Auslandsmissionen ab. Zwar ist es in der kommerziellen ganz wie in der großen Politik schwer zu entscheiden, ob nicht ein Mangel an bedeutenden staatsmännischen Taten allgemein und im Einzelfall nur die Spiegelung eines ungünstigen sachlichen Mediums ist, und jedenfalls stellte die Neuheit und die besondere Schwierigkeit der handelspolitischen Aufgaben nach dem Krieg die Diplomatie oft auf außergewöhnlich harte Proben. Dennoch kann man sich wohl in der Tat dem Eindruck der Akten nicht verschließen, daß es auch für den wirtschaftlichen Sonderzweck dieser Laufbahn noch immer wie zur Zeit von Wilhelm v. Humboldts Diensteintritt „an brauchbaren Dienstsubjekten fehlte“[114]. Bemerkenswert ist, daß daran auch die starke Zufuhr unzünftiger Elemente aus der Generalität der Befreiungskriege sichtlich nichts änderte. Weder die durch die ganze Periode dauernde Mission Schölers in Petersburg noch die wechselnderen des Grafen Goltz, Krusemarcks, Werthers und Royers in Paris, Wien, Madrid und Lissabon haben einen bemerkenswerten Anteil an den ersten handelspolitischen Erfolgen Preußens, ja Schölers Berichte verraten geradezu eine agrarische, der kapitalistischen Spekulation abgeneigte Sinnesart.[115] Dagegen hat gerade das von Regierung und Geschichte schnödest behandelte Mitglied des ganzen Dienstes, Alexander Dohnas jüngerer Bruder Burggraf Wilhelm Heinrich Maximilian zu Dohna-Schlobitten, als Gesandter in Kopenhagen den ersten der neuen Handelsverträge, wie sich jetzt zeigt[116], durch eine ganz persönliche Umsicht und Gewandtheit wesentlich gefördert, und auch sein langjähriger Legationssekretär Freiherr v. Maltzahn wurde als späterer Gesandter in Wien einer der bekanntesten preußischen Diplomaten. Die Reihe der späteren, schon mit den ersten Zollvereinsschritten zusammenfallenden Verträge wurde auf den Nebenposten Stockholm und Hamburg, Rio und Washington natürlich von rangniedrigeren, wenn auch eher überdurchschnttlich tüchtigen Vertretern, den älteren v. Tarrach und v. Grote und den neuentsandten Theremin und Niederstetter, verhandelt.

Daß die Vertretung bei den beiden ersten Republiken, den Vereinigten Staaten und Brasilien, in der Person von Greuhm und Theremin zuerst Männern des Konsulardienstes übertragen wurde, ist ebenso bezeichnend, wie daß man für die erste Anknüpfung mit dem von Spanien losgerissenen Mexiko einen bürgerlichen Wirtschaftsmann ganz außerhalb des auswärtigen Dienstes, Kunth, heranzog. Neben den wenig straff organisierten, meist mit Ausländern besetzten Wahl-

---

[114]) Humboldt an Schiller 11. Mai 1802 bei Ebrard, Neue Briefe.

[115]) Schölers Bericht 15. Febr. 1823 a. a. O. Rußland 12 vol. 5. Doch s. über Goltz u. S. 45.

[116]) Siehe u. S. 80 ff. Vgl. jetzt Herre 313, Anm. 325 (1773—1845) mit übrigens unrichtigen Angaben. Aufklärung über ihn verdanke ich neben den Akten des Geh. Staatsarchivs (A. A. I Rep. 4 Gen. 34 Dänemark 12) besonders der Freundlichkeit des langjährigen Vorstandes des Dohnaschen Familienarchivs, Stadtbibliothekars Dr. Krollmann in Königsberg i. Pr.

konsulaten (o. S. 23) war das eigentliche Berufskonsulatswesen noch in den Anfängen.[117]) Deshalb mußte sich das handelspolitische Personal mehr als später aus der inneren Beamtenschaft ergänzen. Die früheste Vertragsverhandlung, die mit Rußland und Polen, wurde von einem Provinzialbeamten begonnen und von einem Rat des Finanzministeriums zu Ende geführt, und auch sonst haben oft Mitglieder von Innenbehörden, und zwar mit Vorliebe solche, die landschaftlichen Handelsinteressen nahestanden, in den Geschäftsgang eingegriffen, am bedeutsamsten der Regierungspräsident Delius und der Regierungsrat Jacobi in die niederländischen, weniger glücklich Schöns Freund, der Admiralitätsdirektor Brahl, in die dänischen und englischen Verhandlungen.[118])

Mit dem Fehlen eines ausgebildeten amtlichen Agenten- und Nachrichtenwesens[119]) hingen auch gewisse dunklere oder doch geheimere Seiten der preußischen Handelspolitik zusammen, die als Gegenstück zu der unentwickelten Geschäftsmoral mancher Kaufleute (o. S. 24 ff.) diese noch mehr im gerechten Licht der Zeitverhältnisse erscheinen lassen. Hierhin gehört vor allem die zweideutige Beziehung, in der bei der ersten russischen Vertragsverhandlung der polnische Unterhändler Würst zu dem preußischen Bevollmächtigten Semler stand.[120]) Erwähnung verdient aber mindestens auch die bemerkenswerte Geläufigkeit, mit der in den parlamentarisch regierten Staaten die handelspolitische Diplomatie, meist in gemeinsamem Vorgehen mit den Vertretern des preußischen Handels, Fühlung mit den verschiedenen politischen und wirtschaftlichen Mächtegruppen genommen und auch sonst die öffentliche Meinung durch die Presse und alle möglichen anderen Mittel zu bearbeiten gewußt hat.[121]) Die Zeit, die trotz aller praktischen Schutzzollpolitik theoretisch noch immer von der kommerziellen Solidarität der Weltvölker ausging, offenbarte hier als eine äußere Grundlage dieser Theorie die tatsächliche sehr weitgehende Internationalität ihrer handelspolitischen Interessen, die eine gegenseitige Beeinflussung der Einzelstaaten noch auf vielen anderen Wegen als dem der amtlichen Unterhandlung möglich machte.

---

[117]) Die nach dem Vorbild der russischen Konsulatsordnung von 1821 durch Graf Bülow und das Personal selbst wiederholt angeregte Revision des Konsularreglements vom 18. Sept. 1796 scheiterte vorläufig an der Eifersucht des Auswärtigen auf die Ansprüche des Inneren Ministeriums. Änderungsentwürfe Zykas 7. März 1826 und Theremins 8. Juli 1828, Schuckmann und Ferber an das Außenministerium 11. Okt. 1827 und 2. Nov. 1828, Michaelis an Schuckmann 18. März 1829 in Akten des Auswärtigen Amtes (nicht extradiert) Abt. I C Rep. 6 Cons. Gen. 7 vol. 1.

[118]) Siehe u. S. 107 f., 96 ff. Über Delius jetzt Gothein, Köln 162 f.

[119]) Vgl. A. A. II. Rep. 6 Span. 1 vol. 4 die Klage des Gesandten v. Liebermann in Madrid 29. Aug. 1828, er habe nicht die Mittel, die „Times" zu halten!

[120]) Denkschr. Semlers 17. Mai 1819 (Rep. 74 K. XII 4). Vgl. jedoch über W. als überzeugten Freihändler Miller 667. Beim Abschluß des zweiten Handelsvertrags 1825 hat dann wieder Rußland einen nicht näher bezeichneten preußischen Unterhändler in Berlin bestochen; s. den Schriftwechsel zwischen Lubecki und Grabowski: Smolka, Polityka 2, 592 Anm. 28.

[121]) Siehe u. S. 94, 101, 153, 172.

Bis zu den Friedensschlüssen.

Die Abweisung durch England.

Wie die Gesamtpolitik Preußens wird auch seine Handelspolitik im 19. Jahrhundert in ihren Grundlagen durch die Erlebnisse der Reformzeit bestimmt. Der Zerfall des alten und der Aufbau des neuen Staats stellten ihr aber um deswillen besonders schwierige Aufgaben, weil hier Gunst und Ungunst der politischen Verhältnisse, verbündete wie feindliche Mächte, neues wie altes Verwaltungswesen zu gleichen Teilen das Wirtschaftsleben störten und bedrohten. In zwei großen Kreisen hatte hauptsächlich der Aktivhandel des friderizianischen Preußens geblüht: in der Vermittlung der baltischen Rohstoffausfuhr nach dem gewerblich höher entwickelten Westeuropa und in der Vermittlung einer reichen Eigenerzeugung besonders von Web- und Metallwaren an die Mächte des weniger industrialisierten Südeuropa, Asien und Amerika. Beide Systeme waren am Beginn des neuen Jahrhunderts in der Auflösung begriffen.

In der baltischen Rohstoffausfuhr war die beherrschende Sonderstellung der preußischen Ostseehäfen nur der Ausdruck jugendlicher, halb mittelalterlicher Wirtschafts- und Staatszustände, die inner- und außenpolitisch in gleichem Maß einer neuen Ordnung zustrebten. Es war das Finanz- und das Einheitsbedürfnis des preußischen Gesamtstaats, das noch am Vorabend der Napoleonischen Kriege durch die Zollangleichung Ost- und Westpreußens an die Mittelprovinzen diese Dinge ins Rollen brachte: Das Verschwinden des niedrigen Seeausfuhrzolls (Surrogatzolls), der seit 1789 den Wettbewerb der preußischen Häfen mit denen der russischen Ostseeprovinzen bewußt förderte, in dem neuen, von Stein gegen Schön durchgesetzten Akzisetarif vom 22. Mai 1806[1]) mußte alsbald auch außenhandelspolitisch seine Folgen haben. Der neue russische Zolltarif vom 31. Dezember 1810, durch den Alexander I. sich förmlich von dem Kontinentalsystem seines Bundesgenossen Napoleon lossagte, schädigte Preußen nicht nur durch die Ablenkung auch der Kolonialwareneinfuhr nach Petersburg und Riga, sondern vor allem unmittelbar durch den Ausschluß der großen preußischen Tucheinfuhr zum Schutz der inländischen Webstoff-

---

[1]) Lehmann, Stein 1, 340ff.; Meier 445f. Zweifellos hängt damit die Stimmung der Königsberger Bevölkerung zusammen, die Fichte an Altenstein am 18. April 1807 (H. Schulz, Aus Fichtes Leben, Kantstudien Ergh. 44 [1918], 52) schildert: „Er (der Pöbel) schreit noch jetzt, wenn ihm irgendeine Frechheit, z. B. der schändliche Wucher, den er in den Tagen der Not getrieben, nicht geduldet werden soll: O, wenn doch die Franzosen kämen, wir wollen ihnen selber die Tore aufmachen.“

industrie: Zur selben Zeit, da der englisch französische Handels- und Seekrieg, die Anfänge des Schutzzollsystems in den Vereinigten Staaten und die Revolutionskriege in Mittel- und Südamerika den westlichen Zweig der preußischen Eigenausfuhr lähmten, legte sich der werdende russische Nationalstaat schwer vor den östlichen, den Durchfuhrhandel über Odessa nach der Levante und über die sibirischen Messen nach China. Endlich traf Englands Gegenschlag gegen Preußens Teilnahme an der Kontinentalsperre, die Verdoppelung des Zolls auf baltisches Holz und Leinwand 1810—11, den Nerv des preußischen Ostseehandels und des schlesisch-westfälischen Exports[2]).

Während so die bequeme Stellung des preußischen Außenhandels in dem Wirtschaftskosmos des Aufklärungszeitalters durch die harten Grundsätze einer neuen Epoche von den weitesten See- und Landhandelswegen aus zusammengedrückt wurde, brach obendrein in Krieg und Reform die merkantilistische Behütung des inneren Markts vor dem ausländischen Wettbewerb zusammen. Zwar der neue Zolltarif, den Napoleons finanzieller Generalverwalter Estève am 11. März 1807 eingestandenermaßen zugunsten der französischen Industrie dem besiegten Preußen aufzwang und den dann die Reformer, für Ost- und Westpreußen sogar auf den einheitlichen Fabrikatzoll von ca. 10 v. H. noch ermäßigt, fortbestehen ließen, scheint bei der unmittelbar darauf einsetzenden Kontinentalsperre gegen England auf die Dauer kaum die Überschwemmung mit fremden Waren zur Folge gehabt zu haben, die die einheimischen Gewerbe befürchteten[3]). Im Bewußtsein vieler Gewerbtreibenden aber wurde dadurch die bittere Überzeugung begründet, die nachher die Durchführung des Zollgesetzes von 1818 und die ganze weitere Handelspolitik der preußischen Regierung so erschwert hat: im gleichen Augenblick, da das Ausland seine Volkswirtschaft mit einer neuen Schutzzollpolitik beschenkte, dazu noch durch den eignen Staat der Freihandelslehre zuliebe des alten Gewerbeschutzes beraubt zu werden[4]). Die großen Steuer- und Wirtschaftsgesetze, durch die der neue Staatskanzler Hardenberg und sein aus Westfalen berufener Neffe Graf Bülow 1810—12 den neuen Gedanken der wirtschaftlichen Rechtsgleichheit zu verwirklichen strebten, stießen so auf die Opposition nicht nur verwöhnter Privilegieninhaber, sondern einer für den freien Wettbewerb besonders geschwächten

---

[2]) Customs tariffs 261; Stat. 14, 372; Miller 664; Smart, Ec. ann. 2, 27. Eine damalige Anregung Schuckmanns (an Hardenberg 8. Febr. 1811 a. a. O Rußl. 6 vol. 1) zu Handelsvertragsverhandlungen scheiterte natürlich nicht bloß an der Unfähigkeit des Gesandten in Petersburg Schladen, über die Schuckmann klagte.

[3]) Goldschmidt 47f., 149f.; Zimmermann 2f.; Freymark 32, dazu die Vergleichung der Einfuhrziffern 1810—12 in Hoffmanns „Materialien über einen Handelstraktat mit England" 7. März 1814 A. A. II Rep. 6 Engl. 1 vol. 1 und Kunth bei Goldschmidt 338f. Über das Staatsinteresse an den „geheimen Gefällen" von der englischen Schmuggeleinfuhr vgl. die Biographie von Hardenbergs Gehilfen Legationsrat v. Jordan, der 1810—12 Generalinspekteur der Ostseehäfen war, von E. Doering: N. Nekrolog der Deutschen 26 (1848), 592.

[4]) Unter den zahlreichen Beschwerden a. a. O. Rußl. 6 s. besonders vol. 1 die Eingabe der Entrepreneurs des Lagerhauses (Schmitz & Co.) 26. Jan. 1811.

Privatwirtschaft. Wie die Kaufmannschaft vielfach nicht wußte, ob sie Gewerbefreiheit und Judenemanzipation oder die neue Gewerbesteuer mehr beklagen sollte[5]), so hat auch die Erregung des Adels in jenen Jahren neben den bekannten rechtlichen und sozialen wohl ebenso tiefe handelspolitische Ursachen gehabt: Die Verhandlungen der ersten Landesdeputiertenversammlung, die zum offenen Konflikt zwischen Hardenberg und den Ständen führten, waren begleitet von einem Sturm von Petitionen gegen eine Zollverfassung, die vom Merkantilismus nur die gewerbefreundliche Getreide-, Holz- und Wollausfuhrsperre beibehalten hatte, gegen die steigende Konkurrenz des russischen und polnischen Getreides und Viehs jedoch die Landwirtschaft vermeintlich ganz unzureichend schützte. Schon am 26. Juni 1811 fielen die Ausfuhrverbote für Getreide und Holz, und auf dem Vieh- und Wollmarkt mußte sich die Regierung sogar ganz plötzlich zu einer großen Hilfsaktion entschließen[6]). Diese Verhältnisse bilden einen beachtenswerten Hintergrund zu den Kämpfen, die damals der geistige Vortrupp der Hardenberggegner, die Männer der Christlich-Deutschen Tischgesellschaft, in den Berliner Abendblättern namentlich auch gegen die Wirtschaftsgesetzgebung des Staatskanzlers führten. Adam Müller, dessen staatsphilosophische Intuition hier zu einer verhältnismäßig leichten und unklaren Tageskritik wurde, wandte sich doch nicht nur instinktmäßig gegen Johann Gottfried Hoffmann als den diese Gesetzgebung deckenden Namen: Daß Hoffmann bei der Gründung der Universität Berlin vor einer Berufung Müllers in die Professur der Staatswirtschaftslehre warnte und sie gleich darauf selbst einnahm, war eine wissenschaftliche und politische Entscheidung von höchster, wenn auch nur typischer Bedeutung; der Übertritt Müllers in den österreichischen Dienst führte den Gegnern der neuen preußischen Handelspolitik einen ebenso gefährlichen wie unversöhnlichen Genossen zu[7]).

Auch aus den erstickenden Zuständen des Wirtschaftslebens versprach zuerst der Befreiungskrieg den Ausweg. An Stelle der anspruchsvollen Bundesgenossenschaft Frankreichs schien er die Wiederanknüpfung der alten glücklichen Handelsbeziehungen mit den neuen Freunden Rußland und England bringen zu sollen. Schon am 20. März 1813 bat Friedrich Wilhelm III. in besonderem Handschreiben den Zaren, zur Stütze des neuen Verhältnisses in dem bis-

---

[5]) Siehe für Danzig die Denkschrift der dortigen Deputation des Handelsstandes für Regierungsdirektor v. Leipziger 19. Oktober 1815 a. a. O. Kommissionsakten 11, für Breslau Loening 57 ff.

[6]) Siehe besonders Eingaben des v. Oppeln-Bronikowski-Ober-Kaiserwaldau 8. Febr. 1811 und zahlreicher brandenburgischer und schlesischer Gutsbesitzer unter Führung Graf Henckels (vgl. Meusel, Marwitz 2, 131, 2, 154) 13. März 1811 Rep. 74 K. XII 1, dazu vgl. Steffens, Hardenberg 91 ff., Krökel 54; Hardenbergs Immediatbericht 7. Juni 1811 wegen Aufkäufen von und Herabsetzung des Zolls auf Wolle mit eigenhändigem Randbescheid des Königs ebd XIV 1. Über das Edikt vom 14. Sept. 1811 betr. Zollerhöhung auf Vieh- und Wolleinfuhr aus dem Großherzogtum Warschau Freymark 40. Über den scharfen kaufmännischen Widerstand gegen Erleichterung der Wollausfuhr schon [Oelsner] 31 ff.

[7]) Zu R. Steig, Heinrich v. Kleists Berliner Kämpfe 57 ff. jetzt Loening 52 ff.

herigen Großherzogtum Warschau statt der französischen die preußischen Fabrikate und auch Preußens Kolonialwarenimport, in Rußland selbst wenigstens die preußischen Webstoffe und ihre Durchfuhr nach China wieder zuzulassen. Aber Alexanders höfliche Antwort gewährte nur die erste Bitte und vertagte die zweite unter Hinweis auf die inzwischen erworbenen Handelsrechte Englands; die russischen Heere würden die preußischen Gewerbe auf dem Vormarsch hinreichend in Nahrung setzen[8]). Gegen England fiel durch Hardenbergs Edikt vom 20. März 1813 sogleich die lästige Schranke des Kontinentalsystems. Aber dies Edikt, wie so viele seiner Zeitgenossen mehr ein Programm als eine hinreichende Einzelanweisung und sicherlich der Ungeduld der ost- und westpreußischen Freihändler in Hardenbergs Bureau, Scharnwebers und Hippels[9]), entsprungen, ordnete vorderhand nur ganz allgemein die Zurückführung der Zollverfassung auf den mäßigen Fuß vor 1810 an. Und das war gerade unter den Verhältnissen des großen Kriegs sehr viel leichter ausgesprochen als ausgeführt. Gerade in denselben Tagen hatte der mächtige Einfluß, der schon einmal im fiskalischen Sinne den ost- und westpreußischen Freihandelsansprüchen entgegengetreten war, ihnen von neuem ein fast noch größeres Interesse in den Weg gestellt: Steins Zentralverwaltung der befreiten Länder hatte sich finanziell eben auf die Zolleinnahmen von der deutschen Seeeinfuhr, den sogenannten Kriegsimpost, begründet und erforderte daher unabweislich den Beitritt auch Preußens zu dieser Einrichtung. Der zolltechnische Berater der Zentralverwaltung, der Leiter der preußischen Staatseinkünfte, v. Heydebreck, wurde auch in Preußen selbst der hartnäckige Vorkämpfer einer vorsichtigen, fiskalisch-merkantilistischen Neuordnung der Zölle[10]).

Sofort setzte von verschiedenen Seiten ein scharfer Druck auf Hardenberg ein, seiner verpfändeten Autorität gegenüber den technischen Stellen Anerkennung zu verschaffen. Schon zwei Wochen nach Verhängung des preußischen Kriegsimposts durch Heydebreck erhob im Hauptquartier zu Dresden der außerordentliche englische Gesandte, Castlereaghs Bruder General Stewart, Einspruch dagegen, und in wiederholten Eingaben stellte gleichzeitig der preußische Getreide- und Holzausfuhrhandel vor, daß nach allen Kriegsnöten und Zwangslieferungen sein völliger Untergang nur durch eine handelspolitische Verständigung mit England zu verhüten sei. Hardenberg konnte abermals zunächst nur im allgemeinen die Rückkehr zum Tarif von 1806 und Aufhebung des Kriegsimposts verfügen, den er kein Bedenken trug gegenüber Stewart als durchaus unvereinbar mit dem wahren Vorteil Englands wie Preußens zu bezeichnen[11]). Der völlige

---

[8]) Bailleu 251f. Nr. 224f.

[9]) Vgl. Meier-Thimme 148, 152; Mamroth 165ff.

[10]) Lehmann, Stein 3, 287f.; Mamroth 728ff.; Bippen, Smidt 153f. Nach Mamroth, Der Kriegsimpost des Befreiungskrieges (Berlin 1888) 6f. beeinträchtigte der Zentralverwaltungsrat schon am 28. Juni 1813 seinen eignen Zollplan durch Enthebung des unbeliebten Heydebreck von seinem Kommissorium.

[11]) Stewart an Hardenberg Dresden, 29. April, und Landeck, 14. August, Hardenberg an Stewart 30. April 1813 A. A. II Rep. 6 Engl. 1 vol. 1. Auf diese

Mangel an Taten, die diesen starken Worten entsprochen hätten, blieb nicht ohne Folgen. Bei der Bewertung des Reichenbacher Subsidienvertrags vom 14. Juni 1813, der den Grund zu der ja auch wirtschaftlich so wichtigen Abtretung Ostfrieslands an Hannover legte, wird nicht zu vergessen sein, unter welchen gespannten Wirtschaftsbeziehungen Hardenberg und Stewart ihn geschlossen haben[12]).

Auch der seit der Zeit Friedrich Wilhelms II. am englischen Hof beglaubigte Vertreter Preußens, Jacobi Kloest, geriet dadurch in äußerst schwierige Lagen. Seinen ersten Bündnisantrag an Castlereagh hatte man ihn am 14. Mai ohne die geringste Kenntnis von dem neuen Kriegsimpost auf Grund der Voraussetzung formulieren lassen, daß Preußen für die Öffnung seiner Häfen von England die Gewährung der Meistbegünstigung sowie Verordnungen zum Schutz seiner Schiffahrt in Anspruch nehmen dürfe. Diese unrichtige Annahme brachte von vornherein einen gereizten Ton in die Antworten, worin Castlereagh mündlich und schriftlich solche weitgehenden Wünsche zurückwies und vorerst einmal Aufklärung über die wirklich bestehenden Zollverhältnisse in Preußen verlangte. Mit gewohntem kaufmännischem Blick überschaute die englische Diplomatie vor allem den wirtschaftlichen Zusammenhang zwischen Englands Subsidienverpflichtungen und dem von seiner Ausfuhr abhängigen Wechselkurs auf das Festland. Wenn das notleidende deutsche Gewerbe später den Vorwurf zu erheben pflegte, England habe von jeher den deutschen Regierungen nur gezahlt, was es vorher den deutschen Verbrauchern aus der Tasche gezogen habe, so riefen hier umgekehrt deutsche Zollerschwerungen die englische Entrüstung hervor: "It is too unreasonable", schrieb Castlereagh ostensibel seinem Bruder, "first to cramp our commerce by prohibitions and high duties and then to expect it to incur the loss of exchange produced by their own injudicious policy"[13]).

Die englische Befürchtung, daß der Kriegsimpost den Seehandel mit Deutschland gefährden werde, war keineswegs nur ein eigennütziger Vor-

---

Antwort verweisen die Bescheide der Eingaben Memeler und Elbinger Kaufleute 13. April, 13. Mai, 1. Juni 1813 (Peylau 10. und 16. Juni ebd.).

[12]) In dieser Hinsicht sind die Einwendungen von H. Ulmann, Gesch. der Befreiungskriege 1, 423 gegen die tendenziösen Ausführungen von Oncken, Preußen und Österreich im Befreiungskrieg 2, 491 ff. noch zu verstärken. Wie weit entfernt die Parlamentsmehrheit von wärmerer Teilnahme für Preußen war, zeigt E. Sollys Memoir on the Wood Trade 17. Febr. 1821 A. A. II Rep. 6 Engl. 1 vol. 3. In seinem Bericht vom 28. Nov. 1843 über die Finanzen der Freiheitskriege (ed. Meinecke HZ. 93, 258) spricht Rother, allerdings ein erklärter Anglophile, ohne Bitterkeit von der „großen Aushilfe“ durch die englischen Rüstungslieferungen.

[13]) Note an Jacobi 22., Erlaß an Stewart 25. Juni 1813. Die Darstellung bei Zimmermann 6 vergißt ganz diese Geschäftslage, die bei Alison, Lives of Castlereagh and Stewart 1, 564 ff., 641 ist trotz Aktenkenntnis ganz farblos. — Bemerkenswert ist, daß vom spanischen Standpunkt der englische Export nach Südamerika als Grundlage der englischen Kriegsfinanzen erschien. Bericht Werthers Madrid 27. Febr. 1815 Rep. 6 Span. 1 vol. 1. [Oelsner] 15 geht so weit, die englischen Subsidien für den Kleinkrieg in Schlesien als Versuch einer Stillegung der dortigen Leineweberei zu verdächtigen.

wand. Schon ein Vierteljahr nach seiner Einrichtung wurde er von der preußischen Verwaltung selbst großenteils als undurchführbar erkannt. In Königsberg trat eine allgemeine Handelsstockung und infolgedessen eine Ebbe in den Zollkassen ein, die den Militärgouverneur des Gebiets östlich der Weichsel, den früheren Außenminister General v. Zastrow, veranlaßten, auf eigene Verantwortung schleunigst Abänderungen vorzunehmen. Zu seiner Rechtfertigung konnte er sich darauf berufen, daß in Pommern, dessen Kriegsimpost ihm vorgehalten worden war, Heydebreck selbst sich zu einer Herabsetzung um 20—30 v. H., und zwar auf dem verdächtigen Wege „geheimnisvoller Verhandlungen“, genötigt gesehen habe[14]).

Die ernsten Meinungsverschiedenheiten im Schoß der preußischen Verwaltung, in die dieser Vorgang blicken läßt, haben dort auch bei der weiteren Entwicklung des handelspolitischen Verhältnisses zu England die heftigsten, der Diplomatie nicht förderlichen Streitigkeiten hervorgerufen; die Trennung und Ortsveränderung der verschiedenen Verwaltungszweige in den Feldzügen muß das Mißliche einer solchen Lage noch gesteigert haben. Von vornherein entsprach, wie in der Handelspolitik aller Zeiten, dem innern Gegensatz zwischen Schutzzöllnern und Freihändlern nach außen der zwischen einer selbstbewußteren und kampflustigeren und einer mehr friedlichen und abwägenden Richtung. Derselbe Heydebreck, der den Kriegsimpost aus Gründen des Staatshaushalts für ganz unentbehrlich erklärte, fand nichts Unmögliches in dem Vorschlag eines Handelsvertrags, worin England nicht bloß die alten Zölle aus der Zeit vor der Kontinentalsperre, sondern sogar den damaligen, die preußische Schiffahrt begünstigenden Ausnahmezustand, die teilweise Suspension der Schiffahrtsgesetze der Wirkung nach von neuem zugestanden hätte, und zwar im Augenblick, da die (an sich sehr berechtigte) Rückforderung der seit 1806 aufgebrachten preußischen Schiffe die preußische Reederei besonders wettbewerbsfähig mit der englischen gemacht hätte. Als Gegenleistung für alle diese Vorteile hatte ja Heydebreck nun freilich die Milderung seines Kriegsimposts in der Hand; aber darüber war er mit dem im Hauptquartier angelangten Hauptvertreter des baltischen Holzhandels, dem Londoner Isaac Solly, einig, daß dieser Trumpf zunächst dazu dienen müsse, die Bedingungen der englischen Kriegsfinanzierung günstiger zu gestalten! Auch Beguelin, der die Wünsche des preußischen Englandhandels mit zaghaften Bedenken begleitet hatte (o. S. 22), wußte doch selber keinen andern Rat, als die Engländer mit dem soeben eingerichteten Stettiner Freihafen zu vertrösten, wo ihre Einfuhrwaren auf etwaige Wiederausfuhr hin ein halbes Jahr unverzollt lagern könnten. Und Niebuhr, der wie Heydebreck England durch „ein konsequentes System drückender Abgaben“ nachgiebig zu machen gedachte (in der Tat schlägt er diesen in der späteren preußischen Handelspolitik noch so oft erklingenden Ton hier zuerst an), zerstörte trotzdem, wohl aus seinen dänischen

[14]) Immediatbericht Zastrows vom 13. Juli auf Kabinettsorder vom 29. Juni 1813. Dazu Heydebrecks Rechtfertigung bei Mamroth, Kriegsimpost 9f.

Erfahrungen heraus, die Einbildung einer vertraglichen Durchbrechung der englischen Navigationsgesetzgebung und verließ sich für die Erreichung seiner weit bescheideneren Ziele großenteils wieder auf die Wirksamkeit rein wirtschaftlicher Ursachen. Wenn er dabei die preußische Holzausfuhr nach England sozusagen als einen handelspolitisch unselbständigen Nebenzweig der russischen ansah, so hat seinen Folgerungen für die Zukunft die spätere Entwicklung des Holzhandels ebenso Unrecht gegeben wie eine genauere Kenntnis der parlamentarischen Zollpolitik in England seiner geschichtlichen Begründung[15]).

Auf der andern Seite bildete Hardenbergs neue Beamtenschaft, von der sich ja Niebuhr vor kurzem mißmutig getrennt hatte, mit der ihr persönlich so vielfach verbundenen Kaufmannschaft der Ostseehäfen eine einheitliche freihändlerische Front, deren altüberlieferte Neigung für England nur noch durch die Empörung über die absolutistische Finanzwirtschaft Heydebrecks überboten wurde. Zwei Gruppen von Männern und Interessen lassen sich dabei unterscheiden. Im Westen der alten Monarchie meldete sich der handelspolitische Berater des Zivilgouverneurs Vincke, der Bremer Kaufmann und ehemalige Göttinger Präfekt Delius, der noch zu großen Aufgaben in der preußischen Handelspolitik berufen war; zwischen Elbe und Oder fand der auf die Kolonialwareneinfuhr angewiesene pommersche Handel in Sack einen um so gewichtigeren Fürsprecher, als er gleichzeitig an der Spitze des Polizeidepartements die Gewerbesachen verwaltete[16]). Für Ost- und Westpreußen aber erhoben sich die Stimmen der ersten handelspolitischen Helfer Hardenbergs, Scharnwebers und Hippels, mit der größten, auch persönlichen Leidenschaft. Zunächst verursachten die schon erwähnten Ungleichheiten in der Ausführung der Zollverordnungen endlose erbitterte Erörterungen, deren Berechtigung selbst dann unmöglich nachzuprüfen wäre, wenn nicht die Tarife selbst größtenteils unveröffentlicht geblieben wären. Zu der bekannten Willkür der alten polizeistaatlichen Zollverwaltung würde es stimmen, daß im allgemeinen die Zentralbehörden in peinlicher Unkenntnis über die wirkliche Belastung des Handels gewesen zu sein scheinen. Der Kaffeezoll, der nach Beguelin nur 2 Gr. das Pfund betragen sollte, erreichte nach einer Angabe der Königsberger Kaufmannschaft mit einer tatsächlichen Höhe von 6 Gr. den vollen Wert der Ware. Heydebrecks Berechnung, daß sich der Kriegsimpost im Durchschnitt bloß auf $^1/_6$ der Zölle vor 1806 belaufe, verschleierte die Tatsache,

---

[15]) Bemerkungen Niebuhrs zu einer Denkschrift Heydebrecks über den Handel Preußens mit England (Breslau 20. März 1813), Görlitz 21. Mai 1813, Rep. 6 A. A. II England 1 vol. 1, ebd. Heydebrecks Promemoria über den englischen Handel („wonach Lord Castlereagh zu belehren") 17. Juli, Solly an Hardenberg, Reichenbach 26. Juli 1813, Beguelins Mémoire sur nos relations commerciales avec l'Angleterre, dazu die S. 27 Anm. 96 erwähnte Bothesche und die S. 35 Anm. 5 erwähnte Danziger Denkschrift.

[16]) Delius (vgl. Bodelschwingh, Vincke 528) an Hardenberg, Bremen 5. Dez., Sack an Hardenberg, Berlin 29. Juni, 2. Aug., 21. Okt. (mit Gutachten der Regierung Stettin und der Polizeidirektoren Anklam und Demmin), 14. Nov. 1813.

daß eine Reihe der wichtigsten Positionen umgekehrt nicht unerhebliche Erhöhungen erfahren hatte, Gewürze z. B. angeblich um 800 v. H. Und es war für den Handel ein schlechter Trost, daß der Impost auf raffinierten Zucker mit 27 Rt. für den Zentner wenig über die Hälfte der (wie man bemerkte, niemals durchgeführten) Napoleonischen Kontinentalabgabe von 52 Rt. betrug oder der Einfuhrzoll auf Baumwollgarn, der Ausfuhrzoll auf Getreide (er sollte noch soeben 300 englische Schiffe von den Ostseehäfen verscheucht haben) mit dem englischen Schutzzollsystem gerechtfertigt wurde, dessen Wirkungen doch dadurch nur verschärft werden mußten. Wohl waren die Kritiker — und das spricht ebenso für ihre eigene Ehrlichkeit wie für die Berechtigung des Gegenstandpunkts — bereit, zuzugeben, daß gerade die Provinz Preußen und insbesondere ihr Handelsstand bisher steuerlich sehr bevorzugt gewesen seien, daß die durchschnittliche Höhe des Kriegsimposts statt der von Heydebreck errechneten 5 v. H. nicht mehr als 10 v. H. sei (es ist merkwürdig, wie mit einer gewissen Naturnotwendigkeit alle Tarife der Zeit um diese Zahl gravitieren), daß der Vorteil einer jährlichen Staatseinnahme von 6 Millionen Rt. aus dieser Quelle höchstens durch ihre Unsicherheit etwas beeinträchtigt werde. Aber nach der Meinung dieser Ratgeber mußten alle diese Gründe von größeren politischen und handelspolitischen Rücksichten überwogen werden. Das Gebot des Augenblicks, Englands „Achtung" und „Vertrauen" nicht zu verscherzen, durch das Festhalten an prohibitiven Grundsätzen keinen politischen Verdacht zu erregen, schien ihnen in dieselbe Richtung zu weisen wie die einzigartige Gelegenheit, nach Besiegung Frankreichs wenigstens zeitweilig die Rolle des einzigen „Intermédiaire" zwischen dem englischen Angebot und der Masse der festländischen Nachfrage zu spielen. Und geradezu hochverräterisch dünkte sie unter diesen Umständen in inner- und außerpolitischem Sinn das Verhalten Heydebrecks. Er sei gewohnt, schrieb Scharnweber Hardenberg nicht ohne Anhalt an den letzten Ereignissen, „alle Edikte und Verfügungen, die nicht von ihm ausgehen, als nicht existierend zu betrachten". Die Unrichtigkeiten seines letzten Gutachtens seien „in einem solchen Maße stark und auffallend, daß sie von einem Geschäftsmann und vollends von einem Departementschef für unbegreiflich gehalten werden müssen. Es sind mehrere Anführungen und Behauptungen darin, die offenbar unwahr und um so ahndungswerter sind, da dies Promemoria die Bestimmung hatte, die Data zu einer dem englischen Ministerio zu übergebenden Note zu suppeditieren, und da Ew. Exzellenz beispiellos kompromittiert worden wären, wenn Sie diese Data für wahr gehalten und benutzt hätten" [17].

Erst von dieser Uneinigkeit der preußischen Zentralbehörden aus wird erklärlich, warum im Herbst Jacobis Londoner Unterhandlung

---

[17]) An Hardenberg Komitee der Kaufmannschaft Königsberg 27. Juni, Scharnweber Brief und Gutachten Glatz 18. August, Hippel dgl. Teplitz 20. und Prag 21. August 1813. Vgl. Bach, Hippel 225: „Am 5. Oktober reicht er dem Staatskanzler 3 Aufsätze ein: über den Impost, über die Antipathie [Alexander] Dohnas und Heydebrechts (!) und über die Domainen." Dazu Mamroth, Kriegsimpost 9.

mit dem ungeschickten Versuch, die erwünschten englischen Handelsbegünstigungen durch Drohung mit einer preußischen Heeresverminderung zu erzwingen, zu einem abermaligen Stillstand gelangte. Immerhin gab die alsbaldige Abreise der beiden Leiter des englischen Handelsamts, des Präsidenten Clancarty, der im November mit dem Prinzen von Oranien, und des Vizepräsidenten Robinson, der um die Jahreswende mit Castlereagh nach dem Festland ging, dieser Verhandlungspause nicht nur eine mildere Form, sondern die Gelegenheit zu neuer unmittelbarer Anknüpfung: Wohl hauptsächlich zur Mitwirkung dabei wurde auch Hoffmann von Hardenberg Ende des Jahres ins Hauptquartier gerufen [18]. Hier sind dann die Erwägungen über die gegen England einzunehmende handelspolitische Haltung abgeschlossen worden. Vermöge einer gewissen Ausschaltung der eigentlichen bureaukratischen und wirtschaftlichen Interessenvertreter vollzogen sie sich jetzt in wesentlich ruhigeren Bahnen. Während das ausführliche Gutachten der schlesischen Provinzialverwaltung für die Förderung der dortigen und der neue Finanzminister Graf Bülow für die der heimatlich westfälischen Leinenausfuhr als Druckmittel namentlich die Tucheinfuhr von, die Garnausfuhr nach England weiter zu erschweren empfahlen, schloß sich das freihändlerische Gewerbedepartement unter Kunth, so abfällig es auch nachträglich diese aggressive Handelspolitik beurteilte, vor der Hand doch dem Vorhaben einer Durchbrechung der englischen Navigationsakten an, und seine Vorschläge dazu, die Anerkennung der preußischen Häfen als Ursprungsland russisch polnischer Rohstoffe sowie der preußischen Reederei als Eigentümerin auch von Schiffen nichtpreußischer Erzeugung, zeichneten in der Tat den künftigen Abbau der englischen Schiffahrtspolitik ziemlich genau voraus [19].

Noch war es freilich auf beiden Seiten zu früh für eine solche Einigung. Was wenig später Graf Bülow bei der Erörterung der Frage der französischen Schutzzölle als notwendige Bedingung aller Retorsion bezeichnet hat, daß sie wirksam genug sein müsse, um bald durch Erreichung ihres Zwecks überflüssig zu werden, war im Verhältnis zu England kaum als gegeben zu betrachten: Wenn jetzt, ein Jahr nach Hardenbergs erster öffentlicher Zusage, der Kriegsimpost endlich die ersehnte beträchtliche Einschränkung und Herabsetzung erfuhr [20], so war jedenfalls England gegenüber damit ein

---

[18]) Über die Note Jacobis vom 22. Sept. 1813 Oncken 2, 531. Clancarty: DNB. 57, 195. Robinson: Castlereagh's Memoirs and corr. 1, 125ff. Hoffmann: Loening 56. Nach Niebuhrs Mitteilungen an seine Frau (16. Juni u. 7. Okt. 1813 [Hensler] 1, 565, 571) war Hardenbergs Plan, ihn statt Jacobis oder in Sondergesandtschaft nach London zu schicken, an seinem Widerspruch gescheitert.

[19]) Bothesche Denkschrift, Graf Bülow an Hardenberg, Chaumont 7. März 1814, Rep. 74 K. XIII. 13, Kunth an Hardenberg 20. Juli 1814, A. A. II Rep. 6, Engl. 11 vol. 1. Einen Differentialzoll auf englische Schiffe als Repressalie hatte der preußische Handel (z. B. die Danziger Denkschrift für Leipziger) vergeblich angeregt.

[20]) Edikt vom 13. März 1814 (nicht Mai, wie bei Freymark 41), Gesetzsamml. S. 20ff. Dazu Mamroth, Kriegsimpost 23f. Beispielshalber betrug der neue Zuckerzoll 4 Rt. den Zentner.

bedeutender Trumpf fortgegeben. Und wenn der siegreiche Freihandel in Hoffmanns abschließender Denkschrift vom 7. März 1814 den englischen Fabrikaten darüber hinaus einen (gegenseitigen) Höchstzoll von 10 v. H., den Kolonialwaren die einfache Meistbegünstigung bieten wollte, so schnitt eine derartige ganz moderne Regelung nach großen Grundsätzen viel zu tief in das merkantilistische Finanzsystem Englands ein, um ihren Vorteilen dort Beachtung zu verschaffen. Selbst in Preußen, das doch soeben den Höhepunkt einer großen territorialen und behördlichen Reorganisation erreichte, ist sie damals zu freihändlerisch kühn erschienen. Den Verhandlungen mit Robinson zu Chaumont, die nicht Hoffmann, sondern vielleicht auch aus Rangrücksichten Hardenbergs nächster Stellvertreter im Auswärtigen Departement, Jordan, nach Scharnweber ein Gesinnungsgenosse Heydebrecks, geführt hat, wurde ein preußischer Vertragsentwurf zugrunde gelegt, der nach ganz theoretischem Ausspruch des Meistbegünstigungsprinzips die Reziprozität wesentlich nur für die beiderseitige Schiffahrt festsetzte und in der Zollpolitik statt Hoffmanns Vorschlägen die Wiederherstellung des Standes von 1806 vorsah, wie sie Preußen in der Tat bald darauf von sich aus (allerdings mit dem Vorbehalt von Abänderungen aus „allgemeinen Rücksichten") vorläufig verfügte, bis es im Herbst mit dem „Ersatzzoll" im wesentlichen zum Kriegsimpost zurückkehrte[21]). Robinsons schriftliche Antwort vom 7. April 1814, ein Meisterstück diplomatisch verbindlicher und überlegner Form, zerpflückte unschwer das Unzureichende dieser Anerbietungen. Ohne ausdrückliche Erwähnung der preußischen Finanzzölle war es doch wohl die Antwort auf die fiskalische Hartnäckigkeit Heydebrecks, wenn die Autonomie der englischen Kriegszölle gegen ihre vertragliche Bindung geltend gemacht wurde, und auch ohne Kritik an der preußischen Gegenleistung, dem Rückgriff auf das altpreußische Zollsystem, richtete sich die nationale Überlieferung des altenglischen Navigationssystems wirkungsvoll gegen den Versuch des fremden Eingriffs auf. Den bloßen Gedanken eines Handelsvertrags, von dem doch die Londoner Vorverhandlungen ausgegangen waren, wies England jetzt, im Augenblick, da die Parlamentsdebatten über die berühmteste aller protektionistischen Maßregeln, das Korngesetz, beginnen sollten[22]), unter der, wie gezeigt (oben S. 18f.), damals geläufigen Begründung, unbequeme Bindungen vermeiden zu wollen, höflich aber bestimmt ab.

Die Besprechung in Chaumont scheint von Preußen, wohl weil man im vorhinein wenig Erwartungen auf sie setzte, mit dem strengsten Geheimnis umgeben worden zu sein. Wenigstens hatte man vorgezogen, sogar den Gesandten in London in Unkenntnis darüber zu lassen, der sich noch kurz zuvor sehr zweifelnd über die Eignung des

---

[21]) Kabinettsordern vom 16. Mai und 8. Sept. 1814, Gesetzsamml. S. 45f., 105. Auch Dänemark machte von der Aufhebung des preußischen Kriegsimposts die seines Kriegsdurchfuhrzolls abhängig, für die sich besonders der bekannte Landeshuter Leinenfabrikant Duttenhofer bei Hardenberg verwandt hatte: Dohna an Hardenberg 8. Dez. 1814, A. A. II Rep. 6 Dänemark 1 vol. 1.

[22]) Vgl. W. Smart, The antecedents of the Corn Bill of 1815, EHR. 24, 479ff.

Zeitpunkts zu handelspolitischen Abschlüssen ausgesprochen hatte[23]). Unter dieser seltsamen Ausschaltung der eigentlichen Diplomatie haben aber wiederum deren eigene Geschäfte sichtlich gelitten. Hardenbergs Bestrebungen zum Wiederaufbau der durch den Krieg schwer getroffenen preußischen Handelsmarine begegneten von Englands Seite der hartnäckigen Abneigung des neidischen Wettbewerbers. Dem englischen Seekriegsrecht, das die Handelsflotte Preußens für sein Bündnis mit Napoleon so schwer hatte büßen lassen, mußte sich Preußen nach endlosem Schriftwechsel schließlich bedingungslos beugen[24]). Und auch die große Einbuße, die die preußische Flottenmannschaft durch Desertionen zu der meerbeherrschenden englischen Flagge im Krieg erlitten hatte, weigerte sich England trotz allen Drängens wiedergutmachen zu helfen: Die beiden von Jacobi vorgeschlagenen Wege, entweder das englische Seestrafrecht auch auf preußische Matrosen anzuwenden oder die Polizeigewalt der Friedensrichter den preußischen Kapitänen zur Verfügung zu stellen, sind nach — zwölfjährigem Stillschweigen erst seinem Nachfolger Maltzahn mit der logisch eigentümlichen Begründung abgeschlagen worden, daß der erste nur, der zweite nicht einmal für englische Seeleute gangbar sei[25]). Nach allem diesem gehörte kaum noch eine sehr doktrinäre Vorliebe für das handelspolitische Geschehenlassen dazu, wenn der Gesandte auf die Weisung, der englischen Regierung ihr „wahres Interesse" am Handel mit Preußen wiederholt darzulegen, nicht ungeschickt gleichsam die Summe aus seinen bisherigen Erfahrungen zog: »Peut-être des détails authentiques à ce sujet devaient-ils venir de la part des propres sujets d'Angleterre plutôt que de la mission prussienne.«[26]) Eben damals enttäuschte

[23]) Bericht Jacobis 1. Febr. 1814, Privatbrief an Jordan 22. März 1816, A. A. II Rep. 6 England 1 vol. 2. Nach diesem erfuhr er erst damals, sein Legationsrat Greuhm schon September 1814 von den Verhandlungen in Chaumont.

[24]) Min. d. Ausw. an die Berliner Baumwollfirma J. M. Gumbinner, 15. Mai 1816: „daß die britische Regierung bei ihrer früheren bestimmten Erklärung beharret, daß bei der Observanz, welche in England ein zu allen Zeiten unveränderlich gehandhabtes Recht ausgemacht habe, nämlich die in britischen Häfen befindlichen Schiffe eines Staates, mit welchem England in Feindseligkeiten steht, mit Embargo zu belegen und die auf dem Meere betroffenen Schiffe provisorisch wegzunehmen und sie demnächst zu kondemnieren und folglich definitive wegzunehmen, es absolut notwendig sei, alle Reklamationen wegen solcher Schiffe sowie jeden Anspruch auf Entschädigung abzulehnen, weil es sehr schwierig sein würde, in einzelnen Fällen hierunter etwas aufzugeben, ohne in allen übrigen Fällen gleiche Begünstigung zu verwilligen"; an die Berliner Seidenfirma Gebr. Baudouin 6. Mai 1816: „daß das Schiff Philipp auf seiner Fahrt von Hamburg nach dem Bestimmungsorte [Tönning] die Blockade verletzt hat und lediglich aus diesem Grunde verurteilt worden ist, indem es bei einem solchen Fall gar nicht darauf ankömmt, ob das Schiff dem Untertan einer befreundeten oder dem einer feindlichen Macht gehört".

[25]) Notenwechsel Jacobi 27. Jan. und Kolonialsekretär Bathurst 21. Febr., a. a. O. Engl. 29. Auf Jacobis Note vom 26. März 1814 die sachliche Antwort erst die Note Cannings an Maltzahn 6. April 1827 ebd. 1 v. 9.

[26]) An Jordan 22. März 1816 s. o. Anm. 23. Zum Folgenden Customs tariffs 34.

England die Erwartung der ganzen Handelswelt, daß es wenigstens das doppelte System seiner berüchtigten Kriegszölle im Frieden abbauen werde dadurch, daß es sie um die angeblich dafür in Aussicht genommene Zeit umgekehrt zum dauernden Gesetz erhob.

Eine kleine Entschädigung des preußischen Ostseehandels für diese traurigen Verhältnisse war die Wiederherstellung der friedlichen Handelsbeziehungen mit Dänemark, schon vor dem politischen Friedensschluß, durch den Pariser Vertrag vom 2. Juni 1814. Hier wurde die preußische Diplomatie dadurch unterstützt, daß Bernadotte schon im Kieler Frieden vom 14. Januar auch für seine Verbündeten die Milderung des lästigen dänischen Kaperkriegs ausgemacht hatte. Auch bemühte sich Dänemark selbst nicht weniger als die preußischen Häfen um die Eröffnung des Friedensverkehrs und brachte dafür sogar das Opfer, als „Freundschaftsbeweis" seine preußischen Prisen seit dem Januar zunächst einseitig herauszugeben [27]).

Sacks belgischer Handelsvertrag.

Ist schon die eiserne Beharrlichkeit der englischen Handelspolitik gegen Preußen in der dortigen Öffentlichkeit vielfach als Undank für die preußischen Waffentaten aufgefaßt worden, so mußte es vollends bittre Enttäuschung erregen, wenn gleich nach dem Sieg der Verbündeten auch die von ihnen geschaffenen neuen Staatsgewalten im Westen trotz aller Deklamationen gegen das Napoleonische Abschließungssystem mehr oder minder unmittelbar zur Schaffung nationaler merkantilistischer Zollgebiete übergingen. Was Frankreich betrifft, kann die Entrüstung auch der Urteilsfähigen wie Sack, der als Generalgouverneur des Niederrheins die seiner Heimat drohende Gefahr sogleich voll erkannte (an Hardenberg, Aachen 2. Juni 1814), nicht darüber hinwegführen, daß die Unterbrechung des ungeregelten Kriegsverkehrs durch eine Grenzzollinie [28]) eine unabweisliche Staatsnotwendigkeit für die Bourbonen war. Die Person ihres Finanzministers, des Freundes und Schicksalsgenossen Talleyrands Baron Louis, bewies, daß die schärfsten Kritiker der Napoleonischen Finanzverwaltung ohne eine sehr fiskalische Zollpolitik nicht auskamen [29]), und ein gerechter Beurteiler wie Hoffmann

[27]) Bernadotte an Krusemarck 14. Jan., Eingaben der Kaufmannschaften Memel 15. März, Stettin 2., Königsberg 12. April, Note des dänischen Gesandten v. Eyben 14. April, A. A. II Rep. 6 Dänemark 1 vol. 1. Dazu Martens 2, 1, 674; 3, 305.

[28]) Dekret vom 23. April (Kolonialwaren), Finanzministerialverfügung vom 30. April, Ordonnanzen vom 27. Juni und 12. Aug. (Sperrung der Eisenwarenlager) und Gesetz vom 7. Dez. 1814, Bulletin des lois 5 nr. 51, 188, 250, 529. Die freihändlerische Darstellung bei Noel 40ff verfehlt den von Anfang an feststehenden protektionistischen Zug der Gesetzgebung; nur im Vergleich zur Kontinentalsperre brachte sie Erleichterungen.

[29]) Der russische Botschafter Pozzo an Nesselrode, Paris, 26. Sept. 1814, Corr. 1, 38: „C'est la conviction de posséder d'immenses ressources financières qui a beaucoup contribué à la tranquillité des esprits [nämlich der Staatsgläubiger] et au rétablissement de l'ordre."

hat anerkannt, daß die dem entgegenkommenden Schutzzollwünsche der führenden französischen Wirtschaftskreise zum Teil nur die Vergeltung des vernichtenden Wettbewerbs waren, den unter dem Kaiserreich uralte französische Gewerbe, wie die Webstoffabriken von Abbeville, Troyes u. a., von dem neuerworbenen linken Rheinufer erfahren hatten[30]).

Daß Hoffmann, wohl ebensosehr aus seiner freihändlerischen Überzeugung als aus der Erkenntnis der bevorstehenden Entwicklung, nun auch dem deutschen Textilgewerbe den Rat gab, mit seinen Tüchern von Verviers, Seidenzeugen von Iserlohn und Batisten von Bielefeld auf dem inneren Markt der französischen Luxuseinfuhr den Rang abzulaufen[31]), war freilich so lange reine Theorie, als dieser Markt dem französischen nicht als ein ebenbürtiges nationales Zollgebiet gegenübertrat. Ein solches zu schaffen waren jedoch die Aussichten gering. Vergeblich wandte sich Sack und ein Abgesandter der Aachener Industrie, der die neue französische Douane neben dem Absatz in Frankreich auch den Rohstoffbezug und besonders den Durchgang nach Südeuropa und Übersee erschwerte, an Stein als Haupt der Zentralverwaltung. Sie wurden auf die Friedensverhandlungen verwiesen[32]), die doch eben damals dicht vor dem Abschluß eine neue Bindung der bourbonischen Monarchie gar nicht mehr zuließen: Die Mächte, die dem besiegten Frankreich nicht einmal eine Kriegsentschädigung abzunehmen wagten, hätten sich über eine handelspolitische Vergeltung für die Kontinentalsperre erst recht nicht geeinigt. Nachdem das einmal entschieden war, hat der Gedanke eines deutschen oder nordeuropäischen Zollvereins gegen das französische Prohibitivsystem, wie ihn Graf Bülow (Hirschberg 24. Sept. 1814) als schüchterne Alternative eines Handelsvertrags Hardenberg für den Wiener Kongreß empfahl, bloß die (allerdings nicht unerhebliche) Bedeutung eines Keims viel späterer handelspolitischer Organisation. Daß wenigstens der Übergang in die neue Wirtschaftslage dem rheinischen Export soviel wie möglich erleichtert wurde, war das Verdienst des am Pariser Hof sehr beliebten[33]) Gesandten Grafen K. H. F. Goltz, der damit der Angliederung der Rheinlande an Preußen auch wirtschaftspolitisch unverkennbar vorgearbeitet hat. Er ist einer der wenigen preußischen Diplomaten, denen die heimische Geschäftswelt Dank und Anerkennung ausdrücklich bezeugt hat[34]). Durch ausführliche Darlegungen des Nutzens, den die Luxusausfuhr und der Kommissionshandel Frankreichs von der Aufrechterhaltung der alten Beziehungen zu Preußen hätten, wußte er, unterstützt durch

[30]) Gutachten vom 5. Mai 1814 (von Zimmermann 10 Anm. 1 ohne diese Stelle angeführt): A. A. II Rep. 6 Frankr. 3 vol. 1.

[31]) Von Hoffmann entworfener Bescheid Hardenbergs an Sack 18. Nov. 1814.

[32]) Bescheid Steins, 30. Mai, bekanntgemacht von Sack im Journal des Mittel- und Niederrheins 18. Juni 1814. Über Steins damaliges ziemlich summarisches Geschäftsverfahren Pertz 4, 26.

[33]) Der Außenminister Jaucourt an Talleyrand 11. Mai 1815, Corr. 343: „Nous avons à combattre nous-mêmes d'abord et la haine des Prussiens. Le comte de G. nous y aidera; il a un esprit et un cœur tout à fait capable de vouloir le bien“

[34]) [Braff] 104f., Anm. 32.

den Kaufmann J. G. Heydweller, den auf seine Anregung der Krefelder Handelsstand nach Paris entsandt hatte, bei Talleyrand selbst den preußischen Interessen so gut den Boden zu bereiten, daß dieser von Wien aus über den Kopf des widerstrebenden Finanzministers hinweg den Krefelder Seiden- und Samtimporteuren die Befreiung vom Nachzoll für ihre vor der Neuordnung eingeführten, noch unverkauften Waren (und das war wie stets in solchen Fällen eine ganz beträchtliche Menge) bewilligt hat. Daß eine von Goltz bei Hardenberg angeregte Drohung mit Repressalien wie Zollerhöhungen auf französische Weine und Erschwerungen des Leipziger Meßverkehrs die Nachgiebigkeit Talleyrands beschleunigt hat, darf man nach Äußerungen von Sack annehmen[35]).

Nicht überall fand der Handel der rückeroberten deutschen Gebiete einen so kräftigen Schutz bei der preußischen Politik. Vielleicht wirkte auch der Unterschied zwischen altpreußischem und erst zu erwerbendem Land mit. Jedenfalls half es der bergischen Industrie wenig, daß sie sich gegen die ersten Schutzzollmaßregeln des neuerrichteten Königreichs der Niederlande und den französischen und englischen Wettbewerb, sei es in Vorwegnahme der erwarteten Gebietsverteilung oder im Hinblick auf die Verwandtschaft der Dynastien, unmittelbar an den König von Preußen wandte: Hardenberg beruhigte sich bei dem Bericht des Gesandten im Haag, der vor der endgültigen territorialen Regelung von einer Verwendung abriet[36]).

Erst aus dieser Vorläufigkeit der nordwestdeutschen Zustände, die die Okkupationsregierungen der einzelnen Mächte noch immer als Ausfluß ihres Kondominats erscheinen ließ[37]), erklärt sich die auffallende Eigenmächtigkeit, mit der Sack als Generalgouverneur von Nieder- und Mittelrhein auch die Handelspolitik dieser Gebiete zu regeln unternahm. Nachdem seine Versuche, mit Hardenberg darüber wie über die ganze andre Verwaltung in enger Fühlung zu bleiben, zuerst durch die kriegerischen Ereignisse und darauf durch die schwankende Haltung der preußischen Zentralregierung immer wieder beeinträchtigt worden waren, wird er um so weniger Anlaß gegeben haben, die in Steins Schule erlernte Rücksicht auf die Bedürfnisse Gesamtdeutschlands und der erwerbenden Stände irgendwelchen bureaukratischen Formbedenken unterzuordnen[38]). Wie auch bei Stein so oft mußte aber diese schon an sich revolutionäre Neigung mit den preußischen

[35]) Noten Goltz' an Talleyrand 28. Juni und 15. Aug., Jaucurt und Louis an Goltz 25. Sept. bzw. 20. Okt., Berichte Goltz' 30. Juli, 23. Aug. und 26. Sept., Sack an Hardenberg 26. und 30. Okt. 1814 a. a. O.

[36]) Throneingabe des Oberbürgermeisters Brüning (Elberfeld) 1., Kabinettsorder an Hardenberg Wien 17. Okt., Erlaß an Brockhausen 7. Nov. und dessen Bericht 23. Dez. 1814, A. A. II Rep. 6 Niederl. 1 vol. 1.

[37]) Noch in einer Denkschrift vom 30. April 1815 an Graf Bülow hat sich Vincke für Handelsvertragsverhandlungen mit den Niederlanden auf den preußischen „Schatz" über das Königreich berufen.

[38]) Die übrigens vortreffliche Zusammenfassung bei Gothein, Köln 107 tut insofern Sack gegenüber Stein unrecht. Die hämischen Urteile Gruners bei Rühl, Staegemann 13f., 24 verraten deutlich die Eifersucht auf den Nachfolger.

Überlieferungen um so eher zusammenstoßen, als sie sich in der Ausführung wohl oder übel vor allem auf die Methoden und damit das Personal der feindlichen und gestürzten französischen Verwaltung angewiesen fand. Alle diese Kräfte hatten bereits bei dem denkwürdigen Vertrage eine Rolle gespielt, durch den noch mitten im Kriege, am 12. Dez. 1813, Sacks Amtsgenossen, die Generalgouverneure Gruner von Berg und Vincke von Westfalen, den schwer ringenden Gewerben ihrer Gouvernements das einheitliche Zollgebiet des „Rhein-Weser-Verbandes" schufen; der gemeinsame Zolltarif vom 9. Jan. 1814, der im wesentlichen die Tarife des Großherzogtums Berg von 1807 und 1809 nachbildete, war die Arbeit von Gruners Zolldirektor, dem ehemaligen bergischen Staatsrat Jacobi[39]).

Die Gründe, die zur Bildung des Bergisch-Westfälischen Zollvereins geführt und in ihm ein wichtiges Bindeglied zwischen den zollpolitischen Bestrebungen Steins im alten Preußen[40]) und der bevorstehenden Neuordnung des Gesamtstaates hergestellt hatten, bestanden für Sacks rheinische Gouvernements in noch verstärktem Maße. Die Aufhebung des französischen Systems indirekter Abgaben, durch die die Verbündeten die Stimmung der Rheinlande nicht zuletzt für sich gewonnen hatten, erforderte gebieterisch die Eröffnung frischer Einnahmequellen, und außer den französischen Schutzzöllen fingen gleich nach der Errichtung des neuen niederländischen Königreichs[41]) auch dort die Abschließungsbestrebungen der belgischen Industrie und des holländischen Transithandels die bisherigen rheinischen Mitbürger zu bedrohen an. Die Maßregeln Sacks, die wie sein neuer Salzzoll[42]) den einheimischen Handel als Ganzes gegen den ausländischen Wettbewerb schützten, blieben trotz ihrer großen Bedeutung unbeachtet. Anders der Ersatz der napoleonischen Douane, über den er noch im Juni in Elberfeld Verhandlungen mit dem benachbarten Rhein-Weser-Verband eröffnen ließ. Diese Beratungen, bei denen nicht unnatürlich auch die sachverständige Beamtenschaft der französischen Zeit, an ihrer Spitze der Steuerdirektor Bernard, entscheidend mitwirkte, begegneten aber sogleich dem schärfsten Mißtrauen von zwei ganz verschiedenen Seiten. Der neue Tarifplan sah auch einen Durchfuhrzoll vor, der auf dem Rhein den napoleonischen Oktroi zu ersetzen bestimmt war; sofort erhoben im Interesse der durch den Pariser Frieden eben noch gewährleisteten Rheinschiffahrtsfreiheit die Kölner „Spediteurs", wie Sack nicht ohne Verächtlichkeit sagte, auch bei Hardenberg einen Einspruch, dessen Heftigkeit durch die gleichzeitigen konfessionellen Streitigkeiten des protestantischen Gouverneurs mit dem rheinischen Katholizismus

---

[39]) Vgl. die Tabelle Lindner 315. Über Jacobi vgl. C. Schmidt, Grand-duché de Berg 37 110.

[40]) Vgl. Lehmann, Stein 1, 346 Anm. 1.

[41]) Arrêté vom 20. Juni 1814 Journ. off. de Belg. 383ff Vgl. u. S. 104 ff,

[42]) Gothein, Köln 167 zu ergänzen durch Neigebaur 413—24 Anm. Den so ausgeübten Druck auf die französische Ostsalinengesellschaft, an der der Generalempfänger des Ardennendepartements Milleret beteiligt war, versuchte Sack vergeblich zu einer Milderung des Prohibitivsystems zu benützen: an Hardenberg 26. Nov. und 9. Dez. 1814, a. a. O. Frankr. 3 vol. 1.

nicht gemildert wurde: Zu den führenden Männern der Handelskammer gehörte neben dem Präsidenten J. P. Heimann, dem Vizepräsidenten G. H. Koch und H. Merkens auch der nachmals durch ein sensationelles Mordverfahren vor den rheinischen Schwurgerichte berühmte P. Fonck, ein Neffe des streitbaren Aachener, späterer Kölner Generalvikars M. W. Fonck, der um dieselbe Zeit gegen Sacks Kirchenrechtsverwaltung, namentlich die Freigabe der Eheschließung mit der Schwester der verstorbenen Ehefrau, bei dem Kardinal Consalvi auf seiner Reise zum Wiener Kongreß Beschwerde einlegte[43]). Und auch in der Berliner Finanzbehörde hatte sich Sack mittlerweile erbitterte Gegner gemacht. Der Minister Graf Bülow, den er anfangs von den Elberfelder Zollkonferenzen genau unterrichtete, hatte deren Grundgedanken, die Einführung eines „leichten und formlosen" Zollsystems, ausdrücklich gebilligt und nur statt des positionenreichen Elberfelder Tarifprojekts ein anderes vorgeschlagen, in dem der Leiter des Abgabenwesens Ladenberg dem damaligen Zug der preußischen Finanzverwaltung[44]) folgend die Mannigfaltigkeit der Warengattungen im wesentlichen in zwei Zollklassen zusammengedrängt und dadurch dem Werte nach zum Teil weit höher als die Sackschen Sätze belastet hatte. Allerdings hatte Bülow sich dabei nicht ganz folgerichtig mit dem (bei dem ehemaligen westfälischen Finanzminister noch dazu kaum stichhaltigen) Vorbehalt gedeckt, daß ihm die rheinischen Verhältnisse für ein endgültiges Urteil zu wenig bekannt seien. Das hatte Sack sich nicht zweimal sagen lassen. Nach einer Befragung der rheinischen Handelskammern, bei der die Kölner von denen der hauptsächlich gewerbetreibenden Städte überstimmt wurde, ging er ohne Verzug mit der Rüstung seines eignen Tarifs bewaffnet an die Lösung der nächsten handelspolitischen Aufgabe, die Neuregelung der Beziehungen zu den Niederlanden. Es gelang seinem Steuerdirektor Bernard mit dem niederländischen Generalfinanzkommissar Gericke, einem Mann, der auch bei den späteren preußisch-holländischen Unterhandlungen noch hervortreten sollte[45]), den berühmten Handelsvertrag vom 10. Oktober 1814 abzuschließen, der als erster, wenn man so will, in der Reihe der neupreußischen Handelsverträge deren Schicksal gleichsam vorwegnahm, wenigstens für eine gewisse Übergangszeit nach dem Kriege der andringenden schutzzöllnerischen Bewegung des Auslands einen Damm entgegenzusetzen. Wenigstens ein Jahr lang, also über die endgültige Angliederung an Preußen hinaus, hat dieser Vertrag den dankbaren[46]) rheinisch-westfälischen Ausfuhr-

[43]) Kölner Handelskammer an Hardenberg 1. und Denkschrift vom 16 Sept., Hardenberg an Sack 11., Sack an Hardenberg 23. Nov. 1814. Vgl. J. N. Bischoff, P. A. Fonk und Chr. Hamacher (Dresd. 1823) 2, Treitschke DG. 3,392 und über Consalvis damalige Tätigkeit Ranke S. W. 40f., 54f.

[44]) Freymark 38, vgl. Hoffmann o. S. 42.

[45]) Zimmermann 104.

[46]) Vgl. [Braff] 86f. Anm. 25. Davon, daß die Berliner Regierung erst durch „die Klagen rheinischer und westfälischer Kaufleute" (Zimmermann 10) auf Sacks Zollpolitik aufmerksam geworden sei, kann so wenig die Rede sein wie davon, daß der Schmuggel nach Frankreich der „eigentliche Zweck" (Gothein, Köln 167) des Vertrags war.

gewerben den belgischen Grenzzoll auf ein unbedeutendes Wagegeld herabgemindert und so ermöglicht, für etwa 11 Millionen besonders Web-, Metall-, Papier- und Glaswaren dorthin und freilich auch im Schmuggelwege über Belgien nach Frankreich zu exportieren.

Bei den preußischen Zentralbehörden indes erregte natürlich der Handelsvertrag noch größeres Mißfallen als bereits Sacks autonomer Zolltarif. Von Berlin aus machte Graf Bülow den Staatskanzler in Wien auf die Eigenmächtigkeit des Abschlusses aufmerksam und wies, als Sack sich auf seine grundsätzliche Zustimmung berief, diese Auffassung entrüstet von sich; in der Verwerfung von Ladenbergs vereinfachtem Tarifentwurf sah er weiter nichts als das Bestreben der Zollbeamten, die ihnen vertrauten Förmlichkeiten des Alten Regimes beizubehalten, und besonders den Unterhändler Bernard kannte er als ehemaligen, wegen Bestechung und Amtsmißbrauchs vorbestraften Beamten seiner eigenen westfälischen Verwaltung von einer sehr schlechten Seite. Auch Hoffmann unterwarf von ähnlichen Gesichtspunkten aus den Vertrag, der sich selbst im Eingang als „liberal" bezeichnet hatte, einer schonungslosen Kritik und glaubte feststellen zu können, „daß man ganz planlos zu Werke ging, auf der einen Seite höchst liberal sein wollte und auf der anderen Seite den einseitigsten Insinuationen Gehör gab, überhaupt aber mit unverantwortlicher Flüchtigkeit arbeitete". Schwerer als diese technischen Mängel wog schließlich die Empfindlichkeit des Auswärtigen Departements darüber, beim Vertragsschluß mit einer fremden Macht übergangen worden zu sein. „Wo soll uns das hinführen," schrieb Jordan zu einem anderen Gutachten Hoffmanns, „wenn die Herren Generalgouverneurs alle Souveränitätsrechte ohne weitere Anfrage ausüben?" Sacks Vorgehen schien ihm ein Rückfall in die Zeiten des Territorialstaates: „Die gegenwärtigen Zeitumstände rechtfertigen manches Ungewöhnliche. Es ist jedoch sehr zu wünschen, daß wir allmählich wieder zur gewohnten Ordnung zurückkehren, sonst müssen wir auf eine allgemeine Leitung der Administration nach gleichförmigen Grundsätzen verzichten, und es bilden sich in den entfernten Provinzen kleine Satrapien, die nach eigener Willkür handeln." Freilich machte Hardenberg den Finanzminister sogleich auch auf die unerwünschten inner- und außenpolitischen Folgen aufmerksam, die eine unumwundene Verleugnung Sacks haben müsse; namentlich bleibe dann die brennende Frage der Neuordnung des rheinischen Steuerwesens wieder in der Schwebe. Aus denselben Gründen war auch schon Jordan trotz aller Schärfe des Urteils für eine vorläufige Bestätigung des Vertrags eingetreten[47]).

[47]) Bülow an Hardenberg 30. Nov. und 10. Dez., Voten Hoffmanns 13. Dez. und o. D., Jordans 16. Dez., Hardenberg an Bülow 17. Dez. 1814. Noch bei den Verhandlungen über die Zollvereinigung der neuen Rheinprovinzen mit dem ganzen Altpreußen (vgl. Vollheim 240f.) bemerkte Hoffmann an Hardenberg 5. Mai 1815 zu Sacks Äußerung, „man könne wohl den Verkehr mit den alten Provinzen begünstigen, doch nur unter dem Vorbehalte, daß dort der westfälisch-rheinische Verkehr gleiche Begünstigung erhalte": „gerade als ob beiderlei Länder verschiedene Staaten wären".

Das Ergebnis solcher widerstreitenden Erwägungen war wie so oft in dieser mit der Zwiespältigkeit der Dinge und Persönlichkeiten schwer ringenden Verwaltung eine halbe Maßregel. Einem Verweis an Sack wegen eines Schrittes, der ganz außerhalb seines Wirkungskreises liege und in die äußeren Verhandlungen wesentlich eingreife, folgte nicht etwa die augenblickliche Kündigung oder Nichtigkeitserklärung des Abkommens, sondern nur seine „Suspension", d. h. der Aufschub seiner Ratifizierung, bis zur Beendigung einer Graf Bülow übertragenen näheren Untersuchung. Dagegen äußerte Sack auf der Stelle die Befürchtung, die Niederlande würden für so eine Behandlung Vergeltung üben. Obwohl das im Staatskanzleramt von Staegemann aus der völlig verkehrten Voraussetzung, der Vertragsvorteil liege bei Belgien, als „ganz und gar nicht" begründet in den Wind geschlagen wurde, sollte der Gouverneur recht behalten. Der Mangel der Ratifikation bildete einen willkommenen Vorwand für die Abschließungsbestrebungen der belgischen Zollbehörden, den Vertrag zunächst nur sehr unvollkommen zur Ausführung zu bringen und ihn dann nach Jahresfrist mit Wirkung vom 3. November 1815 überhaupt zu kündigen. Damals hat (was in der Geschichte des Sackschen Handelsvertrags noch niemals hervorgehoben worden ist) Graf Bülow selbst, der die Untersuchung dem äußerlich vielleicht wie Gruner als Sacks Nebenbuhler erscheinenden, sachlich aber ganz mit ihm einigen Jacobi übertragen hatte, vergeblich Hardenberg gedrängt, auf der Durchreise zu den neuen Pariser Friedensverhandlungen in Brüssel eine Erneuerung des vielgeschmähten Abkommens zu verhandeln[48]. Die handelspolitischen Beziehungen Preußens zu den Niederlanden waren von Anfang an auf lange Zeit getrübt.

---

[48]) Hardenberg an Bülow 17. und 21. Dez., Bülow an Hardenberg 31. Dez. 1814 und 31. Jan. 1815, Hardenberg an Jacobi 6. Febr., Sack an Hardenberg 16. Febr., Bülow an Hardenberg 10. Okt., Jacobi an Bernstorff 10. Nov. 1815.

Die ersten Verträge.

Der Handelsvertrag mit Rufsland.

Nicht nur im Westen, sondern auch im Osten griffen in die Neuordnung der preußischen Handelspolitik Mächte ein, deren Anspruch für sie bald eine Beeinträchtigung, bald eine Beförderung, auf alle Fälle aber eine Beschränkung ihrer vollen nationalen Selbständigkeit mit sich brachten. Erst mit der Epoche der Friedensschlüsse, die das neue System der europäischen Nationalstaaten begründeten, trat die polnische Frage handelspolitisch wie politisch in das rechte Licht ihrer internationalen Schwierigkeit und Bedeutung. Als Hauptseehafen des alten Königreichs Polen empfing Danzig die preußische Organisationskommission auch wirtschaftlich mit einem Selbstbewußtsein, das durch das napoleonische Freistaatsdasein gestärkt über die frühere, im Vergleich ja noch längere Zugehörigkeit zu Preußen möglichst stillschweigend hinwegging. Als Hauptknotenpunkt des Handels zwischen der größten Seemacht und der größten Landmacht des neuen Jahrhunderts hat es der preußischen Regierung sogleich mit dem Verlangen nach Staatsbeihilfe für seine Reederei auch das Programm einer ganzen europäischen Handelspolitik vorgelegt, wonach gerade der freihändlerische Abbau des merkantilistischen Zollsystems die Waffe zur Überwindung des Protektionismus im Osten und Westen werden sollte[1]. Allein für die Erneuerung der polnischen Teilungen nach der Auflösung des napoleonischen Großherzogtums Warschau forderte der Wiener Kongreß von den Teilungsmächten als Preis den Abschluß und teilweise sogar die internationale Gewährleistung von Verträgen, die geradeswegs auf eine Minderung ihrer gegenwärtigen Landeshoheit zugunsten der polnischen Gebiete als Teilstücke einer früheren Landeshoheit hinausliefen. Wenn schon im westlichen Mitteleuropa das beherrschende verkehrsgeographische Problem, die Schiffahrt des Rheinstroms, durch den Kongreß zwar grundsätzlich international und freiheitlich geregelt, aber damit doch zunächst nur einem halben Menschenalter verwickeltster nationaler Streitigkeiten entgegengeführt wurde, so geriet das östliche Gegenstück dazu, der Verkehr des großen deutsch-polnischen Stromsystems, durch die weit jüngeren und national verwickelteren Verhältnisse der dortigen Staatsbildung unter einen noch viel erheblicheren politischen Druck. Dabei mußte für die Führerrolle Englands, dessen Machtwort im wesentlichen die „Behandlung

---

[1]) Denkschrift der Organisationskommission an Hardenberg 11. Juni mit Eingabe des Handelskomitees 4. Juni 1814; Rep. 74 K. XII 1.

der Polen als Polen“ entschied[2]), maßgebender noch als seine Gleichgewichtsbestrebungen der unmittelbare Vorteil sein, den die völkerrechtliche Beschränkung der Landesherrschaften gerade hier seiner eigenen überlieferten Handelsstellung versprach. Die rechtliche Form dieser Beschränkung waren zunächst die beiden Staatsverträge, durch die gleichzeitig mit der Errichtung des Freistaats Krakau am 3. Mai 1815 der russische Kaiser als künftiger König des polnischen Stammkörpers mit den andern beiden Teilungsmächten sozusagen die vierte Teilung Polens vereinbarte[3]). Neben den bei Gebietsauseinandersetzungen üblichen Bestimmungen über Grenzregelung, Grenzverkehr, Verteilung der Landesschuld enthielten sie ganz unauffällig und ohne besondere äußere Kennzeichnung eine Reihe von Festsetzungen, die durch Erleichterung der Schiffahrt und des Absatzes der Landeserzeugnisse im Bereich des alten Polens von 1772 den politisch getrennten Teilen wenigstens handelspolitisch eine gewisse Einheit zurückgeben sollten. Die Bemühungen Sachsens um eine vertragliche Rettung seiner bisherigen Handelsverbindung mit Warschau hat Rußland im folgenden Jahre mit der bezeichnenden Begründung abgelehnt, „daß man mit Sachsen nicht ähnliche Handelsverträge wie mit Preußen und Österreich abschließen könne, weil jene nur die Folge anderer größerer und wichtigerer Verbindungen gewesen“[4]).

Die Herstellung einer (von Verboten) freien Schiffahrt auf dem Fluß- und Kanalsystem des ehemaligen Königreichs Polen, bezeichnenderweise gerade diejenige Bestimmung, die dann durch Aufnahme in die Kongreßakte (Art. 14) auch die weitere völkerrechtliche Sanktion gleichsam als Bestandstück der europäischen Verfassung erhielt[5]), war, wie man auf preußischer Seite sehr wohl erkannte, im Grunde ein Ergebnis des politischen Drucks, den das österreichisch- und vor allem das soeben so beträchtlich verbreiterte russisch-polnische Hinterland auf die preußische Küste ausübten[6]). Schon auf dem Kongreß

---

[2]) Note Castlereaghs 12. Jan. 1815 [Flassan], Hist. du Congr. 1, 160 ff. Treitschke, D. G. 1, 660.

[3]) Preuß. Gesetzsamml. 1815, S. 12 ff. Martens 2, 2, 225 ff.

[4]) Auszug einer Depesche des Gesandten v. Oelssen, Dresden, 6. März 1815. A. A. II Rep. 6 Rußl. 6, vol. 2.

[5]) Martens 2, 2, 387.

[6]) Hoffmanns Denkschr. 16. Aug. 1816, A. A. III Rußl.-Polen 95: „Rußland ist immer nur in der Alternative, sich entweder der preußischen Häfen zu bemächtigen oder seinen neuesten Untertanen durch Traktate darin einen freien Markt zu sichern. Ob das erstere früh oder spät geschehen könnte, darüber wage ich nicht zu urteilen. Preußen wird in der Eifersucht der übrigen Mächte gegen Rußlands schnelle Vergrößerungen und in seiner eigenen moralischen Kraft wenigstens Mittel finden, einem solchen Unternehmen einen sehr lebhaften Widerstand entgegenzusetzen. Bei dem Versuche dagegen, seinen Untertanen einen freien Markt in den preußischen Häfen zu sichern, hat Rußland alle Mächte für sich. Österreich hat für Galizien das gleiche Interesse eines freien Marktes in Danzig und Elbing. Alle seefahrenden Nationen ohne Ausnahme haben das Interesse, die polnischen Erzeugnisse zu beziehen und ihre Waren nach Polen abzusetzen, ohne dabei Preußens Handelspolitik zinsbar zu werden.“

wie später noch oft hat die preußische Politik sich dieses Drucks zu erwehren oder zu bedienen gesucht, indem sie eine übereinstimmende Regelung der umgekehrten Lage bei der Rheinschiffahrt, d. h. die volle Öffnung auch der niederländischen Seedurchfahrt für das preußische Rheinhinterland, in Anspruch nahm. Wie die Machtverteilung auf dem Kongreß nun einmal war, mußte Preußen sich für den Rhein mit einer einzigen theoretischen und noch dazu nicht ohne Schuld seines Vertreters Humboldt zweideutig gefaßten Anordnung[7]) begnügen, für die polnischen Ströme sich eine ganze Reihe von Begünstigungen des polnischen Seetransits, besonders die gegenseitige Bindung der Schiffahrtsabgaben und die Abschaffung der wichtigsten Stapelrechte in den preußischen Seehäfen (Art. 24—26 des Wiener Vertrags), gefallen und dadurch auf der anderen Seite auch gegenüber diesen Hafenstädten, namentlich dem wiedergewonnenen Danzig, eine sehr schwierige Stellung aufzwingen lassen. Um indes diese sehr schwache Anfangslage der preußischen Handelspolitik im Osten nicht, wie es bisher fast durchweg geschehen ist, ungerecht zu beurteilen[8]), muß man sich daran erinnern, daß weder die Einschüchterung durch die Kongreßmächte noch die freihändlerische Lässigkeit der preußischen Diplomatie an sich hingereicht hätten, sie zu schaffen. Von vornherein lag in dem Entgegenkommen gegen den polnischen Handel noch ein Beweggrund der preußischen Handelspolitik selbst. Im Unterschied von Österreich, dessen polnischer Anteil wirtschaftlich dem russischen als Roherzeuger und Durchfuhrgebiet zum Orient wesentlich gleich stand, und das sich deshalb in seinem Wiener Vertrag mit Rußland (Art. 29) auf eine allgemeine Zusage gegenseitiger Handels-„Erleichterungen" beschränken konnte, kam Preußen als überlegener industrieller Versorger Polens und Rußlands eben durch die Aufstellung der grundsätzlichen handelspolitischen Einheit des alten Polens in die Versuchung, mit den dadurch gegebenen eigenen Nachteilen andererseits für sich vorteilhafte Lockerungen des gefürchteten russischen Protektionismus zu erkaufen. Wenn es durch die Proklamierung des „unbeschränktesten" Warenumlaufs im ganzen Umfang des Polens von 1772 (Art. 28) selber vor die Frage gestellt wurde, ob es für sein eigenes Staatsgebiet nicht schließlich eine Zwischenzolllinie zwischen Posen und den übrigen Provinzen bedürfen werde[9]),

[7]) Vgl. jetzt Gothein, Köln 157.

[8]) Zimmermanns unkritische Darstellung ist von Smolka, Polityka 2, 591, Anm. 3 treffend gerügt worden, aber natürlich bedarf auch Smolkas eigener, nationalpolnischer Gesichtspunkt fortwährend der Berichtigung; anderseits stellt die auf Rudolf Delbrück (Lebenserinnerungen 2, 65) zurückgehende Auffassung Bernhard's 3, 632 ff., auf die sich Treitschke 2, 212, 3, 474 zu sehr verläßt, wohl die Höhe der Ungerechtigkeit gegen Rußland-Polen und die „vollkommen arglose" preußische Politik dar.

[9]) Hardenberg an Leipziger und Semler 24. Sept. 1815; A. A. II Rep. 6 Kommissionsakten 1. Dazu Graf Bülow an Hardenberg 11. Juni 1817, ebd. Rußl. 9: „Träte der Fall ein, daß das gegenwärtige Verhältnis permanent bliebe, so würden die preußisch-polnischen Provinzen des Staates in einem solchen Vorzug vor den übrigen stehen, daß sich Gewerbefleiß und Kapital bald aus diesen

so war dafür sein Blick um so hoffnungsvoller nach Rußland hinüber gerichtet, wo derselbe Grundsatz die über Kowno, Brest-Litowsk und Radziwillow zwischen dem ehemaligen Herzogtum Warschau und dem östlichen Russisch-Polen (Litauen, Weißrußland) durchlaufende russische Zollgrenze niederzulegen schien. An diesen Gedanken aber knüpfte sich dann unmittelbar der weitergehende, von der beiderseits noch der Auslegung und Verhandlung bedürftigen Vertragsgrundlage aus neue handelspolitische Eroberungen zu machen, indem man hüben etwa ein polnisches Gebiet älteren Bestandes (als 1772), wie Ostpreußen, in den polnischen Freihandelsbereich einzubeziehen, drüben die Öffnung ganz Rußlands für die Einfuhr oder wenigstens die östliche Durchfuhr bestimmter Warengattungen zu erreichen gedachte, dies letzte eine Forderung, die das Exportgeschäft wie die amtliche preußische Auslandsvertretung eben damals mit größtem Eifer erhoben. Äußerungen des mit Zusagen so freigebigen Alexander I. auf seiner Durchreise durch das rheinische Industriegebiet[10]) schienen die Aussicht auf ein Entgegenkommen Rußlands dabei zu eröffnen.

Alle diese Hoffnungen legten der sonst so langsamen preußischen Diplomatie wenigstens hier ein rasches Handeln zunächst sehr nahe[11]). In Übereinstimmung mit dem Wiener Vertrag, der (Art. 26 und 30) die Beendigung der Ausführungsverhandlungen ein halbes Jahr nach der Ratifikation (9. Mai) vorsah, wurde gleich nach Schluß des Wiener Kongresses am 20. Juni mit zwei anderen Kommissionen zur Regelung der Grenz- und Liquidationsangelegenheiten auch die zur näheren Ausführung der handelspolitischen Bestimmungen ernannt. Sie bestand aus dem Regierungsdirektor des zur Zeit in der Neubildung begriffenen polnisch-deutschen Bezirks Bromberg, dem bekannten freihändlerisch-demokratischen Nationalökonomen v. Leipziger (o. S. 9ff.) und einem Vertreter des Finanzministeriums, Geh. Rat Semler, der schon als Enkel des berühmten rationalistischen Theologen Johann Salomon Semler einer ähnlichen Geistesrichtung angehörte. Beide werden nicht ohne Absicht mit einer wirtschaftspolitischen Aufgabe betraut worden sein, deren Lösung im Verhältnis zu den Mächten und Interessen der Vergangenheit sowohl innerhalb als außerhalb Preußens ein besonderes Maß von Unabhängigkeit zu erfordern schien. Freilich litten sie als Nichtdiplomaten, die z. B. Französisch fließend weder sprachen noch schrieben und also äußerlich sehr von ihrem Unterpersonal abhingen,

---

nach jenen ziehen würde, und alsdann möchte es wohl der Mühe wert sein zu fragen, ob dem Staate im ganzen z. B. damit gedient sein kann, daß die Industrie in Schlesien ab- und in Posen zunimmt." Auch von russischer Seite wies später Novosilcev (u. S. 75) zur Unterstützung seines Projekts eines einheitlichen Handelsverhältnisses zwischen Rußland-Polen und ganz-Preußen auf diese Gefahr hin. Bericht Semlers 3. Nov. 1817, a. a. O. Rußl. 10 vol. 1.

[10]) Ber. des Handelsagenten C. Protzen Brody 26. März 1815, Kommissionsakten 12. Vgl. Denkschriften Oelsners, Bothes, der Königsberger Kaufmannschaft.

[11]) Vgl. den Immediatbericht Bülows, Klewitz', Schuckmanns und Bernstorffs 12. Mai 1822 u. S. 209 Anm. 12.

unter großen Nachteilen[12]). Dazu kamen dann die Hemmnisse aller der Gegnerschaften, die der rein sachliche Zweck ihrer Mission unfehlbar hervorrief.

Die erste Aufgabe der Kommission war die örtliche Untersuchung aller der Rechtsverhältnisse in den preußischen Ostseehäfen, die durch die Bestimmungen des Wiener Vertrags gegen die Stapelrechte als betroffen gelten konnten. Hier aber stieß natürlich jede solche Revision auf um so schärferen Widerstand, als dieser sich nach außen auf die nationale Wichtigkeit des ohnehin schwer bedrohten preußischen Ostseehandels berufen konnte. Aus dem Briefwechsel Theodor v. Schöns, der damals nicht anders wie Sack im Rheinland seine ostwestpreußische Provinz als selbstgenügsam abgerundetes Wirtschaftsgebiet zu organisieren versuchte, kennt man die Empörung auch des dortigen Beamtentums über die „verrückte" Politik Hardenbergs, die auf dem Wiener Kongreß die preußischen „Küstenvorzüge ohne Schwertstreich" preisgegeben habe[13]). Und ohne Empfindung für den Widerspruch, in den die fast nationalistische Begründung mit ihrem so ausgeprägten Selbständigkeitsgefühl geriet, traten die Hafenstädte selbst, Danzig an der Spitze, keineswegs reformbereit, sondern in ihrer alten anspruchsvollen Haltung Leipziger und Semler entgegen. Der (o. S. 51) geschilderte Parallelismus zu den Kämpfen um die Rheinschiffahrt steigerte sich zu geschichtlicher Ironie, wenn man genau wie dort die Niederländer aus dem Wortlaut des Wiener Vertrags, der Befreiung der Schiffahrt „bis zur Mündung" der polnischen Ströme oder des „Besuchs" der Seehäfen durch die Polen Folgerungen gegen eine unmittelbare Verbindung des Hinterlandes mit dem Meer oder dem ausländischen Handel zog. Daneben lieferten dann namentlich die jugendlichen Verhältnisse des östlichen Wirtschaftslebens mannigfaltige Argumente, wie die ununterbrochene Überlieferung der städtischen Privilegien, die bedeutenden Aufwendungen der Gemeinden zugunsten von Schiffahrt und Handel und die sprichwörtliche Unfähigkeit des Polen zum direkten Verkehr mit dem auswärtigen Großkaufmann. „Überhaupt", so schloß man mit eigenartigem Übergang in die ständische Theorie der gottgewollten Berufsverteilung, „ist und muß doch der eigentliche Handel und insbesondere der Seehandel das Vorrecht und Hauptgewerbe der Städte und Seehäfen bleiben und der Bewohner des platten Landes sich mit der Kultur des Grund und Bodens, wohin ihn die Natur selbst verweist, begnügen und ausschließlich beschäftigen, wenn nicht alles beides verpfuscht und dadurch zusamt allen bisherigen darauf gegründeten Staatseinrichtungen zugrunde gehen soll." [14])

---

[12]) Promemoria 11. Nov. 1816; A. A. III Rep. 3 Nr. 95. Über Bromberg s. Laubert in ForschBrandPrG. 28, 574f., über Semler Neuer Nekrol. d. Dt. 16, 2 (1840), 1132.

[13]) Staegemann an Schön 2. Aug. 1816, Rühl 2, 89.

[14]) „Data . . . wegen Aufrechterhaltung des der Stadt Danzig zustehenden jus emporii" 28. Aug., Promemoria eines „geachteten Beamten, der uns (die Kommission) aber nicht berechtiget hat, seinen Namen zu nennen" 6. Sept., Gutachten der Kaufmannschaften Elbing 14. Sept., Memel 17. Sept., Thorn 11. Okt. (mit Vorbericht vom 20. Juli), Königsberg 16. Okt. 1815, Kommissionsakten 8 u. 11.

In einer anderen Frage wieder stand der Handel zwar ebenfalls gegen die Regierung, aber auf der Seite einer buchstäblichen Erfüllung des Wiener Vertrags. Dieser hatte für die Ein- und Ausfuhrzölle auf die zu begünstigenden Waren (mit Ausnahme des Getreides) die Höchstgrenze von 10 v. H. des Wertes (Art. 28), für die Durchgangszölle den „mäßigsten" Betrag angesetzt. Eine solche vom fiskalischen Gesichtspunkt sehr leichtsinnige Bindung der Zollpolitik scheint beiderseits von vornherein unter dem stillschweigenden Vorbehalt eingegangen worden zu sein, daß sie nur die eigentlichen Zölle und nicht auch das autonome System der hohen inneren Verbrauchsabgaben betreffe. Die Zweideutigkeit, womit man sich nun gegenseitig die aus diesem Vorbehalt entspringenden Vorteile beargwöhnte, wurde noch gesteigert durch die Haltung des preußischen Handels, der hier die freihändlerische Richtung des Wiener Vertrags gleichsam als Vorboten einer neuen preußischen Zollpolitik freudig begrüßte und dringend unterstützte. Auf eine Umfrage des Finanzministeriums [15]) haben sich damals auch die Binnenregierungen der östlichen Landesteile u. a. aus Gründen des Wettbewerbs mit Polens ehemaliger Schutzmacht Sachsen entschieden im Sinne der Kaufmannschaften für eine liberale Handelspolitik gegen Rußland ausgesprochen. Für das große innerpolitische Werk der neuen indirekten Steuergesetzgebung, das Graf Bülow eben in jenem Augenblick in Angriff nahm, lag in dieser Wechselwirkung zwischen den Freihandelswünschen des östlichen Exports und dem Wiener Vertrag mit Rußland eine bisher wenig beachtete Quelle von Verwicklungen: Wenn im Westen des werdenden Einheitsstaates die Bedürfnisse der Privatwirtschaft in der Hauptsache einheitlich die Beschleunigung der autonomen Zollrüstung gegen die westlichen Schutzzollstaaten empfahlen, so erweckte im Osten die Unterhandlung mit Rußland im Gegenteil eine Neigung, die endgültige Entscheidung über die eigene Zollpolitik bis zum Abschluß der begonnenen und erhofften freihändlerischen Vereinbarungen hinauszuschieben [16]).

Auch hier erklärt also eine ungemein schwierige, ja widerspruchsvolle äußere Lage die anscheinende Unsicherheit, mit der die Hardenbergsche Staatsverwaltung die Schritte der Kommission zur Ausführung des Wiener Vertrags leitete. Bei der erwähnten Spekulation auf Litauen-Weißrußland ist es durchaus nicht nur als unangebrachte Übergewissenhaftigkeit aufzufassen, wenn die stark verspätet mitten in den Verhandlungen des zweiten Pariser Friedens ergangene Geschäftsanweisung die Zweifel, die sich augenscheinlich über die Auslegung der Bezeichnung „Polen der Vorzeit (Jahres 1772)" im Art. 22 des

---

[15]) In seinen Akten Abt. III, XVa Gen. 5 vol. 1 Verfügung Maaßens 7. Aug., Berichte Breslau 3. Okt., Gumbinnen 25. Nov. 1815, Posen 3. Jan. 1816.

[16]) Das ist zu den Darstellungen bei Dieterici, Steuerreform 64, Zimmermann 25 ff., Freymark 49 f. zu ergänzen. Vgl. Graf Bülow an die Breslauer Regierung 18. Okt. 1816; Rep. 74 K. XII 1: „Der preußische Staat ist mit einer Menge fremder Staaten umgeben, welche in ihren Systemen häufig wechseln. Bei dem neuen Systeme wird man aber dahin sehen müssen, daß solche auf für das Allgemeine zweckmäßige Grundlagen gebauet werden, und wenn man dies erreicht hat, dann muß man einige Nachteile . . . übersehen."

Wiener Vertrags erhoben hatten, von vornherein dahin entschied, daß der Gebietsbestand vor der ersten Teilung gemeint sei; wenn mit offenbarer Genugtuung hinzugefügt wurde die Forderung der freien Schiffahrt für dies Gebiet sei in Preußen durch die neue Regelung der Binnenabgaben bereits erfüllt; wenn demgemäß auch später eine Anregung der Kommissare, die Memelmündung aus dem Geltungsbereich des Art. 22 herauszuziehen, mit der stolzen Begründung zurückgewiesen wurde, es müsse „überall in gutem Glauben" gehandelt werden. Und leider erwies sich dieser Grundsatz bereits von Beginn als wenigstens im vollen Umfang undurchführbar[17]). Die gleichzeitig ausgesprochene Absicht, die Bindung der Einfuhrzölle nicht nur durch Verbrauchssteuern zu umgehen, sondern unmittelbar durch Verhandlung zu beseitigen und für die Ermäßigung des Transitzolles auf 2 v. H. geradezu mit der vertragsfremden Forderung der preußischen Orientdurchfuhr herauszukommen, ließ sich zwar, wie es später unzählige Male geschah, mit der „Billigkeit" einer für Preußen von vornherein nachteiligen Sachlage[18]), schwerlich jedoch mit dem buchstaben- oder auch nur sinngemäßen Willen des Wiener Vertrags begründen.

Die Zeit drängte. Zwischen den Schutzzollbestrebungen besonders der Berliner und der schlesischen Industrie, die in Heydebreck nach wie vor ein mehr als williges Werkzeug fanden, und dem wilden Wettbewerb namentlich des ostwestpreußischen Oderhandels mit Hamburg und Magdeburg um die Vermittlung des langentbehrten Kolonialwarenzustroms nach Polen und Rußland fristete die Notgesetzgebung des Finanzministeriums ein immer kümmerlicheres Dasein: Gegen Heydebrecks Einfuhrverbote fand Graf Bülow kein besseres Mittel als das Kompromiß einer ausgedehnten Bewilligung von Einfuhrpässen zu dem alten Satz von $8^1/_3$ v. H., und der beständige Wechsel der Transitverzollung führte zu einem Chaos von Verordnungen, in dem besonders die Breslauer Regierung über die vermeintliche Verletzung der dortigen Handelsinteressen mit der Zentralbehörde in heftigen Streit geriet, aber auch z. B. der wieder auflebende Absatz aus Rheinland nach Warschau schwer litt[19]). Kein Wunder, daß in

---

[17]) Hardenberg an Leipziger und Semler 24. Sept. und 22. Dez. 1815, Kommissionsakten 1.

[18]) Am offensten im Bericht Schölers Moskau 21. Febr. 1818; A. A. II Rep. 6 Rußl. 10 vol. 2: „Daß nach dem Buchstaben des Wiener Traktats zur Begründung und Ausstattung des Interesses eines Dritten Rußland ebensowohl als Preußen für das respektive eigene Interesse nachteilige Verbindlichkeiten übernommen, ja was noch mehr ist, daß Rußland, da es seinerseits in der Vereinigung mit Polen auf anderem Wege Ersatz erhält, sich der Natur der Sache nach zu Verpflichtungen anheischig gemacht habe, die seinem Interesse, isoliert betrachtet, empfindlicher sein müssen, als es bei Preußen der Fall sein durfte, und daß Rußland durch die Opfer, die es gegenwärtig zu bringen glaubt, eben von dieser lästigen Verpflichtung sich völlig frei mache, — dieser allein richtige Maßstab, die Opfer, welche Preußen und Rußland bringen, unparteiisch zu würdigen, wird fortwährend verkannt und von der Hand gewiesen."

[19]) Dieterici, Volkswohlstand 85 ff. Berichte der Regierung Breslau an Hardenberg 10. Aug., an Graf Bülow 24. Nov., dessen Erlasse 14. Nov. und

Polen ein ähnliches Durcheinander herrschte. Hier war die preußische Textileinfuhr schon durch das Aufhören der napoleonischen Vorzugsbehandlung französischer (o. S. 36) und sächsischer (o. S. 56) Webstoffe erheblich begünstigt. Außerdem verstand es der neue Posener Oberpräsident Zerboni di Sposetti bei seinen guten Beziehungen zum Obersten Verwaltungsrat in Warschau durchzusetzen, daß dieser bald nach dem Vertrag am 28. Juni 1815 vorläufig wenigstens die Einfuhrzölle auf Wollwaren bis zu dem dort vorgesehenen Höchstbetrag von 10 v. H. herabsetzte. Aber die Unabhängigkeitsbestrebungen des polnischen Gewerbes machten es von Tag zu Tag schwieriger, diese Verordnung auch wirklich zur Anwendung zu bringen[20]. Endlich war auch die russische Schutzzollpolitik, um die es ja Preußen bei den Verhandlungen vorzugsweise ging, in eine der äußeren Einwirkung Erfolg verheißende Bewegung gekommen. Die Erfahrung eines halben Jahrzehnts zeigte, daß der Tarif von 1810 eigentlich nur den neuen Gewerbebetrieben des Petersburger Bezirks den erhofften Nutzen gebracht hatte, der alten Moskauer Industrie dagegen wesentlich nur als Anreiz für den preußischen Schmuggel und verhältnismäßige Begünstigung der englischen Seeeinfuhr erschien, während der Speditions- und Kommissionshandel das offene Geschäft mit Preußen ebenfalls ungern entbehrte. In der Staatsverwaltung entsprach diesem Gegensatz der politische des Finanzministers Guriev, dessen ganzer Etat sich auf die hohen Zolleinnahmen gründete, zu dem „Delegierten" des Zaren beim Warschauer Staatsrat Senator Novolsilcev, der zwischen den nationalen und wirtschaftlichen Interessen wesentlich opportunistisch zu vermitteln suchte. Es war bisher nicht bekannt, daß die preußische Diplomatie sogleich versucht hat, auch propagandistisch in diese Kämpfe einzugreifen. Durch den Gesandten v. Schöler trat Graf Bülow mit dem nach Petersburg berufenen Nationalökonomen v. Jacob (o. S. 17, Anm. 52) in Verbindung, der es nach seinen Angaben in letzter Stunde unternahm, die im Gange befindliche Tarifrevision durch eine Aufsatzreihe in dem Organ des stark militarisierten deutsch-russischen Beamtentums, dem „Rußkij Invalid", freihändlerisch zu beeinflussen. Bezeichnend freilich, daß sich Schöler im vorhinein nicht die geringen Aussichten auf einen Erfolg dieser Bemühungen verhehlte: „Unglücklicherweise", schrieb er, „behandelt der Kaiser auch die Handelsangelegenheiten politisch oder nach seiner politischen Ansicht"[21]. In der Tat hat dann der neue russische Friedenstarif vom 31. März 1816 nicht nur die Hoffnungen der preußischen Regierung auf ein Zurückweichen der russischen Zoll-

18. Okt. und Bericht an Hardenberg 18. Okt. 1816: Rep. 74 K. XII 1; Bericht Leipzigers und Semlers 28. April 1816, Kommissionsakten 7. Zur Verzollung Freymark 32 Anm. 2.

[20]) Jordan an Leipziger und Semler 25. März, Zerboni an das Finanzministerium 5. April 1816, Kommissionsakten 7.

[21]) Berichte Protzens an Leipziger und Semler 28. Juni 1816: Kommissionsakten 12; Semlers 3. Nov. 1817: A. A. II Rep. 6 Rußl. 10 vol. 1; Schölers 18. April 1816 mit Nr. 44, 46 f. und 50 des Rußk. Inv.: ebd. 6 vol. 2. Vgl. u. S. 77.

grenze aus Litauen-Weißrußland, sondern auch die des preußischen Handels auf die Beseitigung der Kampfverbote enttäuscht (vgl. u. S. 70): Die hohe Belastung der freigegebenen Einfuhr, z. B. des Tuchs mit 1 Rubel 25 Kopeken auf den Arschin oder etwa 125 Rtlr. auf den Zentner sperrte dem preußischen Ausfuhrhandel das große alte Zollgebiet Rußlands weiter nahezu völlig[22]). Bereits erschollen, von der Privatwirtschaft zunächst wohl absichtlich übertrieben, Klagen über die „Debauchierung" preußischer Textilarbeiter durch die russisch-polnische Industriepolitik, und gegenüber dem niedrigen Wollausfuhrzoll von 1811 (o. S. 35, Anm. 6), der zu den Arbeitskräften auch noch den Rohstoff der nachbarlichen Konkurrenz billig zuströmen ließ, begann sich noch viel heftiger als vor dem Jahrzehnt jene gefährliche Stimmung des Bürgertums zu bemächtigen, die mit dem großgrundbesitzenden Rohstoffexporteur zugleich den immer noch mächtigsten Stand des Staatswesens angriff[23]).

Das war die handelspolitische Lage, in der über die Ausführung des Wiener Vertrags verhandelt werden mußte. Schon die Wahl Warschaus als Versammlungsort der Kommissionen wurde, so nahe sie an sich lag, in Preußen nicht mit Unrecht als ein Vorteil für die besonderen polnischen Interessen empfunden, die sich an den Vertrag als ihre Rechtsgrundlage anschlossen. Auch zahlenmäßig traten den beiden preußischen Handelskommissaren und einem österreichischen, dem nachher bei der Elbschiffahrtskonferenz wieder verwendeten Gubernialrat Franz Schaschek von Mezihurz, dort Ende 1815 drei russische Kommissare, Novosilcevs Sekretär Bajkov, der Balte Löwenstern und der Deutsche Würst, und sogar vier polnische, Graf Jan Tarnowski, Graf Kicki, Okolow und v. Wulffen, gegenüber. Vor allem jedoch stand hinter diesen letzten der überragend zielbewußte politische Wille des Mannes, der später an der Spitze des polnischen Finanzwesens das Kongreßkönigreich einer neuen Wirtschaftsblüte und damit die preußisch-russische Handelspolitik neuen schweren Gefahren zuführen sollte: von diesen frühen Tagen an war es der Ehrgeiz des Fürsten Drucki-Lubecki, mit den Ansprüchen aus dem Wiener Vertrag seinem

---

[22]) Reden 40 f., dazu die Voten Hoffmanns 6. Juni und Maaßens 5. Aug. 1816 a. a. O. Rußl. 6 vol. 2.

[23]) Die Tuchkaufleute zu Grünberg an Graf Bülow 2. Jan., an Hardenberg 14. Juni 1816, a. a. O. Rußl. 8 vol. 1: „Die Klasse der Grund- und Güterbesitzer hat bisher bei jeder Veranlassung ihre Aufopferungen vorgewiesen, um dadurch ihren Anspruch auf die Vorsorge der hohen Staatsbehörde zu begründen. Die Städter haben geschwiegen (!) in dem sichern Vertrauen, daß Ew. Hochfürstlichen Durchlaucht die hohen Leistungen bekannt sind, die jede Kommune berechnen kann. Gern würden wir auch hier nicht in Opposition gegen den Vorteil der Güterbesitzer treten, wenn nicht offenbar durch eine solche Begünstigung wie die unbeschränkte Wollausfuhr mehrere Tausend Bürgerfamilien brotlos werden und in den Zustand der höchsten Dürftigkeit herabsinken würden." — Ein Bericht Leipzigers und Semlers 19. Okt. 1817, Rußl. 10 vol. 3, bezeichnet dann selbst als Rußlands „wahre Absicht" geradezu die Gewinnung „fleißiger und geschickter Hände" aus den preußischen Grenzländern. Vgl. a. [Braff] 121, Anm. 31.

Vaterlande den verlorenen Zugang zum Meer und die Befreiung von dem „Tribut“ an Preußen, wie er zu sagen pflegte, wiederzuerobern[24]).

Von der Schwierigkeit der Warschauer Verhandlungen zeugt schon die rechtliche Form ihres Abschlusses in 9 verschiedenen Sonderverträgen, die zwischen 23. März und 16. November 1816 über die einzelnen handelspolitischen Artikel der Wiener Verträge errichtet und nur äußerlich an dem letzten Tage auch als sogenannte Zusatzakte zu den Verträgen zusammengefaßt wurden[25]). Die Artikel wurden ihrer Reihenfolge nach vorgenommen und mit Ausnahme des 24. bzw. 26. (preußischen bzw. österreichischen Vertrags) auch so erledigt; dieser, der die Schiffahrtsabgaben betraf, war in seiner langwierigen Behandlung typisch für den Geist der ganzen Unterhandlung. Er bestimmte ursprünglich eine gemeinsame Neuordnung der Abgaben nach dem Grundsatz der bloßen Kostendeckung. Schon Hardenbergs Geschäftsanweisung hatte darauf aufmerksam gemacht, welche Hemmnisse die Ausführung dieses Grundsatzes bei der noch ganz unzureichenden Regulierung und dem sehr schwankenden Besuch der polnischen Wasserstraßen erleiden müsse, und vorgeschlagen, die Neuordnung durch das für neue Kanalanlagen bereits aufgestellte Prinzip der Meistbegünstigung für die beiderseitigen Untertanen, der „gänzlichen Erwiderung“, wie der Vertrag sagte, und der Bindung von Erhöhungen an gegenseitige Zustimmung zu umgehen. Kurz zuvor hatte das Finanzministerium auf alle Fälle Erhebungen über die Unterhaltungskosten der polnischen Wasserläufe begonnen, die sich bis zum April 1816 hinzogen. In Warschau scheint dann namentlich die Haltung Österreichs, das für sein am weitesten entlegenes Hinterland die völlige Freiheit von Schiffahrtsabgaben anstrebte, die beiden anderen Vertragsmächte zu Hardenbergs konservativem Vorschlag zurückgeführt zu haben: Von dem Verzicht auf die vertragsmäßige allgemeine Tarifrevision wurde (15. November) nur die Weichsel ausgenommen und für abgabenfrei erklärt, aber auch diese Erklärung sogleich wieder durch eine Verständigung zwischen Preußen und Rußland eingeschränkt, wonach jenes dort die sogenannten Schiffsgefäßgelder so lange weiter sollte erheben dürfen, als dieses die ihm sehr wichtigen Abgaben auf Bug und Niemen beibehielt[26]).

Über die Ausführung der Art. 25 und 26 des Wiener Vertrags, die die Sonderhandelsrechte der Städte beseitigten, kamen die Zusatz-

---

[24]) Russische und polnische Vollmachten 18. Nov., österreichische 30. Dez. 1815, Kommissionsakten 13. Polnische Instruktionsentwürfe bei Smolka, Polityka 2, 337f. Der bemerkenswerte Vorschlag Maaßens, W. Oelsner (o. S. 28) der preußischen Kommission beizuordnen, war für die diplomatischen Vorstellungen der Zeit wohl zu ungewöhnlich.

[25]) Sehr fehlerhafter Abdruck Zimmermann 418—33.

[26]) Schaschek an Leipziger und Semler 10. April, Leipziger an Jordan 4. Nov. 1816, Kommissionsakten 13 und A. A. III Rep. 3, Diff. Rußland-Polen 95. Die Behauptung von Zimmermann 18, die Oder sei „den Polen geöffnet worden“, ist, wie sich schon aus seinem eigenen Urkundenanhang ergibt, so phantastisch wie die gleich darauf folgende, die Warschauer Zusatzverträge hätten „die Festsetzung der Zölle offengelassen“.

verträge schon am 6. Juni 1816 zustande, weil hier die Erhebungen des vorigen Jahres die Stellung der preußischen Regierung bereits endgültig zuungunsten dieser alten Autonomien bestimmt hatten. Die Kommissare hatten sogar angeregt, zur Belehrung der Kaufleute und Beamten, „die da glauben, daß ohne Zwang und Beschränkung der Handel nicht mehr auf dem alten Fuße geführt werden könne", in der damals so beliebten Form der Deklaration die gewerbefreiheitlichen Grundsätze der Städteordnung und des Edikts von 1811 nochmals besonders auf den gegenwärtigen Fall anzuwenden. Wie Hardenberg das als „ebenso überflüssig wie ungewöhnlich" abgelehnt hatte, beruhigte er später umgekehrt die Befürchtung der Kommissare, Rußland-Polen werde geradezu in den preußischen Häfen auf Grund des Wiener Vertrags die Forderung des Gästehandels erheben, durch den Hinweis auf die ausreichenden Bestimmungen des Allgemeinen Landrechts (§ 17, 2, 8) und des Gewerbeedikts (§ 1 und 31) zum Schutze der bürgerlichen und kaufmännischen Körperschaftsrechte[27]). In der Tat sorgten dann die Zusatzverträge in umfassender Weise für die mit dem Vertragssinn irgend vereinbare Aufrechterhaltung der preußischen Handelshegemonie an der Seeküste. Während die Abschaffung der einzelnen Umschlags- und Steuerrechte und lästigen Verkehrs- und Handelsusancen nicht bloß dem polnischen Handel in Preußen, sondern ebensogut dem preußischen in Polen zugute kam und z. B. den Rohstoffhandel von der polnischen Kronsteuer nicht minder als von der preußischen Gewerbesteuer befreite (§ 2), gelang es, dem polnischen Streben nach dem unmittelbaren Seehandel durch eine Reihe von äußerlich ebenso unauffälligen wie sachlich einschneidenden Vorbehalten den Weg zu verlegen: Sowohl der Wasserverkehr mit dem Ausland wie der eigentliche Gästehandel mit Ausländern wurde durch noch dazu[28]) sehr dehnbare Bestimmungen an die Vermittlung von Bürgern der preußischen Hafenstädte geknüpft, der steuerfreie Handelsbetrieb in allen (gleichfalls sehr dehnbar) unter dem Namen „marchandises ouvrées" (§ 2) zusammengefaßten Waren überhaupt nur für eine Höchstzeit von einem halben Jahre gestattet; der Kleinhandel blieb dem Nichtbürger ebenso wie der sogenannte Handel „in globo" (§ 7), d. h. der Inbegriff von Groß- und Kleinhandel, Kommission und Spedition, Bankgeschäft und Reederei, verboten. Ein Opfer freilich mußte den auf die vertraglich zugesicherte Freiheit des Verkehrs (Art. 25) und der „Eigentumsrechte" (Art. 26) pochenden Polen gebracht werden: Von den angeführten Handelsbeschränkungen sollte nicht nur das Recht aller volljährigen unbescholtenen Polen mit Ausnahme der Juden auf die Einbürgerung (§ 8), sondern auch die besonders geregelte, merk-

[27]) Berichte Leipzigers und Semlers 11. Okt. 1815 und 20. Jan. 1816, Erlasse Hardenbergs 22. Dez. 1815 und 23. Febr. 1816, Kommissionsakten 1. Anders die Denkschrift des Kölner Oberbürgermeisters Mylius zur Städteordnung 1820, Gothein, Köln 133: „Das Recht des Betriebs steuerpflichtiger Gewerbe auf die Bürger zu beschränken erklärt er mit gutem Grund für einen unzulässigen Eingriff in die Gewerbefreiheit."

[28]) Wohl nicht unabsichtlich können »adresser à« (§ 1) und »se servir d'un négociant de la ville« (§ 2) Kommission, aber auch bloß Spedition bedeuten.

würdige Einrichtung der sogenannten Kommissionäre (§ 10) Befreiung gewähren, einer Art von „Zeitbürgern", die für eine beliebige Frist gegen Unterwerfung unter die preußischen Staats- und Korporationslasten zum direkten Aus- und Einfuhrhandel zugelassen wurden, ohne doch damit volle Staats- und Stadtbürgerrechte und vor allem auch ohne das Recht des Absatzes von Überseewaren am Ort zu erwerben[29]. Trotz solcher Sicherungen hatte das Institut der polnischen Kommissionäre, namentlich zusammen mit dem der Konsuln und Handelsagenten, die gleich darauf (11. Juni) der Zusatzvertrag zum Art. 27 des Wiener Vertrags in beliebiger Anzahl (§ 1) zuließ und „hauptsächlich" mit der Sorge für die Beobachtung der Verträge betraute (§ 5), das Schicksal aller halben Maßregeln, den Gegnern der Warschauer Unterhandlung als Mittelpunkt der geheimen polnischen Anschläge gegen den preußischen Handel zu erscheinen und die weiteren Besprechungen über die handelspolitisch schwierigste und wichtigste Frage, die der Zolltarife, in sehr unerwünschtem Maß noch von außen zu verwirren und zu verbittern.

Hier war schon die Einigung über den eigentlich polnischen Verkehr schwer genug, zumal wie bei der Stapelbefreiung auch der Freistaat Krakau in die Verträge einbezogen wurde. Die polnischen Kommissarien wiesen nicht nur nach, daß der Einfuhrzoll von dem wettbewerbsfähigsten, dem mittleren und feinen posenschen Tuch nunmehr wirklich auf 10 v. H. herabgesetzt sei, sondern sie setzten überdies Leipziger und Semler „in nicht geringe Verlegenheit" durch den Hinweis auf den rückständigen Charakter der eigenen preußischen Zollverfassung, die dasselbe posensche Tuch in Ost- und Westpreußen noch immer mit dem fast gleich hohen Provinzialzoll von $8^1/_3$ v. H. belegte[30]. Auch bezüglich der Ein- und Ausfuhrverbote, die sich natürlich am allerwenigsten mit den Motiven des Wiener Abkommens vertrugen, ließen die preußischen Klagen leicht vergessen, daß hier der eine Vertragsgegner dem andern kaum etwas vorzuwerfen hatte. Dem russischen Pferdeausfuhrverbot, das den gehässigen politischen Anstrich eines Rüstungswettbewerbs zwischen den beiderseitigen Heeren hatte, stand in Preußen der prohibitive Viehzoll gegen den Nachbar (o. S. 35 Anm. 6) gegenüber. Anderseits hatten die preußischen Unterhändler selbst das polnische Tabaksmonopol, ein reines Verkaufsmonopol, längst als unschädlich für den posenschen Tabak bezeichnet (der ohnehin neben der heimischen Erzeugung für die niederen und der türkischen Qualitätseinfuhr für die oberen Klassen keinen Platz gefunden hätte), als sie auf höhere Weisung immer wieder dagegen vorgehen mußten. Und kaum haltbar war auch die scharfe Stellung-

---

[29]) Eine Ausdehnung aller dieser Rechte besonders auch auf den Gästehandel behielt § 3 im Wege der Meistbegünstigung nur für den Fall vor, daß sie den Untertanen einer dritten Macht gewährt werde.

[30]) Die polnische Kommission an Leipziger und Semler 15., diese an Zerboni 28. April 1816 Kommissionsakten. Es ist eine geradezu groteske Behauptung von Treitschke (2, 212), Preußen habe erst dem Wiener Vertrag zuliebe einen Zwischenzoll zwischen Posen und dem übrigen Staatsgebiet eingerichtet.

nahme der eben damals (u. S. 112 Anm. 26) neugeordneten, dem preußischen Handel selbst verhaßten preußischen Salzmonopolverwaltung gegen einen unmittelbaren polnischen Salzbezug auf dem Seeweg, da sie selbst den polnischen Kronlieferanten große Mengen englischen Salzes zuführte, aber eine unmittelbare Verständigung mit der polnischen Regierung über Verbilligung der Lieferungspreise (die die Kommissare im Wettbewerb mit dem galizischen Salz für möglich hielten) ablehnte. Unter diesen Umständen war es trotz der Mißbilligung des preußischen Außenministeriums jedenfalls die einzig mögliche Lösung, daß die Zusatzverträge über die Monopolfrage stillschweigend hinweggingen und sie dadurch den allgemeinen Vertragsgrundsätzen unterstellten[31]).

Hatten schon diese Einzelerörterungen ein erhebliches Maß von Reibung in die letzten Warschauer Verhandlungen gebracht, so trat der Höhepunkt der gegenseitigen Spannung ein, als sich mit dem Abschluß die hüben und drüben zurückgehaltenen, aber von dem Gegner jeweils nur desto schärfer beargwöhnten Wünsche nach Überschreitung oder Einschränkung der Vertragsgrenzen langsam hervorwagten. Der überlegene Freimut, mit dem in letzter Stunde Johann Gottfried Hoffmann vorschlug offen anzuerkennen, daß die buchstäbliche Erfüllung des Wiener Abkommens unmöglich sei, konnte vor allem deshalb nicht durchschlagen, weil auf dieser Grundlage im wesentlichen doch lediglich die Absichten der beiden Teilungsmächte, nicht aber die leidenschaftlichen Bestrebungen der Polen selbst befriedigt worden wären; und um Rußland zu einer gemeinsamen festen Abwehr dieser Bestrebungen bewegen zu können, waren, das vergaß Hoffmann, Preußens Zugeständnisse vielleicht zu unbedeutend, seine Forderungen aber auf alle Fälle zu erheblich und taktisch zu gefährdet. Denn wenn man die vertragswidrige Anerkennung der gegenseitigen Steuerhoheit besonders in der Frage der Verbrauchssteuern (o. S. 56) als schlichtes Tauschgeschäft betreiben konnte, so schwebte das Verlangen nach dem russischen Webstoffmarkt und dem Orienttransit Rußland allein gegenüber ohne Entgelt gleichsam in der Luft; seine natürliche Neigung war daher, an die einzig noch ungebundene Stelle der preußischen Zollrüstung anzuknüpfen, und das war unglücklicherweise die Macht über den polnischen Seetransit, also gerade die empfindlichste Stelle für das Nationalgefühl der dritten Verhandlungspartei.

Wenn schon ein Mann wie Hoffmann diese Lage der Dinge nicht ganz bis auf ihren eigentlich einfachen Grund durchschaute oder

---

[31]) Leipziger und Semler an Graf Bülow 8.—16. Jan. 1816, Finanzministerium Abt. III Gen. XVa 5 vol. 1. Ihr Schriftwechsel mit der Salzverwaltung (Staatsrat Alberti) 22. und 28. Aug. 1815 Kommissionsakten 6, Erlaß Ancillons an Schöler 10. April 1817, A. A. II Rep. 6 Rußl. 8 vol. 1, Gutachten des Schatzministeriums (Friese) 29. Jan. 1818 ebd. 10 vol. 2, dazu die Danziger Denkschrift für Leipziger. Leipziger war theoretisch ein Gegner des Staatsbetriebs „kaufmännischer Geschäfte“ und für Verpachtung des Salzhandels, Nationalökonomie 1, 171. 2, 274f.

wenigstens amtlich zergliedern mochte[32]), ist es nicht erstaunlich, daß Männer wie Leipziger und Semler oder ihre Ressortchefs in Berlin ihr nicht gewachsen waren. Vor Beginn der Verhandlungen noch der ausgesprochenen Ansicht, die von Bielefeld aus angeregte Frage der russischen Leinwandeinfuhrverbote falle gar nicht in ihren Geschäftsbereich, schwankten die Kommissare auf diesem Grenzgebiet polnischer und russischer Handelspolitik gegenüber der Unbedenklichkeit der Polen unsicher zwischen Zaghaftigkeit und einem akademischen Pathos. Den Zeitgenossen blieb besonders ein Notenwechsel im Gedächtnis, der sich mit dem Recht Preußens auf Gegenzugeständnisse für die polnische Seedurchfuhr beschäftigte. Der österreichische Kommissar hatte sich auf die russische Seite geschlagen, indem er unter Hinweis auf die verschiedene Konstruktion der beiden Wiener Verträge (o. S. 53) den polnischen Seetransit auch ohne Gegenzugeständnisse als klares Vertragsrecht bezeichnete. Das verletzte Rechtsempfinden der Polen, dem wie gewöhnlich auch der österreichische Kommissar beipflichtete, übte gewissermaßen Talion, indem es mit der „kategorischen" Berufung auf die internationale Sanktion des Wiener Vertragswerks seinerseits das preußische Ehrgefühl an seinem verwundbarsten Punkt zu treffen wußte. „Leipziger und Semler", schrieb damals Schön, der unermüdliche Vorkämpfer der preußischen Handelsinteressen, dem Organisator Krakaus Staegemann, „sind endlich beinahe bis zum Bruch gekommen. Die letzte Note ist schon so stark, daß die Sache wohl ein Ende hat." Diese Hoffnung war nun freilich verfrüht, zumal weder die Kommissare noch ihr französischer Konzipist über eine so entscheidende Schärfe des Ausdrucks verfügten. Desto unruhiger wurde man in Berlin, als gleichzeitig der Liquidationskommissar v. Knobloch (so wenig gefestigt schien damals noch die Wiener Neuordnung) von ernsthaften Absichten Rußlands auf den Freistaat Krakau und sogar die Provinz Posen berichten zu können meinte[33]).

---

[32]) Promemoria vom 11. Sept. 1816, A. A. III Rep. 3 Diff. Rußl.-Polen 95: „Auch hier (wie in den Verhandlungen der Grenzkommission) sind beide Teile überzeugt, daß die buchstäbliche Erfüllung des Traktats unstatthaft ist. Alles reduziert sich auf zwei Hauptpunkte: a) daß man Rußland gestatte, seinen Anteil an Polen dem Traktate zuwider seinen Handelsgesetzen zu unterwerfen und in seine Zollbarriere einzuschließen, wenn es dagegen [!] unsern Tüchern und Leinenwaren den Eingang zur innern Konsumtion gegen leidliche Abgaben und die Durchfuhr nach China gegen ein billiges Transito gestattet; b) daß die Mündungen der Weichsel dem polnischen überseeischen Handel gegen billige Abgaben geöffnet werden. Man wird erhalten können, daß unsere Kaufleute ferner die Vermittler dieses Handels sind, wenn man keinen Artikel [Salz!] vom Transitieren ausschließt, alle Abgaben fest und mäßig bestimmt, billige Handelspolizei organisiert und deren Handhabung verbürgt. Zu diesem allem sind wir durch den Geist der Verhandlungen, unsere politische Konvenienz und eine richtige staatswirtschaftliche Ansicht des Handels verpflichtet."

[33]) Gutachten Leipzigers und Semlers 8. Nov. zum Erlaß Graf Bülows 3. Okt. 1815, Kommissionsakten 11, Schaschek an Leipziger und Semler 19. Juli 1816, Note der Russisch-Polnischen Kommission 10. Aug. 1816, ebd. 15: »Le traité de Vienne, considérant toute la Pologne sous le rapport commercial telle qu'elle existait en 1772 et assurant en même temps la

Staegemann, der, von Schön gedrängt, „das möglichst größte Lärm“ zu machen, ihm versprechen mußte, den Warschauer „Skandal“ mit allen Mitteln verhindern zu helfen, hatte von der Staatskanzlei aus seinen Einfluß zunächst bei dem Leiter der Rechts- und Handelssachen im Außenministerium K. G. v. Raumer und dem Schatzministerialrat Klewitz eingesetzt. Es war verabredet worden, diesen letzten in mehr oder minder öffentlicher Mission zur Prüfung und Überwachung der Warschauer Arbeiten abordnen zu lassen. Der Gedanke wurde dann in dieser Form mit deshalb verworfen, weil die Kommission selbst Semler zur Berichterstattung nach Hause entsenden wollte. Aber er lebte sogleich in anderer Gestalt wieder auf, als die bevorstehende Manöverreise des Zaren nach Warschau in Berlin bekannt wurde. Obwohl Klewitz sich angelegen sein ließ, Hardenberg nur eine kurze Begrüßung Alexanders durch den posenschen Statthalter Fürst Radziwill oder eine andere „diplomatische Militärperson“ vorzuschlagen, schien es dem Staatskanzler doch geraten, die Gelegenheit zu einer ausführlichen politischen Aussprache zu benutzen, und er wählte dazu entgegen den Wünschen der Staegemann-Klewitzschen Gruppe eben den Unterhändler des vielgeschmähten Wiener Vertrages, seinen außenpolitischen Stellvertreter Jordan [34]).

Wie in den Verhandlungen mit England die Einwirkung der Handelspolitik auf die Politik bisher zu wenig bekannt gewesen ist (o. S. 37), so hat man in der Geschichte der preußisch-russischen Beziehungen dieser Zeit umgekehrt den politischen Hintergrund der handelspolitischen Kämpfe nicht immer gebührend beachtet. In der Frage, die in den Jahren nach dem Wiener Kongreß zum eigentlichen Problem des europäischen Gleichgewichts wurde, der Haltung der Mächte gegenüber der Nebenbuhlerschaft der beiden Hauptsieger Rußland und England, war die Politik Preußens mit seinem Beitritt zur Heiligen Allianz durchaus noch nicht eindeutig für den feudal-legitimistischen Osten gegen den bürgerlich-konstitutionellen Westen entschieden. Offensichtlich haben sich vielmehr alle diejenigen Strömungen, die dort die Erneuerung der Freiheitskriege weiterzuführen suchten und die ja in Hardenbergs Staatsverwaltung vorderhand einen starken Mittelpunkt fanden, auch aus Gründen der Selbstbehauptung gegen den östlichen Nachbar sehr bewußt dem später so beliebten Weg der Anlehnung an den Absolutismus und die Militärmacht Rußlands widersetzt, zumal auch in Rußland selbst noch eine kräftige liberale Bewegung auf die Bundesgenossenschaft des preußisch-deutschen Liberalis-

---

possession les bords de la Baltique au Roi de Prusse, ne pouvait plus par cette raison garantir la jouissance immédiate du commerce maritime au pavillon français.« In der Note Leipzigers und Semlers 15. Aug. ebd. hat der deutsche Entwurf z. B.: „Wie kann nur gesprächsweise angeführt, wir wollen nicht einmal sagen, in einer Note offiziell gesagt werden,“ die französische Ausfertigung: »Peut-on soutenir d'une manière officielle et catégorique comme le font Messieurs les Commissaires.« Rühl, Staegemann 2, 94f. (23. Aug.). Knobloch an Hardenberg 22. Aug., A. A. III Rep. 3 Diff. Rußl.-Polen 95.

[34]) Raumer an Hardenberg 19. Aug., 9. und 11. Sept., Klewitz an Hardenberg 19. Sept. 1816 a. a. O.

mus hoffte[35]). Es ist sicher kein zufälliges Zusammentreffen, daß mit der geschilderten Krisis der Warschauer Handelsvertragsverhandlungen die kaum geringere politische Spannung Hand in Hand ging, die Hardenbergs Anschluß an die von England geführte Opposition gegen die wachsenden russischen Heeresrüstungen zur Folge hatte. Die fast ehrenrührige Begründung dieser Rüstungen mit der Unsicherheit der inneren Zustände in Preußen und Deutschland lieh dabei der preußischen Stellungnahme[36]) eine unverkennbare Farbe nationaler Würde und Geschlossenheit, und es ist ohne weiteres verständlich, welcher kräftige Rückhalt einer solchen Stimmung auch aus den russophoben und anglophilen Wirtschaftsüberzeugungen und Wirtschaftsinteressen der altpreußischen Regierungskreise erwuchs. Leider aber barg gerade nach dieser Seite hin eine einseitig gegen Rußland gerichtete Politik den gefährlichsten Widerspruch: Durch die Einschiebung des polnischen Zwischengliedes war der scheinbar so einfache Gegensatz preußischer Freiheit und russischer Reaktion eben handelspolitisch in peinlichster Weise getrübt, weil hier im Gegenteil Rußland als Vollstreckerin der völkerrechtlichen und nationalen Ansprüche Polens gegen die veralteten und vertragswidrigen Privilegien der preußischen Seeküste aufzutreten vermochte, ohne daß die Rücksicht auf diese Privilegien auch Preußen die Entwicklung einer eigenen Polenpolitik etwa durch Männer wie Radziwill oder Zerboni erlaubt hätte. Von der einheitlichen Linie politischer und handelspolitischer Abwehr gegen Rußland, die der provinzielle Standpunkt Schöns und der Seinigen für möglich und geboten hielt, konnte deshalb nicht die Rede sein; politisch mochte dabei Preußen das ganze Gewicht der englischen Weltmacht für sich haben, wirtschaftlich stand genau umgekehrt diese Macht ganz überwiegend auf seiten des russischen Hinterlandes gegen die preußische Küstenhegemonie.

Jordans Warschauer Mission schien anfangs Erfolg zu versprechen. Zwar Kaiser Alexander machte kein Hehl aus seiner Verstimmung gegen Hardenberg, dem er offenbar die Verantwortung für die (wie sich Jordan bezeichnenderweise bereits ausdrückte) „unglückselige Note" in der deutschen Frage zuschrieb. Es sah aber zunächst nicht aus, als wenn das auf die handelspolitischen Dinge zurückwirke. Die ersten Gespräche mit dem den Zaren begleitenden Staatssekretär Kapodistria gaben Hoffnung, alle noch übrigen Streitpunkte in einer Sitzung zu erledigen, und Jordan fand des Lobes nicht genug für den „aufgeklärten Eifer" der preußischen Kommissare, der die Sache so weit gefördert habe. Sehr bald mußte er seine Erwartungen freilich herabstimmen. Wie gewöhnlich lautete der amtliche Schriftwechsel anders als die persönliche Unterhaltung. Auch Kapodistria legte Nachdruck auf die Feststellung, daß die Verwertung des polnischen Seetransits als Gegenzugeständnis für eine Begünstigung Preußens in Rußland selbst dem Wiener Vertrag widerspreche. In der Frage der

[35]) Vgl. meinen Aufsatz über Sturdzas Mémoire sur l'état actuel HZ. 120.

[36]) Note vom 19. Juni 1816, Entwurf Ancillons A. A. I Rep. 1 Rußl. 44, dazu vorläufig Treitschke 2, 129 und Ulmann in HZ. 95, 436.

Verbrauchssteuern beklagte er sich über die „deplacierten“ Befürchtungen Leipzigers und Semlers, die nicht „auf der Höhe ihrer Aufgabe“ ständen, und Jordan sah schnell die Unmöglichkeit ein, hier allzusehr zu drängen, weil die gegenseitige Herabsetzung dieser Steuern auch den preußischen Staatseinnahmen einen „verhängnisvollen Schlag“ versetzen würde. Auch die Polen wurden offenbar von der geschickten russischen Diplomatie nur vorgeschoben, wenn sie am 23. Oktober in der entscheidenden Kommissionssitzung über den Zusatzvertrag hinsichtlich Ein- und Ausfuhr (Art. 28) „arrogant und unwissend“ (wie Jordan meinte) gegen die Aufnahme von Verbrauchssteuerbindungen in den Tarif Einspruch erhoben. Unter solchen Umständen war es schon ein ganz achtungswerter Erfolg, daß schließlich Rußland in einem Sonderabkommen (18. November) wenigstens die Zulassung von Tuch, Leinen- und Lederwaren, der nachher vielgenannten „Drei Artikel“, zu den bisherigen Sätzen, sowie für den Fall künftiger Erhöhung seiner Verbrauchssteuern einen Rabatt von 10 v. H. zugunsten Preußens einseitig zusagte[37]).

Auch die preußische Enttäuschung über die Zusatzverträge zu den Ein- und Durchfuhrbestimmungen des Wiener Vertrags (Art. 28 und 29, 23. Oktober und 16. November) versteht man nur von der Tatsache aus, daß sich die Regierung in Berlin der Hoffnung hingegeben hatte, Begünstigungen bezüglich Gesamtrußlands in großem Umfang in das Vertragswerk selbst hineinzubringen. Bedenkt man die außerordentlichen Schwierigkeiten dieses Unternehmens und betrachtet die beiden Zusatzverträge für sich als das, was sie sein sollten, nämlich als Regelung des polnischen Verkehrs, so wird man durchaus kein Zeichen bloßer Einschüchterung darin erblicken, daß Leipziger sie in Abwesenheit Semlers und mit der, wie ihm später vorgeworfen wurde, eigenmächtigen mündlichen Erklärung, ihn mit zu vertreten, allein gezeichnet hat, weil er im Weigerungsfall den Abbruch der Verhandlung befürchten zu müssen glaubte; ebensowenig wie man es anderseits lediglich als einen Beweis polnischer Unersättlichkeit wird ansehen dürfen, daß der Warschauer Verwaltungsrat am 21. Dezember gegen die Zusatzverträge feierlich Verwahrung einlegte, weil darin Polen den politischen Rücksichten des preußisch-russischen Verhältnisses geopfert worden sei[38]). Gewiß hatte der preußische Industrieexport die Verbrauchssteuern, die der Einfuhrvertrag (selbst durch den Ausschluß anderer Zölle als der des Vertragstarifs § 9) nicht berührte, mehr zu fürchten als der russische Rohstoffexport, und auf der anderen Seite wurde dieser Export durch einen allgemeinen Einfuhrzoll von 3 v. H.

---

[37]) Depesche und Brief Jordans an Hardenberg 8. Okt., A. A. III Rep. 3 Diff. Rußl.-Polen 95 und I Rep. 1 Pol. 3, dazu Laubert 106 Anm. 3. Kapodistria an Jordan und an Hardenberg 17. Okt., Jordan an Hardenberg 18. Okt., Denkschrift Jordans 11. Nov. 1816 am erstangeführten Ort. Das von Zimmermann nicht gedruckte und (S. 17 „private Zusage“) nicht gekannte Sonderabkommen vom 18. Nov. Kommissionsakten 19.

[38]) Bericht Semlers 3. Nov. 1817, A. A. II Rep. 6 Rußl. 10 vol. 1. Smolka, Polityka 2, 358; die Behauptung ebd. 354, daß die Zusatzverträge für Rußland allein von Bajkov gezeichnet wurden, ist unrichtig.

des (noch dazu am Aufgabeort gemessenen) Werts (§ 7) sogar noch mehr begünstigt als die Durchfuhr nach See (d. h. das fiskalische Interesse an der Ausbeutung dieser Durchfuhr überwog damals, im Unterschied von später, noch das agrarische an der Erschwerung des polnischen Wettbewerbs). Auch die wichtige, auf beiden Seiten wohl nicht ganz gutgläubige Erweiterung des Begriffs der polnischen Erzeugung lief wenigstens tatsächlich auf eine Bevorzugung Russisch-Polens hinaus: Dadurch, daß die schon im Wiener Vertrag vorgesehenen Ursprungszeugnisse für die Hauptprodukte der polnischen Land- und Waldwirtschaft (technisch nicht unbillig) den Konsuln entzogen und den Ortsbehörden übertragen wurden (§ 2), war auch dem nichtpolnischen Rußland die Teilnahme an den billigen Konventionszöllen tatsächlich weitgehend eröffnet, während die Bestimmung, daß die Fabrikatausfuhr auch andere als polnische Rohstoffe sollte verwenden dürfen (§ 3), mehr der posenschen als der übrigen preußischen Industrie zugute kam. Ein zähes Feilschen aber entspann sich um die Ausführung der Wiener Anordnung, wonach der Durchgangshandel „in allen Teilen vom ehemaligen Polen vollkommen frei sein" und „mit dem mäßigsten Zolle belegt werden" sollte. Der Satz von 6 v. H., den Preußen zunächst vom Durchgang der polnischen Seeausfuhr forderte und den es zu seiner Entschädigung für die Aufhebung aller übrigen Hafenabgaben noch nicht einmal für hinreichend erklärte, war gerade doppelt so hoch als der, bei dem nach einer ausführlichen Denkschrift Lubeckis das Getreide und die anderen billigen polnischen Schwergüter diese Ausfuhr überhaupt noch lohnten. Ebenso fand der Einfuhr- und Transitzoll vom Warschauer Seeimport durch die preußischen Häfen seine Grenze, wie Jordan später hervorhob, an der Konkurrenz der baltischen Häfen Rußlands; ja, der ängstliche Leipziger warnte geradezu davor, daß Rußland allzu hohe Forderungen Preußens in diesem Punkt mit der völligen Sperrung seiner Landgrenze gegen Ostpreußen vergelten könne, solange diese Provinz nicht durch besondere Abmachung in das polnische Freihandelsgebiet aufgenommen sei. Im Lichte dieser Bedenken erscheint es wiederum schon als Sieg Leipzigers, wenn er schließlich für die Durchfuhr seewärts einen Zoll von 5, für die landwärts außer der Anerkennung der bestehenden Einfuhrzölle noch einen Transitzoll von 4 v. H. durchdrückte (§ 2 und 3)[89].

Überblickt man die Gesamtheit der Warschauer Zusatzverträge, so ergibt schon ein Vergleich mit dem (vorläufigen) Endpunkt der ganzen Unterhandlung, dem Petersburger Handelsvertrag vom 19. Dezember 1818, was für eine Fülle grundsätzlicher und einzelner Bestimmungen sich schließlich als brauchbar erwiesen hat. Höchstens insofern hatte Semler, der Unterzeichner des Petersburger Vertrags, das Recht, den Warschauer Abschluß seines Mitkommissars Leipziger zu tadeln, als hier, wenigstens im Vertrag selbst, noch nicht wie dort (Art. 4e) für eine Bindung der russischen Verbrauchsabgaben gesorgt

[89]) Hardenbergs Note an Alopeus 19. Nov. 1816, Randbemerkung Jordans zu Schölers Bericht 15. Febr. 1817, A. A. III Rep. 3 Diff. Rußl.-Pol. 95, Leipziger an Jordan 4. Nov. 1816 ebd. 95½.

war. Die wahren Gründe der allgemeinen Enttäuschung, die Leipzigers Werk in Preußen hervorrief und die dann auch zu seiner Ausschaltung von den weiteren Verhandlungen führte, lagen anderswo und traten als solche auch in der ausführlichen Note an den russischen Gesandten in Berlin, Alopeus, nicht hervor, durch die Hardenberg in letzter Stunde das Geschäft von Warschau nach Berlin herüberzuziehen versuchte[40]). Sie lagen in den dort überhaupt noch nicht geregelten Fragen der russischen Zollgrenze und des preußischen Orienttransits.

In bezug auf die erste begegnete das preußische Verlangen nach Öffnung des litauisch-weißrussischen Zollgebiets einer sehr eigenartigen Lage. Rechtlich war es ein zweifelloser Anspruch aus dem Wiener Vertrage, der sich durchaus auf eine Linie mit den polnischen Seetransitwünschen stellen ließ; tatsächlich aber sprachen hier abermals die Interessen des polnischen Kerngebiets, die bei der ganzen Unterhandlung gewissermaßen das Zünglein an der Wage bildeten, eher gegen als für Preußen: Für Kongreßpolen war die Beseitigung der es von dem übrigen Russisch-Polen trennenden Zollschranken eine zweischneidige Maßregel, weil sie den freien Handel dorthin mit dem Verlust der auch politisch sehr wertvollen handelspolitischen Selbständigkeit bezahlte. Die Gehässigkeit, mit der die nationale polnische Geschichtschreibung noch heute die Tätigkeit des (persönlich allerdings anfechtbaren) Senators Novosilcev beurteilt[41]), erklärt sich zum größten Teil daraus, daß sein Hauptbestreben damals auf die völlige Zollvereinigung Kongreßpolens mit Rußland im Sinne eines langsamen Abbaus des russischen Prohibitivsystems gerichtet war. Das Widerstreben der russischen Bureaukratie gegen eine solche vom konservativen und fiskalischen Standpunkt gleich bedenklich erscheinende Neuerung war daher der Unterstützung der sonst so ganz anders gerichteten polnischen Staatsmänner so lange sicher, als diese hoffen konnten, ein näheres Handelsverhältnis zu Rußland auch auf anderem Wege zu begründen.

Auf ausschließlich russischen, aber desto kräftigeren Widerstand stieß Preußens Wunsch einer Wiederherstellung des Tuchtransits durch Rußland nach China. Alle großen Vertreter der unter dem Zollschutz neugegründeten russischen Webstoffgewerbe, voran der seit den Finanzen der Freiheitskriege allmächtige Bankier Baron Rall und die Gesellschafter der Alexandrowsker Tuchfabrik, der Kommerzienrat Schwarz und der als Mitglied der jungrussischen Reformbewegung bekannte Staatsrat Vitovtov, waren darüber einig, daß das nationale Gewerbe gerade die grobe chinesische Nachfrage allein befriedigen könne und die Zulassung der preußischen Durchfuhr nur den russischen Pelzhandel mit China zurückdränge, überdies auf dem Wege des Schmuggels auch den innerrussischen Markt schwer gefährde. Außer dem Finanzminister hatte diese Industriepartei besonders auch den Innenminister Kozadavlev und den Abteilungsvorsitzenden im Reichsrat, Admiral Mordvinov, für sich gewonnen; der ganze Staatshaushalt beruhte mit

[40]) 19. Nov. 1816, A. A. III Rep. 3 Diff. Rußl.-Pol. 95.

[41]) Smolka, Polityka 2, 314ff. Gerechter Schiemann, Alexander I 129f.

reichen Zolleinnahmen (1817: 30 Mill. Rubel) und der Umgestaltung der Katharinäischen Handelsbank in eine große Staatsbank auf dieser Politik. Das in den Deduktionen der freihändlerischen preußischen Diplomatie immer wiederkehrende Argument, Durchfuhrverbote verstießen im Unterschied von Ein- und Ausfuhrverboten gegen das Völkerrecht, wurde in diesen Kreisen mit dem Hinweis auf die gleichsam kolonisatorische Stellung Rußlands im Markt von Kiachta bekämpft, wo sein Handel zuerst die Bahn gebrochen habe. Es war ein wirklich bedeutendes russisches Zugeständnis zur Beförderung der Warschauer Verhandlungen, daß im August 1816 der Chinatransit der preußischen Tücher wenigstens vorläufig wieder gestattet wurde[42]). Wenn aber, wie früher gezeigt (o. S. 18), sogar die preußischen Freihändler sich gegenüber der vom Merkantilismus überkommenen Methode der Handelsverträge mißtrauisch verhielten, so durften sie sich jetzt nicht wundern, vertraulich zu hören, daß die schutzzöllnerische russische Regierung auf eine Anfrage Portugals erklärt habe, sie denke grundsätzlich an keine handelsvertraglichen Bindungen[43]).

Während demnach auch in Rußland starke Strömungen einer endgültigen Annahme der Warschauer Abmachungen widerstrebten, vertrug sich umgekehrt das preußische Mißvergnügen daran mit dem lebhaften Verlangen, möglichst ungesäumt in den Genuß der dort eingeräumten Vorteile zu gelangen. Besonders der Gesandte v. Schöler vertrat den Standpunkt, man solle die Ausführung der Vereinbarungen nötigenfalls durch ein glattes Verbot der polnischen Seedurchfuhr erzwingen. Unter diesen Umständen war es ohne Zweifel der ehrliche Wille zu einer vermittelnden Politik etwa im Sinne Novosilcevs, aus dem der Zar es unternahm, die Ratifikation der Warschauer Zusatzverträge zu beschleunigen. Der Vorteil, den seine Regierung dabei fand, lag mehr außerhalb des Vertragsinhalts und bestand darin, die Autonomie der russischen Zollpolitik durch den Abschluß gegen die vorauszusehenden weiteren Ansprüche Preußens einerseits, Kongreßpolens anderseits zu sichern. Alexander vollzog daher am 18. Februar 1817 zunächst für sich die Warschauer Konventionen unter dem ausdrücklichen Vorbehalt künftiger Verhandlung mit Preußen und Österreich über ihre Ausführung in seinen „andern Staaten"; sowohl der Wortlaut der Ratifikation wie die Tatsache, daß der Außenminister Nesselrode den Vorbehalt ungesäumt nach Berlin mitteilte, schließen den Verdacht aus, daß Preußen damit in eine Falle gelockt werden sollte. Wenn Schöler der gegenteiligen Ansicht war, ging er dabei von der Voraussetzung aus, daß es durch die engen Beziehungen der beiden Höfe möglich sein würde, die geschlossenen Verträge noch vor der Ratifikation auf gütlichem Wege zu Preußens Gunsten umzubiegen.

---

[42]) Bericht Schölers 23. Dezbr. 1819.

[43]) Nachschrift zu Schölers Depesche 27. Febr. 1817, A. A. III Rep. 3 Diff. Rußl.-Polen 95, sein Bericht 29. April 1817, Ber. Semlers 29. Juli und 10. Nov. 1818, A. A. II Rep. 6 Rußl. 6 vol. 3. Rall: Smolka, Polityka 2, 124, 565. Vitovtov: Bil'bassov 4, 302. Die wichtigste unter den unzähligen Denkschriften Mordvinovs, 30. Dez. 1815, ebd. 5, 67 ff. Bank: ebd. 57 ff. Reden 37.

Bezeichnenderweise hat er zu diesem Zweck selbst das „Mittelchen“ eines Kabinettsschreibens an den Zaren vorgeschlagen, weil Alexander sonst vielleicht seinerseits Friedrich Wilhelm damit zuvorkommen werde. Obwohl es an Zeit nicht fehlte, die Anregung aufzunehmen, ließ man sich in Berlin dann doch durch den Brief überraschen, in dem der Kaiser den König persönlich mit dem ihm eigenen Schwung um die preußische Ratifikation bat; die Beteuerung, er selbst gedenke die Wiener Verträge ebenso gewissenhaft gegen seine „neuen Untertanen“ wie gegen Preußen und Österreich anzuwenden, berührte geschickt Alexanders mächtige Lieblingsrolle als Beschützer der Polen[44]).

Preußen schien, je mehr es sich in den Warschauer Zusatzverträgen gegenüber Rußland benachteiligt fühlte, der von diesem vorgeschlagene Weg, erst zu ratifizieren und dann weiterzuverhandeln, desto unbequemer. Fast gleichzeitig mit der russischen Ratifikation hatte bereits ein Bericht Semlers die Wendung vorgezeichnet, die die Dinge dann wirklich nahmen, indem er beantragte, von den Warschauer Konventionen ganz abzusehen und eine neue Verständigung auf der Grundlage des Austausches zwischen preußischem Transit- und gesamtrussischem Einfuhrtarif herbeizuführen. Ein erster Versuch zur Ausführung dieser Absicht war der Warschauer Vertrag mit Österreich vom 22. März, durch den Preußens polnische Handelspolitik erstmals in ein unmittelbares Verhältnis zu der dritten Teilungsmacht trat. Österreich sollte dadurch in den Genuß auch derjenigen unter den Warschauer Zusatzverträgen gesetzt werden, an denen es mangels der entsprechenden Grundlagen in seinem Wiener Vertrag mit Rußland nicht beteiligt worden war. Preußens eigentlichen Zweck bei diesem Vertragsschluß spricht eine spätere Denkschrift Semlers offen aus: Österreich sollte als Bundesgenosse gegen Rußland gewonnen werden. Für die Möglichkeit eines solchen Vorgehens sprach nach der hier vertretenen Ansicht, „daß Preußen und Österreich die russischen und polnischen Produkte eher entbehren oder (falls ihr Eingang erlaubt und nur erschwert werden sollte) länger die daraus entstehenden Nachteile tragen können, als Rußland es aushalten kann, den Hauptabfluß der reichen Produktion seiner Provinzen ganz oder zum Teil behindert zu sehen. Dieser Hauptabfluß geht durch die preußischen und österreichischen Staaten. Auf die zwischen beiden herrschende Handelseifersucht hat Rußland seine Handelspolitik gegründet. Die russische Regierung hielt sich überzeugt, daß, wenn Österreich ihr den Durchgang zu hoch stellen oder ganz verbieten würde, Preußen zu seinem Vorteil ihn um desto mehr erleichtern und umgekehrt Österreich ebenso handeln würde, wenn Preußen einmal so, als oben vorausgesetzt, zu handeln sich entschließen möchte.“ Semler hatte, wie

[44]) Ostensibler Erlaß Nesselrodes an Alopeus 11. Febr. 1817, A. A. II Rep. 3 Diff. Rußl.-Polen 95, Bericht Schölers 15. Febr. 1817, Rep. 6 Rußl. 10 vol. 1, Handschreiben Alexanders Bailleu 272 ff. Nr. 253. Die noch von Smolka, Polityka 374 f. Anm. als „zagadkowa sprawa“ bezeichnete Meinungsverschiedenheit zwischen Martens, Russie 7, 329 und Zimmermann 19 f. Anm. 2 darüber, ob Preußen oder Rußland mehr an der Vollziehung der Warschauer Konventionen gelegen habe, löst sich aus dem Obigen sehr einfach.

er ausdrücklich sagte, dabei den Kampf des friderizianischen und josephinischen Merkantilismus um den schlesischen und galizischen Transit im Auge, dessen Erinnerung in den Gedankengängen der Freihändler auch sonst als berüchtigter Schulfall verhängnisvoller Staatseinmischung fortlebte [45]). Vielleicht war es damals noch schwer, die Entwicklung Österreichs zu einem neuen, noch weit folgerichtigeren Merkantilismus vorauszusehen, die kaum ein Jahr später Hoffmann schon so klar zu umreißen wußte (s. o. S. 26 Anm. 89). Immerhin hätte auch die bisherige Haltung des österreichischen Kommissars in Warschau Semler davor warnen können, auf die Mitwirkung Österreichs zu rechnen. Der Vertrag vom 22. März enthielt am Schluß die Bestimmung, daß der Zeitpunkt seines Inkrafttretens bei der Ratifikation festgesetzt werden solle. Aber diese Bestimmung wurde nicht eingehalten. Umgekehrt wie bei den Zusatzverträgen beeilte sich hier Preußen schon am 20. Juni, einseitig zu ratifizieren, Österreich zögerte noch bis zum 16. Oktober, allein die Inkraftsetzung unterblieb. Auf die preußische Aufforderung zu gemeinsamem diplomatischen Vorgehen gegen Rußland erwiderte bereits im Sommer der österreichische Gesandte in Berlin, die „Verschiedenheit der Lage und Verhältnisse der beiden Staaten“ verhindere Österreich, seine Haltung zu Rußland in eine so enge Übereinstimmung mit der Preußens zu bringen [46]).

Eine bessere Aussicht zur Verständigung mit Rußland bot ein Vorstoß, den Novosilcev in letzter Stunde für seine Politik der russisch-polnischen Zollneuordnung (o. S. 69) wagte. Eins der stärksten Bedenken der russischen Bureaukratie gegen jede Erleichterung des Handelsverkehrs mit dem Westen, wie sie die Zusammenlegung der doppelten Zollgrenze, auch ganz abgesehen von allen Tarifmilderungen, mit sich bringen mußte, bestand jederzeit in dem alten und durch die Übertreibungen des russischen Prohibitivsystems nur noch mehr eingewurzelten Erbübel des merkantilistischen Handels, dem Schmuggel, den namentlich die polnischen Juden mit den verbotenen oder hochbelegten preußischen Waren trieben. Der freihändlerischen Theorie, daß nur eine liberale Zollpolitik diesem Übel auf die Dauer durch Erniedrigung der Schmuggelprämie abhelfen könne, stand die mißtrauische Praxis der Schutzzöllner entgegen, sich zur Bekämpfung des Schleichhandels einzig auf die Strenge der Gesetze und ihrer Ausführung zu verlassen. Novosilcev versuchte gleichsam die Probe auf die Ehrlichkeit der preußischen Freihändler zu machen, wenn er ihnen durch die Geheimmission seines Vertrauten Würst nach Berlin einen Vertrag über gegenseitige Beihilfe zur Grenzüberwachung vorschlagen ließ. Solche Zollkartelle haben bekanntlich auf einem anderen Lieb-

---

[45]) Vgl. die oben S. 28 Anm. 98 angeführte Oelsnersche Denkschrift, dazu Fechner, Handelspol. Bez. Preußens zu Österreich 1740—86 S. 475ff. und neuestens H. Großmann, Österreichs Handelspol. mit Bezug auf Galizien in der Reformperiode (Wien 1914) 375ff.

[46]) Bericht Semlers 8. Febr. 1817, Kommissionsakten 24, Vertrag vom 22. März 1817, Martens 2, 4, 537ff., Denkschrift Semlers 4. Mai 1817, Rep. 6, Rußl. 9 (danach Jordan bei Zimmermann 21 Anm.), Note Zichys 3. Sept. 1817 ebd. (das Referat bei Zimmermann 59 irreführend).

lingsgebiet des Schmuggels, in den Enklavenverträgen Preußens mit seinen deutschen kleinstaatlichen Nachbarn, einen regelmäßigen Bestandteil der preußischen Zollpolitik gebildet und da sogar vor einem Übergreifen der stärkeren Staatsgewalt auf das Gebiet der schwächeren nicht haltgemacht. Im gegenwärtigen Fall war, wenn auch das Stärkeverhältnis eher zuungunsten Preußens lag, eine derartige Hoheitsbeschränkung durchaus nicht vorgesehen, sondern die wechselseitige Unterstützung der Zollbehörden sollte sich im Austausch von Mitteilungen und Registerauszügen über die durchgehenden Waren erschöpfen. Es ist denn auch aus den damaligen ebenso wie späteren, durch neue russische Anträge hervorgerufenen Erwägungen der preußischen Regierung ganz klar, daß nicht nur die Rücksicht auf die eigene Souveränität, die „Würde", sondern ebensosehr die entgegengesetzte auf die großen Schleichhandelsgewinne, das „Interesse", Preußen abgeneigt machte, sich, wie Semler gesagt hat, zum „Kontrolleur" der russischen Zollverwaltung herzugeben. Nicht einmal der Versuch wurde unternommen, den Kartellgedanken als Grundlage der bevorstehenden Tarifverhandlungen zu nehmen. Wie dann das Scheitern von Novosilcevs Angebot auf seine schon hinreichend schwierige Stellung zwischen russischen und polnischen Nationalitäten zurückwirken mußten, läßt sich leicht vorstellen[47]).

Noch vor Beendigung dieser Episode hatte die Antwort König Friedrich Wilhelms auf das Handschreiben des Zaren in die bequeme Bahn der provisorischen Maßregeln eingelenkt, die seit dem Wiener Vertrag die preußisch-russischen Handelsbeziehungen bestimmt hatten und auch noch während der nächsten Jahre fortdauern sollten, bis sie dann sogar dem Endvertrag von 19. Dez. 1818 ihren Stempel aufdrückten. Wie der König bereits angekündigt hatte, setzte Preußen wenigstens den wichtigsten Teil der Warschauer Zusatzverträge, den ermäßigten Tarif für die polnische Durchfuhr, am 24. Mai 1817 vorläufig und zeitweilig (bis zum 1. Nov.) in Kraft, auch dies jedoch nicht eher, als bis Rußland seinerseits den dringenden Wunsch Preußens (o. S. 69) befriedigt und im Ukaz vom 22. Mai den Chinatransit des preußischen Tuchs zum Satz von 15 Kopeken für den Arschin, also etwa dem achten Teil des bisherigen Einfuhrzolls, weitergestattet hatte. Genau wie früher (o. S. 57ff.) aber folgte der argwöhnisch zögernden Gesetzgebung ein nicht minder langsamer und schwankender Vollzug. Während wie in Rußland gewöhnlich die Veröffentlichung des neuen Ukases zu Schölers Verdruß auf sich warten ließ, begnügte sich in Preußen das Finanzministerium zur Ausführung der neuen Transitverordnung mit einer ungefähren Anpassung der alten Tarife und obendrein einer den Polen sehr unbequemen Erhebungsweise, bei der zunächst Ein- und Ausfuhrzoll im vollen Betrag entrichtet werden mußten und erst nachträglich der Unterschied gegen den Durchfuhrzoll rückvergütet wurde. Wie der Generalkonsul Schmidt aus Warschau

---

[47]) Gutachten Semlers 26. April 1817, Kommissionsakten 24. Die Behauptung Zimmermanns 20, der Kartellplan sei zu „kompliziert" gewesen, wird wiederum durch seinen eigenen Abdruck des Entwurfs 433ff. widerlegt.

berichtete, herrschte dort allgemeine Erbitterung über den vermeintlichen Wortbruch Preußens[48]).

Um so mehr drängte das dynastische Verhältnis Rußlands und Preußens, das am 1. Juli 1817 durch die Heirat des Großfürsten Nikolaus mit Friedrich Wilhelms Tochter Charlotte das denkbar innigste geworden war, angesichts des bevorstehenden Ablaufs der Handelsprovisorien zu einer Fortsetzung der Bemühungen um dauerhafte Verträge. Allein die Geschäftsanweisung für die nach Petersburg eingeladene Kommission, die man nach den Warschauer Erfahrungen mit Leipziger nunmehr Semler allein anvertraute, wußte, obwohl neben Hoffmann, Zyka und Semler selbst vom Finanzministerium noch Schütz, der später so berühmte erste Provinzialsteuerdirektor, zu den Beratungen darüber zugezogen worden war, doch kaum eine Lehre aus den bisherigen Verhandlungen zu ziehen. Nach dem Vorgang einer Denkschrift von Semler, dem Nichtdiplomaten, waren bezeichnenderweise gerade jene großen diplomatischen Gesichtspunkte in den Vordergrund gerückt, deren Fortentwicklung seit dem Wiener Vertrag sich immer sichtbarer gegen die preußische Handelspolitik vollzogen hatte und die daher gegenwärtig eher eine Belastung als eine Förderung der russischen Unterhandlung bedeuteten: außer der Zuziehung von und Anlehnung an Österreich namentlich die Wechselwirkung zwischen den Fragen der polnischen Seeverbindung und der Rhein-See-Schiffahrt (o. S. 53), dann auch die weitere Parallele des englischen Ostseehandels, vermöge deren wenigstens Semler, trotz der bekannten Annäherung Rußlands an England durch die Kontinentalsperre (o. S. 58), umgekehrt einen gemeinsamen Druck Preußens und Rußlands auf die englische Zollmauer für möglich hielt. Man war sich also so wenig klar über die politischen Grundzüge der Handelsbeziehungen zu Rußland, daß man, statt auf Beeinflussung des mächtigen Nachbarn durch Gegengebote oder wenigstens reale Druckmittel zu denken, wohl nicht ohne Zusammenhang mit der freihändlerischen Theorie vom „wahren Interesse" der Staaten nur immer weitere Rechtsansprüche auf seine Unterstützung erheben zu können meinte, noch dazu im selben Augenblick, da man auf der andern Seite die Interessengemeinschaft Rußlands und Österreichs ebenso übertrieben niedrig einschätzte. Wenigstens diese letzte Ansicht mußte, soweit sie nicht schon vorher durch die österreichische Note (o. Anm. 46) erledigt war, auf der Stelle auch von Petersburg aus erschüttert werden, als der dortige österreichische Gesandte v. Lebzeltern, der gelehrige Vermittler von Metternichs Besorgnissen vor dem revolutionären Preußen, gewiß nicht absichtslos Schöler eine Äußerung Nesselrodes mitteilte, „daß zwischen Österreich und Rußland keine solche Verschiedenheit des Interesses stattfinde" wie zwischen Rußland und Preußen. Und bald darauf haben auch Semlers

[48]) Friedrich Wilhelm III. an Alexander I. 10. April 1817 Bailleu 257ff. Nr. 254. Graf Bülow an die preußischen Regierungen 9., an Hardenberg 15. Mai, Semler an Graf Bülow 10. Aug. 1817 A. A. II Rep. 6 Rußl. 10 vol. 1. — Nach [Braff] 47 war die rheinische Textilindustrie enttäuscht, daß der russische Transithandel fast nur den posenschen und schlesischen Tüchern zugute kam.

Anträge auf Rußlands Verwendung in den Angelegenheiten der Rheinschiffahrt und der englischen Schutzzölle, der erste eine ganz glatte, der andre eine etwas aussichtsvoller umschriebene Ablehnung erfahren. Aber diese deutlichen Anzeichen einer diplomatischen Isolierung wirkten zunächst durchaus nicht so einschüchternd auf die preußische Politik, wie man Alopeus im Verdacht hatte es nach Petersburg zu berichten. Auf den dringenden Rat sowohl Schölers als Semlers begannen die Petersburger Verhandlungen mit dem Rücktritt Preußens von der provisorischen Ausführung des Warschauer Transitvertrags[49]).

Die Maßregel war um so bedenklicher, als in Petersburg nicht anders wie in Warschau die Hauptleidtragenden, die Polen, eine überragende Stellung behaupteten. Zwar lag die Oberleitung der Unterhandlungen russischerseits hier, gleichsam zum Zeichen, daß der autonome russische Zolltarif im Mittelpunkt stehen würde, in der Hand des Finanzministers Guriev. Aber dieser beteiligte nicht nur durchweg zwei Sondervertreter Polens, den Staatssekretär für polnische Angelegenheiten Graf Sobolewski und Lubeckis Gehilfen Kalinowski, der als Handelssachverständiger an Kickis Stelle getreten war, sondern auch der eigentliche russische Unterhändler war ein polenfreundlicher Diplomat aus der Schule Czartoryskis, der als Unterzeichner des Pariser Vertrags von 1806 mit Napoleon bekannte Ubril[50]). Noch einmal bot sich neben dieser ziemlich geschlossenen Reihe von Feinden den preußischen Vertretern die Vermittlung Novosilcevs, der in seiner unermüdlichen Tätigkeit für den russisch-polnischen Einheitstarif auf dem Wege von Moskau nach Warschau durch Petersburg reiste und Semler mit der ihm eignen Mischung von Gutmütigkeit und Grobheit klarzumachen suchte, wie sein Projekt mit der völligen Beseitigung der Handelsverbote alle billigen Wünsche Preußens erfülle: bleibe Preußen jetzt hartnäckig, so habe Rußland in der Autonomie seiner Verbrauchssteuern (o. S. 68) und den Rechten seiner Konsuln (o. S. 62) Handhaben genug, ihm auch im Rahmen der Warschauer Konventionen das Leben sauer zu machen: „Vous voyez," schloß er in richtiger Voraussicht der kommenden Entwicklung, „qu'une zizanie éternelle en serait la suite." Indes gerade die Vorraussetzung, auf der Novosilcevs Ausführungen beruhten, die Anerkennung der Warschauer Zusatzverträge, für deren Abschluß er vom Zaren bereits belohnt und ausgezeichnet worden war, widersprach den Plänen Preußens, das seit Semlers erster Instruktion für Petersburg darauf ausging, sei es übereinstimmend mit oder in zu verabredender Abweichung von dem Wiener Vertrage, die Warschauer Verträge jedenfalls nur als „canevas" (wie Semler sagte) der bevorstehenden Besprechungen zu benützen.

---

49) Denkschrift Semlers 30. Juni, Konferenzprotokoll 15.—22. Sept. A. A. II Rep. 6 Rußl. 8 vol. 1, Instruktion für Semler 17. Sept., Graf Bülow an das Außenministerium 5. Okt., Berichte Schölers 2. und Semlers 3. Nov., Jordan an Graf Bülow 18. Nov. 1817 ebd. 10 vol. 1, Bericht Semlers 1. April 1818 ebd vol. 2.

50) Kalinowski: Smolka, Polityka 1, 81. Ubril: Šil'der, Aleksandr I. 2, 151f. Bailleu, Preußen und Frankreich 1795—1807, Bd. 2 öfter.

Die Gefahren eines solchen Vorgehens für Preußen selbst traten sogleich bei dem ersten Verhandlungsgegenstand, dem Monopol der preußischen Seehäfen, zutage. Gegen die in Warschau zum Schutze der Polen vereinbarte Institution der Kommissionäre (o. S. 62) hatte sich damals im Namen der bedrohten seestädtischen Vorrechte sofort der Widerstand der preußischen Innenressorts erhoben. Er war namentlich mit der Begründung beschwichtigt worden, daß ja Rußland für das Vertragsgebiet, besonders also für den Dünahafen Riga, auch Preußen die Ausübung des gleichen Rechts zugestanden habe. Ebendies nun wurde gleich bei der ersten Erneuerung der Beratungen über die Kommissionäre von dem russischen und polnischen Kommissar einmütig in Zweifel gezogen. Und wenn jetzt[51]) die Meinung des preußischen Außenministeriums dahin ging, die Polen würden das gleichsam naturgegebene Verhältnis des hinterländischen Rohstofferzeugers zum seestädtischen Großhändler einsehen und sich entweder mit gänzlicher Einbürgerung oder gänzlichem Verzicht auf den Seehandel zufrieden geben, so war das genaue Gegenteil der Fall: Wie nicht selten bei den Warschauer Abmachungen war man auch polnischerseits mit dem Kommissionärrecht unzufrieden, nur aus dem entgegengesetzten Grunde, weil es als Kompromiß die Polen noch nicht genug begünstigte und sie vor allem nicht gegen die tatsächliche Übermacht der preußischen Kaufmannschaften sicherte. Wirklich hat trotz der preußischen Versicherung, das Gewerbeedikt von 1811 sei „Bürge dafür, daß nie ein allgemeines Verständnis unter den Danziger Bürgern zum Abschlag der polnischen Produkte und Steigerung der auswärtigen Waren statthaben werde,“ am Ende in den Vertrag vom 19. Dezember 1818 eine ausdrückliche Bestimmung (Art. 8 Abs. 2) gegen Verbindungen der städtischen Kaufleute zur Wiederherstellung der aufgehobenen Privilegien oder ausschließlichen Aneignung irgendwelcher Handelsarten aufgenommen werden müssen. Dabei gab Rußland deutlich genug zu verstehen, daß es mit der Beseitigung der veralteten Stapelrechte den preußischen Handel im Grunde zu seinem eignen Glück zwinge[52]).

Überhaupt vollzog sich die Petersburger Verhandlung für Preußen unter den denkbar ungünstigsten allgemeinen Umständen. Bei Hardenbergs Abwesenheit im Rheinland mangelte es zunächst fast ganz an einer festen Oberleitung von Berlin aus; die Entscheidungen des Staatskanzlers selbst fielen, da ihnen eingestandenermaßen die aktenmäßigen Grundlagen fehlten, maßvoll wie immer, aber doch allzu unbestimmt

---

[51]) Denkschr. Hoffmanns 5. Jan. 1818, A. A. II Rep. 6 Rußl. 10 vol. 1.

[52]) Denkschrift Zykas 5. Jan. 1818 A. A. II Rep. 6 Rußl. 10 vol. 1; ungezeichnete Denkschrift „Etwas über Danzigs Verhältnisse zum polnischen Handel“, eingegangen 6. Sept. 1818 ebd. vol. 3; Alopeus an Jordan 10. März 1818 ebd. vol. 1 (vgl. Zimmermann 61 f.): „Si aujourd'hui, les Hope, les Bethmann, les Rothschild allaient s'établir à Danzic ou à Kœnigsberg, les négociants de ces villes jetteraient les hauts cris, mais leur réclamations n'empêcheraient sans doute pas de les admettre, car la prospérité des villes mêmes ne pourrait qu'y gagner.“

aus[53]). In Petersburg machte sich zwar der Zar bis zu seiner Abreise nach Moskau Anfang Februar das Vergnügen persönlicher Teilnahme an den Kommissionssitzungen. Aber nicht nur seine wirtschaftspolitische Unkenntnis hielt ihn ganz in Abhängigkeit von den Polen und ihren politischen Hintergedanken: „Der Kaiser", berichtete Semler (11. Febr. 1818), „tut für Finland und Polen bei weitem mehr als für Rußland. Liegt, wie viele Unterrichtete glauben, bei ihm die Absicht im Hintergrunde, alle seine Polen in ein besonderes Reich zu vereinigen, den Ruhm des Restaurators ganz und noch ein stärkeres Schreckbild für Österreich und Preußen zu haben; will der Kaiser nach Gründung eines größeren Königreichs Polen den Riesengedanken ausführen, seine Russen aus der Sklaverei und auf die Linie zu bringen, auf der er im Auslande die Menschen gesehen hat — dann ist es begreiflich, daß der Kaiser und die polnische Partei sich, ohne es zu wissen, auf verschiedenen Wegen zu einem und demselben Ziele befinden." Es sind die bekannten Stimmungen aus der Zeit der Eröffnung des ersten polnischen Landtags. Wie wenig gehörte da später für den Staatssekretär Sobolewski zu der Behauptung, „daß der Kaiser seinen Untertanen im Königreich Polen persönliche Vorzüge und Befugnisse in Danzig zu erwirken und dadurch das wieder gut zu machen versprochen habe, was bei der diesseitigen [preußischen] Wiederbesitznehmung von Danzig vermeintlich vergessen worden sei". Österreich enttäuschte, wie vorauszusehen gewesen wäre, die preußischen Erwartungen gründlich, indem es Lebzeltern in besonderer Note gegen Rußlands Absicht, die Verständigung mit ihm von der mit Preußen abhängig zu machen, Einspruch erheben ließ und so in der Tat schon am 17. August seinen Tuchtransit von Brody nach Odessa vertraglich sichern konnte[54]). Schließlich wurden in Preußen selber im Kampf um das neue Zollgesetz die verschleppenden Motive der östlichen von den beschleunigenden der westlichen Handelspolitik (o. S. 56) wenigstens insofern besiegt, als am 5. September 1818 das große Werk Graf Bülows und Maaßens zwar in den östlichen Provinzen noch nicht eingeführt, aber mit den künftig auch dort geltenden Tarifen veröffentlicht wurde:

---

[53]) Engers 20. Jan. 1818 a. a. O. vol. 1: „Der Handel mit Polen und mit der russischen Monarchie ist für die Gesamtheit unserer Provinzen besonders in einem Zeitpunkt von großer Wichtigkeit, wo dem Absatz unserer Fabrikate von andern Seiten so viele Schwierigkeiten entgegengestellt werden. Können wir demnach darauf rechnen, daß derselbe durch den Ausgang der Petersburger Unterhandlungen begünstigt und zum Wohl des Ganzen eine neue Ausdehnug erhalten werde, so dürften wir uns nicht scheuen uns da nachgiebig zu erweisen, wo es ohne Verletzung der Nationalwürde geschehen kann." Die von Zimmmermann 62 Anm. 1 gerügte Legende von Hardenbergs Altersschwäche bei Martens, Russie 7, 329 ist doch nur aus der ebenso bequemen deutschen Geschichtsschreibung übernommen.

[54]) Berichte Semlers 14. Febr., 19. Mai, 17. Aug. 1818, a. a. O. vol. 1 und 3. Über den allgemein politischen Hintergrund Schiemann, Alexander I. 127ff. und K. E. Oelsner an Varnhagen, Paris 17. Aug. 1818, Assing 1, 165: „Die Polen, welche hier in großer Menge sind, schmeicheln sich mit der nahen Herstellung ihres ganzen Königreichs. Dabei aber würden Österreich und Preußen Haare lassen."

Da hier der polnische Transit im wesentlichen nicht schlechter wegkam als in Warschau, war, wie Semler von Anfang befürchtet hatte, einer der Haupttrümpfe Preußens in Petersburg dadurch freiwillig aufgegeben, und es war nur eine Sache der Form, daß man kurz zuvor den Warschauer Durchfuhrtarif abermals provisorisch wieder in Kraft gesetzt hatte. Auf der andern Seite ist es Preußen nicht eingefallen, nun auch die Gelegenheiten zu benutzen, die etwa die russisch-polnische Zollreorganisation seiner Einwirkung geboten hätte: Semler hat es zwar mit Genugtung vermerkt, wo die polnischen Kommissare als Vertreter weniger schutzbedürftiger Industriegebiete für niedrigere Belastung der preußischen Haupteinfuhrwaren stimmten, nach dem Abschluß des Handelsvertrags jedoch für die eigenen Bemühungen der Polen um den russischen Markt nur den kühlen Zweifel übriggehabt, ob das russische Gewerbe die polnische Konkurrenz schon zu ertragen fähig sei[55]).

Auf diesem Hintergrund mußten die preußischen Bemühungen um eine Verbesserung der Warschauer Konventionen in Petersburg einen ziemlich unvorteilhaften Eindruck machen. Dank den russischen Handelsprovisorien (o. S. 67 und 73) fand ein ziemlich befriedigender Absatz posenschen und schlesischen Tuchs nach China[56]) sowie besonders schlesischer Leinwand nach Warschau statt, und nach dem Bericht des Generalkonsuls Baumgärtner in Leipzig nahmen an der Wiedereröffnung des Levantetransits durch den russisch-österreichischen Vertrag sofort auch die preußischen Textilgewerbe bis Aachen und Bielefeld, namentlich aber die Messen von Naumburg und Frankfurt a. O. erfreulichen Teil. Dennoch fällte Graf Bülow in seinem neuen Ministerium für Handel und Gewerbe, anscheinend vor allem gedrängt von den Rheinländern, deren Webstoffe und Stecknadeln in Rußland immer noch 30—60 v. H. zahlten und deren schwarzes feines Tuch dort ganz verboten blieb, ein schlechthin vernichtendes Urteil über den Wert der bisherigen Zugeständnisse Rußlands, während er umgekehrt die polnischen Klagen über die preußischen Transitzölle als Ausfluß einer irreführenden Unterschätzung der Warenwerte zurückwies[57]).

Der Ton pathetischer Entrüstung aber, mit dem die auch ihrerseits durch das Provisorium stark begünstigten[58]) Russen als Antwort

---

[55]) Berichte Semlers 6. Febr. und 21. Dez. 1818 a. a. O. vol. 1 und 4.

[56]) Nach Miller 666

1817: 407 000 Arschin im Werte von 2 208 000 Rubeln
1818: 1 025 000 „ „ „ „ 5 974 000 „

und auch in den folgenden Jahren nicht unter 828 000 Arschin im Werte von 4 000 000 Rubeln.

[57]) Bericht Schölers 11. Juli, Baumgärtners (Auszug) 22. Okt. 1818 a. a. O. vol. 3 (dazu [Braff] 47 f.); Graf Bülow an das Außenministerium 28. März und 18. Mai 1818 ebd. vol 2: „Einen offenen und so nur für den Handel und die Gewerbe wohltätig wirkenden Absatz an Fabrikaten über die Ostgrenze der Monarchie hält das unterzeichnete Ministerium nach dem Inhalt der aus dem Tarif zusammengestellten Beilage für unmöglich."

[58]) Nach Reden 138 war die erste Aufbesserung der russischen Papierwährung durch reichlichen Edelmetallzustrom eine Folge des Getreideexports von 1817 und 1818, der nach Gülich 2, 363 f. besonders nach den deutschen Hungergebieten ging.

auf solche Ansprüche mehr als ein „Ultimatum" stellten und jetzt selber, wie früher Preußen in Warschau, die Unterhandlung fort in die Hände von Alopeus zu spielen suchten, macht zusammen mit Semlers unendlich redseligen Berichten erst recht den Eindruck eines immer leereren Paradegefechts [59]. Die Form, in der schließlich die Frage der Kommissionäre auf dem Aachener Kongreß am 11. November von Jordan und dem polnischen Vertreter Jan Matuszewicz geregelt wurde, ein geheimer Sondervertrag [60], der die Polen unter fast denselben Bedingungen wie früher auf Zeit (sechsjährige Perioden), aber als sogen. Zeitbürger (bourgeois temporaires) mit allen Bürgerrechten in den preußischen Hafenstädten zuließ, entsprach ziemlich genau der vor beinahe einem Jahr von Semler gegebenen Anregung, diese polnische Forderung zur „Beruhigung" der Seestädte außerhalb des Vertrages zuzugestehen. Von der weitgehenden Übereinstimmung des Petersburger Hauptvertrags vom 19. Dezember 1818 [61] mit den alten Warschauer Konventionen war bereits (o. S. 68) die Rede; die Bindung der russischen Verbrauchssteuern mußte Preußen außer mit dem (ganz niedrig belegten) polnischen Salztransit (Art. 5f) vor allem mit der Bindung des eigenen Transitzolls an einem Höchstsatz von 3 Rtlr. (Art. 5g Abs. 3) entgelten. Für den Augenblick mindestens so wichtig wie der Hauptvertrag war das gleichzeitig abgeschlossene neue Provisorium, der sog. Transitorische Vertrag, der die Zeit bis zum Vollzug der russischen Zollneuordnung und zu dem ihretwegen auf den 1. Januar 1820 verschobenen Inkrafttreten des Hauptvertrags überbrücken sollte; er ließ neben den posenschen auch andere preußische Waren der drei Vorzugsklassen, diese zum doppelten Warschauer Satz, in Rußland ein und im übrigen den Tarif von 1816 mit der Maßgabe bestehen, daß künftig für alle nicht verbotenen Einfuhren die Landgrenze der Seegrenze gleichstehen solle. Zuguterletzt gelang es Semler und Schöler noch sogar, aus einem sehr peinlichen Vorfall, der Entdeckung eines umfangreichen Transitmißbrauchs des jüdischen Großkaufmanns Friedberg in Riga, am 12. Januar 1819 eine Vereinbarung mit dem Handelsminister General Obreskov zu gewinnen, die durch Errichtung von Tuchniederlagen in Petersburg und Moskau und entsprechende Verteilung der Durchfuhrbürgschaften den Chinatransit wenigstens von einem Teil des darauf ruhenden Verdachts entlastete [62].

---

[59]) Petersburger Protokolle vom 15. Feb und 6. März, Noten Alopeus' 10. März, an ihn 23. April und 18. Juli 1818 a. a. O. vol. 2; vgl. Zimmermann 61ff.

[60]) Zimmermann 445 ff., dazu Semlers Bericht 22. Sept. 1818, a. a. O. vol. 3: „weil die Sache selbst unziemlich beurteilt werden könnte und uns an ihrer Publizität begreiflich nichts liegen kann". — Die Reziprozität sollte sich nach § 7 nur auf Kongreßpolen, also nicht Riga, erstrecken (o. S. 76). Bernhardi 3, 657 hat hier ausnahmsweise einmal den polnischen Erfolg unterschätzt.

[61]) Preuß. Ges.-S. 1819, S. 166 ff.

[62]) Die Verträge und Semlers Bericht 11. Dez. 1818 a. a. O. vol. 4 (vgl. Polnoe Sobranie Zakonov Nr. 27556, 27615). Es ist bemerkenswert, daß man in Polen (Lubecki an Sobolewski 22. Dez. 1821 [Smolka, Korr. 1, 115]) von der fachmännischen Überlegenheit Semlers (Smolka irrig Zemlec) über den Diplomaten Ubril sprach.

Der Handelsvertrag mit Dänemark.

Kurz vor dem Abschluß mit Rußland war auch das handelspolitische Verhältniß zu der namentlich durch den Besitz des Sundes nächstwichtigen Ostseemacht Dänemark geregelt worden, und zwar in einer Form, die trotz aller Unzulänglichkeiten als Grundlage der beiderseitigen Handelsbeziehungen auch nach Ablauf der zwanzigjährigen Vertragsdauer stillschweigend bis zum schleswigholsteinischen Krieg ausgereicht hat. Sie war mehr als irgend eine andere Maßregel der damaligen Handelspolitik ein Werk der preußischen Diplomatie, obwohl der Hauptträger dieser Diplomatie, der Gesandte Dohna in Kopenhagen (o. S. 31), heute zu den vergessenen Gestalten gehört. Nachdem er, als Gatte einer Gräfin von Schlieben-Birkenfeld mit dem dänischen Königshaus verschwägert, 1810 noch jugendlich auf den dortigen Posten gelangt, schon während der Befreiungskriege eifrig am Beitritt Dänemarks zur Sache der Verbündeten gearbeitet hatte, setzte er sich nach dem preußisch-dänischen Frieden vom 25. August 1814 unermüdlich für die Ausführung der darin (Art. 3) enthaltenen Bestimmung ein, die in Anknüpfung an den Vorvertrag vom 2. Juni (o. S. 44) den „unverzüglichen" Abschluß auch eines Handelsvertrags „auf wechselseitig vorteilhafter Grundlage" in Aussicht nahm [63].

Die letzten handelspolitischen Verhandlungen mit Dänemark hatten noch in friderizianischer Zeit 1765 und 1781 stattgefunden [64]. Sie waren doch nicht bloß, wie Dohna als echter Vertreter seiner freihändlerischen Zeit und Heimat zu verallgemeinern geneigt war, an dem übertriebenen Wert gescheitert, den der preußische Merkantilismus auf die Förderung seiner Fabrikatausfuhr legte; hier wie in der russischen Handelspolitik wurde vielmehr das Abschließungsstreben des merkantilistischen Staates noch durch die Handelshegemonie der alten preußischen Hafenstädte an der Ostsee verstärkt, über die hinweg der dänische Handel vergebens eine unmittelbare Verbindung mit dem polnischen Hinterland ersehnte. Gleichzeitig waren das dieselben Städte, die als ehemalige Mitglieder der Hanse die Gleichstellung der hanseatischen mit der dänischen Sundfahrt aus dem Vertrag von Odense 23. Juli 1560 noch immer in Anspruch nahmen oder wie Kolberg sogar tatsächlich behauptet hatten — ein Überrest der mittelalterlichen Handelsverfassung, den Dänemark nicht ohne Berechtigung auf eine Stufe mit seinem mittelalterlichen Sundzoll stellte. Die überalterte Stadtwirtschaft der preußischen Ostseeküste hatte so die preußische Schiffahrt geradezu in eine feindlich vereinzelte Stellung zu dem geographisch beherrschenden Ostseestaat bringen helfen. Von den großstaatlichen Flaggen Europas entbehrte allein die preußische zusammen mit denen des feindlichen Schwedens und der

---

[63]) Kamptz 380. Bericht Dohnas 15. Juni 1821, A. A. I Rep. 1 Nr. 34. Martens 2, 2, 67.

[64]) Bothesche Denkschrift. Bericht Dohnas 7. März 1815 A. A. II Rep. 6 Dän. 1, vol. 1.

beiden anderen hanseatischen Territorien Mecklenburg und Lübeck der zollpolitischen Gleichstellung mit der nationalen dänischen Schiffahrt, die zur Zeit der Seeneutralität gegen England sogar die Schiffahrt der russischen Ostseeprovinzen im Freundschafts- und Handelsvertrag vom 19. Oktober 1782 erlangt hatte[65]).

So sehr ein derartiger Zustand schon rein rechtlich nach Beseitigung verlangte, so schwer schien eine solche gerade nach den Umwälzungen des Großen Krieges zu erreichen. Auf der einen Seite hatte Dänemark in Norwegen den Reichsteil verloren, auf dessen geringe gewerbliche Entwicklung und starke Getreideeinfuhr das Augenmerk des preußischen Handels vorzüglich gerichtet gewesen war, und die Entschädigung durch Schwedisch-Vorpommern, durch die es Preußen bedenklich auf den Leib gerückt wäre, überdauerte den Wiener Kongreß nicht. Auf der anderen Seite verhielten sich nach dem Aufhören der Kriegszölle (o. S. 42 Anm. 21) die Handelsbehörden beider Mächte gleich teilnahmlos gegen eine Veränderung des bestehenden Fußes. Abgesehen von den Vorrechten der preußischen Seehäfen, deren Aufhebung Graf Bülow nur sehr zögernd erwog und in bezug auf den polnischen Handel überhaupt mit einem „Niemals" ablehnte, hatte Preußen mit seinen auch für Einheimische hohen, aber nur in Danzig und Swinemünde zuungunsten des Auslands differenzierten Seeschiffahrtsabgaben Dänemark zu wenig zu bieten, um anders als auf dem Wege der Vergeltungsmaßregeln den Vorsprung der anderen Ostseeflaggen dort einzuholen. Daß Preußens Bestrebungen zur Aufrechterhaltung der freien Ostseeschiffahrt und Durchbrechung der Kontinentalsperre ihm in den Augen Dänemarks „ein sehr begründetes Recht" auf dessen jetziges Entgegenkommen verleihen würden, konnten nur die Theoretiker des preußischen Finanzministeriums für möglich halten[66]).

Aus diesen Gründen bedurfte es bereits zur ersten Anknüpfung der im Frieden vorgesehenen Handelsvertragsverhandlung nicht unbeträchtlichen diplomatischen Geschicks. Mehr als ein Jahr, das Dohna zu benutzen vorhatte, um bei der vorauszusehenden Anpassung aller dänischen Handelsbeziehungen an die veränderte Weltlage den Nebenbuhlern möglichst zuvorzukommen, verstrich mit den Erhebungen, die er selbst über die Sundzollprivilegien der preußischen Seestädte angeregt hatte. Aber wenigstens wurden auf seine Anregung die Aussichten verbesserter Handelsbeziehungen mit Dänemark nach allen Seiten gründlich erörtert. Gerade der Zustand äußerster Verarmung und Erschöpfung, in den dies Land sich besonders durch die englische Kriegführung gebracht sah, gewährte die Hoffnung, daß ihm selber jedes Mittel zur Hebung seines Wirtschaftslebens und seiner Seegeltung willkommen sein werde. Unzweifelhaft angeregt durch eigene Pläne

[65]) Hoffmann an Jordan 29. Jan. 1816 a. a. O. vol. 2; vgl. Bosse 1, 175 f., 452 f.

[66]) Konsul Tutein an Raumer, Kopenhagen, 22. Nov. 1814 (Abschr.); Bericht Dohnas 20. Mai 1815, A. A. II Rep. 6 Dän. 1 vol. 1 (Schiffsgeld dort 60, in Königsberg 107 Rtlr.). Graf Bülow an Außenministerium Abt. II 12. Okt., Finanzministerium Generalzollverwaltung (Heineccius) an dasselbe 23. Okt. 1815, ebd. vol. 2.

der Dänen, lenkte Dohna die Aufmerksamkeit seiner Regierung zunächst auf die Vorteile, die eine Entwicklung Kopenhagens zum Umschlags- und Zwischenhandelszentrum zwischen Ost- und Nordsee auch Preußen bringen könne; seine Webstoffausfuhr werde der teuren Achsenbeförderung über Kiel nach Hamburg, seine Holz- und Getreidefahrt nach England der unwirtschaftlichen Rückkehr in Ballast überhoben sein, wenn in der dänischen Hauptstadt eine neue Weltniederlage von Überseewaren entstehe. Und wenn diesen Gedanken nicht nur die Rücksicht auf den preußischen Eigenhandel, sondern vor allem auch Dänemarks Mangel an Kapital und Kredit im Wege stand, so wurden andere durch die immer noch stattlichen Reste des dänischen Weltverkehrs und Kolonialreichs nahegelegt[67]). Mit der Persönlichkeit Niebuhrs, der bis zu seinem Eintritt in den preußischen Dienst die dänischen Verhandlungen mit den nordafrikanischen Seeräuberstaaten geleitet hatte[68]), mußte den preußischen Staatsmännern die verhältnismäßig gesicherte Stellung gegenwärtig sein, die sich der dänische Handel neben dem der großen Seemächte besonders im Mittelmeer zu bewahren gewußt hatte und die dort auch dem preußischen Textil- und Metallwarenexport die Wiederanknüpfung alter Verbindungen zu versprechen schien. Eben damals zwang das völlige Darniederliegen des Verkehrs mit den Kolonien die dänische Regierung, von ihren beiden ängstlich gehüteten arktischen Handelsgebieten Grönland und Island wenigstens dieses gegen besondere Pässe dem Ausland zu öffnen und gleich darauf den Handel mit den westindischen Siedlungen St. Thomas und St. Jan gegen die dort bisher für den amerikanischen Verkehr geltenden Wertzölle (6—7 $^1/_2$ v. H.) freizugeben. Schließlich wurde das dänische Handelsrecht einer einschneidenden Reform unterworfen, die auch dem fremden Handel zugute kam: Die königliche Verordnung vom 23. April 1817 über die Handelsberechtigung gestattete Ausländern, weitherziger als der preußisch-russische Handelsvertrag (o. S. 60 f.), den Betrieb des Großhandels, also auch des Gästehandels in Kopenhagen, mit alleiniger Ausnahme des Wiederverkaufs am Ort[69]).

Aber die Neuordnung der dänischen Staats- und Gesellschaftsverfassung im Frieden schuf ebensowohl eine Reihe von Hindernissen für den Abschluß handelspolitischer Vereinbarungen. Sogar in dem kleinen Inselreich, dessen spätere Entwicklung zum Agrarausfuhrland

[67]) Bericht Dohnas 7. März und 24. Juni 1815; Hoffmann an Jordan 29. Jan. 1816.

[68]) H. Nissen ADB. 23, 648 f. [Hensler], Lebensnachr. 1, 309, 313 f.

[69]) Dohna an Abt. II Berlin 20. Sept. 1814, seine Depesche 13. Dez. 1814 (Entzifferung), Hardenberg an das Außenministerium Wien 5. Jan. 1815, a. a. O. vol. 1, Berichte Dohnas 28. Nov. 1815, 10. Feb. u. 15. Okt. 1816, 13. Mai 1817 ebd. vol. 2. — In dem Handelsvertrag vom 17. Juni 1818 war übrigens Dänemark so vorsichtig, sich zur Meistbegünstigung in den Kolonien nicht zu verpflichten (Art. 3 u. S. 84). Und die Islandfahrt auf Grund des Plakats vom 17. Nov. 1815 (Love og forordninger 4, 83 f.) kam praktisch nur den Norwegern zugute, Rubin 118 f. Das Anordning ang. handels beretning Klein, Samling 1814—33, S. 127; vgl. Rubin 158.

damals noch kaum vorauszusehen war, strebte ein neuer, von der Gesellschaft selber getragener Merkantilismus, wie er um dieselbe Zeit auch in Schweden hervortrat [70]), nach Selbstversorgung des Landes namentlich mit Webstoffen, und die Reorganisation der Zentralbehörden, die Anfang 1816 gerade die Verwaltung des Zollwesens eng mit der Fürsorge für den Handel verband, sicherte diesen schutzzöllnerischen Neigungen einen um so größeren Einfluß auf die Regierung, als diese mangels Öffentlichkeit des Staatshaushalts und Staatsschuldenwesens ganz wie in Preußen und Rußland stark auf das Wohlwollen des spärlichen Großkapitals angewiesen blieb. Typisch für das Verhältnis von Außen- und Innenbehörden in der Handelspolitik (o. S. 21 f.) ist die Art, wie der sehr entgegenkommende auswärtige Minister Niels Rosenkrans immer wieder bei den wichtigsten Entscheidungen das Gutachten der Generalzoll- und Kommerzkammer unter ihrem Vorsitzenden Graf Sehested einholen mußte oder im Ministerrat nach deren Antrag überstimmt wurde. Die von Dohna vorgeschlagene Bestimmung, daß die preußische Flagge im Sund (wie in Dänemark) auch fremde Waren decken solle, mußte so der Vorstellung weichen, daß das den ohnehin sicheren Zollausfall Dänemarks ins Unerträgliche steigern würde; nur die Begünstigung preußischen Guts unter fremder Flagge fand Aufnahme in den Vertrag (Art. 4). Ein anderes dringliches Anliegen des preußischen Handelsministers, die Bindung der Tarife an den reichlichen Höchstsatz von 15 v. H., begegnete auf der Stelle dem grundsätzlichen Einwand, das dänische Gewerbe brauche einen höheren Zollschutz. Es wurde Dohna unendlich sauer, solchen Widerständen gegenüber die schwache Position Preußens im günstigsten Lichte zu zeigen. Die Anrufung jenes Friedensartikels, der für die künftigen Handelsbeziehungen „des bases réciproquement avantageuses" vorsah, mußte herhalten, um einen preußischen Anspruch auf Meistbegünstigung auch ohne besondere Gegenleistung zu stützen. Der Hinweis darauf, daß Preußen im Vertrag den „von ihm noch nie völlig zugestandenen" Sundzoll förmlich anerkennen wolle, war im Hinblick auf die geschichtlich so verworrene Rechtslage dieses Instituts schon erheblicher, wenn er auch kaum in das neue Zeitalter nationaler Wirtschaftshoheit paßte. Das letzte Mittel einer Repressalienpolitik im Schiffsabgabenwesen wurde bei den zweischneidigen Folgen, die eine Begünstigung der preußischen Schiffahrt für die Staatskasse, eine Erschwerung der fremden für den Hafenverkehr Preußens haben mußte, von Berlin ebenso schüchtern angeregt wie nachher von Dohna in der Unterhandlung verwertet [71]).

Zwei Jahre hintereinander hoffte der Gesandte vergeblich sein Vertragswerk noch vor Beginn der Frühjahrsschiffahrt zum Abschluß

---

[70]) Depesche Tarrachs Stockholm 8. Mai 1816, Rep. 6, Schweden 2, vol. 1.

[71]) Berichte Dohnas 24. Juni 1815, 27. Feb. und 24. Sept. 1816, 11. März (mit Note von Rosenkrans) und 19. Aug. 1817 (Note an Rosenkrans 1. Sept.) a. a. O. vol. 2. Über die dänische Reorganisationsverordnung vom 9. Feb. 1816 vgl. Rubin 10 ff. Die dänischen Schutzzollbestrebungen zeigt anschaulich das Büchlein des Handelsschulleiters Villaume, bes. S. 62 ff.

zu bringen. Im zweiten scheiterte auch sein Plan, den anderen Ostseemächten den Rang damit abzulaufen. Am 21. Juli 1817 gelang es seinem niederländischen Amtsgenossen Crombrugghe, den berühmten Handelsvertrag vom 15. Juni 1701 zu erneuern, auf dem die drückende Vormachtstellung Hollands im dänischen Handel bis zur Revolutionszeit beruht hatte. Nach einer (von Dohna bestrittenen) Behauptung der Königsberger Kaufmannschaft gab auch den Engländern der alte Vertrag vom 11. Juni 1670 in Dänemark konkurrenzlose Rechte [72]). Der Gesandte mußte sich mit den bescheideneren Vorbildern aus der Zeit des Amerikanischen Unabhängigkeitskrieges und der damaligen Kämpfe um die Seeneutralität, dem schon erwähnten dänisch-russischen Vertrag von 1782 (o. S. 81) und dem bekannteren vom 10. September 1785 zwischen Friedrich dem Großen und den Vereinigten Staaten begnügen, denen namentlich sehr liberale Grundsätze über Bannware und Blockade (Art. 15—21) entnommen wurden. In der Geschichte der modernen Handelsvertragstechnik hat die Endurkunde, die Dohna und Rosenkrans am 17. Juni 1818 zeichneten, eine gewisse Bedeutung, weil darin (Art. 3) das Prinzip der Meistbegünstigung ohne das später gewöhnlich zu seiner genaueren Bestimmung mit ihm verbundene der Gegenseitigkeit angenommen war. Allein diese Meistbegünstigung war im wichtigsten Punkt, der Regelung des Sundzolls, durch die seltsame Anordnung getrübt (Art. 4), daß daneben zunächst der älteste umfassende Tarif, der des dänisch-holländischen Handelsvertrags vom 13. August 1645, die sogen. Kristianopeler Rolle, für die dort nicht genannten Waren aber der seither übliche Satz des nationaldänischen und meistbegünstigten Handels, 1 v. H., maßgebend sein sollte. Das war an sich ein wichtiger Erfolg Dohnas; denn damit fielen nicht nur ebenso wie die bisherige Mehrbelastung Preußens mit $^1/_2$ v. H. im dänischen Landzoll der Unterschied von $^1/_4$ v. H. und die gleichen Nebenabgaben fort, um den im Sund der preußische Handel bisher schlechter gestanden hatte und dessen Nachteiligkeit für die billigen ostseeischen Schwergüter nicht gering zu veranschlagen war, sondern der Sundzoll war auch nach oben gebunden. Aber auf der anderen Seite war, wie die Folgezeit erweisen sollte, der preußische Handel damit an Stelle des einfachen Meistbegünstigungsverhältnisses der schwierigen Auslegung einer längst veralteten und diplomatisch vieldeutigen Urkunde ausgesetzt und überdies in Gefahr, die Meistbegünstigung in allen Fällen geradezu einzubüßen, wo sie ihn besser als die Vertragssätze gestellt hätte [73]).

Auch sonst mußte der Dohnasche Vertrag durch die Ungunst der Verhältnisse vielfach Stückwerk bleiben. Nebenpunkte wie die aus den Mustern übernommene gegenseitige Ordnung des Strandrechts, des Konsularwesens und der Abschoßfreiheit (Art. 25—27) stießen zunächst auf Formbedenken der inneren preußischen Behörden. Von derselben Seite kam die Forderung völliger Sundzollfreiheit für

---

[72]) Berichte Dohnas 7. März und 24. Juni 1815, 19. März und 24. Dez. 1816, 9. Aug. 1817 a. a. O., dazu Bosse 440ff., 443ff. und Martens 2, 3, 133ff

[73]) Preuß. Ges.-S. 1818 S 185 ff.; dazu Glier 22, Bosse 181ff. sowie S. 177.

preußische Heeres- und Hofhaltslieferungen, das sogen. Fürstengut, und wurde erst zurückgezogen, als die dänische Gegenforderung einer Beseitigung des preußischen Holzausfuhrzolls drohte. Die größte Mühe verursachten natürlich die Sundzollprivilegien der preußischen Seestädte. Die schon 1781 von Dänemark vorgeschlagene Auskunft, daß Preußen allgemein darauf verzichte und die Prüfung und Ablösung der einzelnen Rechte als innere Verwaltungsangelegenheit behandle, scheiterte an der Hartnäckigkeit der Privilegierten, voran Kolbergs, das zwar jährlich nur etwa mit einem Dutzend Schiffen an der Sundfahrt beteiligt war, aber nichtsdestoweniger das Abfindungsangebot der Regierung ablehnte. Zur Wahrung der Rechte Kolbergs und seiner pommerschen Nachbarstadt Kammin wurde schließlich dasselbe Mittel des geheimen Sondervertrags gewählt, das gleich darauf in Petersburg das polnische Zeitbürgerrecht in den preußischen Häfen einführte. Die übrigen Städte konnten mit Beschwerden gegen die angebliche dänische „Navigationsakte" den Gang der Verhandlungen auf die Dauer nicht ändern und am Ende mit den allgemeinen Zugeständnissen des Vertrags zufrieden sein; gehörten doch dazu außer den Zollermäßigungen besonders auch Erleichterungen der Abfertigung und Revision im Sund (Art. 15—21), wie sie bisher nur Privilegierten gewährt gewesen waren. Dänemark war sich klar darüber, daß diese Erleichterungen zu vielfachen Unterschleifen Anlaß gegeben hätten und geben würden: wenigstens gegen die vorzüglich beliebte Fälschung von Schiffspapieren, an der, wie Dohna später anerkennen mußte, nicht selten sogar preußische Ortsbehörden beteiligt waren, versuchte es sich deshalb jetzt besonders zu schützen, und Preußen, das die Errichtung eines Separatartikels darüber verweigerte, mußte sich mit einer dänischen Deklaration einverstanden erklären, die in Verdachtsfällen die Untersuchung auch gegen Privilegierte vorbehielt[74]). Die Vorrechte der preußischen Seestädte im polnischen Handel mußte Dänemark ausdrücklich (Art. 13) wieder anerkennen.

Das Schiffahrtsabkommen mit den Vereinigten Staaten.

War das Verhältnis zu Dänemark beinahe ausschließlich ein zollpolitisches Problem der Verbindung zwischen östlichem und westlichem Handel, so bot die westliche Welt selbst, ganz wie die östliche, dem neuen preußischen Staat handelspolitische Aufgaben von äußerster Verwickeltheit. Genau wie Rußland im Osten war die Pyrenäenhalbinsel im Westen seit der friderizianischen Industrialisierung gleichsam eine Übergangsstufe, Empfangs- und zugleich Vermittlungsland für die preußische Fabrikatausfuhr nach den kolonialen und halbkolonialen Weltmärkten, so zwar, daß hier die Lockerung des spanischen Kolonial-

---

[74]) Das Innenministerium an das Außenministerium 16. Juli (Biester) und 6. Aug. (Schuckmann) 1816, Maaßen (mit Bericht der Regierung Köslin) an dasselbe 25. Jan. 1817, Berichte Dohnas 2. und 19. März, 3. Sept. 1816, 22. März 1817, 11. April und 26. Mai 1818, Erlasse an ihn 27. April und 6. Juni 1818 a. a. O.

systems durch die englisch-französischen Seekriege, umgekehrt wie dort das Wachstum des Zarenreichs, mit der Zeit an sich eher noch eine Steigerung dieses Absatzes herbeigeführt und den spanischen Handel, wie der Regierungsrat Bothe in der Hauptausfuhrprovinz Schlesien meinte, „für den preußischen Staat fast die vornehmste Quelle des Wohlstandes" hatte werden lassen, und bis in die zwanziger Jahre zeugt der lebhafte Verkehr preußischer Handelsreisender auf der Halbinsel für die Stärke der alten Verbindungen. Aber der Gipfel dieser Entwicklung, die mittel- und südamerikanische Revolution, war für Preußen doch auch schon wieder der Augenblick des Abstiegs. Die gewaltige Staats- und Wirtschaftsmacht Englands, die bei dieser Umwälzung Pate stand, schickte sich an, die Früchte davon für sich selber mit Beschlag zu belegen, nachdem sie sich schon für ihren Beistand gegen Napoleon durch ein monopolistisches System spanischer Einfuhrlizenzen bezahlt gemacht hatte [75]). Die preußische Diplomatie, die noch in einem so reaktionären Vertreter wie dem Madrider Gesandten Werther für den spanischen Merkantilismus nichts als die halb mitleidige Verachtung der Freihandelsschule hatte, hat damals bemerkenswerterweise mit dem dauernden Verlust Südamerikas für Spanien von vornherein gerechnet und daraus wie aus der allgemeinen Verworrenheit der spanischen Verhältnisse überwiegend den Schluß gezogen, nunmehr statt Spaniens die neugefestigte portugiesisch-brasilianische Doppelmonarchie zur Brücke nach Übersee zu wählen, wie das schon kurz vor der Revolutionsepoche der Nestor des schlesischen Exportgeschäfts, Peter Hasenclever, angestrebt hatte [76]). Dabei vergaß man nur, daß auch und eben dort England in der Erneuerung des Methuenvertrags am 19. Februar 1810 seine politische Beschützerstellung wirtschaftlich ausgenutzt hatte. Gewiß lagen die Dinge nicht ganz so einfach, wie der geschlagene preußische Wettbewerb, den Haß gegen die englische Handelsinvasion in Deutschland (o. S. 11) verstärkend, es darzustellen liebte. Unbefangene Angaben aus der Geschäftswelt selbst erlauben keinen Zweifel daran, daß England nicht bloß unter der Zollbegünstigung eine Schleuderkonkurrenz, z. B. auch mit Baumwollnachahmungen der deutschen Leinwand, trieb, sondern dank seinen nationalen Ausfuhrprämien gerade seine eigene Leinenerzeugung besonders in Irland und Schottland unermüdlich verbesserte und so nicht nur in dem portugiesischen Vorzugsmarkt,

---

[75]) Ludendorff & Co. an den Gesandten Grote, Hamburg 14. Sept. 1816, A. A. II Rep. 6 Span. 1 vol. 2. Baumgarten, Spanien 1, 446 ff. Der in den englisch-spanischen Verträgen vom 21. März 1809 und 5. Juli 1814 wiederholt in Aussicht genommene Handelsvertrag (Macgregor 2, 984, Martens 2, 1, 166 und 4, 120) ist bezeichnenderweise nicht zustande gekommen.

[76]) Hardenberg an Sack Wien 7. Dez. 1814 auf dessen Schreiben vom 15. Nov., Beguelins Gutachten 17. März 1815, a. a. O. Portugal 4 vol. 1. Bericht Werthers Madrid 20. Aug. 1815, Span. 1 vol. 1. Vgl. Flemmings Hinweis auf den portugiesischen Schmuggel nach Spanien, Rio 9. Jan. 1818. Die berühmte anonyme Biographie Peter Hasenclevers (Landeshut 1797) erwähnt S. 113 f. nur seinen Plan eines Handelsvertrags mit Spanien im Jahre 1787. Werther ein „Ultra erster Art": Staegemann an K. E. Oelsner 26. Juni 1819, Rühl 61.

sondern auch in den umgekehrt zu seinen Ungunsten differenzierenden Vereinigten Staaten mit dieser Haupteinfuhrware der Kolonialgebiete Sieger blieb; andere Gewerbe, wie z. B. die Tucherzeugung und Metallfabrikation, waren zunächst von ihrer Wettbewerbsfähigkeit gegen England völlig überzeugt [77]). Aber im großen ganzen war die freihändlerische Ansicht, die wie Kunth ein englisches Monopol überhaupt leugnete, doch wohl blind gegen die großen allgemeinpolitischen Zusammenhänge, die Preußen auch hier von dem kaum befreiten Weltmarkt wieder zu vertreiben drohten [78]).

So wenig es vielleicht auf dem Wiener Kongreß wirklich in Hardenbergs Macht stand, wie Sack anregte, durch Fühlungnahme mit dem vereinzelten Spanien den Engländern dort den Rang abzulaufen, so wenig wollte doch die entgegengesetzte Politik der Annäherung an Portugal im englischen Fahrwasser fruchten. Die Wiener Verhandlungen mit den portugiesischen Kongreßbevollmächtigten Lobo da Silveira und Navarro haben eine verdächtige Ähnlichkeit mit der Art, wie die preußische Handelspolitik kurz zuvor England selber nachgelaufen war (o. S. 42 ff.). Jene erklärten im vorhinein, nur über die Grundsätze für den Abschluß eines Handelsvertrags, nicht über einzelne Vertragsbestimmungen unterhandeln zu dürfen, und bezeichneten als Mindesthöhe der portugiesischen Einfuhrzölle für den preußischen Handel dieselben 24—30 v. H., die der Strangfordvertrag 1810 für England auf 15 und gar für Rußland ein älterer Handelsvertrag auf 12 ermäßigt hatte [79]). Das einzige Mittel, wodurch Portugal unabhängig von England zu gewinnen gewesen wäre, die Unterstützung seiner schwachen Gegenwehr gegen die englische Sklavenhandelspolitik, verbot sich der liberalen Richtung Hardenbergs ebenso wie der Anschluß an Spanien, und eine nachträgliche Ehrenerklärung des Staatskanzlers über die Haltung des Prinzregenten in dieser Frage hatte natürlich keine andere Wirkung, als den Hochmut der Portugiesen noch zu steigern. Der Handelsvertragsentwurf vom 29. Mai 1815, den sie sich dann doch herbeiließen zu paraphieren, zeigt schon in den Abweichungen seiner zwei, von den preußischen Unterhändlern Beguelin und Jordan herrührenden Formen, wie sehr dem Plan jede Endgültigkeit abging. Jordan, der zuvor gutachtend die Gleichbegünstigung mit England in den Mittelpunkt gerückt hatte, überging sie in seinem Entwurf mit Stillschweigen, Beguelin schloß sie sogar ausdrücklich aus; die bei der geringen Entwicklung der preußischen Seefahrt nächstwichtige Regelung der preußischen Einfuhr auf fremden, d. h. namentlich hanseatischen Schiffen nahm überhaupt nur Jordan

---

[77]) Greuhm an Jordan Wash. 30. Dez. 1817, Nordam. 1 vol. 1. Denkschr. Schepelers Madrid 1824. Über den Wettbewerb der englischen und deutschen Wollwaren vgl. Gülich 1, 180 und 2, 369 f. Nach Macgregor 1, 1198 drang im Mittelmeergebiet (Neapel) deutsches und schweizer Linnen sogar gegen englisches vor.

[78]) Kunth zur Botheschen Denkschr. 7. April 1814, Rep. 74 K. XII 1 vol. 1.

[79]) Throneingabe der Stolberger Messingfabrikanten 8. Sept. 1817, A. A. II Rep. 6 Frankr. 3 vol. 2. Bericht Flemmings wie Anm. 76. Bericht Theremins 1. März 1818 A. A. II Rep. 6 Port. 4 vol. 1.

auf und begnügte sich für diese Einfuhr mit der Hälfte des sonst zu gewährenden Viertelsrabatts im portugiesischen Zoll. Dagegen band sich Preußen die Hände für seine handelspolitisch und fiskalisch so wichtigen Weinzölle, die so lange den Portwein schwerer belastet hatten als die beliebten Bordeaux, jetzt aber ohne vorherige Verständigung mit Frankreich in das umgekehrte Verhältnis gesetzt werden sollten. Vergebens versuchte der Staatskanzler den Widerspruch des Finanzministers mit dem Hinweis auf die provisorische Natur des Abkommens zu beschwichtigen, das den englischen Zollvorzug in Portugal nur noch bis zum Ablauf des Strangfordvertrags dulden wolle. Dieser hatte ja noch kaum die Hälfte seiner zwölfjährigen Geltungsdauer überschritten, und trotz der schwankenden Politik Portugals, das nach einer Erklärung seines Madrider Gesandten an Werther „nicht mehr in derselben Unterwürfigkeit gegen England als bisher" war, mußte es doch mehr als zweifelhaft erscheinen, ob gerade die handelspolitische Abhängigkeit in Zukunft zu lösen sein werde[80].

Das Wiener Projekt des Handelsvertrags mit Portugal ist auch deshalb als schwerer Fehler der preußischen Diplomatie zu bezeichnen, weil es das zu erreichende Ziel gewissermaßen am Punkte des größten Widerstandes, unter den Augen der englischen Vormacht, angriff. Eine ähnliche Wahl, wie sie Preußen zwischen dem reaktionären, von Englands Seite an die Rußlands strebenden Spanien und seinem portugiesischen Nebenbuhler hatte, eröffnete sich im engeren Sinn bei diesem selbst. Während seine Wiener Vertreter dem englandfreundlichen Hardenberg so harte Bedingungen machten, zeigten in größerer Nähe des brasilianischen Regierungssitzes die Dinge ein viel günstigeres Gesicht. Schon 1814 hatte das wichtigste Kommissionshaus für die schlesische Webstoffausfuhr Ludendorff in Hamburg (o. Anm. 75) anscheinend mit Erfolg den Geschäftsträger Preußens in Lissabon, Generalkonsul Lindenberg, in Bewegung gesetzt. Demgemäß umfaßte dann Werthers Auftrag in Madrid auch die weitere Pflege der Handelsbeziehungen zu dem Nachbarland. Im Sommer 1815 verabredete er mit dessen dortigen Vertreter Souza, einem Verwandten des mächtigen Unterhändlers des Strangfordvertrags Linhares, ein Abkommen, das für Preußen ganz ungleich vorteilhafter war als die Wiener Abmachungen. Für die Gewährung des englischen Vertragszolls an die preußische Leineneinfuhr wurde von Preußen nur die Gleichstellung der portugiesischen mit den französischen Weinen verlangt. Souza erwartete von Rio die Vollmacht zum Abschluß auf dieser Grundlage, als Werther von Hardenberg unter Verweisung auf das Wiener Projekt den Befehl zur Einstellung der Verhandlungen erhielt[81].

---

[80]) Schriftwechsel Hardenbergs mit Lobo 18. und 19. Jan., mit Lobo und Navarro 14. und 15. März 1815 („seront prêts à recevoir là-dessus toutes les communications que MM. de Jordan et de Beguelin auront à leur faire"), Gutachten Beguelins und Jordans 17. März 1815 (vgl. o. Anm. 76), Schriftwechsel Bülows mit Hardenberg 20. und 27. März 1816 a. a. O. Allgemein vgl. [Flassan] 1, 262 ff.

[81]) Bericht Werthers 20. Aug., Erlaß Hardenbergs an ihn 27. Sept. A. A. II, Rep. 6 Spanien 1 vol. 1.

Die Aufmerksamkeit der preußischen Handelspolitiker wandte ich nun eine Zeit lang wieder mehr Spanien zu, wo Werther mit der Bildung des neuen Ministeriums im Herbst 1816 die Gelegenheit zur Wiederaufnahme der vorjährigen Vertragspläne für gekommen hielt. Seine freundschaftlichen Beziehungen zu einflußreichen Persönlichkeiten, auf die er sich dabei verließ, erwiesen sich jedoch der Ungunst der Umstände gegenüber als machtlos. Der merkantilistischen Abschließungs- und Bevormundungspolitik, die er selbst als so hoffnungslos geschildert hatte und die eben damals die Monopolstellung der Philippinischen Textilhandelsgesellschaft erneuerte, hatten auch hier andere, überlegene Staaten bereits ein Höchstmaß von Handelsbegünstigungen abgerungen. Schon alsbald nach dem Sonderfrieden Spaniens mit Frankreich vom 20. Juli 1814 hatte der preußische Konsul in Cadiz L. C. Uhthoff, zugleich Inhaber eines der bedeutendsten dortigen Einfuhrhäuser, vor dem Vorsprung gewarnt, den die dort vereinbarte Wiederherstellung der Tarife von 1792 der aufblühenden französischen Industrie auf dem spanischen Markt geben mußte. Und auch sonst war der preußische Export, der ja zu so großem Teil entweder auf Waren fremden (russisch-polnischen) Ursprungs oder auf fremder (hanseatischer) Reederei beruhte, eben nach diesen beiden Richtungen in Spanien weithin zu einem zweiten und unselbständigen Range verurteilt. Hatten die Hansestädte, die namentlich im spanischen Amerika der Willkür der dortigen Verwaltungen eine bevorzugte Stellung verdankten, noch ein gewisses Eigeninteresse an den preußischen Kommissions- und Speditionsartikeln, so ging bekanntlich das Bestreben Rußlands, das als politische Schutzmacht eine immer größere Rolle in Spanien spielte, umgekehrt auf möglichste Unabhängigkeit von dem preußischen Zwischenhandel. Kein Wunder, wenn schon im nächsten Frühjahr Werthers Unterhandlung mit dem Staatssekretär Pizarro an einem „refus complet“ der Spanier scheiterte. Die einzige liberale Maßregel der spanischen Handelspolitik, die Errichtung von Freihäfen in Cadiz, Alicante, Coruña und Santander durch Verordnung vom 30. März 1818, war, wie die Petitionen dieser Seestädte selbst verkündeten, überwiegend zur Förderung des einheimischen Handels bestimmt und brachte für die großen Kommissionslager preußischer Webstoffe, die auch für den Umschlag nach Amerika bereits den vollen Einfuhrzoll entrichtet hatte, zunächst statt Vorteilen einen großen Konjunktursturz. Vergeblich versuchte Hoffmann auf Antrag des schlesischen Exportgeschäfts durch den Nachfolger des nach London berufenen Werther, Schepeler, eine Entschädigung jener Lager durch Vergütung der bezahlten oder Aufrechnung auf die noch in den Kolonien zu bezahlenden Zölle zu erreichen. Nicht minder fruchtlos waren Bemühungen, die offenbar in Anlehnung an die gleichzeitigen Verhandlungen in Dänemark (o. S. 80 ff.) und den Vereinigten Staaten (u. S. 91 ff.) den Abschluß eines Gegenseitigkeitsvertrags wenigstens für die Schiffahrt zum Ziele hatten. Gerade der weitere Verschluß der Kolonialhäfen für die ausländische Schiffahrt bildete die Ergänzung der protektionistischen spanischen Freihafenpolitik. Es ist ein merkwürdiger Beitrag sowohl zur Geschichte der damaligen spanischen

Politik wie zu der der volkswirtschaftlichen Anschauungen im 19. Jahrhundert, was Schepeler als „hartnäckige Meinung" des ausschlaggebenden Finanzministers Martin de Garay berichtete: „daß Spanien allen politischen Verkehr mit dem übrigen Europa abbrechen und sich ganz in sich selbst einschließen muß; denn so sagt er täglich öffentlich: Alle Nationen sind neidisch und falsch (de mala fé) gegen Spanien, und wir brauchen niemand. Diese unfreundliche feindselige Laune ist Folge der nicht so sehr glücklichen Folgen seines neuen Finanzsystems; denn die Kassen sind noch leerer wie vorher." Seit der abermaligen Verschärfung des spanischen Schutzzolls im Jahre 1820 blieb in der Tat selbst nach Ansicht der Diplomatie der preußischen Einfuhr vielfach kein anderes Mittel als das „bösgläubige" des Schmuggels[82]).

Wie die schwierige Lage des Amerikahandels Preußen von der portugiesischen zur spanischen Tür geführt hatte, kehrte es jetzt ebenso unstet zu dem gerade damals so heftigen Gegner Spaniens zurück. Der erste Gesandte, der Anfang 1817 nach Rio ging, der Reichsgraf J. F. A. D. Flemming, durch seinen Bruder, den Merseburger Regierungspräsidenten, ein Verwandter Hardenbergs, nahm sich mit sichtlichem Eifer der Gelegenheiten an, die die englandfeindliche Haltung der mit Österreich neu verschwägerten[83]) portugiesischen Dynastie dem preußischen Handel aufs neue zu eröffnen schien. Seine Handelsberichte atmen mehr als irgend welche anderen Akten der gleichzeitigen preußischen Handelspolitik die Entdeckerfreudigkeit auf einem Gebiet, über das noch seine Instruktion die Behörden kläglich ununterrichtet gezeigt hatte. Die Verlegung der Haupthandelsstelle der portugiesischen Regalien von London, wo sie seit dem Krieg ihren Sitz gehabt hatte, nach Lissabon durch den Alvarà vom 15. September 1817 sah wie ein erstes Zeichen der beginnenden Emanzipation Portugals von England aus. Aber auch hier folgte der Periode kriegerischer Ablenkung und Einengung des Handels die eines neuen, nationalen Merkantilismus auf dem Fuße. Ein Alvarà vom 30. Juni 1818 schuf neben Zollerhöhungen, die namentlich die in Übersee so beliebte und auch von Preußen ins Auge gefaßte[84]) Einfuhr geistiger Getränke trafen, eine Art portugiesische Schiffahrtsakte und wandte

[82]) Graf Bülow an Hardenberg 16. Okt. 1815, Berichte Werthers 12. Nov. und 10. Dez. 1816, 11. April 1817, Schepelers 28. Juli und 7. Sept. 1818, Eingabe der Hirschberger Kaufmannsältesten Kießling und Gnichtet 5. Sept., Erlaß Hoffmanns an Schepeler 28. Sept. 1818, Bericht Schepelers 6. Nov. 1820 a. a. O. vol. 1 und 2. Der Begriff des „guten Glaubens" auch in der Freihafenverordnung. Decretos 5, 158: „Si las consecuencias de estos establecimintos correspondieren a mis esperanzas, como mele prometo de la buena fé, zelo y actividad del comercio, yo estoy decidido mejorar su suerte y hacer participantes de esta gracia a los demas puertos."

[83]) Ein Ergebnis dieser Verschwägerung ist das Brasilienwerk der im Stab der Erzherzoginbraut reisenden Münchener Gelehrten Spieß (Zoologe) und Martius (Botaniker).

[84]) Bericht Greuhms Washington 31. Jan. 1818, A. A. II Rep. 6 Nordam. 1, vol. 1.

das herkömmliche Mittel gegenseitiger Regelung der Schiffahrtsabgaben mit schikanösem Erfolg auf die Abgabenverhältnisse nicht bloß der Ursprungsländer, sondern der einzelnen Abgangshäfen der Einfuhr an. Im Jahre 1820 (30. Mai) erreichte dann auch die portugiesische Schutzzollgesetzgebung ihren Abschluß mit einer erhöhten Belastung namentlich des Leinengarns und des Getreides, für das bei der entfernten preußischen Zufuhr auch ein Satz von 10 v. H. schon prohibitiv wirkte. Eine Hoffnung, die sich in der Zwischenzeit darbot, zeigte sich bald trügerisch: Als Nachfolger des alle anderen Ministerien mit verwesenden wenig gefälligen Innenministers Villanova war für das Außenministerium der ehemalige Hauptvertreter Portugals auf dem Wiener Kongreß und derzeitige Gesandte in London Graf Palmella ausersehen, und stellte sich vor der Abreise nach Rio in Paris, wo er die Abtretung Montevideos an Spanien vereinbarte, zu einer kommerziellen Unterhandlung dem handelspolitisch so bewährten Grafen Goltz (o. S. 45) zur Verfügung; aber als Palmella nicht unnatürlich auf Jordans Wiener Vertragsentwurf mit seiner starken Begünstigung des Portweins und dem allgemeinen Zollrabatt zurückgriff, konnte sich der alte Widerstand des preußischen Finanzministeriums auf das mittlerweile in Kraft getretene neue Zollgesetz vom 26. Mai 1818 stützen und das Projekt endgültig aus der Welt schaffen[85]).

Ohne daß man einen bewußten Plan dabei vorauszusetzen brauchte (wie ihn etwa später Nebenius dahin entwarf, daß der Zollverein sich neben dem englischen und französischen Kolonialreich ein drittes, handelspolitisches, durch Meistbegünstigungsverträge in Übersee sichere),[86]) wandte sich die preußische Handelspolitik nach so vielen Enttäuschungen im lateinischen Amerika der nordamerikanischen Macht zu, deren junge See- und Handelsgeltung ebenso wie die Preußens auf die Durchbrechung des dortigen Kolonialsystems und seine Erneuerung durch England angewiesen war. Aufs engste griffen hier die diplomatischen und die wirtschaftlichen Verhältnisse ineinander. In dem Augenblick, da man sich von der Aussichtslosigkeit der auf England gesetzten Erwartungen überzeugen mußte (o. S. 43f.), lud die Gesetzgebung und Verwaltung der Vereinigten Staaten zu einer Anknüpfung geradezu ein. Es ist weltgeschichtlich noch wenig zur Beachtung gelangt, daß der Genter Friede zwischen England und den Vereinigten Staaten und die anschließenden Verträge über Kanada und Neufundland die Nebenbuhlerschaft ihres Handels und ihrer Schiffahrt durchaus nicht beseitigten, sondern nur in die schweigende, aber kaum minder hartnäckige Form der Zeit vor dem Kriege von 1812 zurückführten. Zwar verstand sich im Vertrag vom 3. Juli desselben Jahres England zur Öffnung seiner europäischen und orientalischen Häfen für die Union. Aber eines ihrer wichtigsten

---

[85]) Instruktion für Flemming 15. Febr. 1817, seine Berichte 30. Juni 1816 und 30. Mai 1820, Palmella an Goltz 14. Mai 1819 (vgl. Zimmermann 111) A. A. II Rep. 6 Portugal 4 vol. 1. Über Flemming s. „Sieben Jahrhunderte Flemmingscher Chronik“ 1 (Görlitz 1909), 282 f.

[86]) Nebenius, Zollverein 310.

Lebensbedürfnisse, der freie Seeverkehr mit den amerikanischen Kolonien Englands, blieb unbefriedigt und zugleich eine Retorsion gegen die europäische Schiffahrt Englands vertraglich ausgeschlossen. Das trieb die Union auf allen anderen Gebieten zu einer repressiven Navigationspolitik, die sich an die seit 1791 bestehenden differenziellen Schiffahrtsabgaben zwanglos anschloß. Dieser Zweig des England nachgebildeten amerikanischen Protektionismus ist neben der Schutzzollpolitik der Dallas, Clay und Calhoun mit Unrecht in den Hintergrund getreten. Das Zollgesetz vom 27. April 1816 belegte alle Zufuhren aus Ländern, die gegen die Unionsflagge differenzierten, mit zehnprozentigen Zuschlägen, und die Schiffahrtsakte vom 1. März 1817 ahmte mit deutlicher Spitze gegen das ehemalige Mutterland dessen Navigationsgesetzgebung in den entscheidenden Zügen, der Bestimmung der nationalen Schiffahrt durch die Bemannung und der Beschränkung der fremden auf die Waren der Ursprungsländer, nach. Bald darauf stellte Präsident Monroes Botschaft vom 2. Dezember 1817 weitere Vergeltungsmaßnahmen gegen auswärtige Staaten in das Belieben des Kongresses, und nach einem kurzen Differenzierungsversuch erklärte schon am 18. April 1818 der allgemeine gesetzliche Ausschuß der aus gesperrten Häfen kommenden fremden Schiffe den Boykott gegen das englische Westindien. Auch die beiden gleichzeitigen Zollgesetze vom 20. April, die das hauptsächlich gegen Webstoffe gerichtete Gesetz von 1816 in bezug auf Metallwaren vervollständigten, enthielten zehnprozentige Verschärfungen für Einfuhren auf nicht begünstigten Schiffen [87]).

In diesem Kampf gegen die englische Seemacht rechneten nun die Vereinigten Staaten von vornherein neben der eigenen Wirtschaftsentfaltung auch auf die Wettbewerber Englands. Bereits ein Gesetz vom 3. März 1815 bevollmächtigte den Präsidenten, für einzelne Staaten auf den Nachweis gleicher Behandlung der amerikanischen Flagge Befreiung von den differenziellen Tonnengeldern in Vorschlag zu bringen. Noch ehe es einer anderen Macht als Schweden, das am 12. Dezember 1816 einen achtjährigen Handelsvertrag mit der Union schloß, gelungen war, aus dieser Bestimmung Vorteil zu ziehen, sandte Hardenberg den früheren Legationsrat in London Greuhm als Generalkonsul und Ministerresidenten nach Washington, um auf ihrer Grundlage Verhandlungen zu beginnen. Äußerlich und innerlich war diese erste diplomatische Vertretung Preußens in Washington primitiv genug. Zweieinhalb Monate ungefähr brauchten Greuhms Berichte und die Erlasse seines Ministeriums, um auf dem Paketboot der englischen Gesandtschaft durch die Vermittlung zunächst des Handelsamtsmitglieds George Rose ihren gegenseitigen Bestimmungsort zu erreichen. Und die Akten, die so arglos der Beförderung durch die vornehmste Konkurrenzmacht anvertraut wurden, hätten wohl ausnahmslos von

[87]) Denkschrift Greuhms Washington 1. Jan. 1818, Nordam. 1 vol. 1. Publ. Stat. 3, 313, 432 f. und 459 f., dazu Warden 3, 315 ff. Die treffliche wirtschaftsgeschichtliche Darstellung bei Macmaster 4, 347 ff., die den Gegensatz zu England gebührend hervorhebt, gibt doch nicht den Zusammenhang der Navigationspolitik (vgl. ebd. 372).

dieser auch ohne Gefahr gelesen werden können. Von einer politischen Anwendung dieser Handelseifersucht war die preußische Diplomatie so weit entfernt, daß sich z. B. am Schluß einer sehr schlagenden Übersicht über die überragende Weltstellung Englands seit 1815 der Gedanke ausgedrückt findet, Englands Verbündete hätten ja dafür auf dem Wiener Kongreß eine entsprechende festländische Machtvergrößerung erhalten[88]).

Allein die diplomatische Maschinerie war hier noch mehr als sonst lediglich das Werkzeug zur Vollendung wirtschaftlicher Entwicklungen, die ganz von selbst zueinander strebten. Symbolisch dafür war schon die Persönlichkeit des mit Präsident Monroe ins Amt gekommenen neuen Staatssekretärs, der die Verhandlungen mit Greuhm führte: John Quincy Adams hatte seine diplomatischen Lehrjahre in Berlin und an dem Preußen so nahestehenden russischen Hofe verbracht und noch vor der Katastrophe von 1806 den für den Wettbewerb mit England wichtigsten preußischen Industriebezirk, Schlesien, aus eigener Anschauung in einem berühmten Buch geschildert. Von dort aus liefen denn auch noch immer eine Menge geschäftlicher Verbindungen nach der Union, die sich jetzt nach dem Kriege eifrig neu zu ordnen und zu festigen suchten. Bald nach Greuhm ging ein Vertreter des schlesischen Leinenexports, der Waldenburger Fabrikant Treutler, zu einer umfassenden Erkundungsreise durch die Staaten hinüber[89]). In Pennsylvanien, wo die Masse blühender deutscher Siedlungen mit voll bewahrtem Gebrauch der Muttersprache das freudige Staunen Greuhms erregte, kam es auf unmittelbares Betreiben des schlesischen „Gebirgshandelsstandes" und seines Vertreters, des Magdeburger Kaufmanns Kalisky, zur Errichtung eines Wahlkonsulats zu Philadelphia, das dem Deutschamerikaner Sperry übertragen wurde. Neben Schlesien hatten sich auch die Fabrikstädte des alt- und neupreußischen Westens eine ausgebreitete Kundschaft besonders in New York bewahrt; die altberühmte Firma v. d. Leyen in Krefeld war die einzige deutsche, die mit Hilfe eines eigenen ständigen Agenten die sonst meist nur den kapitalstarken Engländern erträglichen Lieferungen auf Kredit übernahm. Über New Orleans und Charleston, wo ebenfalls Deutsche das preußische Wahlkonsulat versahen, fand ein reger Absatz schlesischen und sächsischen Leinens nach Mexiko einerseits, den Antillen andererseits statt, und wie die Union dort gleichsam zum Stapel dieser Waren für das spanische Amerika wurde, der das Risiko des unmittelbaren Handels von Preußen dahin abschwächte, so kam in Brasilien sogar die im Kriege aufgeblühte Schmuggelfahrt der Vereinigten Staaten dem preußischen Export zu Hilfe. Schon sah Greuhms vorausschauender

[88]) Publ. Stat. 3, 224, Amer. St. P. For. R. 4, 98 ff., Hardenbergs Instruktion 30. Juni 1817 in Übersetzung gedruckt als Beilage der Note Greuhms an Adams 21. Nov. 1817 (im Druck falsch 1818) ebd. 419f., Greuhms Denkschr 1. Jan., Berichte 4. Jan. und 2. Mai 1818 A. A. II Rep. 6, Nordam. 1 vol. 1 Vgl. Learned 39ff. Greuhm war Mecklenburger, ein Verwandter des Unterhändlers über die Zollverhältnisse der Großherzogtümer zu Preußen (u. S. 196).

[89]) Berichte Greuhms 30. Dez. 1817, 31. Jan. 1818.

Geist, wie neben den Lebens- und Genußmitteln, die den überlieferten Inbegriff der Kolonialwaren in der Alten Welt bildeten, der beispiellose Aufschwung des Baumwollanbaus in den Südstaaten dem preußischen Webstoffgewerbe einen Wettbewerb mit England auch auf diesem seinem eigensten Gebiet versprach[90]).

So hat es nur an der durch die Entfernung verdoppelten Schwerfälligkeit der beiderseitigen Verwaltungsapparate gelegen, wenn in Amerika wie in Dänemark die früh begonnene preußische Unterhandlung allmählich hinter denen der Nebenbuhler zurückzubleiben drohte. Nach Greuhms erster Note an Adams vergingen zwei Jahre, ehe er im Besitz des nötigen Nachweises war, daß die preußischen Schiffahrtsabgaben für Fahrzeuge der Vereinigten Staaten auf den gleichen Fuß gesetzt seien wie für einheimische. Graf Bülow, dem das Verdienst gebührt, als Handelsminister die Angelegenheit angeregt zu haben, brauchte allein fast ein halbes Jahr, um die nach der neuen Geschäftsordnung der Oberbehörden erforderliche Zustimmung des Staatskanzlers zu der entscheidenden Anweisung an die Regierungen der Küstenbezirke zu erwirken. Mittlerweile hatte der Kongreß am 20. April 1818 ein Gesetz verabschiedet, das trotz Monroes weitergehender Vorschläge vorerst nur mit den Niederlanden das in der Akte vom 3. März 1815 vorgesehene Gegenseitigkeitsverhältnis herstellte. Dadurch steigerte sich der Druck, den dieser Staat bereits durch den Besitz der Rheinmündungen auf die preußische Ausfuhr ausübte. Ihm gegenüber waren nun die beiden anderen Flaggen, die diese Ausfuhr decken konnten, die hanseatische und die preußische selber, um so mehr aufeinander angewiesen. Auch Hamburg und Bremen, den großen Speditionsmächten, konnte es nicht genügen, wenn die von ihnen nachgesuchte Reziprozität der Schiffahrtsabgaben mit der Union auf ihre Eigenladungen beschränkt blieb. Die Unterstützung Greuhms durch die Generalkonsuln der beiden Hansestädte Buck in Philadelphia und Wichelhausen in Baltimore, ihr Hinweis auf die soeben im Verordnungsweg erfolgte Begünstigung auch der schwedischen Schiffahrt, die ein Streit über Beschlagnahme von Eigentum vorübergehend der Vorteile des Handelsvertrags von 1816 (o. S. 92) beraubt hatte, halfen den Widerstand beseitigen, den namentlich die Schutzzöllner im Repräsententantenhaus auf Grund des geringen Wertes der preußischen Reziprozität für Amerika und des hohen preußischen Einfuhrzolls auf ein amerikanisches Haupterzeugnis wie den Tabak erhoben[91]). Es ist handelspolitisch doch denkwürdig, daß Greuhm dabei durch Verhandlung mit dem Zentralorgan der amerikanischen Finanzgesetzgebung, dem Committee of Ways and Means, besonders dem Repräsentanten Henry Middleton, dem späteren Gesandten in Rußland,

[90]) Konsul J. W. Schmidt an Greuhm New York 6. Feb. 1818, Berichte Greuhms 31. Jan., 3. und 20. Feb., 6. April, 8. Juni 1818, 30. Okt. 1819 a. a. O. Adams, Letters on Silesia written during a tour through that country 1800 to 1801, London 1804, deutsch von F. G. Friese, Breslau 1805. Über den dem Hardenbergschen Liberalismus freundlichen amerikanischen Standpunkt s. a. Everett.

[91]) Dieser Rohstoffzoll schädigte die preußische Tabakindustrie selbst und mußte bei der Tarifrevision 1821 ermäßigt werden. Lindner 397, Gothein, Köln, 127.

die parlamentarische Meinungsbildung unmittelbar beeinflussen konnte. Ein großes Gegengewicht gegen die Überspannung des amerikanischen Protektionismus war, wie er richtig erkannte, die Besorgnis der antiföderalistischen Anhänger Monroes vor einem Rückgang der Einnahmen aus allzu hohen Zöllen und einem etwaigen Rückgriff auf direkte Bundessteuern. Die Akte vom 3. März 1819, die dann endlich ihre für die Niederlande erlassene Vorgängerin auf Preußen und die beiden Hansestädte zugleich anwandte und diesen demnach auch die dort stipulierte Begünstigung „erstmals" verschiffter fremder Güter gewährte, war zwar doppelt befristet, einerseits durch den Ablauftermin des 1. Januar 1824, andererseits durch die Bindung des Inkrafttretens an den Eintritt der Reziprozität bei den Vertragsgegnern; aber da diese letzte Bindung doch noch im selben Jahre in aller Form erfüllt wurde, schloß Greuhms Mission im Augenblick, da eine hervorragend scharfe Beobachtung ihm mitten in der Versöhnung der Föderalisten und Antiföderalisten, der „Era of good feeling", die Keime zu der großen geographischen Spaltung kommender Jahre zeigte, mit einem vollen Erfolg. Daß er im Juni 1820 von der ausdrücklichen Erlaubnis seiner Regierung Gebrauch machte, zurückzukehren, sobald „nichts Ersprießliches mehr zu bewirken" sei, kann kaum dieser Regierung selber zum Vorwurf gemacht werden; auch der eifrige Flemming war in Brasilien zur Überzeugung gekommen, daß neben den politischen Missionen die handelspolitischen Geschäfte in Übersee ohne Schaden den Wahlkonsulaten überlassen werden könnten[92]).

Eine sehr eigentümliche Rückwirkung äußerten diese amerikanischen Handelsverhältnisse auf Preußens stockende Handelspolitik gegenüber England. Der wirtschaftliche Aufstieg der Union verbreitete in den Kreisen des preußischen Englandhandels immer mehr die an sich nicht unrichtige Vorstellung, daß dadurch das Gebäude der englischen Welthandelsvormacht entsprechend erschüttert werden müsse. Als erstes Anzeichen davon faßte man nicht nur den Schiffahrtsvertrag beider vom 3. Juli 1815 auf, in dem Europa nur die epochemachende

---

[92]) Graf Bülow an das Außenministerium 3. März 1818, Bericht Greuhms 3. März, Hoffmann an Leg.-Rat Heim 10. Aug., Instruktion an Greuhm 14. Aug. 1819, Notenwechsel Greuhms mit Adams 7. Mai, 1. Nov., 20. Dez. 1819 und 21. Feb. 1820 a. a. O. vol. 1 und 2. Noten an Adams von Greuhm 14. Nov. 1818, Buck 23. und Wichelhausen 26. Jan. 1819 Amer. St. P. For. R. 4, 419 ff. Die Gesetze Publ. Stat. 3, 464 u. 510. Middleton: Greuhm an das Außenministerium 10. Okt. 1820, dazu Appleton, Cyclop. 4, 317. — Im Bericht Greuhms 31. Jan. 1820 (über die Missourifrage vgl. Macmaster 4, 590 ff.): „Bei dieser Bildung neuer Parteien ist es dann leicht, an die früher oder später erfolgende Trennung dieses Staatenvereins zu denken, welche Trennung durch eine Spaltung von der Natur der gegenwärtigen um vieles gezeitigt werden dürfte. Bilden sich aber zwei oder mehrere Staaten aus der gegenwärtigen Union, so werden die Vorzüge, welche dieselbe durch ihre Neuheit und Abgeschiedenheit von der übrigen politischen Welt genießt, großenteils verschwinden, indem sich diese Trennung nicht ohne ein gegenseitig feindliches, wenigstens eifersüchtiges Verhältnis denken läßt, daher denn zugleich mit ihr das Bedürfnis von größeren stehenden Armeen, Festungen, Grenzzollinien, direkten und inneren Abgaben, kurz einer europäischen Organisation eintreten müßte."

Durchbrechung der englischen Navigationsgesetze erblickte[93]), sondern auch die merkwürdige Zollpolitik, vermöge deren Kanada der ehemaligen Mitkolonie eine weitere Umgehung dieser Gesetze über seine Häfen erleichterte und die zusammen mit den kanadischen Aufständen nach dem englisch-amerikanischen Kriege schon damals das Mutterland mit einem Abfall auch dieses Besitzes zu bedrohen schien. Das öffentliche Geheimnis, daß unter dem Schutz des niedrigen Reichsvorzugszolls auf kanadisches Holz Massen noch dazu minderwertiger Hölzer aus den Vereinigten Staaten den Jahrhunderte alten Ostseehandel mit dieser Ware aus England verdrängen halfen, war nur eine Einzelheit in einer Entwicklung, durch die der englische Ausfuhrhandel mit Kolonialwaren und Fabrikaten die Kaufkraft seiner bisherigen Abnehmer in Osteuropa gefährlich beeinträchtigt werden sah. Lange vor der berühmten Freihandelspetition Thomas Tookes und Alexander Barings vom Jahre 1820 (u. S. 152) konnte Greuhm, noch als Geschäftsträger in London, eine Denkschrift der Firma Solly auszugsweise nach Berlin übersenden, in der als Lebensbedingung jenes Exports sehr geschickt die Gegeneinfuhr der großen ostseeischen Stapelprodukte der Fürsorge des englischen Handelsamts empfohlen wurde. Und noch weitere Fäden des späteren freihändlerischen Propagandanetzes tauchen schon hier auf. Dem Schritte Sollys war eine ähnliche Aktion der baltischen Kaufleute in Liverpool vorausgegangen, die in der Lage waren, den bedeutendsten Mann des liberalen Toryflügels, Lord Liverpools Liebling Georg Canning, als Abgeordneten ihrer Stadt im Unterhaus für die Vertretung ihrer Sache einzusetzen[94]).

Diese Bewegung in England fand bei den Organen des preußischen Handels natürlich lebhaften Widerhall. Unter Führung ihres eifrigen Gönners, des Oberpräsidenten Schön, versuchten besonders die Danziger Holzhändler immer wieder durch den Grafen Bülow und unmittelbar beim Außenministerium die Verhandlungen mit England wieder zu beleben, auf die die Öffentlichkeit auch nach dem, ihr natürlich unbekannt gebliebenen, Mißerfolg von Chaumont immer noch gehofft hatte. Gemäß dem Vertrauen, das Danzig von jeher dem halb städtisch autonomen Admiralitätskollegium im Unterschied von den reinen Staatsbehörden entgegenbrachte, betrieb man dort den Plan, den Schön befreundeten Direktor des Kollegiums Brahl als einen der besten Kenner des Ostseehandels mit England nach London zu entsenden, wo soeben auch der überalterte Gesandte Jacobi durch die „hinterlistige"[95]) Entfernung eines der größten Staatsmänner Preußens, Wilhelm v. Humboldts, von Berlin ersetzt wurde. Es fällt nun in der Tat auf, mit welcher Unlust das Außenministerium auf den Gedanken einging. Vielleicht war dafür neben Hoffmanns Scheu vor Handelsverträgen (o. S. 19) und der ent-

[93]) Danziger Denkschrift 19. Okt. 1815.

[94]) Berichte des Generalkonsuls Giese und Greuhms 7. Feb. und 20. April 1817, A. A. II Rep. 6 Engl. 1 vol. 2. Dazu Graf Bülows Denkschrift über den Holzhandel mit England 31. Dez. 1820 u. S. 153f.

[95]) A. Dove ADB. 13, 353. Humboldt selbst hat trotz der Ungeduld darüber seine Mission als „nicht unwichtig" bezeichnet, Gebhardt, W. v. Humboldt als Staatsmann 2, 285. Vgl. auch Haym, Humboldt 377.

mutigenden Erfahrung von 1814 auch die Abneigung des Auswärtigen Dienstes gegen die Mitwirkung des Handelssachverständigen bestimmend. Die zunächst geltend gemachten Gegengründe, der schwebende Zustand sowohl der Beratungen über das Zollgesetz wie der russischen Handelsvertragsverhandlung, waren insofern wenig durchschlagend, als sich bereits (o. S. 77f.) gezeigt hatte und noch zeigen sollte, daß umgekehrt sehr leicht der Abschluß einer handelspolitischen Maßregel der anderen in unerwünschter Weise vorgreife. Dazu, daß endlich der Staatskanzler selbst auf unmittelbare Vorstellung Schöns und Bülows für Brahls Mission entschied, wirkte auch hier der Hinblick auf den englisch-amerikaniscen Schiffahrtsvertrag mit, nachdem Bülow früher vergeblich die geschichtliche Erinnerung eines Vertrags herangezogen hatte, in dem Danzig schon einmal in polnischer Zeit (23. Oktober 1706) eine Milderung der Navigationsakte zugestanden worden war[96]).

Trotzdem war die Londoner Unterhandlung von vornherein zum Scheitern verurteilt. Zunächst beherrschten andere Interessen die Aufmerksamkeit der englischen Geschäftswelt und der preußischen Staatsleitung. Die große Staatsanleihe von 15 Millionen £, die der Seehandlungspräsident Rother 1818 hauptsächlich durch Vermittlung Nathan Rothschilds in England unterbrachte, beruhte preußischerseits namentlich auf dem gewaltigen Handelsaktivum der Wollausfuhr, deren von England großenteils selbst besuchte schlesische Märkte mit der Ausdehnung der englischen Wollindustrie das Geschäft des alten Ostseehandels weit und immer weiter überflügelten und in der Tat die aus der Anleihe zuströmenden Barmittel auf dem Weg über die Seehandlung sofort durstig aufsogen[97]). Sodann war das Hauptanliegen des Ostseehandels, ein besserer Wettbewerb mit dem kanadischen Holz, sei es durch Heraufsetzung der Zölle für dieses oder Herabsetzung derer für das preußische, an die Frist des 1. Juli 1820 gebunden, bis zu dem der Kolonie ihre Bevorzugung gesetzlich gesichert war, und Humboldt erkannte bald, daß es nicht englische Art war, sich schon jetzt, und noch dazu unmittelbar vor den ersten Neuwahlen nach dem Kriege, für die dann zu treffende Entscheidung die Hände zu binden. Auch die bestimmtere Gestalt, die mittlerweile die preußische Zollverfassung gewonnen hatte, erwies sich dem Geschäft nicht als der auch von Humboldt (u. S. 100 Anm. 2) erhoffte Vorteil. Wie Graf Bülow erwartet hatte, sahen die Engländer in dem Tarif vom 26. Mai 1818 nicht das selber schon mühsam gefundene freiheitliche Mindestmaß, das sie anerkannt und durch eigenes Entgegenkommen erwidert hätten, sondern als echte Kaufleute nur das Höchstmaß, von

---

[96]) Entwurf Bülows für eine Instruktion 16. Mai, Aktenvermerk Jordans 18. Juli, Schriftwechsel Schöns und Bülows mit Hoffmann 13. und 27. Okt. und 19. Nov., Schön und Bülow an Hardenberg 7. und 23. Dez., Denkschrift der Danziger Holzhändler 12. Dez. 1817 a. a. O.

[97]) Gülich 1, 187. Moriz-Eichborn 313. Nach Gülich 2, 364 und 447 (dazu Tab. 1, 9) stieg die deutsche Wollausfuhr nach England von $3^1/_2$ Millionen Pfund in 1815 auf $10^1/_2$ in 1818 und ca. 20 in 1825. Die preußische Wollausfuhr betrug nach dem Immediatbericht des Staatsministeriums über Änderung der Zollpolitik vom 20. Nov. 1822 (s. u. S. 142) im dreijährigen Durchschnitt 1819—21 fast 52 000 Ztr.

dem gegebenenfalls abzuhandeln sein würde. Unter diesen Umständen nimmt es nicht wunder, daß Humboldt mit einer gewissen Absichtlichkeit alles Inhaltliche der Unterhandlung Brahl überließ und sich in einigen seiner Gewohnheit nach diktierten, überlegenen und gelassenen Berichten darauf beschränkte, von einer höheren politischen Warte das Scheitern des Gehilfen gleichsam schon im voraus zu erklären; das Verhalten Castlereaghs oder vielmehr seiner ihn vertretenden Unterstaatssekretäre zeigte bis auf kleine dienstliche Versehen, daß das englische Außenministerium trotz aller Höflichkeit erst recht mit halbem Anteil bei der Sache war. Um so unbarmherziger war das Kreuzfeuer, dem in umständlicher Kabinettsbefragung unter Führung des alten Gegners von Chaumont, des nunmehrigen Handelsamtspräsidenten Robinson, die technischen Darlegungen Brahls ausgesetzt wurden. Es half ihm nichts, die schnelle Aufeinanderfolge der ersten hohen Friedenskonjunktur und der peinlichsten Überfüllung im englischen Holzmarkt zu betonen, um nachdrücklich die Gleichmäßigkeit des Geschäfts für ein Lebensbedürfnis des baltischen Holzhandels zu erklären. Die einseitig auf die modernen statistischen Methoden der Wirtschaftsbeobachtung eingestellten Engländer konnten ihm stets die befriedigenden Einfuhrziffern dieses Zeitraums als Beweis dafür entgegenhalten, daß das preußische Holz die kanadische Konkurrenz wohl bestehe. Sogar von einer abermaligen Erhöhung der Bauholzzölle verlautete gerüchtweise[98]). Der letzte Trumpf wäre wie allenthalben die Drohung mit preußischen Gegenmaßregeln gewesen, und sie ist auch sogar von Humboldt selbst mündlich und schriftlich klar genug ausgesprochen worden. Allein zu ihrer näheren Begründung fehlte es Brahl an jedem eingehenderen Material über die preußische Zollrüstung. Und das wird doch nicht bloß auf einer Unterlassungssünde des Berliner Außenministeriums beruht haben. Ebenso unentschieden wie Humboldt Vor- und Nachteile einer Vergeltung gegen England in Zöllen und Schiffahrtsabgaben gegeneinander abwog, hatte vorher Bülow zu bedenken gegeben, daß einer der wichtigsten Teile des englischen Ostseehandels, der Transit durch Preußen von und nach Polen, durch den Wiener Vertrag vom 3. Mai 1815 und die ihm folgenden Vereinbarungen zwischen Rußland und Preußen dem Druck dieses letzten so gut wie entrückt sei; und noch nachdem Brahl Ende September unverrichteter Dinge nach Hause zurückgekehrt war, hat kein Geringerer als Maaßen zugleich für das Finanz- und das Handelsministerium die von der Anleihe aus gewiß verständliche Erklärung abgegeben, daß dort der Antrag des Admiralitätsdirektors auf Retorsionen gegen England nicht gebilligt werde[99]).

[98]) Siehe das verirrte Stück aus Humboldts Briefwechsel mit Castlereagh vom 26. Jan. 1818 in dessen Correspondence 11, 399 f.

[99]) Bericht Humboldts an Jordan 18. Mai und 14. Juli, an Hoffmann 30. Sept., Bülow und Maaßen an das Außenministerium 15. Aug. und 13. Okt. 1818 a. a. O. Zimmermann 89, der Brahl von dem (erst November 1818 eingetretenen) Bernstorff instruiert werden läßt, behauptet mithin ebenso unrichtig, daß nur Bülows Kollegen zu Repressalien „keinen Mut" gehabt hätten.

Die Handelspolitik des Zollgesetzes.

Das Verhältnis zu den Schutzzollsystemen.

Hatten sich die bisher geschilderten Verhandlungen alle mehr oder minder im Verfolg der internationalen Richtung abgespielt, die der Wiener Kongreß der europäischen Politik gegeben hatte, so hatte auf der andern Seite doch auch Preußen teil an der großen nationalistischen Gegenbewegung, die sich wirtschaftlich ebenso wie geistig je länger je stärker dagegen erhob. Es ist bekanntlich der Grundzug des Zollgesetzes vom 26. Mai 1818 und zugleich die Hauptursache seiner vielfachen Verleumdungen gewesen, daß es als erstes zolltechnisches Gesamtwerk des neuen Europas die Natur des Ausgleichs zwischen jenen beiden Strömungen besonders deutlich offenbarte, und zwar unter Bedingungen, die deren Gegensatz auf zwei verschiedenen Ebenen des staatlichen Lebens noch verschärft darstellten: Es wäre eine verhältnismäßig leichte Aufgabe, jedenfalls die allen zeitgenössischen Großstaaten gemeinsame gewesen, die Forderungen des Welthandels mit denen der nationalen Selbstgenügsamkeit zu vereinigen. Aber sie wurde verwickelt und überschnitten durch die eigentümliche Stellung Preußens innerhalb der größeren deutschen Staats- und Wirtschaftsgesamtheit: Von hier aus gesehen, kehrte sich der Zwiespalt der Freihändler und Merkantilisten gewissermaßen um, das unerhörte Neue, das an sich in dem strengen zollpolitischen Zusammenschluß des größten rein deutschen, überallhin ausgebreiteten Territorialstaats lag, gewann etwas geradezu Gehässiges dadurch, daß dies Zollgebiet nun zunächst grundsätzlich achtlos gegen die Vorstellungen einer deutschnationalen Wirtschaftspolitik, je nach seinen eigenen Bedürfnissen auch merkantilistisch gegen seine deutschen Nachbarn, freihändlerisch gegen das außerdeutsche Ausland verfahren konnte. Die Vertreter des volkstümlichsten deutschen Wirtschaftsprogramms, des Schutzes und der Gegenwehr gegen den aggressiven Protektionismus des Westens, wurden zu bitteren Anklägern einer preußischen Handelspolitik, die gegen die schwächeren deutschen Bruderstaaten als der Starke, gegen die mächtigen Fremden aber, namentlich das verhaßte England, schwach oder gar unterwürfig aufzutreten schien (vgl. u. S. 139)[1].

Die gerechte geschichtliche Ansicht wird auch hier von den nächst-

[1]) Die besten Würdigungen des Zollgesetzes bei Schmoller, Zollges. 48f. und Lindner 359f. arbeiten doch die doppelte Kompromißnatur nicht genügend heraus. Es ist doch sehr bezeichnend, daß die Kundgebung der rheinisch-westfälischen Städte gegen das Zollgesetz (Gothein, Köln 177) gegen die Gewichtsverzollung auch die dadurch mögliche Bevorzugung ausländischer Luxuswaren vor deutschen Schwergütern geltend macht.

liegenden Schwierigkeiten auszugehen haben, die in der täglichen Reibung mit in- und ausländischen Wirtschaftsmächten die preußische Zollgesetzgebung bedrängten. Der erste Anstoß zu einer umfassenden Reform dieser Gesetzgebung, die Kabinettsorder an Hardenberg vom 31. Januar 1816, war die „Folge einer anonymen, umfangreichen Immediatvorstellung aus den neuerworbenen Provinzen"[2]). Schon das Besitzergreifungspatent für die Rheinprovinzen vom 20. April 1815 hatte der während der Okkupation gemachten Erfahrung (o. S. 44ff.) feierlichen Ausdruck verliehen, daß die neue Staatsgewalt diesem Wirtschaftsgebiet eine Entschädigung für die immer gefährdeteren westlichen Handelsverbindungen schulde. Zunächst war die Regelung der politischen Grenzen durch den Wiener Kongreß an und für sich gegen manche örtliche Interessen mit besonderer Härte verfahren. Es ist auch politisch merkwürdig, was für eine große Rolle dabei der Rückzug des Preußischen Staats aus Belgien, von der „natürlichen" Maasgrenze gespielt hat. Die Zechenbesitzer und Händler des Ruhrkohlenbezirks freilich, die in einer Throneingabe vom 10. Dezember 1815 diesen Ausdruck gebrauchten, beklagten in dem Verlust der Cleve-Geldernschen Maaszölle wie der Aufhebung der Kontinentalsperre nur das Monopol, das sie bis dahin vor der belgischen und englischen Kohle in Nordwestdeutschland und Holland genossen hatten, und es ist geschichtlich sehr beachtenswert, daß sie wie C. W. Elverfeldt-Steinhausen (an Hardenberg, Ruhrort 9. Februar 1816) die damaligen Gerüchte von einer Wiederabtretung des ganzen linken Rheinufers[3]) gegen Rückgabe Ostfrieslands mit Jubel begrüßten. Die Trennung der auch gesellschaftlich im Rheinland sehr einflußreichen Lederindustrie Malmedys von ihren Haupthilfsstoffquellen, den französischen und belgischen Lohewäldern, war dagegen, besonders im Hinblick auf den Wettbewerb des belgischen Stablo, eine ernste Sorge, die mit dem freihändlerischen Rezept der Anpassung an die neue Lage um so weniger zu beschwichtigen war, als Rücksichten des Heeresbedarfs verboten, sie auf die Gefahr der Abwanderung hin sich selbst zu überlassen[4]). Selbst ein kleiner Grenzfehler wie die teilweise Überschneidung der großen Straße Eupen—

[2]) Dieterici, Steuerreform 64, Freymark 46, vgl. o. S. 49 Anm. 47, auch Gothein, Köln 117. Noch kurz vor Erlaß des Gesetzes schrieb Humboldt an Hoffmann aus der Londoner Unterhandlung 10. Mai 1818 (o. S. 97): „Es ist wirklich die höchste Zeit, endlich eine Zollinie in den Rheinprovinzen zu bestellen, und es wäre zu wünschen gewesen, man hätte diese Maßregel gleich nach der Okkupation eingeleitet."

[3]) Über solche Pläne s. Herrmann in Annalen d. Hist. Ver. f. d. Niederrh. 87, 152, Gothein, Köln 110f. Vgl. die Äußerung Vinckes bei Bodelschwingh 539f.: Ein Ostfriese sei für Preußen mehr wert als 20 halbfranzösierte Menschen am linken Rheinufer.

[4]) Handelskammer Malmedy an Eichhoff 26. Febr. 1815, (gemeinschaftlich mit dem Munizipalrat) an Hardenberg 13. Nov. 1815, Antwort Hardenbergs nebst Erlassen an den Aachener Regierungspräsidenten v. Reimann und die Gesandtschaft im Haag 22. Mai 1816, Bericht der Regierung in Aachen an Hardenberg 22. Juli 1816, Handelskammer Malmedy an Hoffmann 21. März 1817, Regierungspräsident Delius an Bernstorff Mainz 9. Juli 1823, A. A. II Rep. 6 Niederl. 1 v. 1, 2, 5.

Aachen—Herzogenrath durch belgisches Gebiet beraubte alle Sendungen z. B. Dürener Papiers, die hier der schikanösen Revision der fremden Zollbeamten zum Opfer fielen, für ihren ganzen späteren Weg der im Transit so wichtigen Verschlußsicherung, und schon vor dem Zweiten Pariser Frieden hatte Graf Bülow geklagt, daß die Aufstellung der Niederlande in Luxemburg zwischen Preußen und Frankreich jeden Handelsvertrag mit dieser Macht um seine Wirkung bringen könne[5]). Die Schutzzollpolitik der westlichen Nachbarstaaten endlich, die solche Grenzverhältnisse erst zur wirklichen Drohung machte, erstreckte ihre Wirkungen natürlich weit darüber hinaus in das allgemeine Wirtschaftsleben der Westprovinzen. Es ist in der Geschichte des preußischen Zollgesetzes ein viel zu wenig gewürdigter Umstand, daß die Einflüsse der Privatwirtschaft auf seine gesetzgeberische und administrative Vorbereitung durch die gleichzeitige Zollpolitik des Auslandes namentlich im Westen ganz besonderen Nachdruck erhielten. Sowohl Frankreich wie die Niederlande gaben sich im Verlauf des Jahres 1816 auf Grund sehr ausführlicher und streitiger parlamentarisch-kommissarischer Verhandlungen, jenes durch das Finanzgesetz vom 28. April, diese durch die Staatseinnahmengesetze vom 15. September und 3. Oktober die Zollverfassungen, die ihr ganzes handelspolitisches Schicksal bis zur Gegenwart entscheidend bestimmten.

Das bemerkenswerte ist nun zunächst, wie wenig sich doch damals noch, sei es die staatliche Handelspolitik, sei es die kommerzielle Unternehmung Preußens, in der einseitigen Stellung des wehrlos Leidenden und Zurückgedrängten befunden haben[6]). Der Agent der Krefelder Exporteure in Paris, Heydweiller (o. S. 46), der ähnlich wie später Semler in Petersburg und Greuhm in Washington (o. S. 94ff.) bis in den Schoß der gegnerischen Tarifkommission hinein seine persönlichen Verbindungen hatte[7]), konnte sich am Ende seiner Mission rühmen, die Ermäßigung des französischen Samtbandzolls auf den dritten Teil des anfangs geplanten Satzes von 30 v. H. durchgedrückt zu haben;

---

[5]) Bülow an Hardenberg 3., Sack an Bülow 27. Sept. 1815 (bei dessen Bericht an Hardenberg 10. Okt. o. S. 50 Anm. 48), Finanzministerium (Ladenberg) an Außenministerium II 28. Nov. 1815, Bericht des Gesandten v. Brockhausen Brüssel 13. Jan. 1816, A. A. II Rep. 6 Niederl. 1 v. 1. Nach einem Verhandlungsantrag von Klewitz 3. Sept. 1819 war die Transitbeschwerde auf der Aachener Straße noch damals unerledigt. Natürlich diente die belgische Halbenklave auch umgekehrt preußischem Schmuggel nach Frankreich, besonders zur Zeit des Sackschen Handelsvertrags, vgl. o. S. 26 Anm. 91 und Gothein, Köln 168.

[6]) Das könnte und hat namentlich J. G. Hoffmanns freihändlerischer Standpunkt gegenüber industriellen Schutzwünschen vermuten lassen; vgl. seine Antwort 3. Juni 1818, Zimmermann 441ff., auf Benzenbergs große Eingabe an Hardenberg für Rheydt, Süchteln, Gladbach, Viersen und Kaldenkirchen 27. April gleichen Jahres, Ranke, S. W. 49—50, 254.

[7]) An Hardenberg, Krefeld 23.—27. Dezbr. 1816, A. A. II Rep. 6 Frankr. 3 v. 1. „In dieser Kommission hatte ich mehrere Gönner, die mir wohlwollten, und unter diesen ein gewisser Herr David, dessen ausgebreitete Kenntnisse im Douanenwesen ihm einen besonderen Einfluß in dessen Verwaltung erworben hatten."

die mächtige Stellung dieses Exports auf dem französischen Markt, die man daraus schon mittelbar erschließen möchte, wird unter anderm durch die aufrichtigen Angaben von Heydweillers Auftraggebern für den Staatskanzler unmittelbar bestätigt: Die später so umstrittene Handelsbilanz zwischen Preußen und Frankreich war wenigstens damals aktiv für jenes, und man glaubte ein übriges zu tun, wenn man bei einem Seidenzoll von 5—6 v. H. dem französischen Eigengewerbe infolge seines billigeren Rohstoffbezugs ein „Nebenavanzo" von 1 v. H. gönnte. Vereinzelt wirkte doch selbst der mäßige Abbau des Napoleonischen Schutzzollsystems vernichtend auf dessen Schützlinge; nach einer Rede des Barons Puymaurin im Tarifausschuß der Zweiten Kammer 1819 sollten z. B. elsässische Kleineisenfabriken nach dem Frieden durch den absichtlichen Schleuderwettbewerb der bergischen Industrie eingegangen sein. Der neue französische Wollausfuhrzoll wurde in Preußen noch 1818 nur deshalb beklagt, weil er der südfranzösischen Textilindustrie von Vienne, Limoux, Chrest, Lodève und St. Afrique ermöglichte, die preußische außerhalb Frankreichs in Italien, Spanien, Korfu und Sardinien zu schlagen. Das Ausfuhrverbot für die provenzalische Weberkardendistel wurde auf diplomatische Verwendung in besonderm Falle nachgelassen, obwohl, wie Goltz hervorhob, die beziehende Firma Braff in Aachen in ihrer Bittschrift an die französische Regierung ganz harmlos den davon erhofften sehr beträchtlichen Kostenvorsprung hervorhob. Auch mit Vergeltungsmaßregeln, wie sie in den Eingaben und Denkschriften des preußischen Exporthandels zur Bekämpfung des ausländischen Protektionismus immer wieder dringend beantragt wurden, hat die preußische Regierung in dieser ersten Zeit gegen Frankreich nicht zurückgehalten. Durch die Drohung mit Repressalien gegen französische Schuldforderungen in Preußen erreichte Goltz wider sein eigenes Erwarten bei dem Herzog von Richelieu, daß die unverkauft in Frankreich lagernden Millionenvorräte rheinischer Webwaren von der im Finanzgesetz verfügten Wahl zwischen Nachzoll und Wiederausfuhr befreit wurden und zum alten Preis abgesetzt werden konnten. Noch 1818 versuchte Preußen durch einen hohen Ausfuhrzoll auf einen bekannten Monopolrohstoff der Rheinlande, die Fayenceerde, Frankreich zu bedrängen, bis die Entdeckung neuer Tongruben im Herzogtum Nassau einen Strich durch diese Rechnung machte. Das von den westlichen Webstoffgewerben wiederholt verlangte Verbot französischer Luxuswaren unterblieb doch nicht bloß aus Schwäche; gegen die Fernhaltung der französischen Seidenwaren z. B. erhob der Handel der alten Landesteile Preußens sogleich heftigen Widerspruch. Die Zölle auf französische Weine aber wurden, wie Hoffmann darlegte, im neuen Zollgesetz als eine der ergiebigsten und bei der überwiegenden Einfuhr zur See gegen den Schmuggel gesichertsten Einnahmequellen schon so hoch bemessen, daß bei Verhandlungen weder die Drohung mit ihrer Erhöhung noch die Lockung mit ihrer Herabsetzung möglich erschien [8]).

---

[8]) Krefelder Kaufmannschaft an Hardenberg 7. Aug. 1815, Kommerzienrat J. D. Jentsch, Hirschberg, an das Außenministerium 26. Juni 1816, Denkschrr.

So war doch der Hoffmann mit anderen Amtsgenossen[9]) gemeinsame Glaube an den Sieg des „wohlverstandenen Interesses“ und der „richtigen Wirtschaftsgrundsätze“ auch im Ausland nicht der einzige und vornehmste Grund, weshalb sich die preußische Handelspolitik von der Entstehung einer neuen französischen Schutzzollpolitik überraschen ließ. Die Privatwirtschaft Preußens, ebenso mannigfaltig landschaftlich zusammengesetzt und unterschieden wie gewohnt an alte Stärke und Selbständigkeit, dachte nur von Fall zu Fall daran, den absoluten Staat in einzelnen Notlagen um Hilfe zu bitten, wo die Regierung dann stets versucht war, sich mit Hoffmann bei der diplomatischen Einzelunterhandlung zu beruhigen: „Solche einzelne Erleichterungen macht man überhaupt besser durch bloßen Notenwechsel als durch förmliche Verträge ab.“ Daß die notleidenden Gewerbetreibenden gerne wie der Remscheider Handlungsvorstand, und wie ja auch ihre Berufsgenossen in Altpreußen im Hinblick auf Rußland, die Nachfrage nachbarlicher Konkurrenzindustrien nach deutschem Kapital und Unternehmungsgeist dazu benutzten, um der Regierung ganz offen mit Abwanderung zu drohen, wurde von dieser wohl mit Recht nicht übermäßig ernst genommen. Gerade umgekehrt lagen die Dinge in Frankreich. Hier verlieh auch der beschränkte Parlamentarismus der Restauration den von Napoleon großgezogenen und nun im rechten Augenblick von den Fesseln seiner eisernen Staatszucht befreiten Wirtschaftskräften, voran der umgestellten Kriegsindustrie, eben Spielraum und politischen Einfluß genug, um sich ganz einheitlich und bewußt über jene „Solidarität der schutzbedürftigen Interessen“ zu verständigen, die damals zuerst als Vollendung des unbewußten und labileren englischen Parteisystems das große Vorbild für den modernen Protektionismus aufstellte. Die „Befreiung“ der französischen Volkswirtschaft von dem ausländischen Einfuhrüberschuß rückte als nationales Ideal dicht neben die Erlösung von der ausländischen Besetzung, die der Aachener Kongreß Frankreich gewährte. Die einsame Stimme Chateaubriands, die sich gegen die Verführungen dieser reinen Interessenpolitik erhob, mußte wie das Grollen der überwundenen Feudalzeit klingen, und bloß in Berlin konnte die kurze zweite Finanzministerschaft des Baron Louis die Hoffnung erwecken, daß auch nur vorübergehend die ersten, freieren Handelsgrundsätze der Restauration zurückgekehrt seien. Selten wird ein handelsdiplomatischer Meinungsaustausch stärker den Eindruck des leerlaufenden Rades an anderweitig bestimmten Wirtschaftsprozessen machen wie die Beteuerungen des „als Anhänger der wahren Volkswirtschaftslehren bekannten“ Louis, wie sehr er persönlich noch

---

von Fabrikinhabern zu Barmen und Elberfeld 30. Dezbr. 1816, Berichte Goltz' 13. und 22. Mai, 26. Juli 1816, 5. Febr. 1817, Notenwechsel des französischen Gesandten in Berlin, Bonnay, mit Lottum 20. Nov. 1818 und 21. Okt. 1819, Gutachten Hoffmanns 9. Juni 1819 (vgl. Zimmermann 97), Graf Bülow an Bernstorff 21. Juli 1819 (mit Zeitungsbericht der Düsseldorfer Regierung über die Kammersitzung vom 13. Mai), A. A. II Rep. 6 Frankreich 3 vol. 1 u. 2, dazu [Braff] 49 ff.

[9]) Eichhorns Entwurf für Hardenbergs Bescheid an Josua und Wilhelm Hasenclever 26. Juli 1820 a. a. O.

immer dem strengen Schutzzollsystem abgeneigt sei, oder die Weisungen Bernstorffs an Goltz, bei der Erörterung eines Handelsvertrags nicht, wie Louis gewollt hatte, von dem Grundsatz gegenseitiger Zollherabsetzungen auszugehen, sondern bereits für die Beibehaltung des freihändlerischen preußischen Tarifs Gegenleistungen zu verlangen. Wie eben noch Louis' Vorgänger das Douanengesetz vom 21. April 1818, so mußte sein Nachfolger Roy alsbald das abermals verschärfte vom 7. Juni 1820 mit den herrischen Kammern verabschieden[10]).

Nicht weniger verwickelt war die Aufgabe, gegen die Entstehung und Festigung des niederländischen Schutzzollsystems anzukämpfen. Der natürliche Gegensatz zwischen den beiden neuvereinigten Staatshälften, dem industriellen Belgien und dem kommerziellen Holland, hätte dabei an sich der preußischen Handelspolitik einen wertvollen Angriffspunkt geboten, aber noch mehr als gegenüber Rußland verflocht sich hier die Frage der Einfuhr mit der gleich wichtigen der Durchfuhr zum Meer, die durch die vom Wiener Kongreß eingesetzte Zentralkommission für die Rheinschiffahrt auch tatsächlich einer internationalen Lösung zugeführt werden zu sollen schien: Dieser Beschränkung der handelspolitischen Landeshoheit waren die großen holländischen Zwischenhandelsplätze trotz ihrer Feindschaft mit den belgischen Gewerbeinteressen und trotz aller freihändlerischen Lehren vom Naturrecht des Transits[11]) ebenso scharf entgegen wie die preußischen Seehäfen der polnischen Meerdurchfahrt oder Köln der Aufhebung seines Stapels. Das niederländische Gesetz vom 3. Oktober 1816, dessen Fertigstellung ursprünglich schon zum 1. Juli in Aussicht genommen war und nur durch den parlamentarischen Kampf der Wirtschaftsgruppen verzögert wurde, mußte also für die eine so gut wie für die andere sorgen: Ein Transitzoll von etwas geringerer Höhe (3 v. H.) als der von Preußen den Polen auferlegte wurde gerade auch für den Rhein unter Berufung auf die von Preußen neben dem Rheinoktroi erhobene Rekognitionsgebühr ohne Rücksicht auf die Wiener Kongreßakte durch Nebengebühren, wie ein Lastgeld, und die Wiederherstellung alter merkantilistischer Stromabgaben, wie des sogenannten Brandzolls, zu einem Betrage von 6, bei Massengütern sogar 15 v. H. hinaufgeschraubt. Neben seinen allgemeinen schädlichen Folgen für die

---

[10]) Bericht Goltz' 29. Mai, Instruktion für ihn 18. Juni 1819 a. a. O., dazu allgemein Chateaubriand, Mémoires d'outre tombe 7, 243ff. (Artikel im „Conservateur" 5. Dezbr. 1818), Bresson 312ff., Lexis 58ff. und der Anm. 8 angezogene Düsseldorfer Bericht, wo der Tarifausschuß eine Eingabe der Gebr. Coulaux mit den Worten empfiehlt: »Ces fabricants intelligents ont su dans un instant transformer de vastes ateliers d'armes en fabriques destinées à nous affranchir des produits étrangers.« Die Zollges. Bull. 7 Nr. 3958 u. 8805.

[11]) Erlaß Hoffmanns an Hatzfeldt, Karlsbad 31. Juli 1817, A. A. II Rep. 6 Niederl. 1 vol. 2: „Jeder Staat hat zwar ganz unbedingt das Recht, zu bestimmen, welchen fremden Waren der Eingang zum Verbrauch in demselben zu verstatten sei: aber es gehört zu den allgemeinen und gegenseitigen Verpflichtungen sämtlicher im europäischen Völkerverbande begriffenen Staaten, daß keiner desselben den Handel, welcher bloß durch sein Gebiet geführt wird, untersage."

preußische Ein- und Ausfuhr zur See traten auch jetzt die besonderen für den Grenzverkehr hervor. Die Moselstrecke oberhalb Trier, die einen Teil der preußisch-belgischen Grenze bildete, wurde von seiten der Niederlande dem vollen Durchfuhrzoll unterworfen und dadurch die bisherige Schiffahrt dort außerordentlich erschwert, die Verhandlung über diese Frage aber von vornherein für einen Bestandteil der großen Rheinschiffahrtsfrage erklärt und so ins Unbestimmte vertagt. Der Rückgriff des niederländischen Salzsteuergesetzes vom 15. September 1816 (Art. 41) auf das Salzdurchfuhrverbot von 1725 sperrte, allerdings, was meist übersehen wird, nach dem Vorgang eines ähnlichen preußischen Gesetzes (u. S. 112 Anm. 26), nicht nur die Zufuhr des ausländischen Seesalzes, sondern auch einen Teil der innerpreußischen Salzversorgung, der von Neusalzwerk bei Minden bisher auf dem billigeren Seeweg über Bremen und Rotterdam nach den Rheinlanden gegangen war. Aber die feierliche Berufung Hoffmanns auf die Bürgschaft der Kongreßmächte für die Rheinfreiheit vermochte die niederländische Regierung nicht einmal zur zeitweiligen und begrenzten Freigabe des Mindener Salztransits zu bestimmen, zumal von der Geltendmachung der ebendamals wieder sehr streitigen polnischen Transitverträge (vgl. o. S. 107ff.) Abstand genommen wurde[12]. Noch weniger war gegen die verhältnismäßig doch noch immer sehr niedrigen Einfuhrzölle des neuen niederländischen Tarifs auszurichten: Auch hier überwog ein Durchschnitt von 8—12 v. H., und wie Hoffmann dem schlesischen Ausfuhrgewerbe klarmachte, hielten sich die Leinenzölle sogar mit Ausnahme des Bettzeugs (12 v. H.) auf noch niedrigerer, zum Teil weniger als halb so hoher Ebene (2—5 v. H.); sogar den Baumwollgarnzoll von 20 v. H. konnten sich die rheinischen Exporteure gefallen lassen, nachdem die Einfuhr dieser Ware bis dahin vorübergehend ganz verboten gewesen war. Fühlbarere Schläge versetzte schon die belgische Metallindustrie ihren preußischen Wettbewerbern durch Erschwerung der Ausfuhr von Kohle und Erzen und der Einfuhr von Halb- und Fertigfabrikaten; der dadurch herbeigeführte Untergang der blühenden Kleineisenindustrie im Schleidener Tal legte den ersten Grund zur späteren Verarmung der Eifel[13]. Übrigens fehlte es auch bei der Erörterung der niederländischen Handelsbeziehungen nicht an Stimmen, die auf Preußens eigenen Abstand von dem freihändlerischen Ideal aufmerksam machten. Wenn sogleich nach Eröffnung der Be-

[12]) Regierung Trier (Delius) an Hardenberg 31. März, Regierung Cleve an Graf Bülow 22. März, Finanzministerium (Gerhard) an Außenministerium III 25. April, Noten des niederl. Außenministers Nagell an Hatzfeldt 13. Juni, 3. Okt., 15. Novbr. 1817, Graf Bülow und Klewitz an das Außenministerium 7. Febr. 1818, a. a. O. Niederl. 1 vol. 2—3. Dazu Gothein, Rheinschiffahrt 92f., Köln 158, Blok 7, 353ff.

[13]) Baumwollfirma Huyßen, Köln 8. Febr. 1816 an das Außenministerium, dieses (Hoffmann) an die Hirschberger Kaufmannsältesten 25. Jan. 1817, Bericht des Legationsrats Salviati, Haag 3. Sept. 1816 a. a. O. vol. 2f., Gothein, Köln 168, Gewerkschaft Nering, Bögel & Co. an Hardenberg, Isselburg 17. Jan. 1818, eifelländ. Hüttenmeister an Hardenberg, Hellenthal, Kr. Blankenheim 29. Dezbr. 1817, 14. April 1818.

ratungen über die beiderseitigen Zollgesetze Hoffmann dem Finanzministerium den Wunsch ausgedrückt hatte, man möge alles vermeiden, was der Schutzzollpartei in den Niederlanden Oberwasser geben könne, so war das doch nicht nur die alte Schwäche des international gesinnten Außenministeriums (o. S. 21 Anm. 72) gewesen. Die ganze Zeit über, während der niederländische Tarif vorbereitet wurde, hat sich der niederländische Gesandte in Berlin, Graf Perponcher, vergeblich bemüht, eine Einfuhrbegünstigung für den holländischen Hering zu erlangen; gegen die Bemühungen des abgetretenen Emden, das hinauf bis zum König selbst die Interessen des Nordseeheringshandels verfocht, entschied sich das Finanzministerium, und zwar in vollem Einverständnis mit Hoffmann, dafür, den Schwerpunkt des preußischen Heringsbezugs nunmehr in die Ostseefischerei zu verlegen und alle ausländische Zufuhr gleichmäßig der Belastung von je 8 Gr. Einfuhrzoll und Verbrauchssteuer für die Tonne auszusetzen[14]). Die Ansicht der Handelswelt war überhaupt, daß Preußens handelspolitische Stellung gegenüber den Niederlanden eher stärker sei als gegenüber Frankreich. Einmal brauchte nur das Verkehrsnetz Rheinland-Westfalens durch Wasserstraßen wie das Napoleonische Projekt eines Mittellandkanals oder den Chausseebau weiter ausgestaltet zu werden, um das holländische Durchfuhrmonopol durch den Einfluß der deutschen Nordseehäfen zu schwächen[15]). Sodann schien auch an unmittelbar wirksamen Retorsionsmöglichkeiten kein Mangel. Eine ausführliche Denkschrift des späteren ersten Steingroßindustriellen der Rheinprovinz, des Grafen Edmund Kesselstatt in Koblenz, verwies schon Anfang 1816 auf die Unentbehrlichkeit des rheinischen Tuffsteinprodukts Traß für die holländischen Wasserbauten, die denn auch nachher gemäß dem Zollgesetz von 1818 eine Ausfuhrabgabe von 8 Gr. für die Last davon zu entrichten hatten. Die Malmedyer Großgerbereien, die für ihren französischen Lohebedarf immer wieder niederländische Durchfuhrlizenzen zu erlangen wußten, blieben, unterstützt von den Berufsgenossen Krefelds, doch auch innenpolitisch Sieger über den Hoffmannschen Standpunkt des Geschehenlassens (o. Anm. 4). Der verbotartige Lederzoll von 2 Rt. für den Zentner bei der Einfuhr und 1 Rt. 4 Gr. für das Pfund (!) beim Verbrauch wurde 1818 geradezu auf ihr Betreiben eingeführt, wenn auch nicht dieser Zoll, sondern das Eigeninteresse der luxemburgischen Waldbesitzer schließlich die Sperre des Loheverkehrs beseitigt hat[16]).

---

[14]) Hoffmann an Graf Bülow 8. März u. 16. Mai, Noten Graf Perponchers 5. Mai u. 26. Dezbr., Maaßen und Graf Bülow an das Außenministerium 6. Juli u. 19. Sept. 1816, Kabinettsordern an Hardenberg und Graf Bülow 3. Febr. 1815 und 11. Juli 1816 a. a. O. vol. 1 u. 2. Der österreichische Heringszoll war nach einem Schriftwechsel des Außen- und Finanzministeriums, des Oberpräsidiums und der Kaufmannschaft Stettin vom Sommer 1817 (Österr. 1 vol. 1) schon seit 1812: 6 fl. die Tonne.

[15]) Joh. Casp. Rump an Hardenberg, Altena 7. Febr. 1818 a. a. O. 3. Vgl. Gülich 2, 428, Berger, Harkort 228f., Gothein, Köln 175 über Pläne von Aders und der Kölner für eine Kanalaktiengesellschaft. S. a. u. S. 116.

[16]) Denkschrift Kesselstatts (vgl. Kuske in Rheinprovinz 1, 431), Koblenz 9. Jan. 1816, Throneingabe des Comité des Commerces, Malmedy 1. Juni,

Auch die preußische Diplomatie hatte die Überzeugung, daß eine solche Fülle von Verhandlungs- und Ausgleichsgegenständen für eine handelsvertragliche Verständigung mit den Niederlanden die besten Aussichten biete. Von den beiden Vertretern, die Preußen zunächst der allgemeinen diplomatischen Übung entsprechend in den Hauptstädten der niederländischen Reichshälften hielt, Legationsrat Salviati im Haag und Gesandter Fürst Hatzfeldt in Brüssel, widmete sich besonders dieser, der frühere Gouverneur von Berlin, als Verwandter des rheinländischen Hochadels dem Geschäft mit Eifer. Nachdem es ihm im Herbst 1817 gelungen war, durch einfachen Notenwechsel ein Gegenseitigkeitsabkommen zur Beschränkung der Schiffahrtsabgaben auf den Satz für Inländer zu schließen, betonte er in seinen Berichten immer wieder, auch in dem Doppelkönigreich habe namentlich die holländische Freihandelspartei Angst vor der „Legion von Zollämtern" die Preußen in Erwiderung seiner Douanenpolitik errichten könne, und sichtlich im Hinblick auf seine freihändlerischen Vorgesetzten, die sich gelegentlich nicht gescheut hatten, die Industrialisierungsmaßnahmen Friedrichs des Großen vor der niederländischen Regierung herabzusetzen, wurde er nicht müde zu wiederholen, daß das preußische Handelsinteresse gerade in den Niederlanden, wo alles nur nach Geld rechne, nur durch Bedrohung des einheimischen Handelsinteresses zu retten sei [17]. Der wahre Grund, weshalb kein entscheidender Schritt erfolgte, war nicht oder wenigstens nicht unmittelbar die Lässigkeit der Berliner Leitung, sondern das von ihr, allerdings im Zusammenhang mit ihren allgemeinen Anschauungen, einmal eingeschlagene Verfahren, sich zur Regelung der nationalen Handelsfragen des internationalen Druckmittels der Rheinschiffahrtsverhandlung zu bedienen. Das aber bedeutete wenigstens vom Herbst 1817 ab, seit dem Ausscheiden des ersten Vorsitzenden der Mainzer Zentralkommission, des wahrhaft international gesinnten Kurkölners Eichhoff [18]), notwendig für den niederländischen Handelsvertrag dieselbe Verschleppung wie für das Rheinschiffahrtsreglement. Die damalige Ernennung des Organisators der neuen Zollverfassung im Westen, des Trierer Regierungspräsidenten Delius (o. S. 32) zum preußischen Kommissar für die Handelsvertragsgeschäfte, der im Frühjahr die des luxemburgischen Gouverneurs, Baron Willmar, zum niederländischen Kommissar folgte, blieb bei Delius' großer Inanspruchnahme vorerst ohne Folgen. Noch vor der Veröffentlichung des neuen Zollgesetzes schlug deshalb Graf Bülow als neuer Handelsminister unter Überreichung ausführlicher Materialien vor, seinen Geheimrat Beuth an Delius' Stelle

beantwortet durch französische (!) Kabinettsorder 12. Juni, Hoffmann an Graf Bülow 20. Juni 1817, Lohgerber von Krefeld und Umgegend 28. Febr. 1818 a. a. O. vol. 2 u. 3. Arrêté 5. Mai 1827 über Lohezoll von 6 v. H. Journ. off. 22 Nr. 24, dazu Bericht Delius' 7. Juli 1827 a. a. O. vol. 7.

[17]) Note Jordans an Perponcher 26. Jan. 1817, Bericht Hatzfeldts, Haag 10. Febr. 1818, Bernstorff an Graf Bülow 14. Aug. 1822, a. a. O. vol. 3, 5. In den Sommer 1818 fällt die Aufhebung des 15prozentigen Zuschlags zu den niederländischen Durchfuhrzöllen, Eckert, Rheinschiffahrt 109.

[18]) Eckert, Rheinschiffahrt 100; Gothein, Rheinschiffahrt 98ff., Köln 160.

zu setzen. Es kann sich nur aus den Anforderungen erklären, die das Außenministerium von der großen Politik der Rheinschiffahrtsangelegenheit aus stellte, wenn daraufhin in seinem Auftrag Hoffmann den Begründer der neupreußischen Gewerbeentwicklung als „nicht ganz geeignet" für eine solche Aufgabe bezeichnete. Aber auch die von Jordan flüchtig hingeworfene Anregung, umgekehrt Delius auch die bisher von dem Regierungsrat Jacobi (o. S. 32, 47) geführte Vertretung Preußens in der Zentralkommission anzuvertrauen, wurde zunächst nicht aufgenommen, sondern Hatzfeldt lediglich angewiesen, da Preußen nicht wohl selber zuerst an die Niederlande herantreten könne, diese ihrerseits zu einem Antrag auf handelspolitische Besprechungen zu „veranlassen". Gemäß einer Verabredung auf dem Aachener Kongreß ernannte denn auch wirklich die Brüsseler Regierung gleich nach Neujahr 1819 aufs neue zwei Vertreter der beiden vereinigten Staats- und Wirtschaftsgebiete, den Genter Arzt und Historiker D. J. van der Meersch und den neuen Zoll- und Akzisedirektor von Nordholland F. van de Poll, zu Unterhändlern mit Preußen. Aber nun blieb, wie durch einen klagenden Bericht Hatzfeldts (8. Mai 1819) beglaubigt ist, der Gesandte von Berlin aus fast ein halbes Jahr ohne die geringste Anweisung und Nachricht in der Frage; er wußte nicht einmal, daß mittlerweile auch ein letzter Vorstoß der Innenressorts, ein Antrag des Finanzministers auf ein Schmuggelbekämpfungskartell mit den Niederlanden, an Hoffmanns bekannter Abneigung gegen solche Verträge (o. S. 26 Anm. 89) gescheitert war. Die Art, wie Hoffmann (21. Mai 1819) im Einvernehmen mit seinem neuen Chef Bernstorff Hardenbergs auch hier wachen Antrieb zu beschwichtigen wußte, mutet fast wie Obstruktion an; es war, als hätte sich die Arbeitskraft der preußischen Handelspolitiker in Dänemark und Rußland erschöpft. Zu Beginn des Sommers ließ man Hatzfeldt mit einer gewissen Absichtlichkeit seinen gewöhnlichen Urlaub antreten: Soeben hatte das Gesetz vom 12. Mai 1819 die Gesamtheit der niederländischen indirekten Steuern durch eine neue Verwaltungsordnung befestigt, und die Handelsvertragssache war, wie der Gesandte in einem seiner letzten Berichte hervorhob, „gänzlich in Vergessenheit gekommen" [19]).

Nicht unähnlich Preußens Handelsverhältnis zu dem neuen Königreich der Niederlande war seine Stellung gegenüber dem wiederhergestellten österreichischen Kaiserstaat. Wie Belgien dort bedeuteten hier die aus dem napoleonischen Staatensystem zurückgekehrten tirolisch-italienischen Länder einen politischen und wirtschaftlichen Machtzuwachs, den der preußische Export und Transithandel alsbald zu fühlen bekam. Gleich nachdem Österreich seinerseits sein Hauptbedürfnis gegenüber Preußen, den kommerziellen Abfluß seines polnischen Teilgebiets über die preußische Ostseeküste, durch den Vertrag vom

---

[19]) Graf Bülow an Hoffmann 4., Hoffmann an Jordan 29. Aug. 1818, Erlasse an Hatzfeldt 6. Novbr. 1818 und 17. Juni 1819, Berichte desselben Brüssel 17. und 22. Juni 1819, a. a. O. vol. 3. Delius: Schmoller, Zollges. 46. Willmar und Poll: van der Aa 20, 290 und 15, 39ff. Meersch: Biogr. nat. 14, 262. Für das Ganze Zimmermann 102f. unzureichender als je.

22. März 1817 (S. 71f.) befriedigt hatte, machte es sich daran, im Ausbau seines Schutzzollsystems von 1811 seine Versorgung mit Kolonialwaren und Fabrikaten durch Erleichterung des Mittelmeerhandels und Erschwerung der Zufuhr vom Norden möglichst in eigne Hand zu bringen. Im Sommer 1817 wurde zunächst zugunsten der steirischen Eisenerzeugung die Einfuhr von Metallwaren, im Herbst desselben Jahres sodann die von Webstoffen nach Tirol, d. h. vor allem zur großen Bozener Messe, und nach Lombardo-Venezien mit hohen Zöllen belegt. Die territorialstaatliche Form dieser Zollpolitik, die Übertragung der Gesetzgebung und Verwaltungsaufsicht darüber an die Statthaltereien, ermöglichte es dabei der Staatskanzlei in Wien, sich, noch mehr als gewöhnlich die Außenressorts in der Handelspolitik, hinter die Finanzbehörden zurückzuziehen. Bis zum letzten Augenblick wußte Metternich den preußischen Gesandten General Krusemarck mit der Versicherung hinzuhalten, er persönlich sei ein Gegner des Schutzzolls, der auch in den Ländern selber auf starken Widerspruch stoße. Demgemäß hat denn wohl der rheinländische Export, dessen alte italienische Verbindungen aus habsburgischer und napoleonischer Zeit besonders hart betroffen waren, die Provinzialinstanz durch den Vorwurf in Verlegenheit gesetzt, die preußische Handelspolitik habe sich einfach durch Metternichs Diplomatie irreführen lassen. In Wirklichkeit lagen auch hier die Dinge etwas weniger einfach[20]).

Nach Abschluß des polnischen Transitvertrags gab es kaum mehr Gegenzugeständnisse, um deren Preis Österreich seine Zollschranken für Preußen erniedrigt hätte. Daß Hoffmann ein Jahr, bevor Kaiser Franz von der Bevölkerung der Kongreßstadt Aachen so begeistert empfangen wurde, es wagte, den Wiener Hof an die ehemalige Zugehörigkeit der reichunmittelbaren Städte Aachen, Burtscheid und Monschau sowie des österreichisch-belgischen Eupen erinnern zu lassen, ist zwar ein seltsamer Beweis für die nationale Arglosigkeit der damaligen preußischen Diplomatie; aber es vermochte die handelspolitischen Verhältnisse natürlich nicht zu beeinflussen[21]). Die Schritte wiederum, die der österreichische Gesandte Zichy in Berlin zugunsten des Grenzverkehrs der böhmischen Fuhrleute tat, begegneten dem Widerstand des preußischen Finanzministeriums, weil gegen das Gewerbeedikt die Befreiung nicht nur des Markt-, sondern auch des Hausierhandels verlangt wurde. Noch ein anderer Umstand freilich machte Preußen

---

[20]) Statthaltereidekrete Mailand 12. Juni und 20. Sept., Innsbruck, 24. Nov. 1817, dazu Schriftwechsel zwischen Graf Bülow und Hoffmann 18. und 30. Sept.; 20. Okt. und 5. Nov., Kabinettsorder an Hardenberg 23. Dez., Promemoria Metternichs an Krusemarck 3. März, Berichte Krusemarcks 7. März und der Regierung Aachen 30. April 1818, A. A. II Rep. 6 Österreich 1 vol. 1, Niederl. 1 vol. 5. Ein Schreiben Hardenbergs an Klewitz Engers 6. Jan. 1818 Finanzministerium I Gen. 1 vol. 4 mahnt, mit der Errichtung der Zollgrenze gegen Frankreich und Holland (o. S. 107 u. S. 114) auch deshalb zu eilen, um durch den Schutzzoll besonders Aachen für den Verlust des österreichischen Markts zu entschädigen.

[21]) Erlaß an Krusemarck 22. Dez. 1817 a. a. O. Österr. 1. vol. 1. Metternichs Nachgel. Papiere 3, 122ff.

gegen diesen Grenzverkehr besonders mißtrauisch. Auch das Außenministerium war der Ansicht, daß er nicht bloß dem billigen Ausgleich der Grenzgebiete wie etwa im Getreidehandel während der damaligen Hungersnot, sondern noch andern, weiterreichenden Zwecken diene. Es war ein öffentliches Geheimnis, daß der österreichische Handel den Rest von Kolonialwaren, den er über Breslau statt über Triest bezog, größtenteils als Durchgangsgut unter der eigentümlichen zolltechnischen Bezeichnung „zur Spekulation" einführte und dann auf dem Wege des Schmuggels sofort wieder nach Preußen ausführte. Die Stellung der österreichischen Regierung zu dieser zweischneidigen Gewohnheit (denn der Schmuggel konnte sich ja ebensogut an den inneren Verbrauch wenden) war nicht minder unentschieden wie die der preußischen Behörden, von denen wider Erwarten das Finanzministerium mehr zur Duldung, die Breslauer Regierung zum Einschreiten geneigt war, und nachdem sich die Streitigkeiten darüber bis in die zwanziger Jahre hingezogen hatten, behielt endlich Hoffmann mit der Vorraussage recht, daß Österreich sich mit seinem südnördlichen Transitsystem jeder Festigung der preußischen Zollverfassung abhold erweisen werde (o. S. 26 Anm. 89): jedenfalls schuf auch hier wie im Handel mit Rußland und Westeuropa der Schmuggel eine dauernde Reibungsfläche der allgemeinen Handelspolitik[22]). Er war auch die Ursache, warum England, auf dessen Bundesgenossenschaft Preußen anfangs große Hoffnungen setzte, sich bald genug mit dem österreichischen Schutzzollsystem abfand: Wie der Aachener Oberbürgermeister M. A. v. Guaita an der Spitze der dortigen Nähnadelfabrikanten Jordan vorstellte, sicherte die Besetzung der Ionischen Inseln dem englischen Kurzwarenexport jetzt durch den Küstenschleichhandel der Adria einen bessern Zugang zur Österreichischen Monarchie als über die deutschen Häfen und Messen. Einen letzten Stoß versetzte die preußische Ausfuhr nach Österreich sich selbst, als sie die von den dortigen Zollgesetzen für die Abwicklung laufender Bestellungen gewährte Vierteljahrsfrist wenig gutgläubig zu einer Überschwemmung des Markts, angeblich mit dem Mehrfachen des sonstigen Jahresbedarfs, benützte. „Gibt Österreich", hatte der Dezernent der Aachener Regierung Schiebel geschrieben, „andern Gründen als der ultima ratio regum Gehör, so muß es nachgeben." Die bestimmte Ablehnung weiterer Verhandlungen durch die Wiener Hofkammer lehrte wieder einmal, daß der Merkantilismus hinreichend erstarkt war, um diese letzte Staatsräson wirklich auszuspielen[23]).

---

[22]) Noten Zichys 18. Okt. 1817 und 25. Juni 1818, Noten an den österreichischen Geschäftsträger Werner 3. Nov. 1818, an Zichy 4. Sept. 1823 a. a. O. vol. 1 und 2. Über die Gewerbebesteuerung des Verkehrs mit Polen vgl. die Danziger Denkschrift: „Was würden wir sagen, wenn England als Repressalie auf den Einfall käme, unsere Schiffer in England der Einkommenstaxe zu unterwerfen?"

[23]) Bericht Krusemarcks 31. Dez. 1817, Promemoria Metternichs an Krusemarck 14. Mai, Guaita an Jordan 12. Nov., Schiebel an Jordan 9. Juli 1818, Bericht von Krusemarcks Nachfolger Hatzfeldt 3. Dez. 1823 a. a. O. vol. 1 und 2. Dazu Hudeczek 104ff.

Das Verhältnis zu den deutschen Nachbarn.

Anders als Österreich, aber auch als Preußen selbst, das ja wie jenes mit einem — wenn auch kleineren — Teil seines Staatsgebiets außerhalb des Deutschen Bundes stand, vertraten in der ersten Zeit der Friedenswirtschaft nach den Napoleonischen Kriegen gerade die deutschen Mittel- und Kleinstaaten, deren politisches und wirtschaftliches Dasein einen Ersatz für die Anlehnung an den Rheinbund suchte, vielfach den Gedanken einer der einzelstaatlichen übergeordneten nationalen oder doch wenigstens verbandstaatlichen Handels- und Zollpolitik. Die Mißernte von 1816 und die darauffolgenden Hungerjahre beleuchteten besonders grell die Überlegenheit des größeren Wirtschaftsgebiets und die Hilflosigkeit des kleinen in einem halb mittelalterlichen System landschaftlicher Abschließung. Das Versagen der Zwangsgewalt des Bundestags in dieser Krise[24]) wies mit Notwendigkeit den Weg der zwischenstaatlichen Einzelverhandlung. Unter den unzähligen örtlichen Besprechungen, die einen natürlicheren Ausgleich der Getreideverteilung zum Ziel hatten, ragt ein Schritt einer der thüringischen Regierungen bei Preußen durch die Art hervor, wie er über den gegebenen Anlaß hinaus viel spätere Gedanken vorwegnimmt. Hildburghausen, das sich gleich darauf (19. März 1818) auch durch die Verleihung einer Verfassung vor seinen ernestinischen Bundesstaaten auszeichnen sollte, hatte mit mehreren dieser gemeinsam zum preußischen Gesandten Motz' Vorgänger im Präsidium des angrenzenden preußischen Regierungsbezirks Erfurt, den ehemaligen Staatsminister Graf Keller, der an den mitteldeutschen Gebietsregelungen nach dem Frieden hervorragenden Anteil gehabt hatte und auch später noch wiederholt als der Empfänger nachbarlicher handelspolitischer Wünsche hervortritt[25]). Es ist mindestens denkbar, daß unter seiner Mitwirkung die erste Anregung eines deutschen Zollvereins, der Plan eines zollpolitischen Schutz- und Trutzbündnisses Hildburghausens mit Preußen gegen Bayern als Alternative eines gemeinsamen Vorgehens am Bundestag zustande kam. Und es ist doch sehr bemerkenswert, daß die entscheidende preußische Zentralbehörde, der Finanzminister Graf Bülow, zwar die Zuständigkeit des Bundes für Fragen des „inneren Besteuerungswesens" als den größeren Staaten nachteilig ablehnte, den Anschlußvorschlag dagegen lediglich mit Rücksicht auf die Unfertigkeit der preußischen Zollverfassung vertagte und grundsätzlich schon damals eine Ergänzung des preußischen Zollgebiets im Sinne der nachmaligen Enklavenpolitik ins Auge faßte. Das verhinderte ihn freilich nicht, um

---

[24]) Treitschke DG. 3, 172f.; jetzt auch Gothein, Köln 169ff. und Hudeczek 43. 87.

[25]) Über ihn vgl. Petersdorff, Motz 1, 78. 127. 141f. Hildburghausen scheint auch sonst mehr als andre deutsche Kleinstaaten von der zeitgenössischen Volksstimmung berührt gewesen zu sein. Nach Aegidi, Vorzeit 50 Anm. 90 hieß es in der Instruktion seines Vertreters für die Wiener Konferenzen 1819, man brauche die „Handelsfreiheit als Ersatz für den Verlust der Preßfreiheit" (durch die Karlsbader Beschlüsse).

dieselbe Zeit auf die Gefahr von Vergeltungsmaßregeln gegen die thüringischen Einschlußgebiete Preußens den Verkehr der gothaischen Saline Neusalza sogar mit der altenburgischen Landeshälfte zu erschweren und sich deshalb von Hoffmann sagen lassen zu müssen, daß die Beurteilung der deutschen Politik ausschließlich der „Kompetenz und Verantwortlichkeit" des Außenministeriums unterliege [26]).

Auch auf dem berühmten Hauptgebiet der preußischen Enklavenpolitik, im Verhältnis zu den Anhaltischen Herzogtümern, reicht die Entwicklung der ausschlaggebenden Streitpunkte weit vor das preußische Zollgesetz zurück. Immer seit der Neuordnung des Wiener Kongresses bestand für Preußen ebenso wie für Anhalt das dringende Bedürfnis, aus der Zerschlagung der starken westfälischen Staatsgewalt und der Erweiterung der preußischen durch das sächsische Elbgebiet von Torgau—Wittenberg die handelspolitischen Folgerungen zu ziehen. Die Verkehrslage der anhaltischen Lande war natürlich nicht erst durch diese Verhältnisse ein deutsches Wirtschaftsproblem geworden. Schon die friderizianische Wirtschaftspolitik hatte namentlich in einem Vertrage mit Bernburg vom 7. April 1761 dafür gesorgt, daß die Versorgung Berlins mit dem Salz, der Porzellanerde und den anderen Bodenschätzen von Magdeburg—Halle durch die befreundeten Fürstentümer unbehindert blieb. Dafür war diesen die zollfreie Durchfuhr für den Rohstoffabsatz und Fremdwarenverbrauch ihrer Domänen gewährt und durch Kabinettsorder vom 25. Januar 1778 an das Akzisedepartement sogar auf die Domänenpächter erstreckt worden. Und dieser ungezwungene Interessenausgleich war durch Jerome als Rechtsnachfolger in dem niedersächsischen Besitz Preußens erneuert worden. Noch während des Wiener Kongresses wurden dann wieder dahingehende Verhandlungen mit Preußen angeknüpft. Es ist für den späteren Verlauf der Dinge nicht unwichtig, daß dabei sogleich ein gewisser Unterschied in der Behandlung der Herzogtümer hervortrat. Mit dem für die preußische Durchfuhr hauptsächlich wichtigen Bernburg war man ohne weiteres bereit, die friderizianische Rechtslage wiederherzustellen; Köthen ließ man seinerseits an sich herankommen und drohte bei den ersten Schwierigkeiten mit dem Abbruch der Unterhandlung. Besonders Graf Bülow versuchte, vielleicht auf Grund seiner westfälischen Erfahrungen, die neuen Vereinbarungen für Preußen so vorteilhaft wie möglich zu gestalten und zu diesem Zweck die gegenseitige Durchfuhrfreiheit auf das sogenannte Fürstengut und das Eigentum der (preußischen) Gewerkschaften zu beschränken, den anhaltischen Domänenpächtern also zu entziehen. Es half Anhalt nichts, daß Hardenberg selbst sich entschieden für Beibehaltung des weiteren friderizianischen Verkehrsfußes einsetzte. Seit dem Jahr 1816 begnügte sich das preußische Außenministerium, die immer wieder-

---

[26]) Graf Bülow an Außenministerium 20. Mai 1817, Hoffmann an Bülow 14. Juli 1817, A. A. II Rep. 6 Gen. 3 vol. 1. Das neue preußische Salzverwaltungsgesetz vom 19. Juni 1816 verbot § 6 (G.-S. S. 183) die Salzdurchfuhr, vgl. auch o. S. 63.

holten Anträge, vor allem Köthens, mit dilatorischen Hinweisen auf die Vorbereitung des neuen Zollgesetzes zu beantworten[27]).

Daneben aber setzte nun bereits der Kampf um die anhaltischen „Konterbande-Niederlagen" ein, wie Heydebrecks Nachfolger in der Wahrung des fiskalischen Zollstandpunkts, Ladenberg, sich ausdrückte. Und es verdient mindestens der Vergessenheit entrissen zu werden, mit welcher Schärfe die einseitige Berücksichtigung dieses Standpunkts von Hoffmann als unvereinbar mit Preußens Stellung im Bunde sowohl wie besonders mit seiner außerdeutschen Handelspolitik bezeichnet worden ist[28]). Dabei war die Haltung des Außenministeriums doch weniger ausschließlich, als man zunächst vermuten würde, durch freihändlerisch-liberale Bedenken bestimmt. Außer solchen spielte sofort auch ein weiterer Einfluß ganz anderer Natur hinein, der mir in der Geschichte der Streitigkeiten Preußens mit Anhalt bisher ebensowenig gebührend beachtet zu sein scheint. Als Graf Bülow, auch in seinem neuen Handelsministerium der treibende Geist gegen die mitteldeutschen Kleinstaaten, der Befreiung des Dessauer Töpfermarktverkehrs von der preußischen Gewerbesteuer (o. Anm. 22) als schwächlicher Benachteiligung der heimischen Erzeugung hartnäckig widerstrebte und die von der anhaltischen Senioratsregierung angedrohten Repressalien in den Wind schlug, weil sie für Anhalt selbst am gefährlichsten seien, war Hoffmanns Antwort, er wünsche unter allen Umständen unmittelbare Beschwerden des Nachbarstaats beim Könige zu vermeiden. Er muß schon damals gewußt oder geahnt haben, welche Hemmungen die preußische Handelspolitik gegenüber den Mitstaaten des Bundes in den eigentümlichen dynastischen Gesinnungen des Hofes finden könne. Ein gutes Teil des Geschäftsganges in der anhaltischen Frage sollte fortan darin bestehen, daß innere und auswärtige Amtsstellen die Einwirkung der höchsten Gewalten auszuschalten bemüht waren. Es war ihre letzte Meinungsverschiedenheit in der Angelegenheit, daß das Finanzministerium dem Postschmuggel nach Anhalt beizukommen suchte, indem es für Pakete mit unbekanntem Inhalt den höchsten

---

[27]) Graf Bülow an das Außenministerium II 28. Febr. und 30. Juni 1815, an Hardenberg 29. März 1816 a. a. O. Mit dilatorischen Schreiben Hoffmanns vom 3. und 6. Sept. und 25. Okt. 1816 an die anhaltischen Regierungen beginnt die von Preußen am Bundestag Ende 1820 verteilte Aktenzusammenstellung. Vom März 1817 enthalten die Akten des Finanzministeriums (III Gen. 1 ad vol. 5d) einen unvollzogenen Erlaß Hardenbergs an Graf Bülow, der die Aufhebung der Zölle gegen die anhaltischen Enklaven verfügen sollte; nach einem ebenda erhaltenen Schreiben Maaßens an das Außenministerium Abt. III 2. Nov. 1816 scheint dieser den Vollzug verhindert zu haben.

[28]) An Klewitz 16. Dez. 1817, A. A. II Rep. 6 Gen. 3 v. 1: „Der Preußische Staat ist selbst mehrfach in dem Falle, gegen Bedrückung durch nachbarliche, namentlich niederländische und russische, Zollbediente sehr ernstliche Beschwerden zu führen; er kann dies nicht folgerecht und mit Nachdruck tun, ohne seinerseits diejenigen Grundsätze selbst in Anwendung zu bringen, deren Befolgung er zu seinem Besten fordert. Der Preußische Staat hat ferner unter seinen mindermächtigen Nachbarn einen Ruf zu behaupten und ein Vertrauen zu rechtfertigen, das sich nicht mit einer rücksichtslosen Verfolgung des unmittelbaren Geldinteresses vereinigen läßt."

Satz des Zollgesetzes, 6 Rt., gleich von den Grenzpostämtern nachnehmen ließ, und daß nicht nur Hoffmann dies Verfahren für unvereinbar mit dem Zollgesetz erklärte, sondern eine überaus scharfe Verfügung des Staatskanzlers selbst gegen das „gewaltsame Mittel" und den „gehässigen Weg" einschritt, die „höchste Erbitterung" hervorrufen müßten [29]).

Eine ähnliche, schwer vermeidbare Belastung der deutschen Handelspolitik Preußens mit den ersten empfindlichen Folgen des neuen Zollgesetzes war mittlerweile im Westen eingetreten. Schon unter den Stimmen aus der Geschäftswelt, die den Staatskanzler seinem Wunsche gemäß bei seinem ersten längeren Aufenthalt in den Rheinlanden aufsuchten, waren solche, die sich dem Einspruch der außerpreußischen Handelswelt gegen die geplante „Maut" nicht nur aus allgemein freihändlerischen Gründen, sondern wegen der davon drohenden Zerreißung ihrer natürlichsten, namentlich deutschen, nachbarlichen Wirtschaftsverbindungen leidenschaftlich anschlossen. Welchen Eindruck diese Proteste auf Hardenberg machen mußten, ermißt man beispielsweise aus den Unterschriften der Saarbrücker Eingabe: Die Urheber gehörten großenteils denselben Kreisen der jungen Schwerindustrie an, die sich noch soeben in den Verhandlungen des Zweiten Pariser Friedens entscheidend für das freihändlerische Preußen gegen das fiskalische Frankreich ausgesprochen hatten [30]). Der Einführung des Zollgesetzes, die sich ja dank Delius' Energie (o. S. 107) in den drei westlichen Provinzen vom Tage seiner dortigen Bekanntmachung vollziehen konnte, folgten dann alsbald auch die Beschwerden der deutschen Nachbarn. Die von Sachsen-Koburg wegen seines (1815) neuerworbenen, später (1834) an Preußen abgetretenen linksrheinischen Fürstentums Lichtenberg ist allerdings namentlich dadurch denkwürdig, daß sie Hoffmann die erste Gelegenheit zu einer grundsätzlichen Erläuterung des Unterschieds zwischen groß- und kleinstaatlicher Zollpolitik gab [31]). Reicher an

[29]) Ladenberg an das Außenministerium 3. Dez. 1817 a. a. O., Schriftwechsel Graf Bülows mit demselben 18. Juli, 18. Aug. und 2. Sept. 1818, Hardenberg an Klewitz 21., Hoffmann an denselben 23., Klewitz an Bernstorff 23. Febr. 1819 ebd. Enklaven 13 vol. 1.

[30]) Eingaben von Nering, Bögel & Co. (o. Anm. 13), Schmidtborn u. Gen. Saarbrücken 25. Jan., Stadtverwaltung und Kaufmannschaft Kreuznach 27. Jan. 1818, A. A. II Rep. 6 Niederl. 1 v. 2. Jubiläumswerk Stumm-Neunkirchen 14f. Im allgemeinen vgl. Freymark 60f., Borckenhagen 12ff. Freymarks Verwunderung über den Saarbrücker Zollausschlußwunsch übersieht, daß später nicht nur Kreise des Regierungsbezirks Koblenz, sondern auch von Minden und Erfurt tatsächlich ausgeschlossen worden sind. Der von einem Teil der Naumburger Kaufmannschaft schon 1818 im Interesse der dortigen Messe verlangte Zollausschluß wurde noch 1821 (Immediatber. 22. Okt.) von Graf Bülow, Schuckmann und Klewitz empfohlen, freilich ohne Erfolg, Rep. 74 K. XIV 4.

[31]) An das Koburger Landesministerium 15. Dez. 1818, A. A. II Rep. 6 Gen. 16: „Wenn in Gebieten von minderm Umfange die Staatsbedürfnisse nicht sowohl durch Zölle und Verbrauchssteuern von fremden Waren als vielmehr durch Grund-, Personen- und Gewerbssteuern erhoben werden, so ist diese Besteuerungsform in ihren eigentümlichen Verhältnissen gegründet und kann von den größern Staaten . . . nicht erwidert werden."

Nachwirkungen auf die ganze spätere Geschichte der Handelspolitik im Deutschen Bund sollte der vergebliche Vorschlag sein, den der nachmalige erbittertste Gegner des Preußischen Zollvereins, der nassauische Minister Marschall, Anfang 1819, also schon vor der Gründung und Agitation des Listschen Handels- und Gewerbevereins, Preußen machte, schädigenden Einflüssen seiner neuen Zollverfassung auf den gegenseitigen Handelsverkehr durch den Abschluß eines Handelsvertrags vorzubeugen. Es war ein Zwischenfall, dessen Bedeutung sehr mit Unrecht bisher fast gar nicht bekannt geworden ist.

Marschall konnte seine Anregung auf eine doppelte Rechtsgrundlage stützen. Er nahm nicht nur den unter ähnlichen Verhältnissen später noch unendlich oft genannten § 5 des preußischen Zollgesetzes für sich in Anspruch, der die Handelsfreiheit zur Grundlage der Verhandlungen über Handelsverträge mit anderen Staaten erklärte und dafür insbesondere möglichste „Erwiderung" fremder Handelserleichterungen vorsah[32]), sondern er berief sich auch auf den Gebietsregelungsvertrag, den Preußen bald nach der Besitzergreifung der Rheinlande mit Nassau abgeschlossen und worin es diesem für die ihm selbst so wichtigen Etappenstraßen nach Ehrenbreitstein Enthaltung von allen „Belästigungen" und „Erschwerungen" des Verkehrs zugesagt hatte. Fast noch wichtiger war, daß Marschall an dem Übermittler seines Antrags, dem preußischen Gesandten in Wiesbaden, v. Otterstedt, einen warmen Fürsprecher hatte[33]). Auch diese Tatsache muß im Zusammenhang mit dem späteren Verlauf der preußischen Handelspolitik gewürdigt werden; denn Otterstedt, der Gegner Varnhagens und bald sein Nachfolger als Gesandter in Karlsruhe, hat noch wiederholt in eigenartiger Weise diesen Verlauf beeinflußt. Schon in Frankfurt, wo er 1815 die lange Reihe seiner Missionen in den mittel- und süddeutschen Staaten begonnen hatte, mußte ihm die Verflechtung der dort so lebhaften politischen Bewegungen mit Wirtschafts- und besonders Handelsfragen eindringlich geworden sein, und je größer die Spannung zwischen den demokratischen National- und Verfassungsbestrebungen und dem Zustand der deutschen Staaten- und Bundesregierung wurde, mit desto mehr Recht konnte auch die dumpfe Unzufriedenheit der deutschen Geschäftswelt als Bestandteil der Demagogengefahr betrachtet werden (o. S. 3). Otterstedts spätere Berichterstattung läßt keinen Zweifel darüber, daß dieser Gesichtspunkt etwas wie die Achse seiner übrigens reichlich krausen und geschwätzigen deutschen Politik war, aber ebensowenig darüber, daß er sicher sein konnte, die immer wachsende Reaktion des Berliner Hofes nötigenfalls im Gegensatz zu der nationalstaatlichen Politik der Hardenbergschule hinter sich zu haben. Namentlich als Gegengewicht gegen die gewiß vielfach nicht un-

[32]) Note Marschalls an Otterstedt, Wiesbaden 27. Jan. 1819, a. a. O. Nassau 1 v. 1. Die Ansicht von Treitschke, DG. 2, 615, ist also unzutreffend, daß Preußen, einen Hauptgedanken der berühmten Zollvereinsdenkschrift von Nebenius 1819 vorwegnehmend, „nur jenen Staaten, die sich dem preußischen Zollsystem einfügen wollten, den freien Verkehr angeboten" habe.

[33]) Vgl. über ihn jetzt v. Petersdorff, ADB. 52, 731 ff.

berechtigte Auffassung, als sei der Liberalismus jener ersten preußischen Großstaatsepoche auch handelspolitisch nur zu oft lauter Hemmnis für eine gesunde Machtentfaltung gewesen, erscheint auch hier wieder die Hervorhebung der Tatsache gerechtfertigt, daß mindestens ebenso häufig umgekehrt das Bestreben der staatlichen und dynastischen Beharrung die natürliche Ausbreitung der preußischen Wirtschaftsmacht im Sinne des liberalen Bürgertums behindert hat. Ein Beispiel dafür ist in der Äußerung Otterstedts zu Marschalls Handelsvertragsvorschlag die Unbefangenheit, mit der er, darin freilich z. B. dem Kölner Handelsinteresse gleichgerichtet, trotz der gleichzeitigen Tarifkämpfe den Durchfuhrhandel der dynastisch verwandten niederländischen Doppelmonarchie gegenüber dem nationalen und in Berlin noch dazu durch den Konsul Delius besonders vertretenen Handelszug durch Bremen als ein preußisches Interesse auffaßte[84]). Zu dem neuen Zollgesetz seines Staats nahm er dementsprechend genau die entgegengesetzte Haltung ein wie die Berliner Zentralbehörden: Was diesen eine mühsam errichtete autonome Grundlage für die auswärtige Handelspolitik, war ihm eine vorläufige Maßregel nach Art der überwundenen Kriegs- und Ersatzzölle, die nur darauf wartete, jedem Druck von außen nachzugeben. Freilich fehlte anderseits auch Otterstedt oder Marschall, der dem immerhin jungen und nicht sehr geschickten Gesandten eingeblasen haben wird, keineswegs die höhere Blickrichtung für das preußische Staatsinteresse. Zum zweitenmal (o. S. 111) trat von Mitteldeutschland die Frage an Preußen heran, die dann zum Angelpunkt in der Geschichte des Zollvereins geworden ist, welchem von den beiden größten reindeutschen Bundesstaaten es zuerst gelingen würde, die notwendige Neuordnung seines Handels- und Zollwesens zu einer nationalen nachbarschaftlichen Sammlungspolitik auszugestalten: Auch Bayern, wo der Kronprinz Ludwig ebendamals als Führer einer deutschnationalen Politik hervortrat, stand dicht davor, sein rheinbündisches Schutzzollsystem von 1807 wenigstens in dem wichtigeren rechtsrheinischen Gebiet durch die Gesetze vom 22. Juli und 16. September 1819 über einen neuen Tarif und eine neue Generalzollverwaltung zu ersetzen und den unruhigen süddeutschen Handel außer durch Zollermäßigungen namentlich auch durch eine ostentative Erleichterung des Untersuchungs-, Haftungs- und Bestrafungsverfahrens im Zoll zu versöhnen[85]). Es war der Anfang der nachmals zu so großer Kunst ausgebildeten Schaukeldiplomatie Marschalls, wenn er Otterstedt den Hinweis auf diesen bevorstehenden Wettbewerb um die Gunst der mittel- und süddeutschen Kleinstaaten ausdrücklich in den Mund legte. Preußen aber zog sich umgekehrt wie bei dem Vertragsangebot Hildburghausens, wo die Einmischung der Provinzialinstanz in Berlin eine gewisse Eifersucht erregt hatte (o. S. 111), hier gerade hinter ein ungünstiges Gutachten der Trierer Regierung und die Verzögerung eines zweiten seitens der Kölner zurück,

---

[84]) Ber. Otterstedts, Darmstadt 8. Febr. 1819, a. a. O. Nassau 1 v. 1. Immediatber. Bernstorffs über die Enklavenfrage 16. Febr. 1819, ebd. Enkl. 3 v. 1. Vgl. über den Wettbewerb der Rhein- und der Weserstraße Gothein 181f.

[85]) Albert 138ff., Haushalter 191f., Doeberl 12ff.

um Marschalls Sondierung überhaupt unbeantwortet zu lassen. Schon im März 1819 aber vergalt Marschall Preußens Haltung durch Zettelungen mit Holland in der Rheinschiffahrtsfrage, die dann sogar zu einer Beschwerde Nassaus am Bundestag führten[36]).

Der Hauptgrund, womit die Urheber des preußischen Zollgesetzes, an ihrer Spitze Hoffmann, die dadurch bedingte Abschließung vor den Vertretern der deutschen Handelseinheit (o. S. 99f.) zu rechtfertigen suchten, war der, daß die eigentliche Schärfe des Zolls die Kolonialwaren und außerdeutschen Fabrikate treffe und daher der Erzeugung der deutschen Nachbarstaaten nicht nur unschädlich, sondern geradezu eine Grundlage für Zolleinigungen mit ihnen gegen das nichtdeutsche Ausland sei. Aber schon die Zurückhaltung, mit der Preußen den handelspolitischen Annäherungsversuchen von Hildburghausen, Koburg und Nassau begegnete, zeigt, daß diese Beweisführung mehr die Idee als die Praxis seiner Zollgesetzgebung traf. In der Tat diente die neue Zollverfassung großen Zweigen der preußischen Volkswirtschaft, wie besonders der Bergwerks- und Hüttenindustrie einerseits, den Gärungsgewerben anderseits, zum Schutz und Wettkampf auch gegen die deutschen Nachbarn[37]), z. B. das Salz Sachsens (o. S. 111), die Weine Nassaus oder die chronische Überproduktion auch der kleinsten Branntweinbrennereien. Dabei schuf die der alten Akziseverfassung entstammende Verbindung der Zölle mit den inneren Verbrauchssteuern wie im Verhältnis zu Rußland (o. S. 56) auch in dem zu den anderen deutschen Bundesstaaten die große Schwierigkeit, daß sich hinter der ersten Zollmauer gleichsam noch eine zweite, der außenpolitischen Verhandlung entzogene, erhob. Es wird oft vergessen, daß das Problem der Verbrauchsbesteuerung viel mehr als das der echten Zölle vor allem auch den wirklichen Kern des Streits um die nachbarstaatlichen Zolleinschlüsse in Preußen gebildet hat. Während sich, wie bei Anhalt (o. S. 112), die älteren Unterhandlungen immer nur um die Erhebung gewöhnlicher Zölle von der Durchfuhr aus und nach diesen Enklaven gedreht hatten, begann das preußische Finanzministerium nunmehr, um nicht jede einzelne innere Enklavengrenze wie die äußeren gegen den Schmuggel absperren zu müssen, mit dem Transitzoll zugleich auch die indirekte Steuer auf die Durchfuhr der Enklaven ebenso wie auf den innerpreußischen Verbrauch zu legen, und die Ergänzung des Zollgesetzes durch das Getränke- und Tabaksteuergesetz vom 8. Februar 1819 drohte die Einschlußgebiete vollends zu Teilen des preußischen Steuerhoheitsgebiets herabzudrücken. Es war diese aus dem Widerspruch einer neuen, intensiveren Gewerbe- und Finanzwirtschaft zu der alten Gemengelage der deutschen Territorialstaaten unmittelbar entspringende Antinomie, die fast ein Jahrzehnt lang den durchaus nicht nur und stets bösgläubigen Widerstand der betroffenen Souveränitäten herausforderte und der Durchführung und Erweiterung der neuen preußischen Zollverfassung in ganz Deutschland die schwersten agitatorischen Hindernisse bereitete.

[36]) Graf Bülow an das Außenministerium 2. Okt. und 9. Dez. 1819, a. a. O. Nassau 1 vol. 1. Eckert 109. Gothein, Rheinschiffahrt 114f.

[37]) Gülich 424, 411.

Außer den Beziehungen zu dem askanischen Fürstenhause wurden vor allem die zu den beiden Schwarzburg und dem sächsischen Großherzogtum davon betroffen. Auch hier war Preußen durch lange freundschaftliche und Vertragsverhältnisse ein rücksichtsloses Auftreten nicht eben erleichtert. Den schwarzburgischen Fürstentümern hatte es in den Verträgen vom 19. Juni 1816, die die auf dem Wiener Kongreß beschlossenen Gebietsveränderungen endgültig regelten, nach dem Vorbild seines Vertrags mit dem Königreich Sachsen, gewissermaßen als Entgelt für umfangreiche Abtretungen, den freien Verkehr mit Getreide und Salz, Brenn- und Baustoffen, Bergwerkserzeugnissen und Heeresgerät über preußisches Gebiet zusichern müssen. Die alte Treue Karl Augusts von Weimar, dem im Gebietsregelungsvertrag vom 22. September 1815 lediglich die freie Schiffahrt auf den gemeinsamen Wasserläufen der Unstrut und Gera versprochen worden war, hatte seitdem namentlich aus der beiderseitigen russischen Verwandtschaft noch weitere handelspolitische Vorteile gezogen: Sein Außenminister Graf Edling, ein Schwager von Alexanders I. Vertrautem Demetrius Sturdza, wußte die Erleichterungen des von Preußen so mühsam errungenen und teuer erkauften russischen Handesvertrags vom 19. Dezember 1818 ohne weiteres auch Weimar, besonders den dortigen Textilgewerben, zuzuwenden[88]).

Edling, der vergebens im Einverständnis mit Preußen eine vertragliche Abfindung ausgearbeitet hatte, erhob nunmehr gegen die preußische Besteuerung des ausländischen Verbrauchs der Enklaven Allstedt und Oldisleben, vor allem weil die weimarische Regierung nicht einmal zuvor davon verständigt worden sei, den schärfsten Einspruch. Er wies verhüllt, aber deutlich genug auf die beiden Wege hin, die außer der unmittelbaren Verhandlung der Politik des deutschen Kleinstaats im Rahmen des Bundes offenstanden, die Beschwerde beim Bundestag und die „vertrauliche Kommunikation mit mehreren Nachbarstaaten", d. h. den handelspolitischen Zusammenschluß besonders wohl mit dem bayerischen Zollsystem. Der Antrag, womit die thüringischen Staaten dann am 22. Juli 1819 am Bundestag die Propaganda des Handels- und Gewerbevereins zur Aufhebung der innerdeutschen Zolllinien aufnahmen, war ein Versuch zur Ausführung dieser Drohungen. Eine mächtigere Unterstützung aber als solche mindestens zweifelhaften Druckmittel schien den Enklavenbesitzern innerhalb der preußischen Staatsgewalt selbst erwachsen zu sollen. Auf einen Bericht des Finanzministers über die ganze Angelegenheit erfolgte am 8. Februar 1819 sehr ungnädige Kabinettsorder an diesen und den Außenminister; darin wurde nicht unzutreffend gerügt, daß man eine so wichtige Frage bei der jahrelangen Beratung des Zollgesetzes in den Behörden und im Staatsrat nicht schon berücksichtigt habe; es wurde mit dem Friedrich Wilhelm III. eigenen pedantischen Rechtsgefühl hauptsächlich der

---

[88]) Die Verträge Preuß. Gesetzsamml. 1818, Anhang 55, 73, 76. Bitte des weimarischen Geschäftsträgers, Hauptmann August Müller, an das preußische Außenministerium um Mitteilung der „Russischen Konvention" 23. Jan. 1819, A. A. II Rep. 6 Rußl. 10 vol. 3.

Name „Verbrauchssteuer" für noch so notwendige Mehrbelastungen des Enklavenverbrauchs beanstandet und die Anweisung erteilt, das bisherige Verfahren unter Entschuldigung bei den betroffenen Regierungen aufzugeben. Erst der große Immediatbericht vom 16. Februar (o. Anm. 34), durch den Hoffmann Klewitz zuhilfe kam, rettete dann im letzten Augenblick die Folgerichtigkeit der preußischen Handelspolitik und bezeichnete in der Vergütung des Unterschieds zwischen Durchfuhrzoll und Verbrauchssteuer zugleich die Grundlage, auf der sich nachher das kleinliche und doch als Voraussetzung der handelspolitischen Bündnisfähigkeit so große Werk der Einigung mit den enklavierten Nachbarstaaten vollziehen sollte. Dem Außenministerium, das seine Peinlichkeit in der Beobachtung zwischenstaatlicher Rechts- und Vertragsverhältnisse so oft gerade gegenüber den Innenbehörden bewiesen hatte, mußte sich der König fügen und zu dem angeregten Zweck die Anknüpfung von Verhandlungen mit Weimar, den Schwarzburgern und den Anhaltinern genehmigen. Noch war von dieser letzten Seite ein Vorstoß gegen denselben schwachen Mittelpunkt der preußischen Politik abzuwehren. Der anhaltische (und bezeichnenderweise zugleich thüringische) Gesandte Lestocq, der schon in einer Denkschrift die erste Voraussetzung der preußischen Zollverfassung, die Absperrung nur der äußeren Grenze, angegriffen und die Einrichtung einerseits von Zollgrenzen auch gegen die Enklaven, anderseits von korridorartigen, 4—6 Stunden breiten zollfreien Verbindungsstreifen zwischen den Enklaven und ihren Hauptländern ganz ernsthaft beantragt hatte, wollte diesen dem König anscheinend schon früher empfohlenen Gedanken mit einem Handschreiben seiner drei Fürsten in persönlicher Audienz bei Friedrich Wilhelm III. vertreten. Das gelang Hoffmann unter Berufung auf die Hofetikette zu verhindern. Und nun blieb der Einfluß des Kabinetts auf die deutsche Zollpolitik eine Weile unschädlich. Zwar ließ sich der König nicht bewegen, das anhaltische Handschreiben nach Hoffmanns Entwurf (22. Mai) mit der grundsätzlichen Erklärung zu beantworten, „daß die Existenz der kleinen Souveräne neben den großen nur möglich bleibe, wenn diese sich allgemein notwendigen Rücksichten fügen; der Deutsche Bund könne kein Privilegium für unabhängige kleine Staaten sein, den Finanzzustand der großen Staaten, auf denen ihre Existenz beruhe, durch Freistätten für Kontrebande zu zerrütten". Eine solche Sprache mußte Friedrich Wilhelm III. geradezu revolutionär klingen, und seine tatsächliche Erwiderung war von größter Schonung für die kleinen Mitfürsten erfüllt. Aber ungehindert von ihm konnte doch jetzt fast gleich darauf eine schroffe Note Bernstorffs den jahrelangen Zollkrieg mit den anhaltischen Fürstentümern eröffnen[39]).

[39]) Die Noten Edlings 26. Jan. und 2. März, des weimarischen Gesandten Cruikshank 14. März, Lestocqs 20. März, Bernstorffs an Lestocq 27. Mai und an die anhaltischen Regierungen 28. Juli 1819 (vgl. Dreßler 17f.) sind mit den oben genauer angeführten Akten (A. A. II Rep. 6 Enklaven 3 vol. 1, 13 vol. 1) die Hauptgrundlage für eine Ergänzung der ganz einseitigen Darstellungen Treitschke, DG. 2, 620ff. und Zimmermann 46ff.

Das wahrhaft große und denkwürdige Ereignis, daß es am 25. Oktober 1819 der vollkommenen Ehrlichkeit Hoffmanns glückte, mit dem Unterhändler von 1816 (o. S. 118) und Vertrauten von Motz, dem Sondershäuser Kanzler Adolf von Weise, die erste vorbildliche Einigung über die (freilich für das schwarzburgische Fürstentum besonders dringliche) Enklavenfrage zu erzielen, läßt gewöhnlich darüber hinwegsehen, in welchem stürmischen Andrang feindseliger Bestrebungen von allen Seiten Preußens deutsche Handelspolitik sich eben damals den Weg zu bahnen hatte. Nicht nur die süddeutschen Ständeversammlungen erklärten sich laut für die gesamtdeutsche Zollfreiheit, sondern auch die Abgeordneten der weimarischen Enklaven versicherten ihrer Regierung, sie würden lieber das Äußerste ertragen, als so wohlfeilen Kaufs wie Sondershausen ein himmelschreiendes Unrecht zu Recht stempeln wollen[40]. Der Anschluß sämtlicher stimmführender Mittelstaaten an den thüringischen Freihandelsantrag beim Bundestage war durchaus keine leere Demonstration, sondern auch von dort aus wurde zu gleicher Zeit Preußen unmittelbar vor sehr ernste Probleme gestellt. Im Sommer 1819 unternahm der bayrische Außenminister, Graf Rechberg, der auch später der Hauptgegner der süddeutschen, preußenfeindlichen Zolleinigungsgedanken gewesen ist, in Berlin einen Annäherungsversuch; er wollte zunächst der Rheinpfalz, die ja im Begriff stand, durch das neue bayrische Zollgesetz von dem rechtsrheinischen Hauptland abgesondert zu werden, den freien Verkehr mit den preußischen Rheinlanden besonders in Saarkohle und Pfälzer Glasmaterial vertraglich sichern. Hoffmann ist der bedeutsamen Lockung mit der Begründung ausgewichen, Preußens Wünsche für die innerdeutsche Handelsfreiheit würden es zwar Zollreformen im Bereich des ganzen Bundes oder doch großer angrenzender Ländermassen stets geneigt machen, seine neue Zollverfassung gestatte jedoch nicht beliebige Abänderungen durch Verträge mit einzelnen Wirtschaftsgebieten. An einen Anschluß des neugefestigten bayerischen Hauptzollgebiets aber konnte selbstverständlich auch Rechberg vorderhand nicht denken[41]. Allein es blieb nicht überall bei diesem abwartenden Nachbarschaftsverhältnis. Nicht umsonst schrieb schon am 16. März 1819 der Hesse Motz an Otterstedt: „Mit dem Zollgesetz haben wir uns zu früh prononziert und werden Gefahr laufen, daß die fremden Zwischenstaaten den Handel zwischen unseren beiden Staatenhälften besteuern."[42] Am 17. September belegte

[40]) Zeutsch-Allstedt an Cruikshank 10. Dez. 1819, von diesem erst 23. April 1824 dem preußischen Außenministerium mitgeteilt, a. a. O. 3 vol. 1.

[41]) Schriftwechsel Rechbergs mit Hoffmann 3. und 7. Juli 1819, a. a. O. Bayern 1, als Ergänzung zu Doeberl 9 ff. Außer den hier angeführten Staaten erklärten sich doch auch Hannover, Mecklenburg und Anhalt für den deutschen Freihandel: Protokolle der Bundesvers. 8, 291 f., Bayern unter allen am lahmsten: ebd.

[42]) Petersdorff, Motz 1, 172, dazu Treitschke, DG. 3, 31. Für das Folgende Eingabe des Mitdirektors Kiefer der Kupfer- und Eisenblechfabrik Dillingen an das Finanzministerium 4. Febr. 1820, Graf Bülow und Klewitz an das Außenministerium 30. Nov. 1819, Bülow an Hardenberg 12. Febr. und

Kurfürst Wilhelm I. auf die Vorstellungen „verschiedener Klassen von Gewerbtreibenden" die preußische Durchfuhr namentlich rheinländischer Metall- und Lederwaren mit hohen Zöllen und ließ am 20. Oktober ein Einfuhrverbot gegen Wollwaren folgen. Indes hier hatte Hoffmann im kleinen einmal die Genugtuung, seine Überzeugung von der Selbsthilfe des ungestörten Wirtschaftslebens sich bewähren zu sehen. Ruhig hielt er den dringlichen Mahnungen des Finanz- und Handelsministeriums stand, die, von der rheinischen Industrie angetrieben, bis zum Staatskanzler hinauf sofortige Gegenmaßnahmen in dieser „Nationalangelegenheit" forderten, und überließ, wie er später befriedigt feststellte, Kurhessen „stillschweigend der Wirkung seiner eigenen Maßregeln". Und wirklich zwang, eine Tatsache von Vorbedeutung für die nachmalige Geschichte des Deutschen Zollvereins, der Straßencharakter des Kurfürstentums seinen leidenschaftlichen Herrscher, schon im Frühjahr 1820 auf die neuen Transitzölle, zuerst auf der Hanauer, dann auch auf der Kasseler Straße, wieder zu verzichten. Nur weil ihre Aufhebung aus Gründen des Prestiges nicht öffentlich verkündigt wurde, erfuhr die Berliner Regierung davon erst im Herbst durch eine Bekanntmachung des Frankfurter Polizeiamts, die ihr Bundestagsgesandter Graf A. F. F. Goltz ihr übersandte.

Als Weserstaat, der besonders für seine Leinenausfuhr über Bremen auf den Verkehrsweg dieses Flusses angewiesen war, griff Kurhessen noch in ein anderes für Preußen höchst bedeutungsvolles deutsches Handelssystem ein. Wie in Ost- und Westeuropa hatten auch innerhalb des Deutschen Bundes selbst die Bestimmungen der Wiener Kongreßakte und ihres Zusatzvertrags über die Freiheit der Stromschiffahrt[43]) völkerrechtliche Instanzen neben und über den staatlichen Handelshoheiten errichtet, die mit der zunehmenden Gegnerschaft gegen die neue preußische Zollverfassung ganz natürlich zu Sammelpunkten der mittel- und kleinstaatlichen deutschen Handelsinteressen wurden: Aus den Verhandlungen zur internationalen Regelung der Rhein-, Weser- und Elbeschiffahrt ist der deutschen Handels- und Zollpolitik Preußens, namentlich auch seiner Enklavenpolitik, eine Reihe einschneidendster, obschon im Zusammenhang bisher wenig beachteter Hemmungen erwachsen. In der Mainzer Zentralkommission trieb das Mißtrauen gegen Preußen und seinen Kölner Umschlag, der z. B.[44]) ein Jahr nach Marschalls Vertragsangebot (o. S. 115ff.) absichtlich gegen die Brunnenausfuhr Nassaus ausgespielt wurde, die Rheinuferstaaten nicht nur Frankreich, sondern auch den Niederlanden (o. S. 107) in die Arme. Zwischen den beiden niedersächsischen Hauptflüssen bildete zunächst Hannover, d. h. letzten Endes die personalunierte

---

14. März 1820 mit Aktenvermerk Hoffmanns 6. April 1821, Rep. 74 K. XII vol. 2. Berichte Goltzs 4. und 10. Sept. 1820, A. A. II Rep. 6 Hessen 4 vol. 1. Dazu jetzt P. Losch, Gesch. des Kft. Hessen (Marb. 1921) 146, leider sehr dürftig.

[43]) Akte Art. 14, 30, 96, 108ff. und Règlement sur la libre navigation des rivières, Martens 2, 2, 387, 398, 422, 427ff., 434ff. Dazu wirtschaftsgeschichtlich treffend F. Rauers, Bremer Handelsgesch. im 19. Jh. (1913) 42f.

[44]) Gothein, Köln 161f.

Macht Englands, einen starken Grundstock offener und geheimer, durch die Ereignisse der letzten Kriegszeit gesteigerter Nebenbuhlerschaft. Dieselben Schwierigkeiten, die die anhaltischen Fürstentümer der Bergfahrt der magdeburgischen Mineralien auf der Elbe verursachten, bereitete Hannover ihrer Talfahrt nach Hamburg, während es harmlos für seinen eigenen Verkehr mit den Bodenprodukten der neuerworbenen Enklave Hohenstein Durchfuhrfreiheit durch Preußen in Anspruch nahm. Politisch weit gefährlicher war die Verbindung, in die es sich schon längst mit den kleineren Weseruferstaaten gegen Preußen gesetzt hatte[45]). An ihrer Spitze stand Bremen, das von jeher nicht nur der Wetteifer mit Minden um die Stapelrechte, sondern auch eine gewisse monarchisch-dynastische Gemeinsamkeit seines Vorliegers Oldenburg mit Preußen zu dessen ausgesprochenem Gegner machte.

Der Gesandte Preußens in den Hansestädten, Graf Grote, stammte als Senior der preußischen Diplomatie noch aus friderizianischer Zeit und war so gleichsam eine lebendige Verkörperung der Einigung, die damals durch den Mindener Vergleich von 1769 mit Bremen über die gegenseitigen Schiffahrtsrechte zustande gekommen war. Um so schärfer mußte er deshalb die fiskalische Handelspolitik verurteilen, mit der Bremen seit 1814 den Handelsvorteil seiner frühen Befreiung von der Franzosenherrschaft durch seinen Stapel und seine Akzise auszubeuten suchte. Und sogleich griff die neue Machtstellung der Hansestadt auch auf den Weserlauf zurück: Unter gänzlicher Übergehung Preußens, dafür aber maßgebender Beteiligung der englisch-hannöverischen Interessen, erließ noch am 25. August 1815 eine „Deputation des Bremer und oberländischen Handelsstandes" ein „Oberländisches Weserschiffahrtsregulativ"[46]), das, ein Erzeugnis erster landschaftlicher Selbstordnung wie etwa der Sacksche Handelsvertrag mit Belgien, den frühesten, wenn auch einseitigen Versuch zur Betätigung der neuen, freiheitlich-genossenschaftlichen Binnenschiffahrtspolitik in Europa darstellt. Auf die Beschwerde des preußischen Konsuls in Bremen, des Geh. Kommerzienrats Evert Delius, erklärte man sich nachträglich bereit, „billige" preußische Forderungen zu berücksichtigen, und ein Antrag des Grafen Bülow bei Hardenberg legte schon am 28. Februar 1816 den Grund zur Entstehung der späteren Weserschiffahrtskommission. Zunächst aber eröffneten auch hier Jahre erbitterten Streits die Friedenswirtschaft in einem so wichtigen Teil des deutschen Handels- und Verkehrsnetzes. Zusammen mit dem leidenschaftlichen westfälischen Oberpräsidenten Vincke empfahl und betrieb Grote geradezu die Erneuerung des friderizianischen Mindener Stapels als Druckmittel gegen den Bremer Senat, der, „gewohnt, mit Beiseitesetzung aller Verträge rücksichtslos und selbstsüchtig nach Gutdünken zu handeln", „allem, was preußisch ist, ebenso abhold" sei wie der hannöverische Zollkommissar Niemeyer, der Haupturheber des Weser-

[45]) Hannov. Generalgouverneur und vom Kabinettsministerium verordnete Räte an das preußische Außenministerium 18. März, Schuckmann an Klewitz 14. Mai nach Bericht des Oberbergamts Halle A. A. II Rep. 6 Hannover 2 vol. 1.

[46]) Nau 1, 252ff.

regulativs, den preußischen Schiffern. Und wenn in Grotes Amtssitz Hamburg vielleicht die Einflüsse dieser Nebenbuhlerin Bremens etwas mitsprachen, so berichtete doch auch Delius aus Bremen anläßlich der neuen bremischen Zollrolle von 1818 selbst die Äußerung eines alten Ratmanns: „Was fragen wir nach dem alten Traktat von Minden, wir wollen ihn kündigen, aufrufen und außer Kraft erklären."[47])

In der Berliner auswärtigen Leitung beobachtete gegenüber diesem Konflikt Hoffmann, und darin vor allem erhob sich in seinen Händen auch diese landschaftliche Angelegenheit zu allgemeiner Bedeutung, genau die bundesstaatliche Haltung, von der Preußen zu gleicher Zeit im handelspolitischen Verkehr mit den mitteldeutschen Staaten nichts wissen wollte (o. S. 111). Auf einen Welthandelsplatz wie Bremen war der Druck des Völkerrechts und der Bundesgewalt willkommen, während ein Streit mit Oldenburg um dessen Elsflether Zoll auch umgekehrt ihm die preußische Vermittlung wünschenswert zu machen schien. „Der einzige Zweck," schrieb Hoffmann dem etwas gleichgültigen Staatskanzler, „welchen die Verbündeten bei der Wiederherstellung der Selbständigkeit der Hanseestädte [!] haben konnten, scheint mir kein anderer zu sein, als daß sie Freihafen sein sollten, in welchen der Handel gegen die einseitige Fiskalität der einen oder anderen Macht Schutz fände. Dieser Ansicht würde aber gerade entgegen sein, wenn die Hanseestädte ihre Selbständigkeit mißbrauchten, um einen Handelszwang über ihre Nachbarn auszuüben und ihren Verkehr mit Abgaben und Beschränkungen zu belasten." Das „unbefugte und unkräftige Verhandeln" der Verwaltungsbehörden, er meinte Vincke, müsse ergebnislos bleiben und sei reiner Zeitverlust. Wirklich genügte die Entschlossenheit Preußens, hier einmal den Bundestag, den beständigen Schauplatz ihm feindlicher Handelsbestrebungen, in eigener Sache anzurufen, um endlich in jenem entscheidenden Frühjahr 1819 die Verhandlungen über den Zusammentritt einer Weserschiffahrtskommission eröffnen zu können. Wie Otterstedt zu berichten wußte, ließ doch wenigstens Bremens größter Diplomat, Smidt, obwohl persönlich Preußen „nicht sehr ergeben", am Bundestage dem preußischen Standpunkt volle Gerechtigkeit widerfahren[48]). Und wenn Preußen von der Neuordnung der Weserschiffahrt nicht nur die Befriedigung örtlicher Bedürfnisse, wie z. B. die Regelung der Zollgrenze am linken Ufer zwischen Vlotho und Schlüsselburg (o. Anm. 30), sondern vor allem auch einen Druck auf die Fragen der Rhein- und Elbeschiffahrt, des Kölner und Magdeburger Stapels, erhoffte, so hatten nach Inkrafttreten des preußischen Zollgesetzes anderseits auch die kleinen Weseruferstaaten, die nicht bloß diplomatisch mit Hannover zusammengingen, Anlaß, sich mit Preußen zu verständigen. Vergebens suchte der Gothaer „Handelsstand", d. h. die Kreise des Listschen Vereins, durch Zeitungs-

---

[47]) Berichte Grotes 6. Juni 1817 und 24. März 1818, Vincke an Graf Bülow 24. März, dieser an das Außenministerium 15. April 1818 a. a. O. Weserschiffahrt 1 vol. 1; dazu allgemein Gülich 2, 361f.; Bippen, Bremen 3, 413f.

[48]) Gutachten Hoffmanns 11. März 1816, 12. März 1817, 20. Juni 1820; Bericht Otterstedts 19. März 1819 Auszug a. a. O.

bekanntmachungen das niederdeutsche Fuhrwesen für eine Umgehung des preußischen Gebiets im Verkehr mit Mitteldeutschland zu gewinnen. Braunschweig hatte in der preußischen Provinz Sachsen die Enklaven des Fürstentums Blankenburg, des Stifts Walkenried und des Amts Kalvörde und war daher auch ohne besonderen Vertrag durch entgegenkommende Zollbehandlung seiner Durchfuhren, besonders von Salz und Roheisen, leicht zu gewinnen. Lippe-Detmold, das nach der Aufhebung des mit Preußen gemeinsamen Lippstadter Zolls ungeduldig auf eine Abfindung für seinen Anteil drängte, wurde nach dem Vorgang des Sondershäuser Vertrags (o. S. 120) aufgefordert, zugleich auch für seine Einschlußgebiete Lipperode, Kappel und Grevenhagen über eine „liberale" Verbrauchssteuer-Vergütung und -Ausgleichung abzuschließen. Am 5. Februar 1821 konnte die Weserschiffahrtskommission in dem preußischen Minden unter dem Vorsitz des dortigen Regierungsrats Koppe, eines der größten Förderer westdeutschen Verkehrs, als preußischen Vertreters ihre Sitzungen beginnen[49]).

In noch entscheidenderer Weise machte sich doch auch bei der Frage der Elbschiffahrt das preußische Übergewicht fühlbar, obwohl sich hier zunächst die Streitigkeiten noch mehr verbitterten und verwickelten. Sie gingen über den Umkreis des Elbhandels politisch wie wirtschaftlich weit hinaus. Schon daß zum preußischen Kommissar der Unterhändler des russischen Handelsvertrags Semler in Aussicht genommen, zum österreichischen zunächst Semlers ehemaliger Verhandlungsgegner Schaschek, sodann der frühere Vorsitzende der Rheinschiffahrtskommission Eichhoff ernannt wurden, weist auf den internationalen Charakter der Beratungen, die seit dem 3. Juni 1819 die Elbschiffahrtskommission in Dresden pflog. Wenn dabei nun zweifellos neben Österreich und Hamburg Preußen am meisten an einer modernen, mit den alten Territorialzöllen aufräumenden Regelung der Schiffahrtsabgaben interessiert war, so erwuchsen ihm als Eigentümer der längsten und zerstückeltsten Durchfuhrstrecke auch wieder sehr abweichende Wünsche und Notwendigkeiten. Zur Sicherung seiner neuen Zollverfassung verlangte es, natürlich ohne Erfolg, von Hamburg (wie später von den Enklavenstaaten) die Beteiligung preußischer Beamter an der dortigen Zollrevision; und es ist doch äußerst bemerkenswert, daß es im April 1820 Hoffmann gelang, sich in einer Sonderverhandlung in Berlin mit Eichhoffs Nachfolger Münch-Bellinghausen über eine gemeinschaftliche Zollrevision der Uferstaaten zu einigen, wenn dieser Grundsatz auch schließlich die Billigung der Dresdner Kommission nicht gefunden hat[50]). Wie auf dem Rhein und den polnischen Strömen spielten ferner auch auf der Elbe die Sonderansprücke ein-

---

[49]) Bericht Grotes 12. Jan. 1819, A. A. II Rep. 6 Gen. 16, Braunschweigischer Geh. Rat an das preußische Außenministerium 11. Febr. und 3. Juni, Noten des braunschw. Gesandten Ompteda 18. und 20. Aug. 1819, Klewitz an Bernstorff 2. Okt. 1821 ebd. Enkl. 8 vol. 1. Vormundschaftl. Regierung Detmold 17. Aug., 21. Sept., 19. Okt., 16. Nov. und 14. Dez., Hoffmann an dieselbe 19. Dez. 1819 ebd. 7 vol. 1. Über Koppe s. Berger, Harkort 228f.

[50]) Kriele 23, 31.

zelner preußischer Handelsplätze eine nicht zu unterschätzende Rolle. Gestützt auf Art. 114 der Wiener Kongreßakte, der die Erhaltung von Stapel- und Umschlagsrechten von ihrem öffentlichen Nutzen abhängig machte, führte Magdeburg unter seinem Oberbürgermeister A. W. Francke einen um so zäheren Kampf für seinen Stapel, als es in der Regierung an dem erst spät zu der Verhandlung zugezogenen und deshalb besonders eigenwilligen Handelsminister Graf Bülow einen eifrigen Bundesgenossen dabei fand. Und Bülows Gegner in diesem Punkt, der Freihändler Hoffmann und Klewitz als Vertreter des fiskalischen Staatsinteresses, stimmten doch insofern mit ihm überein, als sie von einer allzu weitgehenden Ermäßigung der Elbzölle auch eine Bevorzugung des Elbweges vor der Oder und damit eine Schädigung des Handels von Stettin befürchteten[51]. Endlich aber drohte im anhaltischen Enklavenstreit die internationale Regelung und Herabsetzung der Elbzölle das Mittel zu werden, das Preußen die Waffe des Zollkampfs gegen den Schmuggel im eigenen Hause aus der Hand winden konnte.

Die schon hinreichend schwierige Dresdner Verhandlung aber verflocht sich nun mit dem Durcheinander der bundesstaatlichen Bestrebungen in den gleichzeitigen Wiener Ministerkonferenzen über den Ausbau der Bundesverfassung. Hier schob doch nicht allein das sachliche Auseinandergehen der preußischen Zollpolitik und der deutschen Freihandelswünsche, die in Wahrheit hinter den handelspolitischen Anträgen der Klein- und Mittelstaaten standen[52], sondern vor allem die rechtliche und diplomatische Form dieses Auseinandergehens Preußen in eine bedenklich vereinzelte Stellung: Während ihm seit den Karlsbader Konferenzen vom Sommer 1819 alles an der Fortsetzung der dort begonnenen Bundespolitik, d. h. der Umgehung des Bundestags durch rein diplomatische Unterhandlungen im Einverständnis mit der anderen deutschen Großmacht liegen mußte und diese dualistische Hegemonie ja soeben noch in der Elbschiffahrtsfrage vollkommen brauchbar erschien, ging die zollpolitische Auseinandersetzung mit den Nachbarn ganz auf den alten Linien einzelstaatlichen Kleinkriegs weiter[53]. Als Edlings Nachfolger, Fritsch, das Wiener Zusammentreffen mit Bernstorff zur Aufnahme der stockenden Erörterungen über Allstedt-Oldisleben benutzen wollte, mußte Bernstorff ihn an das Berliner Ministerium zurückverweisen, wo sich Hoffmann doch vergebens bemühte, Klewitz von einzelnen „wirklich gegen den Geist des

---

[51]) Gutachten Klewitz' 27. Okt., Bülows 4. Nov. 1820, A. A. II Rep. 6 Elbschiff. 2 vol. 5 u. 7; dazu H. Tollin in Geschichtsbl. f. Magdeburg 19 (1884), 40 ff., Goldschmidt, Kunth 386 und Kriele 65, 151 ff., der meines Erachtens freilich mit Unrecht aus Hardenbergs Eingreifen für Bülow schließt, jener sei ganz ununterrichtet gewesen.

[52]) S. den Nachweis dafür jetzt bei Doeberl 13, vgl. auch Ulmann, Du Thil 292 f.

[53]) Diesen Sinn mußte bei der Haltung Preußens gegen bisherige Zollanschlußwünsche (o. S. 116, 120) die Instruktion Bernstorffs für Wien (10. Nov. 1819, Aegidi, Vorzeit 131) haben, wonach die preußische Zollverfassung durch Weiterleitung übereinstimmender Anordnungen „von Grenze zu Grenze“ ausgedehnt werden solle.

Zollgesetzes" verstoßenden Maßnahmen mit Bezug auf Weimar abzubringen. Die Anhaltiner begannen eben damals an dem Erfolg ihres Schriftwechsels mit Berlin zu verzweifeln, und es war noch die mildere Art des Vorgehens, wenn der rechthaberische Herzog Ferdinand von Köthen seine Einsprache gegen die preußischen Durchfuhrsteuern in Wien zu dem Protokoll gab, worin der Ausschuß der Konferenzen für Handel und Verkehr sein sehr dürftiges Programm zur Förderung der deutschen Handelseinheit und der freien Elbschiffahrt niederlegte. Seine Verwandten von Dessau und Bernburg begannen kurzerhand den Zollkampf gegen Preußen, indem sie auf ihre alte Fürstengutsfreiheit verzichteten und sich dafür die Bezollung der preußischen Bergwerkserzeugnisse vorbehielten. Nicht zufällig wurde dann gerade der von Bernstorff abgewiesene, von ihm selbst als „bescheiden und rechtlich" anerkannte Fritsch in einer der letzten Wiener Sitzungen der Urheber eines Mehrheitsbeschlusses für Verkehrsfreiheit mit Rohstoffen und Lebensmitteln innerhalb Deutschlands, der im Grunde nur ein seit dem Wiener Kongreß auch in Preußens Gebietsregelungsverträgen wiederholt angenommenes Prinzip auf die gesamtdeutsche Handelspolitik übertrug[54]). Die Punktation, die kurz darauf (19. Mai 1820) auf Anregung des darmstädtischen Ministers Du Thil und unter Leitung Badens und Bayerns zwischen diesen, Württemberg, den hessischen und sächsischen Herzogtümern und den reußischen Fürstentümern über eine vertragliche Ordnung der gegenseitigen Handelsverhältnisse zustande kam, die dann zu den Darmstädter Konferenzen von 1820—23 über einen südmitteldeutschen Zollverein führte, und die man nicht mit Unrecht den „ersten Stein zum Bau des Deutschen Zollvereins" genannt hat, war als nächster Schritt zur Ausführung des Antrags Fritsch nur der förmliche Ausdruck der Entwicklung, die Preußen von den früheren ähnlichen Anträgen einzelner jener Staaten zur völligen Unabhängigkeit, aber auch zu Gegensatz und Spannung gegenüber ihrer Gesamtheit geführt hatte. Schon im Juli berichtete der Generalkonsul in Leipzig, auch die Königlich Sächsische Regierung erwäge ihren Anschluß an den neuen „Handelsverband" und habe zu diesem Zweck ein Gutachten der dortigen Handelsvertretungen, der Kramerinnung und der Handlungsdeputierten, eingefordert. Diese hätten zunächst mit der bezeichnenden Rückfrage geantwortet, ob sich der Verband nur gegen Frankreich und England oder auch gegen Preußen, Österreich und Sachsen selbst richte. Trotz des Gefühls für Leipzigs Interesse an der großdeutschen Handelsgemeinschaft, das sich in dieser Antwort aussprach, glaubte Baumgärtner, im Fall die bevorstehende Darmstädter Konferenz der Süd- und Mitteldeutschen eine bestimmte Einladung an Sachsen ergehen lasse, den Beitritt des Königreichs mit Sicherheit voraussehen zu müssen[55]).

---

[54]) Fritsch an Bernstorff 1. Febr., Note Cruikshanks 29. Febr., unvollz. Entwurf Hoffmanns an Klewitz März 1820, a. a. O. Enklaven 3 vol. 1, Lottum an das Außenministerium 29. März, Hoffmann an Klewitz 11. April 1820, ebd. Gen. 3 vol. 2, Aegidi, Schlußakte 140f., 151f., 312f., Vorzeit 15, 80ff.

[55]) Bericht Baumgärtners 17. Juli 1820, R. 74 K. XII 1 vol. 2, ergänzt

Es braucht nicht betont zu werden, wie die handelspolitische Lage am Ende der Wiener Ministerkonferenzen auf die Beratungen der Elbschiffahrtskommission zurückwirkte. Ein äußeres Zeichen für den dortigen Gang der preußischen Politik ist die Abberufung des preußischen Vertreters, Mauve, dessen Temperament und Selbständigkeitsdrang nicht nur von Österreich beanstandet, sondern auch von dem Handelsminister Graf Bülow gefürchtet wurde, und die Übernahme der Dresdner Gesandtschaft durch den ersten Diplomaten Preußens, Jordan[56]), der freilich nach der Berufung Bernstorffs im Berliner Außenministerium keinen rechten Platz mehr fand. In der Tat kam jetzt alles auf die Erhaltung des Zusammenwirkens mit der Bundespräsidialmacht an. Die berüchtigte Klage Anhalt-Köthens gegen Preußen beim Bundestag, die ja in dem berühmten Schiffsarrest gegen den Kaufmann Friedheim einen Schulfall preußischer Belastung der Elbfreiheit betraf, drohte gerade im Augenblick der Einigung in Dresden diese wichtigste grundsätzliche Frage der deutschen Handelspolitik Preußens von dem Wege diplomatischer Lösung im Benehmen mit Österreich vor den gemiedenen Gerichtshof seiner unzähligen mittel- und kleinstaatlichen Gegner in Frankfurt zu ziehen. Es dürfte kaum angängig sein, Metternich ohne weiteres des „doppelten Spiels" zu beschuldigen, wenn er zwar auf dem Laibacher Kongreß Bernstorffs Verlangen, für die Abweisung der Köthener Klage einzutreten, höflich abschlug und eine gütliche Einigung über den Fall Friedheim als das „wahre Interesse des Königlich Preußischen Hofes in bezug auf die öffentliche Meinung" bezeichnete, gleich danach aber auch Ferdinand von Köthen persönlich durch den Hinweis auf die Bedürfnisse des preußischen Zollsystems in derselben Richtung zu beeinflussen versuchte. Sachlich bedeutete natürlich die Verhandlung der Köthener Klage in der Bundesversammlung einen starken Druck auf Preußen namentlich auch in der Elbschiffahrtsfrage. Die maßgebenden Mitglieder des mit der Berichterstattung betrauten Ausschusses waren Aretin, der Gesandte Bayerns und dort einer der eifrigsten Befürworter der trialistischen Zollvereinsbestrebungen, und Lepel, der Gesandte derselben mecklenburgischen Herzogtümer, die außer als Elbuferstaaten auch als Besitzer der Enklaven Netzeband, Schönberg und Rossow von der neuen preußischen Zollpolitik nicht eben günstig betroffen waren. Ihnen gegenüber fürchteten sowohl die Frankfurter Vertreter Preußens, Goltz und Himly, als der Referent für deutsche Angelegenheiten im Berliner Außenministerium, J. A. F. Eichhorn, je länger je mehr, den ursprünglichen Standpunkt Preußens, die Ablehnung jedes gerichtlichen oder schiedsgerichtlichen Bundesverfahrens für handelspolitische „Interessenkonflikte" nicht aufrechterhalten zu können. Aber ihre immer vermittelnderen Erklärungen werden doch erst völlig verständlich, wenn man die gleichzeitigen Vorgänge auf der Dresdner Elbschiffahrtskonferenz ins Auge faßt. Hier war es Preußen kurz vor der Fertigstellung der Elbschiffahrtsakte vom 23. Juli 1821

---

die Darstellung bei Doeberl 15ff., Ulmann, Du Thil 293. Vgl. ebd. 307 das ungünstige Urteil Karl Augusts von Weimar über Nebenius.

[56]) Mai 1819 E. Doering im N. Nekrolog der Deutschen 26 (1848), 596.

gelungen, einen der Hauptstreitpunkte, die Frage der einzelstaatlichen oder gemeinschaftlichen Zollrevision, dadurch zu umgehen, daß es sämtliche Uferstaaten unterhalb Anhalts bewog, ihre Revisionsbefugnis zunächst auf sechs Jahre den preußischen Zollstellen Wittenberge und Mühlberg zu übertragen. Auch über die materielle Zollregelung nach dem Grundsatz besonderer Konventionstarife für jeden Uferstaat und die Aufhebung des Magdeburger Stapels war man endlich einig geworden. Es fehlte nur noch der grundsätzliche Verzicht der beiden Parteien im Anhaltischen Enklavenstreit auf ihre bisher dem Elbverkehr entnommenen Waffen. Er erfolgte auf den starken Druck Österreichs zur selben Zeit, da Preußen auch in Frankfurt von der Linie der unbeschränkten zollpolitischen Staatshoheit abzuweichen begann, durch seine und Anhalts Zustimmung zum Artikel 14 der Elbschiffahrtsakte, der eine Überschreitung der Konventionszölle nur beim Austritt von Waren aus dem Flußverkehr gestattete[57]).

Allein dieser Erfolg des völkerrechtlich-bundesstaatlichen Einigungsgedankens war doch sehr vorläufiger Natur: Einmal begleiteten beide feindliche Vertragschließende ihren Rückzug mit Vorbehaltserklärungen, die ganz offensichtlich die wirkliche Ausführung des Artikels 14 wiederum von ihrer völligen Einigung untereinander abhängig machten. Sodann aber bedurfte das Dresdner Vertragswerk vorerst überhaupt der Ratifikation durch die beteiligten Regierungen. Eichhorn hatte zunächst die Absicht, sie für Preußen erst nach dem Abschluß der Verhandlungen mit Anhalt zu erteilen, und das lag ja nicht nur als das rechtlich einwandfreieste, sondern unter Umständen auch als das bei Anhalt wirksamste Vorgehen nahe: Der Fortgang der Enklavenbesteuerung war ein Druck, der zusammen mit der Lockung ihrer (auch rückwirkenden) Vergütung im Falle der Verständigung mit Preußen für die immer bedrängtere Finanzlage der Herzogtümer zu stark zu werden versprach. Auf der andern Seite machte Jordan als Folgerung aus der bedingten Zustimmung Preußens zur Elbschiffahrtsakte nicht mit Unrecht geltend, daß die Ratifikation angesichts der Schwäche der Askanier unbeschadet strengerer Maßregeln gegen sie vollzogen werden müsse und könne. Das Ergebnis solcher widerstreitender Beweggründe war, daß man zwar den anhaltischen Regierungen bei fernerer Hartnäckigkeit die völlige Absperrung ihres Gebiets und gleichzeitig auch der Elbschiffahrtskonferenz ganz offen die Wiederherstellung der vier dazu notwendigen preußischen Elbzölle ankündigte, bald nach dieser Gewissensverwahrung jedoch am 12. Dezember 1821 die Dresdner Akte ratifizierte, als ob nicht allen Vorbehalten zum Trotz dadurch die bisherigen mehr moralischen Argumente der Gegner aus ihrer Schwäche

---

[57]) Metternich an Bernstorff, Laibach 21. März (nicht „gesprächsweise“, wie Dreßler 36 will), Berichte Himlys und Goltz' 23. und 30. Juni (vgl. Bundesprotokolle 12, 120ff.), Erlaß Eichhorns an Goltz 29. Juni (danach die Auffassung bei Dreßler 40 von einer Diskrepanz der beiden Stellen zu berichtigen) A. A. II, Rep. 6 Enkl. 13 vol. 3, Note Münchs an Jordan 21. Juni 1821 ebd. Elbschiff. 2 vol. 7 zu Dreßler 46ff., Revisionsvertr. 23. Juni, Kriele 139f.

und dem Bundesverhältnis um ein entscheidendes vertragsrechtliches vermehrt worden wären [58]).

Vorderhand schien nun Preußens Unterwerfung unter die völkerrechtliche Form aus den versöhnlichen Elementen aller Parteien eine friedlichere Luft zu schaffen. Metternich, der die Hoffnung des askanischen Familienhaupts, Alexius von Bernburg, auf die Vermittlung Österreichs, d. h. einen Druck von ihm auf Preußen, rundweg zunichte machte, trug unmittelbar darauf durch die menschlich kluge Beeinflussung der merkwürdigen Herzogin Juliane von Köthen dazu bei, daß ihr Gatte Ferdinand im Frühjahr 1822 seine Klage beim Bundestag zurückzog. Mit der österreichischen Einwirkung aber vereinigte sich die nur zeitweilig zurückgetretene, geistesverwandte des preußischen Hofs. Die Mission des Köthener Hofmarschalls Sternegg nach Berlin im Januar 1822, die den Klageverzicht ankündigte, war nur in der Sache des anhaltischen Zollanschlusses ein Mißerfolg, persönlich erweckte sie in Anhalt die größten Erwartungen von der Uneinigkeit und Unentschiedenheit der preußischen Staatsleitung. Das Ansehen Bernstorffs, der klagte, die anhaltische Sache sei der Nagel zu seinem Sarge, sank in den Augen der Gegner vollends, als bei einem gleichzeitigen Besuch des Herzogspaares Kronprinz Friedrich Wilhelm seiner Kamarillastimmung gegen die Ministerien rückhaltlos Luft machte und so weit ging, die Minister als Ochsen zu beschimpfen. Und daß diese sonderbaren Verhältnisse nicht auf der Einbildung der Askanier beruhten, ja von ihnen kaum übertrieben wurden, beweisen die bittern Klagen des preußischen Außenministeriums, wo sich hinfort der neue Handelsreferent Heinrich v. Bülow an jeder einheitlichen und energischen Politik gegen Anhalt durch den König selbst verhindert sah [59]). Der Friedrich Wilhelm besonders widerstrebende Zug der preußischen Enklavenpolitik, die Anwendung der „inneren" Verbrauchssteuer auf fremdes Staatsgebiet, war inzwischen durch die erste Tarifrevision vom 25. Oktober 1821 insofern verallgemeinert worden, als von nun an die Verbrauchssteuer in einem Betrag mit dem Zoll, und zwar in der Regel für die Durchfuhr in gleicher Höhe wie für die Einfuhr, erhoben wurde [60]). Als deshalb der Herzog von Dessau, auf dessen

[58]) Immediatbericht Bernstorffs (Eichhorns) 16. Aug., Erlaß Bernstorffs an Jordan und Schreiben an die anhaltischen Regierungen 8. Okt., Bericht Jordans 28. Okt., Erklärungen Jordans 22. Okt. und 8. Nov., Schreiben Bernstorffs an die anhaltischen Regierungen 27. Nov. 1821 a. a. O. Enkl. 13 vol. 3 und Elbschiff. 2 vol. 8. Dreßler 48ff. sieht nicht den einheitlichen Zug der preußischen Politik und die Dresdner Ratifikation daher viel zu sehr als „Niederlage".

[59]) Die neuen Mitteilungen aus anhaltischen Akten bei Dreßler 55f., 58, 61 und 64 (vgl. Bundesprotokolle 13, 41 ff.) werden ergänzt durch die des Geh. Staatsarchivs (a. a. O. Enkl. 9 vgl 2, namentlich Bülow an Eichhorn 14. Mai 1823) und des Finanzministeriums (Sekr. Reg. 670 Sondergutachten des Kronprinzen zum Immediatber. des Staatsministeriums 22. Mai 1824: „Mir scheint das Ganze einzig auf die Rechtsfrage anzukommen: War man unsererseits befugt, die Herzoglich Anhaltischen Untertanen mit der Verbrauchssteuer zu belegen? Ich antworte nach meiner innigsten Überzeugung: Nein.") Kannte Treitschke DG. 3, 44ff. nichts von dem allem?

[60]) Gesetzs. 1821 S. 166ff., 178.

Nachgiebigkeit noch Jordan besonders rechnen zu können geglaubt hatte, jetzt seine Beschwerden beim König mit denen des Kötheners vereinigte, erging im Spätherbst 1822 eine Kabinettsorder an das Staatsministerium, die diese Beschwerden kurzweg als „völlig begründet" bezeichnete und befahl, sie zu berücksichtigen. Wiederum wie im Frühjahr 1819 (o. S. 119) schickten sich die beteiligten Zentralbehörden, freilich nicht mehr unter der Führung Hoffmanns vom Außen-, sondern unter der Schütz' vom Finanzministerium, an, die höchste Stelle über die eigentliche Sachlage aufzuklären. Nur drängte diesmal die ungleich fortgeschrittenere Entwicklung des anhaltischen Schmuggels zu rascherem Handeln: In den beiden ersten Monaten des Jahres 1823 gingen Waren im Gesamtwert von 1 Million Rtlr. nach den anhaltischen Einschlußgebieten. Dagegen griff doch bereits Klewitz zu dem verkehrspolitischen Mittel, das nachher Motz mit so großem Erfolg gegen Anhalt verwandte, der Ablenkung des Transits namentlich von und nach den Leipziger Messen im Bogen um die gefährlichen anhaltischen Schleichhandelsnester herum. Kaum aber hatte diese Auskunft die Zustimmung des Handelsministers gefunden, so wußte Ferdinand von Köthen es bei Friedrich Wilhelm zu erreichen, daß unter völliger Übergehung Bernstorffs Lottum, der bevorzugte Vortragsminister, ihm statt der geschlossenen eine neue Meßstraße nach Leipzig zu öffnen versprach, und wie um der preußischen Enklavenpolitik den letzten Trumpf, die Belohnung der Vertragswilligen mit Entschädigung für die bisherige Verbrauchsbesteuerung, zu entziehen, verfügte gleichzeitig eine Kabinettsorder an Bernstorff ohne jede Bedingung die „billige" Abfindung Anhalts für die seit 1819 erhobenen Zölle und Steuern. In diesem Kampf der preußischen Handelspolitik zugleich gegen eine äußere und eine innere Front ist es als ein doppelt bemerkenswertes Ergebnis anzusprechen, wenn es Eichhorn und Heinrich v. Bülow bereits am 10. Oktober 1823 glückte, wenigstens mit dem verständigen Vertreter Bernburgs, Regierungspräsident v. Salmuth, zu Verträgen über die Mitbesteuerung des enklavierten Amts Mühlingen durch Preußen und sogar den Zollanschluß des ganzen Bernburger Oberherzogtums an Preußen zu gelangen und dabei noch die Regelung der heiklen Nachtragsvergütung in einem Geheimartikel den Augen der eifersüchtigen Mitbewerber zu verbergen[61]). Schon am 24. Juni 1822 hatte der Zusammenbruch des Köthener Bundestagsprozesses Schwarzburg-Rudolstadt bestimmt, die zugleich mit Sondershausen begonnenen Verhandlungen über den Zollanschluß an Preußen dadurch zu beenden, daß es sein Widerstreben gegen die Einschränkung des Schmuggels mit dem Erzeugnis seiner blühenden Saline Frankenhausen aufgab. Die Übereinkunft mit dem von altersher für Preußen wichtigsten der anhaltischen Staaten legte eine empfindliche Bresche in die Kampflinie der Askanier

[61]) Kabinettsordern 30. Okt. 1822 u. 7. Mai 1823, Sitzungsprotokoll des Staatsministeriums 20. Nov. 1822, Graf Bülow an Klewitz 28. April 1823 Finanzmin. a. a. O. Hoffmann an Lottum 2. Juni 1819, Lottum an Bernstorff 26. Juni 1822 ebd. Enkl. 5 vol. 1 und 6. Gesetzs. 1822 S. 225 ff., 1823 S. 177 ff., 1824 S. 1 ff.; der Geheimartikel bei den Akten. Vgl. allgemein Weber 58.

und gab der weiteren Gegenwehr Dessaus und Köthens im Grunde den Charakter des Rückzugsgefechts.

Auch in vielen andern Beziehungen führte das Jahr 1823 die deutsche Handelspolitik Preußens zu einem gewissen Abschluß. Am 10. September 1823 kam in Minden das zweite große Werk der deutschen Flußschiffahrtsgesetzgebung, die Weserschiffahrtsakte, zustande, auch sie wie die Elbschiffahrtsakte nicht ohne Flickarbeit und Vorbehalte, hier aber doch im ganzen so, daß dabei Preußen den größtmöglichen Gewinn aus seiner mächtigen Stellung zwischen vielfach gespaltenen Vertragschließenden zog. Wenn freilich Preußen den Regierungsrat Koppe an Stelle des besten Sachkenners, Konsul Delius, zum Kommissar bestellt hatte, weil jener als Mindener die preußischen Interessen besser wahrnehmen werde denn dieser als Bremer Bürger, so kam es gerade umgekehrt. Eben Koppe trat im Lauf der Verhandlungen zu dem Bremer Vertreter Heineken in so nahe Beziehungen, daß er in Berlin wiederholt in den Verdacht geriet, bei dem Streit, der in Minden wie in Mainz um die Auslegung der Steuerfreiheit „jusqu'à l'embouchure“ entbrannte, für das Streben der Hansestadt nach einer Monopolisierung der Wesermündung Partei zu nehmen, und in seinen schließlichen Entwurf zur Weserakte fuhr der Handelsminister Graf Bülow „wie ein Wetter Gottes in vielversprechende Saaten“. Im Gegensatz dazu war es dann wieder Delius, der eifersüchtig besonders auf die Gefahr eines Zusammenarbeitens zwischen Bremen und Hannover hinwies: Der Antrag, den Flußlauf unterhalb Bremens von den Mindener Beratungen auszuschließen, scheine „durchaus geeignet, den englischen Einfluß auf die Unterweser und mithin auf den Weserhandel zum großen Nachteil des preußischen überwiegend zu machen. England, die Unterdrückerin des deutschen Handels, würde dadurch vermittelst Hannover in dem fortwährenden Streben, allen Handel und alle Flüsse zu dominieren, sehr gefördert werden“; bei den hannöverschen Hafenarbeiten zu Geestendorf glaubte er Anstalten zum Empfang englischer Kriegsschiffe zu bemerken! Allein hier wie so oft diente ein persönlicher Widerstreit nur dazu, die Sachlage richtiger und fruchtbarer herauszuarbeiten. Von seinem Bremen günstigen Standpunkt konnte Koppe darauf aufmerksam machen, daß auch dessen alter Wettbewerber um die Mündungsrechte, das Preußen dynastisch nahestehende Oldenburg, seine Zollrechte mit größter Rücksichtslosigkeit zu wahren suche und dabei nicht minder von einer außerdeutschen Großmacht, Bremens alter Gegnerin Holland, insgeheim unterstützt werde. Schließlich kamen beide Ansichten Preußen zugute: Wie auf der Elbschiffahrtskonferenz eine gewisse Einigung zwischen Preußen und Anhalt, so war in Minden die Vorbedingung des Abschlusses, daß einerseits Koppe und Heineken sich über eine Abfindung Mindens für seinen Stapel oder die entsprechenden Vertragsrechte von 1769 verständigten, anderseits Bremen und Oldenburg unter preußischer Vermittlung einen Sondervertrag über ihre gegenseitigen Zollansprüche schlossen[62]).

---

[62]) Erlasse Hoffmanns an Koppe 13. März 1821, 28. Juni 1823, Berichte

Zwischen Elbe und Weser wartete alles gespannt, ob der antipreußische „Handelsverein" das Herz des deutschen Handels und Verkehrs, die mitteldeutschen Straßenländer, zu gewinnen imstande sein würde. Die Frage ist noch niemals aufgeworfen worden, welchen Einfluß das Mißlingen dieses Anschlusses, bekanntlich nachher des entscheidenden Machtmittels für den Preußischen Zollverein, damals auf das Scheitern des ganzen Darmstädter Triasplans gehabt hat. Die Besorgnis vor dem umgekehrten positiven Ergebnis tritt in der gleichzeitigen preußischen Handelspolitik jedenfalls wiederholt hervor. In einer grundsätzlichen Äußerung an den Handelsminister erklärte der Finanzminister das Darmstädter Unternehmen überhaupt nur in dieser Ausdehnung auf die mitteldeutschen Verbindungen zwischen den einzelnen preußischen Landesteilen für gefährlich, dann aber namentlich den Beitritt Kurhessens, der ja später in der Tat, wenn auch im entgegengesetzten Sinn, die große Wendung brachte, für sehr bedenklich; merkwürdig ist, daß Klewitz für diesen Fall auch Preußen einmal als Gegenstand fremder Enklavenpolitik dachte und ernstlich befürchten zu müssen glaubte, der ohnehin zollausländische Erfurter Bezirk (o. Anm. 30) könne von den umgebenden auswärtigen Staaten zum Anschluß an ihren Zollverein gezwungen werden[68]). Auch der Osten Mitteldeutschlands war als Kernland der deutschen Freihandelsagitation, wie gezeigt (o. S. 126), von vornherein Jagdgebiet der Darmstädter. Nicht zufällig holte eben damals, zur Zeit der deutsch-europäischen Agrarkrise, das Königreich Sachsen die Freihandelsansprüche hervor, die ihm Preußen im Friedensvertrag vom 15. Mai 1815 außer in allgemeinen Ausdrücken (Art. 13) noch besonders für seinen Salzbezug (Art. 19) und für den Verkehr mit Getreide, Brenn- und Baustoffen (Art. 20) hatte einräumen müssen. Hatte aber J. G. Hoffmanns Gewissenhaftigkeit zum Schrecken der einheimischen Landwirte diese Zollfreiheit für Getreide nicht bloß vom Bedarf Sachsens, sondern auch von seiner Ausfuhr nach Preußen gelten lassen wollen, so forderte der Nachbar nunmehr sogar die Einbeziehung von Hülsenfrüchten unter das Getreide, von Eisenerzen oder, wie man damals sagte, „Eisensteinen" unter die „Steine" (!) des Zollbefreiungsartikels. Das alles im Augenblick, da auch Sachsen, dem Zug der Zeit folgend, seine alte innere Generalakzise mit Gesetz vom 23. März 1823 durch eine „Grenzakzise" ergänzte und dadurch trotz allgemein niedriger Sätze doch bald den Gewerbfleiß der angrenzenden preußischen Landschaften, z. B. die Kottbuser Weber, empfindlich beeinträchtigen sollte. Auch über die Leipziger Meßpolitik hatte Preußen im Interesse eines seiner eignen handelspolitischen Schmerzenskinder, der Naumburger Messe, zu klagen. Nachdem hier schon die strenge Meßordnung

---

Delius' 25. Jan. 1822, Koppes 13. Mai, 19. Sept. 1822, 5. Febr., 26. April 1823 a. a. O. Weserschiff. 1 vol. zu 4. Preußisch-bremischer Vertrag 10. Sept. 1823, Martens 2, 6, 326 ff. Über den oldenburgisch-bremischen Vertrag 21. Aug. 1823 Bippen, Bremen 3, 428 ff., Rüthning, Oldenburg 2, 460 ff. Bippen, Smidt 217 ff., 237 f. Über Koppe vgl. Petersdorff, Motz 2, 313 (wo unrichtig „Elbschiffahrtskommission"), 321 ff.

[68]) Klewitz an Graf Bülow 27. Juni 1822 Abschr. 1822 a. a. O. Gen. 17 vol. 1.

und die Versagung der zollfreien Niederlage (o. Anm. 30) statt des erhofften Wettbewerbs mit Leipzig eine wachsende Abwanderung des Auslandshandels dorthin herbeigeführt hatten, begann die mächtigere Nebenbuhlerin auch noch den Rest des Naumburger Meßverkehrs, die Versorgung des preußischen Inlandsbedarfs, zu untergraben, indem sie durch ein geschicktes System von Geheimverträgen mit englischen und hamburgischen Einfuhrhäusern sogenannte Winkelmessen ausschließlich für den Schmuggel nach Preußen einrichtete. Es bedurfte langer diplomatischer Auseinandersetzungen, um Sachsen begreiflich zu machen, daß man wenigstens versuchen müsse, sich dagegen durch verschärfte Revision der Durchfuhren von Leipziger Meßwaren zu schützen. Mit den Darmstädter Konferenzen erlosch dann auch die handelspolitische Schneidigkeit Sachsens: Bereits im Frühherbst 1823 bestritt Jordan eifrig die Zuverlässigkeit aller Gerüchte von Handelsvereinbarungen zwischen seinem Empfangsstaat und Süddeutschland[64]).

Statt dessen hatte Preußen selbst vor kurzem im Mittelpunkt der ernestinischen Lande durch Verständigung mit dem weimarischen Großherzogtum Fuß gefaßt. Im Spätherbst 1821 brach Fritsch in ähnlichen beweglichen Ausdrücken, wie er den Wiener Konferenzen das Elend der 3000 von ihrer preußischen uud bayerischen Nachbarschaft abgeschnittenen Thüringer Arbeiterfamilien geschildert hatte, durch eine Note Cruikshanks das „tiefe beinahe dreijährige Schweigen", das Preußen seit dem ersten Meinungsaustausch über die weimarischen Enklaven zwischen ihnen habe eintreten lassen: Der preußische Wollausfuhrzoll richte die Weber in Neustadt (Orla) und Eisenach, die preußische Getränkesteuer die Brenner von Allstedt und Oldisleben zugrunde. Aber die weimarische Steuerhoheit ergab sich den Forderungen Preußens nicht leichter als die anhaltische. Mündliche Besprechungen in Berlin, zu denen es auf Einladung Preußens im nächsten Frühjahr endlich kam, wurden abgebrochen, weil Klewitz entgegen den Wünschen Cruikshanks nicht darauf verzichten wollte, die Ausführung der weimarischen Ausgleichsbesteuerung und Schmuggelbekämpfung wie die Sondershausens durch den preußischen Zolldienst mit überwachen zu dürfen. Von vornherein waren ja die weimarischen Bestrebungen darauf gerichtet gewesen, jedenfalls besser abzuschneiden als Schwarzburg (o. S. 120). Die gleichzeitigen Schwierigkeiten der preußischen Handelspolitik gegen Anhalt (o. S. 129f.) machen es erklärlich, daß das der schlauen Diplomatie Karl Augusts auch schließlich gelungen ist. Der Vertrag vom 27. Juni 1823, der nach neuen, wieder von Preußen angeregten Verhandlungen wenigstens den Steueranschluß von Altstedt und Oldisleben herbeiführte, ließ in der Tat die verhaßten

---

[64]) Gutachten Hoffmanns für das Staatsministerium 3. Dez. 1820, Lottum an Klewitz 28. Dez. 1822, Schuckmann 24. Dez. 1822, Graf Bülow und Klewitz 6. Dez. 1822 und 7. Febr. 1823 an das Staatsministerium, Notenwechsel der sächsischen Geschäftsträger Lemaistre und Watzdorff mit Bernstorff 23. Sept. und 6. Nov. 1823, Bericht Jordans 23. Sept. 1823, der sächsische Ministerpräs. v. Minckwitz an den preuß. Gesandten Graf Seckendorff 24. Apr. 1827 a. a. O. Sachsen 1 vol. 1. Über Naumburg vgl. die Briefe F. Cramers an Staegemann 4. u. 23. Juli 1819 bei Rühl 2, 370, 377.

preußischen Zöllner nicht auf weimarisches Gebiet (Art. 1) und belohnte die Fügsamkeit des Schwächeren auch sonst noch mit allerlei Vorteilen, z. B. der Befugnis, der Ausfuhr der enklavierten Brennereien in anderes als preußisches Ausland eine Rückerstattung der Ausgleichssteuern gewähren (Art. 4). Eine Reihe dieser Vorteile wurden aus denselben Gründen wie bei Bernburg (o. S. 130) in geheimen Abmachungen untergebracht, z. B. die Durchfuhr von Fürstengut, dem der offene Vertrag (Art. 6) den Zoll nur zu stunden versprach und worunter Karl August Kunstsachen nicht vergaß, überhaupt für frei davon erklärt und auch die Bestimmung über die Zollvergütung durch Preußen, die in dreijährigen Fristen jeweils neu berechnet werden sollte (Art. 5), insgeheim dahin abgeändert, daß sie unter eine Mindesthöhe nicht sinken dürfe. Nur die preußische Salzverwaltung hatte die Genugtuung, die anfangs verdächtig hoch (318533 Pfund) angesetzte Versorgung Allstedts aus der Saline Axtern auf weniger als die Hälfte eingeschränkt zu sehen[65]).

[65]) Note Cruikshanks 18. Nov. 1821, Klewitz' Bemerkungen 14. Mai 1822, H. v. Bülow an Cruikshank 27. Juni 1823. Der Vertrag (ohne die geheimen Zusätze) Gesetzs. 1823 S. 169ff.

Die Anfänge und ersten Erfolge der Schutzzollpolitik.

Die Retorsion gegen Frankreich.

Die Enklavenverträge Preußens mit den mitteldeutschen Staaten waren die letzten Erfolge jener liberalen und doch so stolz zurückhaltenden Handelspolitik, der die ersten großen Handelsabkommen und das Zollgesetz entsprungen waren und deren technische Hauptzüge trotz alles Bewußtseins von ihrem Gegensatz gegen den friderizianischen Merkantilismus doch nur der Ausdruck für die Fortdauer entscheidender Wirtschaftsgrundlagen aus jener älteren Zeit, vor allem des Nebeneinander von starken staatlich-fiskalischen Rücksichten und eines im wesentlichen selbständigen, nicht minder starken Außenhandels waren (o. S. 103). Ehe sich aus diesem System unter dem Druck einer neuen Weltwirtschaft zwischen lauter national zusammengefaßten Volkswirtschaften auch in der preußischen Handelspolitik ein neuer Geist herausbildete, mußten sowohl in der Regierung wie in der Geschäftswelt schwere Kämpfe und Enttäuchungen die überlieferten und durch die zeitgenössische Staatslehre vielfach befestigten Gleise des Denkens und Handelns erschüttert haben. Zunächst brachte es die Verteilung der politischen Macht im Preußischen Staate mit sich, daß die Führung bei diesem Umwandlungsvorgang nicht wie in den westlichen Staaten parlamentarische Organe des ganzen Bürgertums und seiner verschiedenen Wirtschaftsinteressen, sondern die besonderen wirtschaftlichen Mächte übernahmen, denen die gesellschaftliche oder geschichtliche Nähe zur absoluten Staatsgewalt einen leichten und geschlossenen Einfluß auf sie ermöglichte. Mit einem sehr richtigen Gefühl für dies Verhältnis sind einmal[1]) die Reederei und die Landwirtschaft Altpreußens als die beiden für die staatliche Handelspolitik wichtigsten Gewerbszweige der damaligen Monarchie zusammengestellt worden. Gerade sie aber waren zu Anfang der zwanziger Jahre des vorigen Jahrhunderts, der eine durch den Protektionismus des Auslands, der andere durch den Mangel einheimischer Protektion während der Agrarkrise, in eine höchst bedenkliche Lage geraten, die dem einen wie dem andern nahelegte, den Schutz und die Hilfe des Staats in Anspruch zu nehmen. In der Tat haben fortan ihre Bedürfnisse die Schritte und Versuche der preußischen Handelspolitik in ihren beiden Hauptrichtungen, den Beziehungen zum russischen Osten und zum englischen Westen, in neuer Weise hervorragend mitbestimmt.

Der Kampf, den diese veränderte Strömung gegen die hergebrachten

---

[1]) Denkschr. des Danziger Reeders Lesse Berlin 22. Mai 1821 A. A. II Rep. 6 Engl. 1 vol. 3.

Methoden handelspolitischen Bevormundens und Geschehenlassens auszufechten hatte, verkörperte sich im Schoß der obersten Behörden in dem persönlichen Gegensatz zwischen dem Hauptvertreter des Freihandelsgedankens J. G. Hoffmann, der sich, gleich nach dem Höhepunkt seiner Laufbahn in den Steuergesetzen von 1818—1820 aus der handelspolitischen Leitung immer mehr verdrängt, bereits 1821 ganz in die wissenschaftliche Tätigkeit an der Universität und dem Statistischen Bureau zurückzog[2]), und dem napoleonischen Handelsminister Grafen Bülow, dessen Ehrgeiz nach dem Scheitern seines eignen allgemeinen Steuerplans doppelt eifrig, ja eifersüchtig auf dem Gebiete der Außenhandelspolitik die Nebenbuhlerschaft fortsetzte. Und wenn Bülow naturgemäß von den bezeichneten beiden Notstandsfragen die der Schiffahrt und damit des Englandhandels am nächsten lag, so fand er in der andern, der der Sicherung der Landwirtschaft gegen den russisch-polnischen Wettbewerb, Unterstützung bei seinem eigentlich ganz verschieden gerichteten Nachfolger im Finanzministerium Klewitz, dessen fiskalischer Rechtsstandpunkt durch seinen persönlichen Anteil am örtlichen Großgrundbesitz gewiß nicht vermindert wurde.

Sehr kriegerisch wurde zunächst die Auseinandersetzung zwischen Hoffmann und Bülow über den niederländischen Handel. So sehr sich der erste bemühte, den von ihm eingeschlagenen Umweg über die Rheinschiffahrtsfrage (o. S. 107) als den natürlichen Weg zur Regelung auch der allgemeinen Tariffragen zu rechtfertigen, so wenig Glück hatte er damit nach der ganzen vorangegangenen Geschäftsbehandlung durch sein Ministerium bei dem des Handels. In Anknüpfung an die von ihm gezogene Parallele zur Scheldefrage des 18. Jahrhunderts ist Bülow sogar so weit gegangen, anzudeuten, daß nach Art der damaligen belgischen Erhebung gegen Österreich auch jetzt wieder eine Revolution am Rhein die Folge nachlässiger Handelspolitik sein könnte[3]). Das war nun freilich eine starke und nur für Bülows Art bezeichnende Übertreibung. Denn gerade in Holland sah es aus, als solle sich ein Mal unter vielen die freihändlerische Lehre bewähren, man brauche die Ausschreitungen des Protektionismus nur sich selbst zu überlassen, dann würden sie durch die Naturgesetze des Wirtschaftslebens schon allein unmöglich werden. Und namentlich auch an Hoffmanns praktischem Plan einer Verbindung der allgemeinen Zollpolitik mit der Rheinschiffahrtsstreitigkeit war wenigstens so viel richtig, daß eben dadurch der stillschweigende Gegensatz zwischen der belgischen Industrie und dem holländischen Handel (o. S. 104) immer mehr zum offenen Ausbruch gesteigert werde, wie ja im ganzen spätern Verlauf des 19. Jahrhunderts der Wettbewerb der belgischen mit den holländischen Häfen dem preußischen Handel zugute gekommen ist[4]). Auch an Empfindung dafür, daß man in

---

[2]) Vgl. M. Lenz, Gesch. d. Universität Berlin 2, 253.

[3]) Hoffmann an Graf Bülow 21. Dez. 1820, Antwort dieses 24. Jan. 1821 A. A. II Rep. 6 Niederl. 1 vol. 4.

[4]) In einer großen informatorischen Aufzeichnung für Bernstorff 3. Febr. 1822 A. A. II Rep. 6 Niederlande 1 vol. 4 rechnet freilich Hoffmann noch vor allem auf die holländischen Freihändler.

der Rheinfrage neben Preußen noch die Stimmung eines anderen „ansehnlichen Teils“ von Deutschland zu berücksichtigen habe, fehlte es wenigstens bei dem größten der zeitgenössischen niederländischen Staatsmänner, dem Handelsminister A. R. Falck, der sein Land auf den Wiener Konferenzen zu vertreten hatte, nicht[5]). Schon im Frühjahr 1820 war im Haag unter dem Vorsitz des ehemaligen Innenministers Roëll ein Ausschuß von Industriellen, Kaufleuten und Landwirten des ganzen Vereinigten Königreichs zur Beratung von Abänderungen des Zolltarifs vom 3. Oktober 1816 zusammengetreten, und die Berichte Hatzfeldts, Salviatis und des Rotterdamer Konsuls Geh. Kommerzienrat Schott ließen von vornherein keinen Zweifel darüber, daß hier das fiskalische Streben der Regierung nach Eindämmung des Schmuggels, die Skepsis der Politiker des Nordens gegen die industrielle Treibhauskultur[6]) und das umgekehrte Mißtrauen des Südens gegen die klassische Form der holländischen Verbrauchsbesteuerung[7]) auf eine Mittellinie von Tarifmilderungen übereinkommen würden.

Das preußische Außenministerium war seiner Sache so sicher, daß es die Neigung Roëlls unbeachtet ließ, sich mit der Mission noch während der Ausschußtagung über einen Handelsvertrag zu verständigen. Der Organisator einer unabhängigen preußischen Rheinschiffahrt, Matthias Stinnes, hatte zunächst ebensowenig Erfolg wie im Kampf gegen das Beharrungsvermögen der Zentralkommission mit dem Plan, den Niederlanden auf dem Boden ihrer eignen Salzhandelspolitik (o. S. 105) entschlossen einen großen Lieferungsvertrag für die Rheinprovinzen anzubieten. Dementsprechend wurde natürlich auch der Versuch Preußens, für eines seiner westlichen Hüttenwerke eine Befreiung von dem niederländischen Erzausfuhrverbot zu erlangen, mit der Begründung zurückgewiesen, Sonderverhandlungen seien jetzt nicht am Platz[8]). In der Tat fiel dann die Neuordnung der niederländischen Handelspolitik durch das Programmgesetz vom 12. Juli 1821 über die Staatsauflagen und das Ausführungsgesetz vom 26. August 1822 über die indirekten Belastungen, jenes „brudermörderische“ Gesetzgebungswerk[9]), das die

[5]) Vgl. seine Briefe vom 19. Juni u. 18. Dez. 1819 Ambtsbrieven 69f., 246f., dazu seinen „Commentarius“ Colenbrander 247ff.

[6]) Vgl. den Brief Elouts an Falck 30. Juni 1821 bei Colenbrander 590f. Die Kammerbotschaft vom 1. Mai 1821 mit ihren Grundsätzen des Interessenausgleichs, des Wertzolls und des Verzichts auf die Goldzahlung ist der preußischen Regierung in einer Eingabe des Düsseldorfer Handlungsvorstandes 30. Juni 1821 (Finanzmin. III1 Gen. 2) geradezu als Muster vorgehalten worden!

[7]) Vgl. die Rede Reyphins in der Kammer 30. Juni 1821 bei Gerlache 1, 375ff.

[8]) Graf Bülow an das Außenministerium 14. April, Berichte Hatzfeldts Haag 1. Mai u. 30. Nov., Salviatis Haag 1. u. 20. Juni 1820, Brüssel 2. Mai 1821, Verwendung der Regierung Trier 22. Juli 1820 für die Eisenhütte Weilerbach bei Bollendorf a. d. Sauer (Kr. Bitburg), Eingabe von J. M. Klingholz u. M. Stinnes an Klewitz 20. Juli 1821 a. a. O. Über Stinnes vgl. Berger, Harkort 271, Neubauer 63ff., Gothein, Rheinschiff. 119f.

[9]) Die beiden Gesetze, von denen oft (z. B. bei F. van Kalken, Hist. du Royaume des Pays-Bas [Brüssel 1910] 66) das erste irrtümlich für das Zollgesetz gehalten wird, Journ. off. 16 nr. 9 und 17 nr. 38f. (auch Nau 3, 4, 61ff.). Zur

auseinanderstrebenden Wirtschaftsbedürfnisse der beiden Reichshälften vergebens noch einmal in einem Kompromiss zu befriedigen suchte keineswegs so freihändlerisch aus, wie der Einspruch der belgischen Schutzzöllner hätte vermuten lassen. Wie Graf Bülow sogleich anmerkte, war die willkommene Herabsetzung des Durchfuhrzolls von 2 auf 1 v. H. nach dem ausdrücklichen Eingeständnis der Begründung nur aus Rücksicht auf den holländischen Zwischenhandel selbst erfolgt, der z. B. die schlesischen und westfälischen (Osnabrücker) Leinwandwaren für seine Sendungen nach Spanien und Amerika nicht entbehren mochte, während der Transit von Farbhölzern und Tabak noch immer mit 3, der von Wein mit $7^1/_2$ v. H. belegt und der von 40 anderen Waren, darunter Salz und Heringen, Gewürzen und Tee, ganz verboten blieb. Dem preußischen Tuchhandel brachte zwar das fast mittelalterliche Bekleidungsedikt vom 1. Juni 1820 nicht den befürchteten Schaden, aber auch der neue Tarif wenig Nutzen, weil der Übergang vom Wert- zum Gewichtszoll die geringen Sorten härter als früher traf. Vor allem gefährlich schien, daß die Krone den Streit der Wirtschaftsparteien benützt hatte, um sich die allgemeine Befugnis zu Vergeltungsmaßregeln gegen handelspolitische Schädigungen durch das Ausland übertragen zu lassen, und schon forderten gerade Abgeordnete des kaufmännischen Holland die Ausübung dieser Befugnis gegen manche preußischen Zölle, wie den auf Zichorie. Auch der Vorteil der gegenseitigen Meistbegünstigung in Schiffahrtsabgaben (o. S. 107) ging verloren, als schon das Programmgesetz (Art. 11) niederländischen Schiffen eine Zollermäßigung von $^1/_{10}$ gewährte und gleich darauf der neue preußische Zolltarif vom 25. Oktober 1821 umgekehrt die Ausfuhr von Leinenrohstoffen[10]) niederländischen Schiffen durch eine Zollbefreiung der preußischen erschwerte, wenn auch Graf Bülow geltend machte, die Veränderung von Warenzöllen berühre die Schiffahrtsabgaben überhaupt nicht.

Zur Rechtfertigung der Untätigkeit, mit der das preußische Außenministerium „der Krisis“ der niederländischen Steuerverfassung zusah, führte Heinrich von Bülow besonders wieder auch die Rücksicht auf die deutschen Rheinuferstaaten an, deren herkömmliches Mißtrauen gegen Preußen man durch die Vorbereitungen zu einem niederländischen Handelsvertrag schon erweckt habe und nicht weiter reizen dürfe. So wenig wie danach eine handelspolitische Bundesgenossenschaft mit den Niederlanden gegen die deutschen Nachbarn im Gesichtskreis der preußischen Außenpolitik lag, so wenig ließ sie sich anderseits durch Anregungen namentlich rheinischer Handelskreise, wie den Hinweis der Düsseldorfer Handelskammer auf den hanseatischen, der Kölner auf den französischen Seetransit, zu weiter ausgreifenden Orientierungen

Beurteilung Berichte Salviatis Haag 1. u. 24. Aug. 1822; Graf Bülows Randbemerkungen zum Mémoire explicatif und Schreiben an das Außenministerium 29. Jan. 1823 a. a. O. vol. 5. Vgl. Gothein, Rheinschiff. 122.

[10]) Note Perponchers an Bernstorff 25. Febr. 1823 a. a. O. Gesetzs. 1821 S. 169. Das war wieder die Folge der Erhöhung des dänischen Einfuhrzolls auf diese Stoffe: Beschwerde der Braunsberger Kaufmannschaft an die Königsberger Regierung 13. Juni 1820 a. a. O. Dän. 1 vol. 3.

gegen die Niederlande bewegen[11]). Zur Erklärung dieser auffälligen Zurückhaltung muß eine Reihe von Ereignissen im Zusammenhang betrachtet werden, die das Jahr 1822 geradezu zu einer Epoche der preußischen Handelspolitik gemacht haben.

Wie damals noch überall freihändlerische und schutzzöllnerische Bestrebungen im Rahmen einer Zeit der wissenschaftlichen und wirtschaftlichen Übergänge (o. S. 7ff., 13ff.) dicht beieinander lagen, so auch in der preußischen Zollpolitik auf der einen, der preußenfeindlichen der deutschen Mittelstaaten und ihres Handelsstandes auf der andern Seite. Freilich hier mit umgekehrtem Vorzeichen wie dort (o. S. 99): die freihändlerischen Bestrebungen mehr auf den innerdeutschen, die schutzzöllnerischen mehr auf den außerdeutschen Verkehr gerichtet; aber diese letzten darum doch nicht weniger ausgeprägt: sie verdienen zunächst hinter dem Aushängeschild der deutschen Freihandelspropaganda hervorgezogen zu werden, wie der preußische Freihandelsstandpunkt längst hinter der gehässigen Außenseite des „Mautsystems" erkannt worden ist. Namentlich die große Bewegung der frühen zwanziger Jahre in der süd- und mitteldeutschen Handelspolitik, der Darmstädter Zollvereinsversuch, war nur zu einem meist allzu ausschließlich hervorgehobenen Teile deutsch-freihändlerische Opposition gegen Preußen (o. S. 132), zum andern, mindestens ebenso wichtigen aber selbst eine Kampf- und Schutzzollbewegung gegen den neuen Protektionismus des westlichen Nachbarn, namentlich Frankreichs. Die eigentümliche Doppelnatur der gleichzeitigen Wirtschaftslehren, die einen Friedrich List und Adam Müller scheinbar gesinnungslos zwischen den Polen der damaligen handelspolitischen Entscheidungen, Preußen und Deutschland, Freihandel und Schutzzoll, hin und her gleiten ließ[12]), war nur der geistige Ausdruck einer Gesamtlage, bei der das Problem der deutschen Einigung wirtschaftlich und politisch die handelspolitischen Richtungen in der Tat niemals zur Ruhe kommen lassen konnte. Für die Geschichte Preußens ergibt sich daraus die bedeutungsvolle Aufgabe, die Stärke und Schwäche seiner wesentlich liberalen Zollpolitik auch einmal auf dem Hintergrund der Versuchungen zu zeigen, in die jener frühe Protektionismus seiner deutschen Bruder- und Nebenbuhlerstaaten es führte.

Durch die Zollgesetzgebung von 1819 bis zum Frühjahr 1822[13]) hatte nach den industriellen auch der agrarische Flügel des französischen Schutzzöllnerblocks (o. S. 103) seinen reichen Anteil an der

---

[11]) Auszug aus einem Schr. des Außenministeriums (Lottum nach Bülows und Eichhorns Entwurf) an Graf Bülow und Klewitz 25. Okt., Bericht Hatzfeldts Haag 11. April, Graf Bülow an Bernstorff (mit Kölner Handelskammerbericht Juli 1821) 15. Mai 1822 a. a. O. vol. 5.

[12]) Vgl. die (durchaus nicht, wie Treitschke DG. 3, 32 will, „radikal preußenfeindliche") Denkschrift Müllers vom Nov. 1819 oder den Gegensatz der beiden Listschen Denkschriften vom Januar und Februar 1820 (Ges. Schr. 2, 43ff. und 49ff.) bei M. Beer, Öst.-Ung. Revue N.F. 3 (1887), 304, ohne dessen Berücksichtigung die Darstellung bei C. Goeser, Der junge List (Stuttgart 1914) 91ff. unvollkommen bleibt.

[13]) Bulletin des lois 7 nr. 6988, 8805, 10886, 11641, 12620.

Beute staatlicher Förderung hereingebracht und dadurch besonders die bisherige natürliche Ergänzung des französischen Landwirtschaftsmarkts aus der süddeutschen Erzeugung von Getreide, Vieh und Wolle eben in dem Augenblick, da sie ohnehin schwer unter der allgemeinen Agrarkrise litt, in empfindlichster Weise unterbrochen. Es war das entschiedenste Ergebnis der Darmstädter Handelsvereinsbesprechungen, daß sich gegen diese Herausforderung sogar auf dem Boden des ehemaligen Rheinbunds eine starke gemeinschaftliche Gegenwehr erhob. Als erster Staat antwortete Bayern am 11. Juni 1822 mit bedeutenden Zollerhöhungen auf französische Kolonial- und Luxuswaren, namentlich Wein, und ihm folgten auf dem Fuß ähnliche Maßregeln Württembergs (24. Juni), Badens (18. Juli) und Nassaus (30. August). Aber mit Naturnotwendigkeit strebten nun diese einzelnen Aktionen zur Vereinigung im Rahmen der Darmstädter Gedanken; war doch seit Jahren bekannt, daß etwa in Kurhessen der Lieblingsplan des Finanzministers Witzleben, eines Onkels des mächtigen Generaladjutanten am preußischen Hof, ein deutscher Zollverein gegen das Ausland war. Während die weiter ausgreifenden Verbandsentwürfe der Darmstädter Beratungen sich vorderhand als undurchführbar erwiesen, tat schon am 18. Juli 1822 Bayern den ersten praktischen Schritt zu dem späteren Süddeutschen Zollverein, indem es durch Zollbegünstigungen den Modeartikeln des württembergischen und den Landweinen dieses und des badischen Nachbarn eine gewisse Stellvertretung der ausgeschlossenen französischen Erzeugnisse zu ermöglichen suchte. In Mitteldeutschland baute Preußens Hauptgegner Nassau (o. S. 117) schon seit 1820 durch Begünstigung des Frankfurter Handels im Durchfuhrzoll ein Einverständnis mit dieser mächtigen Freistadt aus. Ja, diese erste Rückwirkung auf den modernen Protektionismus in Frankreich versprach aus einer deutschen eine europäische zu werden. Im Norden die Niederlande ebenso wie im Süden die Schweiz begannen sich durch den Ehrgeiz der französischen Webstoffgewerbe, besonders aber durch die französische Transitpolitik bedroht zu fühlen, die immer eifriger den Verkehr der Rheinstraße nach den eignen großen Stapelorten Havre und Straßburg abzulenken bemüht war. Getrieben von den Wirtschaftsinteressen des eignen Landes eröffnete der niederländische Handelsminister Falck, daneben auch bestimmt von dem Wunsch nach Handelsverträgen mit Baden und Württemberg der schweizerische Tagsatzungspräsident Reinhard die denkwürdige Epoche der „Retorsion" gegen Frankreich[14]).

Preußen konnte diesen Ereignissen nicht ohne Verlegenheit beiwohnen. Auf einem Gebiet, das besonders auch nach der Meinung seiner Privatwirtschaftskrise einen Bestandteil seiner eignen Handels-

[14]) Berichte Zastrows München 25. Aug. u. 8. Dez. 1822 A. A. II Rep. 6 Bayern 1, Küsters Stuttgart 8. u. 21. Nov. u. 11. Dez. 1822 ebd. Gen. 31 und Baden 1 vol. 1, Otterstedts, Wiesbaden 15. Sept. 1823 ebd. Nassau, Wintzingerode u. Nebenius an Reinhard 4. Juli u. 12. Aug. 1822 Abschr. ebd. Schweiz 1 vol. 1, dazu Haushalter 190f., Schwemer 103f., 175ff., 726, Ferber 256, Colenbrander, Falck 257, 428, Dierauer, Schweiz 5, 403ff., Öchsli, Schweiz im 19. Jahrh., 2, 489ff., Hudeczek 123. Über Witzleben s. jetzt Losch, Kf. Hessen 113.

politik hätte bilden können, wenn nicht sollen, sah es sich von seinen beständigen Gegnern in der deutschen Politik, den mittleren Verfassungsstaaten[15]), in bedenklichster Weise überflügelt. Mit einer gewissen Schadenfreude gaben die süddeutschen Regierungen seinen Vertretern die übereinstimmende Auskunft, die neuen Schutzzölle gegen Frankreich wirkten zunächst ganz allgemein auch gegen alle Staaten, die über ihre Vermeidung nicht wie die Darmstädter Genossen und die Schweiz besondere Abmachungen auf der Grundlage der Gegenseitigkeit träfen; der württembergische Minister Wintzingerode betonte eigens, daß bloße parallele Änderungen des preußischen Tarifs nicht als genügend angesehen werden könnten. Und wirklich fingen bereits einzelne Handelszweige, wie der Absatz Kölnischer Wässer nach Bayern oder der von Rheinweinen nach Nassau, an zu klagen, daß sie sich mit der ausgesperrten französischen Einfuhr auf eine Stufe gestellt fänden. Auf der andern Seite trat hier zum erstenmal in bestimmter Form die Versuchung einer größeren deutschen Zollvereinsbildung an Preußen heran. Gleich zwei Pläne zur Auswahl legte anläßlich der Salztransitverhandlungen mit Gotha-Altenburg (o. S. 112 Anm. 26), dessen Minister Bernhard August v. Lindenau, der nachmalige Führer des Königreichs Sachsen durch den Neutralitätsverein zum Zollverein, Bernstorff vor: Außer dem glatten Beitritt zum Darmstädter Verein, zu dem die Ernestiner Preußen wie Sachsen (o. S. 126, 132f.) aufzufordern beantragt hatten, auch die denkwürdige, bisher ganz unbekannte Anregung zu einer engeren, mitteldeutschen Handelsverbindung Preußens und Thüringens einschließlich Kurhessens, die nur das eine Unbequeme hatte, einen ersten Schritt Preußens vorauszusetzen. Später versuchte der badische Außenminister Berstett in einer vertraulichen Darstellung Preußen zum Anschluß an die Retorsionsgruppe zu verlocken: Es sei nicht allgemein bekannt, daß Baden, von einigen feinen Baumwolldruckereien abgesehen, noch immer ein wesentlich ackerbautreibendes Land sei, das jährlich etwa 7000 Zentner Wollwaren, 9000 Zentner Baumwollwaren (ohne Garne), einige Tausend Zentner Kurzwaren, 6500 Zentner Lederwaren, 3—4000 Zentner Leinenwaren und 26—27000 Zentner Eisenwaren (ohne Roheisen) aufnehmen könne und deshalb der gegebene Markt für die Rheinprovinzen sei, sobald man sich untereinander zuungunsten Frankreichs, Hollands und Englands verständige. Die preußische Regierung hat den doppelten Ansturm von Schädigungen und Lockungen besonders in dem Sinn verstanden, daß hier den Mittelprovinzen (o. Anm. 63) wie den gerade damals zu einer Provinz vereinigten und so fester an den Staat geketteten Rheinlanden ein vielleicht nicht unwillkommener Zwang zur zollpolitischen Abgliederung und Verbindung mit den deutschen Nachbarstaaten drohe. Auch handelspolitisch aber lehnte sich das Selbstgefühl der Männer, die zu gleicher Zeit so schwer mit den

[15]) Lindenau an Bernstorff Gotha 27. April 1822 A. A. II Rep. 6 Sachsen 3: „Ob nicht bei diesem Verein auch der politische Zweck mit beabsichtigt wird, durch diesen kommerziellen Verband konstitutioneller Lande eine Art von Mittelstaat zwischen Preußen und Österreich zu bilden, das lasse ich meinerseits ganz unerwähnt."

kleinlichen Streitfragen des eignen zollpolitischen Aufbaus zu ringen hatten (o. S. 129f.), mächtig dagegen auf, an anderer Stelle selber zu Zollanschlüssen genötigt zu werden: So wenig man sich durch die Nadelstiche der Darmstädter zu einem deutschen Zollbruderkrieg hinreißen zu lassen gedachte, um so sicherer glaubte man zu sein, daß irgendwelche Nachgiebigkeit gegen sie für die noch unschlüssigen deutschen Kleinstaaten geradezu das „Signal" sein müsse, geschlossen in das siegreiche Lager des Handelsvereins abzuschwenken[16]).

Diese Verhältnisse stehen geistig und materiell hinter der bedeutsamen, in der preußischen Staats- und Wirtschaftsgeschichte noch so gut wie gar nicht beachteten Schutzzolldebatte, die sich gleichlaufend mit dem Enklavenstreit auf der einen, der Retorsionspolitik gegen Frankreich auf der anderen Seite im Inneren der preußischen Regierung abspielte. Wie soeben in den Niederlanden die parlamentarische Tarifkommission erklärt hatte, dem Beispiel der schutzzöllnerischen Nachbarstaaten wider Willen folgen zu müssen, und wie dort namentlich die Reederei auf eine erhöhte Zollbegünstigung vor der fremden Schiffahrt drängte[17]), so unternahm Rother, seit 1820 an der Spitze der umgestalteten Seehandlung und soeben[18]) mit der ersten größeren Staatshilfsaktion für den nordwestdeutschen Südamerikahandel und die baltische Getreideausfuhr beschäftigt, in zeitlich unmittelbarem Anschluß an die süddeutschen Schutzzollgesetze ganz zentral durch den König selbst einen Vorstoß zugunsten einer protektionistischen Abänderung der preußischen Zollverfassung. Es war nicht, wie die schlichte merkantilistische Begründung mit der passiven Edelmetallbilanz erscheinen lassen könnte, bloß der natürliche Rückschlag auf die weitgehende und bewußte Gleichgültigkeit, die die Freihändler des Außenministeriums bisher den staatlichen Folgen der selbständigen Handels- und Wirtschaftsentwicklung entgegengebracht hatten. Das lehrt die Einmütigkeit, mit der sich das ganze, wirtschaftspolitisch selber so mannigfach gespaltene Staatsministerium schützend vor die Grundlagen des Zollgesetzes von 1818 stellte, nicht minder als die zahlenmäßige Beweisführung, die ihm die unvollkommene, eben erst unter Hoffmann neu aufblühende Wirtschaftsstatistik für das Gegenteil der Rotherschen Befürchtungen lieferte. Preußen nahm ja den Ruhm für sich in Anspruch, seine neue Zollverfassung im Gegensatz zu denen des alten Merkantilismus und des neuen Protektionismus wesentlich nicht den vorübergehenden Schwankungen des Wettbewerbs mit dem Ausland, sondern den bleibenden Bedürfnissen seiner Staatswirtschaft angepaßt

---

[16]) Schriftwechsel Lindenau-Bernstorff 27. April bis 13. Mai 1822 (vor. Anm.), Über Lindenau-Petersdorff, Motz 2, 160f., Berstett an Küster 6. Dez. 1822 in dessen Bericht vom 11. (s. Anm. 14), Schriftwechsel zwischen Lottum einer- und Graf Bülow, Schuckmann und Klewitz anderseits 29. Dez. 1822 u. 17. März 1823 a. a. O. Gen. 31.

[17]) De Gerlache 2, 38, Ouwerkerk 129ff.

[18]) Rother 14f., 44f. Meuß 30ff. Für das Folgende Kabinettsorder an das Staatsmin. 24. Juli 1822 mit dem vorausgehenden Schreiben Rothers an den Kabinettsrat Tzschoppe gl. D. und Immediatber. des Staatsmin. 20. Nov. 1822 Rep. 74 K. XII. 1 vol. 2.

zu haben. Schon in dieser Gestalt aber war ihre neue Form, der gleichmäßige Grenzzoll für das ganze Staatsgebiet, zahllosen altbefestigten Interessen der inneren und der benachbarten auswärtigen Privatwirtschaft so lästig gefallen, daß in den wirtschaftspolitischen Erörterungen der Öffentlichkeit der Inhalt fast vergessen und das ganze preußische „Mautsystem" kaum weniger als das französische zur Zielscheibe der Verhetzung wurde. Gegenüber dem Antrag Rothers hätte es keine Wahl gegeben, als entweder in der Richtung der Darmstädter Anregungen den ausgesprochenen Schutzzoll gegen das außerdeutsche Ausland mit ebenso ausgesprochenen Begünstigungen gegen das deutsche zu vereinigen, d. h. in besonders auch politisch sehr bedenklicher Weise den Grundgedanken des Zollgesetzes, das Gleichgewicht zwischen den Extremen der Handelspolitik und die Gleichmäßigkeit gegen die fremden Staaten, ganz aufzugeben oder durch den allgemeinen Übergang zum Schutzzoll die schon hinreichend unbequemen Folgen jener Verhetzung ins politisch Unerträgliche zu steigern. Langsam wie die große Politik Preußens sollte sich auch seine Handelspolitik aus der Vermittlung zwischen konservativen und liberalen Mächten außen und im Innern zu bestimmteren und einseitigeren Richtungen entwickeln.

Der Verfall der Mittelmeerschiffahrt.

Das nächste Glied in dieser Kette bildete eine Reihe von Verhandlungen, ohne die die allgemeine Überprüfung der preußischen Zollpolitik im Jahre 1822 nicht ganz verständlich, von denen sie vielmehr nur der letzte, unfertige Höhepunkt ist. Schon im Jahre 1817 war an die preußischen Zentralbehörden abermals (o. S. 41 Anm. 19) die Frage herangetreten, ob der Staat nicht außer der Zollverfassung auch noch das Mittel der Schiffahrtsabgaben zum Schutz seines Handels und zum Wettbewerb mit fremdem anwenden könne. Die Schutzlosigkeit der preußischen Schiffahrt gegen die englischen Navigationsakten, die bald darauf ein Humboldt als „widernatürlich" bezeichnet hat[19]), wurde zwar damals noch von einem Mann wie Maaßen als unvermeidliches Schicksal hingenommen, vor allem weil man ohne eigene Kriegsflotte von der Macht und dem Seeschutz der englischen allzu abhängig sei. Aber England war ja, wie bereits die englandfreundliche Wirtschaftslehre[20]) hervorgehoben hatte, keineswegs das einzige Land, das Schiffahrtsgesetze besaß. Neben den Vereinigten Staaten, mit denen man soeben im Begriff stand sich darüber zu einigen (o. S. 92 ff.), hatte vor allem Schweden aus der Zeit seiner baltischen Großmachtstellung eine weniger bekannte, aber nicht weniger strenge Navigationsakte bewahrt als England, und sie war von Rußland für das neu eroberte Finland nicht nur beibehalten worden, sondern wurde in jenem

[19]) Bericht an Hoffmann, London 30. Sept. 1818, A. A. II Rep. 6 Engl. 1 v. 1.

[20]) Solly 17. Zum Folgenden Maaßen an das Außenministerium III 17. März, Gutachten Hoffmanns zum Schreiben Graf Bülows an Jordan 8. Febr. 1817 o. D., Rep. 74 K XII 1.

Augenblick sogar auf das anschließende Gouvernement Wyborg ausgedehnt. Auf die Anfrage des Finanzministers Graf Bülow nach diplomatischen Abwehrmöglichkeiten dagegen riet Hoffmann zunächst zu vorsichtigem Vorgehen in Petersburg, damit man sich nicht fahrlässig eine runde Ablehnung zuziehe. „Dagegen aber", fügte er programmatisch wie immer hinzu, „halte ich es der Ehre und Würde des Preußischen Staats ganz angemessen, durch ein in aller Form gegebenes und möglichst zu verbreitendes organisches Gesetz für die Schiffahrt der Nation zu erklären, daß vom 1. März 1818 an die Schiffe jeder Nation in den preußischen Häfen ebenso behandelt werden sollen als die unsrigen bei ihr. Ich glaube, daß ein solches Gesetz höchst populär und zugleich die zweckmäßigste Wehr gegen das Isolierungssystem sein würde, womit England längst vorangegangen ist und das nunmehr auch von Rußland nachgeahmt werden will." Hoffmann sollte seinen Gedanken nicht mehr selbst ausführen. Erst am 20. Juni 1822 erschien die Kabinettsorder „wegen Beförderung der inländischen Reederei", die dieser die Küstenschiffahrt im Staatsgebiet ausschließlich vorbehielt, namentlich aber zu ihren Gunsten den Besuch fremder, nicht auf dem Fuß der Gegenseitigkeit bevorzugter Schiffe nach amerikanischem Muster hohen „Flaggengeldern" unterworfen[21]).

Der Eingriff des Staates kam nicht zu früh. Wenn sich die preußische Handelsflotte von rund 1000 Schiffen mit zusammen etwa 100000 Last Tragfähigkeit im Jahre 1807 auf 700 Schiffe mit 70000 Last im Jahre 1820 verringert hatte[22]), so lag darin, wie schon die Unveränderlichkeit der durchschnittlichen Schiffsgröße andeutet, nicht bloß die Verheerung des englischen Seekriegs gegen den Bundesgenossen Napoleons (o. S. 43f.), sondern fortdauernde Unfähigkeit zur Erholung davon auch im Frieden. Einer der nächsten Gründe dafür war die Schutzlosigkeit der preußischen Flagge auf hoher See. Sie hatte in der Zeit zwischen dem allgemeinen Frieden von 1814—15 und der auch seekriegsrechtlich wichtigen Losreißung der südamerikanischen Kolonien bedenkliche Folgen namentlich für den preußischen Handel im Mittelmeer. Dort rangen die türkischen Vasallenstaaten Nordafrikas, die Barbaresken, wie man damals sagte, in der mittelalterlichen Form der Wegelagerei um ihre Beteiligung an den Staatshoheits- und Handelsbesteuerungsrechten der zivilisierten Welt, und nur starke Kriegsflotten wie die der west- und nordeuropäischen Seemächte schienen vor der Hand im Stande, den Kreislauf gegenseitiger Angriffe und Waffenstillstände durch einigermaßen feste vertragliche Sicherungen ihres Handels zu überwinden. Auf dem Gebiet

[21]) Gesetzsamml. 1822, S. 177f. Die Abgabe betrug in je zwei Abstufungen für voll- und drittelbeladene Schiffe beim Eingang 2 und 1, beim Ausgang 1 und ½ Rtlr. Die Begünstigung der Nationalschiffahrt war doppelt, weil ihr der Ertrag in Form von Unterstützungen zufließen sollte. In Dänemark und den Herzogtümern war schon 1819 die Küstenfahrt unter 15 Lasten einheimischen Schiffen vorbehalten worden, wodurch „wohl manchen preußischen Schiffen ein bisheriger Erwerb gelegt" war (Bericht Maltzahns 17. Sept. 1819, A. A. II Rep. 6 Dän. 1 vol. 1).

[22]) Siehe die Tabelle bei Ferber 268, für die einzelnen Häfen Peters 57ff.

der Seebefriedung wiederholte sich hier im kleinen der große Zeitgegensatz zwischen dem Glauben an eine freie, völkerrechtliche und dem Glauben an eine nationale, machtpolitische Ordnung des Welthandels und der internationalen Beziehungen überhaupt. Darin fast noch mehr als in der Größe der davon betroffenen Wirtschaftsinteressen bestand wenigstens für die preußische Handelspolitik die Wichtigkeit des Barbareskenproblems während des ganzen ersten Zeitraums ihrer grundlegenden Entwicklungen.

Wollte sie die preußische Ausfuhr vor allem nach der Pyrenäenhalbinsel der einheimischen Schiffahrt erhalten, so mußte sie diese besonders vor den Seeräubern der gegenüberliegenden marokkanischen Küste schützen. Dazu hatte sie die Wahl zwischen mehreren Wegen: Entweder konnte man, wie es Frankreich zunächst tat, durch Bewaffnung der Handelsschiffe und Beigabe von Konvois einen ständigen Verteidigungs- und wohl auch Angriffskrieg gegen die Korsaren führen; haben diese doch behauptet, daß ihre Kaperei nichts anderes sei als eine Fortführung und Vergeltung der napoleonischen Piraterie. Oder es war möglich, dem Beispiel Englands, Hollands und der skandinavischen Staaten folgend dem Streben der Barbaresken nach staatlicher Anerkennung entgegenzukommen und Verträge mit ihnen zu errichten. Alle diese europäischen Staaten haben übereinstimmend ihre Erfahrung dahin ausgesprochen, daß die Regentschaften einer gewissenhaften Beobachtung solcher Verträge durchaus fähig seien. Allein es war klar, daß letzten Endes auch nur in der Seemacht jener Staaten die Gewähr für solches Verhalten lag, und mithin hätte auch die Nachahmung ihrer Barbareskenpolitik entweder die Begründung einer eigenen Kriegsflotte oder einer Art von Schutzverhältnis zu der ihren erfordert. Sogar Frankreich zog sich aus Mißtrauen gegen England von den Beratungen zurück, die im Verfolg des Wiener Kongresses 1816 in London zu dem Plan einer internationalen Barbareskenwehr führten[23]). Auf alle Fälle aber war zu jeder dieser verschiedenen Methoden die entschlossene Einsetzung staatlichen Handelns und staatlicher Mittel nötig. Es war die Verhältnismäßigkeit solcher Aufwendungen zu dem davon erhofften wirtschaftlichen Vorteil, die Hardenberg und seine ersten handelspolitischen Berater leugnen oder doch bezweifeln zu müssen glaubten und die sie daher hier noch weniger als sonst aus der gewohnten Haltung des Geschehenlassens heraus in Bewegung setzte.

Wiederholt trat gleich nach den Friedensschlüssen die Gelegenheit zu einer tätigen Barbareskenpolitik an sie heran. Im Sommer 1816 näherte sich dem Legationssekretär der Gesandtschaft in Madrid, dem später selbst mit diesem Posten betrauten Schepeler, einer von den napoleonischen Staatsmännern, in denen sich die für Frankreich seit der Revolution so bezeichnende Verbindung politischer mit privat-

---

[23]) Plantet, Corr. des Deys avec la France (1889), I, LXXII. Castlereaghs Äußerung über die Vertragstreue der Regentschaften (Zimmermann 116) wird durch die Berichte Dohnas, Kopenhagen 6. Mai, und Tarrachs, Stockholm 2. Juni 1815, A. A. II Rep. Afrika 1 vol. 1, bestätigt.

wirtschaftlichen Geschäften verkörperte. Es war der ehemalige kaiserliche Statthalter der Ionischen Inseln Graf Lesseps, der jetzt als bourbonischer Generalkonsul auf Halbsold sein Glück namentlich in der Getreideausfuhr aus Marokko versuchte. Er überbrachte von dem dortigen Sultan Mulai Suleiman II., der noch heute als Gegner des Seeraubs in der marokkanischen Geschichte fortlebt[24]), das angebliche Angebot eines Handelsvertrags, durch den Preußen nur die marokkanische Staatshoheit hätte anzuerkennen und diese Anerkennung durch eine konsularische Vertretung zu betätigen brauchen, um aller Belästigung seines Handels durch marokkanische Untertanen ledig zu sein; die Kosten eines solchen Übereinkommens würden sich in geringen Geschenken, dem bei derartigen Verhandlungen immer wiederkehrenden Mittelding zwischen Tribut und Bestechung, erschöpfen — die Unterhaltung des Konsulats wurde offenbar der Erwähnung nicht für wert gehalten, obwohl sich Lesseps wahrscheinlich wie die meisten seiner Nachfolger in der freiwilligen Barbareskenpolitik selber Hoffnungen darauf machte. Sein Vorschlag fiel in eine ungünstige Zeit. Eben damals sah es aus, als werde Preußen ohne eigene Anstrengungen die Früchte der Bemühungen mit ernten dürfen, die neben den Londoner Verhandlungen seitens der hauptbeteiligten Seemächte für die Sicherung des westlichen Mittelmeeres eingesetzt hatten. Holland schloß mit Spanien ein Bündnis gegen Algerien, Tunis und Tripolis, bald darauf erzwangen England und Holland durch ihre Admirale Exmouth und Capellen den berühmten Frieden mit Algerien[25]). Zur selben Zeit wie Lesseps wandte sich der schwedische Generalkonsul Olaf Agrell in Algier, ein Marokkokenner von Ruf, an die preußische Mission in Spanien mit einem etwas kostspieligeren Vertragsplan zwischen Preußen und Marokko, der aber dafür bereits die bestimmtere Form eines Vorvertrags angenommen hatte. Endlich erschien im Frühjahr 1817 bei dem preußischen Generalkonsul in Hamburg v. Schwartz sogar ein Marokkaner selbst, ein Angehöriger der jüdischen Kaufmannsklasse, die wegen ihrer geschäftlichen Gewandtheit vielfach die leitenden Amtsstellen in den Barbareskenstaaten besetzt hielt, T. C. Edrehe, ein Verwandter des Finanzministers, Statthalters und nahezu unumschränkten Gebieters von Marokko Ali Abderrahman Hajas. In orientalisch pomphafter Sprache erbot er sich, mit dieser „schon jetzt liberalen" Regierung, die ihrerseits durch Frankreichs als Seekrieg verkleideten Seeraub und die Handelsspionage seiner „kaufmännischen Berichterstatter" in den europäischen Häfen zu leiden habe, einen Frieden zu vermitteln und so „zwei große Monarchen auszusöhnen". Seiner Behauptung nach hatten in früheren Zeiten Spekulationen im marokkanischen Einfuhrhandel dem schlesischen

---

[24]) Meakin 171 ff., 270, 404. Über Lesseps Bericht Werthers 12. Sept. 1816 a. a. O. und Biogr. Univ. 24, 316. Über marokkanische Getreideausfuhr Gråberg 107. Ebd. 104 f., 110 über die Erschwerung des Handels durch die autokratischen Tarife und Verbote.

[25]) E. Osler, Life of Exmouth (1835) 293 ff., Colenbrander 183 ff., wonach Falck, der Capellen berufen hatte, die Unternehmung doch nur als Nebensache einschätzte. Dazu Hoffmann (Zyka) an Werther 7. Nov. 1816 a. a. O.

Leinengewerbe Millionen eingetragen[26]). Noch viel später ist Schepeler als Gesandter in Madrid der Ansicht gewesen, daß die Errichtung eines Konsulats in Tanger und ein förmlicher Friedensschluß mit Marokko möglich, ja geboten sei.

So kühne und gerade Wege zur Lösung der Barbareskenfrage einzuschlagen besaß die preußische Diplomatie weder die Lust noch die Mittel. Freilich konnte sie über die Unzufriedenheit der einheimischen Handels- und Schiffahrtskreise mit dem Zustand der Mittelmeerfahrt nicht im Unklaren sein. Wie schon bei Semlers Städtebereisung (o. S. 55 ff.) die Beschwerden Danzigs auch eine eigene Vorstellung darüber umfaßt hatten, so schloß sich im Sommer 1817 namentlich eine ausführliche Denkschrift Stettins der Protestbewegung an, die der Besuch der maurischen Seeräuber (sie selbst betrachteten sich ja als völkerrechtlich Kriegführende) an der Nordseeküste hervorrief und die in den Hansestädten sogleich von Lists nachmaligem Helfer Kreyßing zum sogenannten Antipiratischen Verein organisiert wurde. Für sich betrachtet erscheint es denn auch fast als unbegreiflich, daß die Stettiner Denkschrift im Berliner Außenministerium einfach zu den Akten geschrieben und das Mittel gegen die Barbaresken überall da gesucht wurde, wo es nach der späteren Einsicht in die Dinge am wenigsten zu suchen war. Aber man vergegenwärtige sich die Lage im Zusammenhang: So wenig zu gleicher Zeit (o. S. 41 f.) die allgemeine preußische Handelspolitik die Hoffnung auf einen Handelsvertrag mit England aufgeben mochte, so schwer konnte sie sich hier von der Vorstellung trennen, daß England, die Führerin der Sklavenhandelsbekämpfung, etwas wie ein natürlicher Vormund auch aller Bestrebungen zur Beseitigung der Korsarengefahr sei, und ebenso entsprach es in der Zeit vor Abschluß der neuen preußischen Zollverfassung der deutschen Handelspolitik J. G. Hoffmanns (o. S. 113), daß sie in der Agitation des Antipiratischen Vereins bei den Hansestädten und beim Bundestage die Anfänge einer gesamtdeutschen Flottenbewegung und Mittelmeerpolitik zu erblicken glaubte. Eine Denkschrift Hoffmanns über die Errichtung eines deutschen Polizeigeschwaders gegen die Barbaresken meinte nicht nur in alter Weise (o. S. 123) den Hansestädten mit der Versicherung beikommen zu können, daß Preußen sie für mehr halte als eigennützige „Institute“ zur Bereicherung auf Kosten des inneren Deutschlands, sondern verließ sich auch auf die neidlose Mitwirkung Österreichs, wo kurz zuvor Friedrich Gentz die Stimmung dahin wiedergegeben hatte, der „Kaiser“ von Marokko sei kein Pirat und in seinen Streitigkeiten mit Preußen vielleicht sogar im Recht. Bei der Wiedereröffnung der Londoner Konferenz im Januar 1818 und nachher auf dem Aachener

[26]) Edrehes Schreiben Hamburg 13. Febr. mit ablehnendem Bescheid 5. März 1817 a. a. O. Zum Schriftwechsel über Agrell (Schepeler an Werther 20. Aug., Erlaß an Werther 7. Nov. 1816 ebd.) vgl. über dessen Bref om Morocco (1796) Meakin 452 und Svensk Biografisk Handlex. 1, 14. Unter der marokkanischen Leineneinfuhr erwähnt Gråberg 108 auch solche aus Schlesien, doch spiele die der englischen Ostindischen Kompanie wegen ihrer billigen Preise die erste Rolle.

Kongreß übernahmen die Gesandten der Heiligen Allianz, an der Spitze Wilhelm v. Humboldt, immerhin die Führung der internationalen Barbareskenpolitik, und Preußen war doch wenigstens im Besitz eines algerischen Schadlosfirmans, als diese Politik mit der zweiten, ruhmlosen Expedition der Engländer und Franzosen gegen den Dey endgültig zum Stillstand kam[27]).

Noch eine letzte Möglichkeit blieb zur Vermeidung eigener Anstrengungen des preußischen Staates für seinen Mittelmeerhandel. Der Suzerän der Barbareskenstaaten, die Pforte, war durch die Steigerung der Weltmarktpreise und den wachsenden Finanzbedarf ihrer bedrohten europäischen Stellung in die Notwendigkeit versetzt worden, auf eine Erhöhung der Wertzolltarife in den Handelsverträgen des 18. Jahrhunderts mit den europäischen Staaten zu dringen. Dabei mutete sie Preußen ein besonderes Entgegenkommen zu, insofern sie ihrerseits in den beiden maßgebenden Verträgen, dem Freundschafts- und Handelsvertrag Friedrichs II. von 1761 und dem Bündnis Friedrich Wilhelms II. von 1790, die Bestimmungen, die ihr bisher eine weitgehende Einfuhr auch nichttürkischer Waren zu Vorzugsbedingungen ermöglicht hatten, unverändert beizubehalten wünschte. Es lag nahe, daß Preußen dafür als Gegenleistung einen türkischen Druck auf die Barbaresken herbeizuführen versuchte. Aber alsbald wies der Stellvertreter und spätere Nachfolger des Gesandten in Konstantinopel Schladen, Miltitz, darauf hin, daß die Fassung des Bündnisfirmans von 1790 den türkischen Schutz vor den Barbaresken doch bereits von einer besonderen Einigung Preußens mit ihnen abhängig mache. Als daher der Vorgang Österreichs und das Drängen der Pforte Preußen 1819 zum Vollzug der von dieser erstrebten Vertragserneuerung und Tariferhöhuug zwangen, glaubte Schladen am sichersten zu gehen, wenn er es trotz gegenteiliger Wünsche der Berliner Ministerien in den strittigen Hauptpunkten einfach bei dem bestehenden Vertragsfuß bewenden ließ. Es bezeichnet die Unvergleichbarkeit, die damals auch der Europäer zwischen orientalischer und europäischer Handelspolitik annahm, wenn der Gesandte es aussprach, die Türkei werde sich nach ihrer bisherigen europäischen Politik Einschränkungen der Gegenseitigkeit und Meistbegünstigung etwa durch besondere preußische Verbrauchssteuern auch ohne vertraglichen Vorbehalt (wie im preußisch-russischen Handelsvertrag) gefallen lassen. Unter diesen Umständen war natürlich auch von einer neuen Regelung der türkischen Verantwortung für die Barbaresken um so weniger die Rede, als der vertragsmäßig vorgesehene Verkehr zwischen Preußen und der Türkei fast ausschließlich über Triest ging. Zur Vergeltung dafür, daß seine Vorschläge zu einer dem modernen Völkerrecht entsprechenden Modifikation der preußisch-

---

[27]) Denkschriften Danzigs 24. Aug. 1815 A. A. II Kommissionsakten 11, Stettins 31. Mai 1817, Hoffmanns 8. Okt. 1817, ebd. Afrika 1 vol. 1 u. 2. Dazu Treitschke, DG. 2, 173 f., Baasch 149 ff., Briefe Gentz' an Pilat ed. Mendelssohn-Bartholdy 1, 229 (22. Aug. 1816), Gebhardt, Humboldt 2, 292 f., 295 Anm. 6 und die Denkschriften in dessen Akademieausg. 12, 2, 202 ff., Bippen, Smidt 213, Plantet 1, LXXIII u. 2, 542 f. Zimmermann 119 f. vergißt den internationalen Zusammenhang.

türkischen Handelsbeziehungen fruchtlos geblieben waren, hat der Finanzminister Klewitz das neue Abkommen überhaupt für zu belanglos bezeichnet, um es der Bekanntmachung auf dem üblichen gesetzlichen Wege zu würdigen [28]).

In der Barbareskenfrage hatte indessen das Außenministerium, wo den neuen Chef Bernstorff seine dänischen Erfahrungen darin besonderer Mühewaltung nicht geneigter machten, den neuen Handelsminister Graf Bülow wie in so vielen anderen Fragen zum hartnäckigen Widersacher gewonnen. Noch als Finanzminister auf dem Wiener Kongreß Hardenbergs eigenen Worten zufolge „im allgemeinen nicht für die Schließung von Freundschaftsverträgen mit den Barbaresken" [29]), griff er jetzt die Verständigung mit ihnen zur selben Zeit und ebenso leidenschaftlich auf wie den Kampf für den Magdeburger Stapel oder den Gedanken des Zollkriegs gegen den Protektionismus der Westmächte. Die Vereinzelung, in die ihn alle diese Anliegen gegenüber den anderen Ministerien versetzten, war hier besonders betont durch die seltsame persönliche Verbindung, von der er sich anregen und führen ließ. Neben den fremden Agenten hatten sich in der Barbareskenpolitik von jeher auch solche aus dem preußischen Küstengebiet betätigt, dessen Wirtschaftsinteressen durch den Mittelmeerhandel so nahe berührt wurden. Schon Edrehe hatte vorwurfsvoll berichtet, daß bei dem französischen Kaperwesen ein aus Magdeburg gebürtiger Renegat namens Müller eine führende Rolle spiele. Dann war bei der Erörterung des bewaffneten Piratenschutzes ein Kösliner Offizier, Leutnant J. A. Schmidt, mit Plänen zum Aufbau einer ganzen preußischen Marine hervorgetreten, für die er sogar die Teilnahme des Königs zu erwecken wußte [30]). Ein anderer Pommer, der Kaufmann J. Pütter, wurde jetzt, eingeführt durch die Firma Gebr. Benecke, deren Chef eben damals an die Spitze der neugeschaffenen Korporation der Berliner Kaufmannschaft trat, der unermüdliche Berater Graf Bülows in der Barbareskenfrage, die er genau wie seine ausländischen Vorgänger durch die Anknüpfung fester diplomatischer Beziehungen mit verhältnismäßig geringen Mitteln zu lösen versprach, wie jene in der (auch der Außenwelt bekannten) [31]) Hoffnung, selbst als Generalkonsul in Algier der Träger dieser Beziehungen zu werden.

Graf Bülows Hauptaktion, seine große Denkschrift vom 15. November 1820, bezeichnete nach den Beratungen von 1817 den zweiten kritischen Höhepunkt der preußischen Barbareskenpolitik. Aufs neue

---

[28]) Berichte Miltitz' 13. Sept. 1817 a. a. O. vol. 2, Schladens 25. Sept. 1817, 13. Juli 1818, 11. Jan., 13. Sept. u. 10. Dez. 1819, Klewitz an Außenmin. 6. Aug. 1817, 9. Febr. 1819, an Graf Bülow 19. Jan. 1820, ebd. Türkei 2 vol. 1. Die lehrreichen Ausführungen bei Kamptz 13 ff. übergehen denn auch die ganze Episode.

[29]) Hardenberg an Raumer 30. Jan. 1815 a. a. O. Afrika 1 vol. 1. Über Bernstorff Staegemann an Olfers 9. Okt. 1825, Rühl 3, 228.

[30]) Entwurf Schmidts 10. März 1818, ablehnende Kritik Graf Bülows an Bernstorff 24. Juli 1819 a. a. O. vol. 3.

[31]) Staegemann an Olfers 24. Nov. 1825, Rühl 2, 231. Über Benecke vgl. die Festschr. der Korporation (Berlin 1920) 65.

hatte der Antipiratische Verein das Aufleben der Bundespolitik in den Wiener Konferenzen (o. S. 125) benutzt, um zur deutschen Einigung auch im Mittelmeer zu mahnen. Daneben verdichteten sich die Verhandlungen, die die Hansestädte schon Jahre lang namentlich mit Marokko über eine Beilegung von Entschädigungsansprüchen aus den Napoleonischen Kriegen führte, durch die Vermittlung des portugiesischen Konsuls Colação endlich zu bestimmten Vereinbarungen[32]). Eine ähnlich erfolgreiche Mittlertätigkeit übte noch der schwedische Konsul in Tanger, Jacopo Gråberg di Hemsö, einer der besten Kenner Marokkos und eine merkwürdige Verkörperung des uralten Wikingerzuges nach dem Süden, für die italienischen Staaten aus. Gegenüber diesen internationalen Beispielen und Anregungen stand die scharfe Betonung nationaler Beschränkung und Sparsamkeit, die die Beratungen des preußischen Staatsratsausschusses über den ersten öffentlichen Staatshaushaltsplan wohl oder übel herbeiführten und von der aus die Einigung mit den Piraten als unwürdig erschien. Dazu verwies das Außenministerium, gestützt auf den aus Washington zurückgekehrten Greuhm (o. S. 95), darauf, daß dem preußischen Handel in der amerikanischen Übersee bereits reichlicher Ersatz der alten Mittelmeerverbindungen winke[33]). Endlich wurde doch auch im Handel des Mittelmeers der Zerfall der europäischen Staatengesellschaft in einen Wettbewerb abgeschlossener Einzelstaaten immer fühlbarer. Die englische Flottenherrschaft, deren mittelbar segensreiche Wirkungen für den allgemeinen Seeverkehs nicht übersehen werden dürfen, begann je länger je mehr ihre natürliche Kehrseite, die unmittelbare ausschließende Fürsorge für den eigenen Handel zu zeigen, der ja aus dem Schutz besonders der italienischen Staaten und ihrer Küstenbevölkerung vor dem Raub und dem Sklavenhandel der Korsaren den größten Vorteil zog. Wenn noch der Immediatbericht des preußischen Staatsministeriums über die Änderung der Zollpolitik (o. S. 142) eine Hebung der preußischen Mittelmeerschiffahrt von der Beeinträchtigung der griechischen Reederei durch den beginnenden Befreiungskampf erhoffte, so konnte bald darauf doch einem weltläufigen Beobachter wie Niebuhr, der freilich den Vorteil seiner früheren dänischen (o. S. 82) und seiner späteren römischen Diensterfahrungen vereinigte, nicht entgehen, daß dafür als unfreiwilliges Ergebnis des englischen Schutzes bereits wieder eine italienische Handelsflotte mächtig emporgebüht war und hauptsächlich in Verbindung mit der neuen großen Getreideausfuhr Südrußlands das Mittelmeerbecken für den Handel der kleineren nord-

[32]) Schaefer, Verhandlungen der Hansestädte mit dem Sultan von Marokko, HZ. 22 (1869), 67 ff., und Baasch 157 ff., der im Gegensatz zu Schaefer einen rechtsgültigen Abschluß annimmt.

[33]) Denkschriften H. v. Bülows 3. Aug. 1821, Humboldts in Schriften 12, 2, 216 (die natürlich hierher und nicht zu 1818 gehört). Über Gråberg Meakin 475 und Hofberg, Svensk Biografisk Handlex. 1, 409 mit unvollständiger Bibliographie; er schrieb auch: La Scandinavie vengée de l'accusation d'avoir produit les peuples barbares qui detruisirent l'empire de Rome (Lyon 1822). Zur Finanzlage vgl. O. v. Hoffmann, Die Hauptverwaltung der preußischen Staatsschulden (Berlin 1896) 25 ff.

europäischen Staaten zunehmend zu schließen drohte[34]). Inmitten solcher Entwicklungen verschwand auch das Streben der Barbaresken nach etwas wie einem Anschluß an die Staatenwelt des Wiener Kongresses rasch genug. Selbst Pütter hatte sich von dem dänischen Konsul in Marokko, dem berühmten Naturforscher Schousboe, über die letzte Regierungszeit Mulai Sulaimans berichten lassen müssen, daß man auch dort den Gedanken der nationalwirtschaftlichen Selbstgenügsamkeit aufgefaßt habe und den Außenhandel wieder möglichst zu unterbinden suche. Ein Mann wie Gråberg wurde in schroffster Form ausgewiesen. Sulaimans Nachfolger Abderrhaman gelangte dann wohl wesentlich von solchen merkantilistischen Anschauungen aus zur Verständigung mit der Vormacht des europäischen Protektionismus, Marokkos bisher größtem Gegner Frankreich. In ihrem Vertrag vom 17. Mai 1824 spielte die Begünstigung französischer Kaperei durch Ausrüstung und Prisenverkauf in marokkanischen Häfen dieselbe Rolle wie 1816 in den Verhandlungen des christlichen Englands mit Algier. Die ungläubigen Raubstaaten, gegen die man sich einst zu gemeinsamen Kreuzzügen angeschickt hatte, waren zu Hehlern der Europäer auch gegeneinander geworden[35]).

Der Kampf mit dem Außenressort um die Barbareskenfrage hat Graf Bülow alle seine letzten Jahre verbittert. Immer wieder versuchte er die Gesamtheit des Staatsministeriums wie einzelne mächtige Einflüsse für sich gegen Bernstorff in Bewegung zu setzen, bald den Vortragsminister Lottum, bald den Protektionisten Rother (o. S. 142) oder den Generaladjutanten Witzleben gegen ihn auszuspielen. Wie immer in solchen Aktenschlachten, konnte, schon abgesehen von allen sachlichen Schwierigkeiten, das Prinzip der Tätigkeit gegen das der Beharrung nur sehr schwer durchdringen, und wahrscheinlich trug umgekehrt der Barbareskenstreit wesentlich dazu bei, die Einrichtung eines besonderen Handelsministeriums in der Meinung der Zentralbehörden herabzusetzen. Noch vor der Aufhebung seines Ressorts mußte Bülow erleben, daß ein Bernstorff abgerungener Immediatbericht zugunsten der Mission Pütter durch Kabinettsorder vom 1. Juni 1825 an das Staatsministerium zur nochmaligen Beratung zurückverwiesen wurde. Auch Motz, der dann als Gesinnungsgenosse Bülows und „eigentlicher Handelsminister" diese Erbschaft mit übernahm, hat schließlich nichts darin ausrichten können[36]).

Die eigentliche Bedeutung der ganzen Angelegenheit für die preußische Handelspolitik lag denn auch weniger in ihr selbst als in ihrer Einwirkung auf die allgemeine Frage staatlicher Unterstützung für die notleidende Reederei. Es war im wesentlichen ein Erfolg

---

[34]) Niebuhr an Bernstorff Berlin 3. März 1825, A. A. II Rep. 6 Afrika 1 vol. 6.

[35]) Pütters Bericht an Graf Bülow 20. Okt. 1820, Bericht Gråbergs an das dänische Konvoikommissariat 28. Jan. 1822, a. a. O. vol. 3 u. 4, Rouard 211 vgl. mit Osler, Exmouth 299. Über Schousboe Bzieka Dansk Biogr. Lex. 15, 272.

[36]) Bülow an Bernstorff 16. März 1823, Bernstorff an Bülow 16. Febr. 1824, Berichte beider 26. Okt. 1824 und 16. Mai 1825 a. a. O. vol. 4 u. 5. Petersdorff, Motz 326 f. u. 338.

Graf Bülows, wenn am gleichen Tage wie die Kabinettsorder über die Flaggengelder (o. S. 144) eine andere, nicht zur Veröffentlichung bestimmte an ihn, Bernstorff und Klewitz die Grundzüge eines förmlichen Systems staatlicher Schiffahrtspolitik aufstellte. Neben dem Barbareskenschutz gehörten dazu besonders die Ausgestaltung des Freihafen- und Prämienwesens und die Begründung des staatlichen Seemannsunterrichts, der sich alsbald in den Navigations- und Schiffahrtsschulen von Danzig, Stettin, Stralsund, Memel und Pillau zu wirklicher Blüte entfalten sollte[37]).

Die Schiffahrtsverträge mit England und ihre Folgen.

Was in der Mittelmeerschiffahrt über den alten Streit zwischen Aktivität und Passivität in der preußischen Handelspolitik nicht hinaus gedieh, hat in einem bis dahin gleich unfruchtbaren Abschnitt der preußischen Handelsstellung, dem Verhältnis zu England, ihren nach den ersten großen Handelsverträgen bedeutendsten Sieg herbeigeführt: Es waren der Schiffahrtsschutz, die ja wesentlich England treffenden Flaggengelder Preußens, die, freilich nicht ohne die stärkste Mitwirkung der eigenen wirtschaftspolitischen Entwicklung Englands, die entscheidende und für ganz Europa vorbildliche Bresche in das Recht der englischen Navigationsakten geschlagen haben. Zwar hat kein Geringerer als der Eröffner der englischen Freihandelsgesetzgebung selbst, Huskisson, am Ende darauf aufmerksam gemacht, daß Preußen im Gegensatz zu dem schutzzöllnerischen Frankreich dies Gelingen nicht zuletzt seiner eigenen liberalen Zollpolitik verdankte[38]). Von Preußen aus gesehen aber hat sich hier doch auch das Drängen seiner Privatwirtschaft und seines Handelsministers auf einen Bruch mit der überlieferten doktrinär freihändlerischen Haltung der Außenpolitik um so unzweifelhafter bewährt, als die hergebrachte Englandvorliebe Hardenbergs unter Bernstorff noch gesteigert auf diese Außenpolitik wirkte[39]). Langwierige diplomatische und Ressortkämpfe waren jedenfalls die Vorbedingung dieses Ausgangs.

Mit dem Ablauf der Sicherungsfrist für die Vorzugszölle auf kanadisches Holz (o. S. 97) setzten in England selbst an diesem und den benachbarten Punkten die Bestrebungen zum Abbau des Schutz- und Kriegszollsystems doppelt kräftig ein. Die große Petition der Stadt London, die Tooke verfaßt hatte und Baring am 8. Mai 1820 im Unterhaus vortrug, ist doch nur die geschichtlich lebendigste Regung einer Agitation, die das ganze Land von den hauptsächlichen Handelsmittelpunkten aus ergriffen hatte. Neben Liverpool (o. S. 96) drückte besonders auch Glasgow in ganz ähnlicher Weise auf die Klinke der Gesetzgebung[40]). Sie kam zunächst im Oberhaus in Be-

---

[37]) Die Kabinettsorder a. a. O. vol. 4. Vgl. Ferber 270 ff., Peters 1, 69.

[38]) Biographie Huskissons Speeches 1, 105 Anm.

[39]) Über seine Abhängigkeit von dem englischen Gesandten Sir G. H. Rose vgl. dessen Berichte 26. und 30. Jan. 1819 bei Castlereagh, Corr. 12, 102 ff.

[40]) Becker 14—17, Levi 153 ff. Smart, Ec. ann. 1, 744 ff.

wegung, wo sich bereits in den Streitigkeiten um die Kornbill eine Gruppe liberaler Lords, die Grenville, Grey, Stanhope, als Säule der freihändlerischen Opposition erwiesen hatte[41]). Ein von ihm niedergesetzter Ausschuß zog namentlich mit Hilfe des berühmten Schiffbauers und Erfinders Sir Robert Seppings die Mißbräuche ans Licht, die die Verwendung minderwertigen Kanadaholzes auf den Werften der Kriegsflotte zur Folge gehabt hatte. Das Unterhaus wurde von den noch immer zahlreichen und einflußreichen Vertretern des baltischen Holzhandels in England selbst, an ihrer Spitze Edward Sollys Bruder Isaac, bearbeitet. Äußerst merkwürdig ist nun, wie diese Öffentlichkeit der handelspolitischen Erörterungen in England auch auf preußischer Seite sogleich den Gedanken einer über die Diplomatie hinausgehenden Einwirkung auf die öffentliche Meinung des Gegners erzeugt hat. Das war ja auch nur ein Schritt weiter auf dem Wege, den die Mission des Admiralitätsdirektors Brahl neben Humboldts Gesandtschaft bereits betreten hatte. Auch der von Humboldt als Geschäftsträger in London zurückgelassene Heinrich v. Bülow versuchte, anders als sein kühl zurückhaltender Schwiegervater, mit großer Kühnheit auf den neuen Kampfplatz zu treten. Angeregt durch den aus Danzig in die noch lebendigere politische Umgebung Kölns versetzten Brahl wagte er es, ein ganz vereinzelter Fall in der damaligen preußischen Handelspolitik, sogar die Presse unter seine diplomatischen Hilfsmittel aufzunehmen und den Handelsminister Robinson mit einer noch unverbürgten Nachricht der „Augsburger Allgemeinen Zeitung" einzuschüchtern, wonach Preußen im Begriff stehe, sich den deutschen Schutzzollbestrebungen auf den Wiener Konferenzen anzuschließen[42]). Das war denn freilich seinen Berliner Vorgesetzten unendlich viel zu weit gegangen. Aus dem scharfen Verweis Hoffmanns, der sicher der Vorbote von Bülows Rückberufung aus London war, spricht doch noch etwas mehr als die bureaukratische Entrüstung über die Heranziehung unzuverlässiger Pressenachrichten. Es war wirklich nicht wohl geraten, daß sich Preußen in Wien auf den partikularistisch-freihändlerischen, gleichzeitig aber in London auf den bündisch-protektionistischen Standpunkt stellte[43]).

Auch sachlich war die preußische Handelspolitik gegenüber England nicht etwa deshalb in bequemerer Lage, weil die Interessen des sinkenden preußischen Ausfuhrhandels mit den wachsenden englischen Freihandelsinteressen eine Strecke weit zusammenliefen. Das zeigt deutlich die große Denkschrift vom Silvestertag 1820, in der auf Hardenbergs Wunsch der Handelsminister Graf Bülow die Gesamtheit der preußischen Gründe gegen die englische Holzzollpolitik aus den

[41]) Smart in EHR. 24, 487.

[42]) Customs tariffs 261, vgl. o. S. 95; vgl. DNB. 51, 249 f. Bericht H. v. Bülows London 7. März 1820, Denkschriften Graf Bülows 31. Dez. 1820 und des Danziger Handelsstandes 20. bzw. 24. April 1821 über den Holzhandel mit England A. A. II Rep. 6 Engl. 1 vol. 2 f.

[43]) Erlaß Hoffmanns an Bülow 23. März 1820 a. a. O. Eine kleine Repressalie gegen England war doch die Aufhebung der Privatmanufakturenlager bei der Erneuerung des preußischen Zolltarifs 1821, Meier 446.

einheimischen und englischen Amts- und Parteiakten noch einmal zusammenfaßte. Allerdings hatte sich seine Geschäftsführung bereits als Finanzminister nach dem, wenn auch nicht gerade wohlwollenden, Urteil von Männern wie Humboldt und Boyen[44]) durch die Leichtigkeit ausgezeichnet, mit der die kategorischsten Abhandlungen über die streitigsten Gegenstände seinem Bureau (gemeint war neben ihm selbst gewiß besonders auch Kunth) entströmten, und schon die erstaunliche Fruchtbarkeit, mit der er jetzt wieder in zwei Monaten die drei großen Denkschriften über den Magdeburger Stapel (o. S. 125 Anm. 51), die Barbaresken (o. S. 149) und den englischen Holzhandel herausbrachte, würde manche Flüchtigkeit seiner Beweisführung erklären. Indessen brachte selbst sein Hauptgegner Hoffmann klar zum Ausdruck, daß auch die wirkliche Stellung des preußischen Exports gerade auf diesem Gebiet zwischen Wettbewerbern und Widersachern in bedenklichster Weise eingekeilt war.

Gleich die erste und vornehmste Frage, die nach dem Einfluß des englischen Holzhandels auf die preußische Reederei, war ohne Widersprüche schwer zu beantworten. Eben der Umstand, daß von alters her die preußische und die englische Schiffahrt wetteifernd daran beteiligt waren, wurde jetzt, wie Hoffmann in einem Erlaß nach London vom 10. Februar 1821 gegenüber dem Handelsminister hervorhob, gefährlich. Denn entweder man schob den Anteil der englischen Schiffahrt, ihren Verlust bei Fortdauer, ihren Gewinn bei Reform der bisherigen Zollpolitik in den Vordergrund, dann war die eifrige Sorge für den Vorteil des Konkurrenten verdächtig. Oder man betonte, um mit Vergeltung gegen die englische Schiffahrt zu drohen, umgekehrt die Unabhängigkeit der preußischen Ausfuhr davon, dann zerstörte man seine eigene vorige Behauptung. In Wirklichkeit wird sich, wie Edward Solly in einer Denkschrift vom 17. Februar 1821 gestand, unter der Lockung der Reichsvorzugszölle die englische Reederei damals bereits zu sehr erheblichem Teil von dem baltischen Holzhandel ab- und dem kanadischen zugewandt haben. Ähnlich stand es mit dem Verdienst aus der Verarbeitung der rohen Stämme zu fertigen Balken und Brettern, den die englische Zollpolitik den Ausfuhr- oder Durchfuhrländern zu entreißen und der eigenen Volkswirtschaft zuzuführen suchte. Auch hier vertrug sich die freihändlerische Einsprache des Danziger Kaufmanns Gibson (2. November 1821) gegen die Vernichtung des preußischen Schneidemühlenkapitals kaum mit Graf Bülows Vorgeben, daß man von der Rücksicht auf die englischen Verarbeiter ausgehe. Sogar die im großen ganzen klarste Folge der englischen Holzzölle, die Schädigung des baltischen Handels überhaupt, über deren statistische Erfassung schon die Brahlsche Mission erfolglos herumgestritten hatte (o. S. 98), blieb im einzelnen den gewichtigsten Zweifeln ausgesetzt. Dieselben Preise, die nach

[44]) Siehe den großen Brief Humboldts an Hardenberg 14. Juli 1817, den gleichzeitig Schmoller ForschBrPrG. 12, 241 ff. und Gebhardt 2, 280 ff. veröffentlichten, dazu Meinecke, Boyen 2, 323 ff. Das offenbare Einverständnis Humboldts und Boyens gegen Bülow scheint mir unverkennbar.

Sollys Behauptung infolge des kanadischen Wettbewerbs unter die Selbstkosten gefallen waren, nahm Graf Bülow in Übereinstimmung mit den englischen Statistikern als durch den Zoll verdreifacht an, wenn es galt, die Bemessung neuer Zölle nach der augenblicklichen Preislage zu bekämpfen.

Die größte Schwierigkeit aber, die sich nicht auf die theoretische Beweisführung und Propaganda beschränkte, war das Verhältnis der preußischen Holzhandelspolitik zu der der übrigen baltischen Holzausfuhrländer. Hier waren nicht nur die Ansichten, sondern auch die Wünsche der preußischen Kaufleute und Politiker selbst mit Bezug auf einen der bedeutendsten Punkte der englischen Holzzollpolitik einander entgegengesetzt. Einer der auffallendsten Züge der englischen Holzzollpolitik waren ihre aus der Mißgunst gegen die ausländische Weiterverarbeitung entsprungenen groben Mengensätze für die üblichen Gebinde von Balken und Stäben, die die kürzeren und schmäleren vor den längeren und breiteren empfindlich benachteiligten, und der Übergang zu einer rationelleren Technik abgestufter Raumzölle, der sogenannten Gradation, war einer der wesentlichsten Verbesserungsvorschläge des Oberhausausschusses. Den größten Vorteil aus dieser Maßnahme hätten und haben in der Tat bei ihrer allmählichen Durchführung Norwegen und Schweden gezogen[45]), deren kaltes Klima ihre Holzerzeugung eben auf jene sparsameren Produkte zuspitzte. Wie die Denkschrift des Danziger Holzhändlers Gibson beweist, die Schön am 4. November 1820 nach Berlin einsandte, gab es doch auch im preußischen Holzexport eine starke Partei, die den gleichen Zweig bevorzugte und daher die Änderung der englischen Verzollung freudig begrüßte. Aber die Mehrheit dieses Handelszweiges, die mit dem nach Süden zu immer kräftigeren und daher längeren und dickeren polnisch-russischen Holz arbeitete, sah die englische Zollreform im Gradationszoll eine gefahrdrohende Wendung zugunsten der skandinavischen Wettbewerber nehmen und besaß lange nicht genug Zusammengehörigkeitssinn, als daß sie nicht Zollvorzüge zu ihrem eigenen Vorteil erhalten zu sehen lebhaft gewünscht hätte. Die Bülowsche Denkschrift, die im wesentlichen der Meinung dieser Mehrheit Ausdruck gibt, läßt keinen Zweifel darüber, daß sie den Gegensatz zu den Skandinaviern nicht viel weniger empfand als den zu den Kanadiern. Um England gegen jene ebenso scharf zu machen wie gegen diese, wurde es in geradezu angeberischer Weise darauf gestoßen, daß die Begünstigung der Holzausfuhr aus Norwegen dort die gesunde Entwicklung des Ackerbaus und damit der Aufnahmefähigkeit für englische Industriewaren aufhalten müsse, in demselben Atem, da der Überlieferung gemäß (o. S. 96) für den preußischen Holzhandel Graf Bülow umgekehrt eine Steigerung des englischen Fabrikatverbrauchs in Anspruch nahm. Ganz allgemein war so der Eindruck der Denkschrift, die Gleichheit forderte, ohne sie gewähren zu wollen, nicht besonders glücklich, und es gehörte weder Gleichgültigkeit noch Ressorteifersucht dazu, daß sie zunächst beim Staatskanzler auf dem Laibacher

[45]) Bosse 2, 127 f. Vgl. a. Macgregor, Commercial legislation 313 ff.

Kongreß liegen blieb und auch später von Hoffmann nur sehr widerwillig an die Londoner Gesandtschaft weiterbefördert wurde[46]). Es bezeichnet die Grenzen der auswärtigen Einwirkung auf die Beratungen des englischen Parlaments über die Holzzölle, wenn Heinrich v. Bülows Nachfolger in den Geschäften, der Legationsrat v. Maltzahn, auf einen Erlaß, er möge mit Hilfe Sollys und der Memeler Firma Patzker nach dem Vorbild der kanadischen eine feste Vereinigung der baltischen Holzhändler zu bilden versuchen, berichtete, das sei „wegen zu großer Verschiedenheit der Ansichten und Interessen überhaupt nicht wohl ausführbar". Ebensowenig wie die Skandinavier waren die Russen, auf deren Unterstützung Graf Bülow gezählt hatte, zu gemeinsamem Vorgehen mit den Preußen zu bringen. Die Russische Holzhandelskompagnie stand in der Billigung des Gradationszolls den Skandinaviern näher, und die russische Regierung, die mehr die Ansicht des preußischen Handels teilte, wurde durch die Gegenforderungen Englands für seine Kolonialwareneinfuhr vollends unlustig, ihre Diplomatie für die englische Reform einzusetzen. Überhaupt schien die lebhafte Propaganda für den englischen Freihandel einer gewissen Erschlaffung zu verfallen. Im parlamentarischen Interesse war sie durch die Scheidungsangelegenheit des Königspaares verdrängt worden. Den Tooke und Baring folgten kleinere und minderwertige Agitatoren wie ein gewisser H. D. Dunsky, den sogar das abenteuerlustige preußische Handelsministerium als unzuverlässig und übel beleumundet abschüttelte[47]). Im Herbst 1821 brach, ein lebendiges Beispiel für die spekulative Unsicherheit im damaligen baltischen Holzhandel, das große Haus Solly zusammen und hinterließ, wenn auch gerade dadurch der preußische Staat die Gelegenheit zum Erwerb der weltbekannten Gemäldesammlung Edward Sollys erhielt, in der preußisch-englischen Handelspolitik jedenfalls eine fühlbare Lücke[48]).

Dennoch hatte schon Hoffmann den Fortgang der Angelegenheit richtig vorausgesehen. Er hatte die Bülowsche Denkschrift mit äußerster Vorsicht behandelt, sie Maltzahn nur zu „indirekter und außerämtlicher Einwirkung" auf die öffentliche Meinung Englands und auf besonders sicherem Wege, durch den Pariser Kurier übersandt, „da das, was der Herr Handelsminister äußert, nicht durchgehends so gefaßt ist, daß ich es der Post anvertrauen möchte". Denn, so faßte er seine Gründe zusammen, „auf jeden Fall habe ich im Falle des Mißlingens das Ministerium der Auswärtigen Angelegenheiten außer Verantwortlichkeit stellen wollen. Das Gelingen, welches gar nicht unwahrscheinlich scheint, werden wir nicht unserer Kunst, sondern dem eigenen richtigen Erkennen der Engländer dessen, was ihnen

---

[46]) Er vermißte (an Staegemann 5. Febr. 1821 Rep. 74 K. XII 13) in der Denkschrift die nötige „Unterscheidung des Wahren, Wichtigen und Gründlichen".

[47]) Berichte Maltzahns 16. Febr. und 5. März, Schölers 26. Nov. (Auszug), Graf Bülow an Bernstorff 3. Mai, Erlaß an Maltzahn 4. Aug. 1821 A. A. II Rep. 6 England 1 vol. 3 u. 4.

[48]) Vgl. meinen Aufsatz in Amtl. Berichten der Berliner Museen 41 (1920), 6 ff.

nützt, zu danken haben". Übereinstimmend berichtete Maltzahn über eine Unterredung mit Robinson, der zwar für die Beratungen des Außenhandelsausschusses im Unterhaus seine Vermittlung zugesagt, sich übrigens aber sehr zurückhaltend und verschlossen gezeigt habe: „es sei wesentlich, nicht zu viel zu fordern, weil man sonst riskiere, gar nichts durchzusetzen". In der Tat entsprach denn das Holzzollgesetz, das unter der Führung des Ausschußvorsitzenden und Vizepräsidenten des Handelsamts Wallace am 28. Mai 1821 zustande kam, ziemlich genau diesen Erwartungen: Verbrämt mit allerlei kleinen protektionistischen Zugeständnissen, wie der schlechteren Stellung des Stabholzes im Vergleich zu Balken und Planken, der Gleichstellung des afrikanischen mit dem amerikanischen Kolonialholze, dem durchgängigen Zollvorzug von 5 v. H. für britische Schiffe, bedeutete doch die Vervierfachung des Kolonialzolles zusammen mit einer entsprechenden, wenn auch viel geringeren Herabsetzung des Auslandszolls die entscheidende Abkehr von den Übertreibungen der Schutzzollpolitik[49]).

Nicht nur für den Holzhandel. Denn durch diese erste Zollreform waren sofort andere wichtige Teile des englischen Protektionssystems in Mitleidenschaft gezogen. Die tatsächliche Wirkung der Bevorzugung Kanadas war ja eine weitgehende mittelbare Begünstigung auch der Vereinigten Staaten und ihr Aufhören mithin eine Zuspitzung des englisch-amerikanischen Handels- und Schiffahrtskriegs, der unter der Decke des politischen Friedenszustandes allezeit angedauert hatte (o. S. 91f., 96); die neuen Zollgesetze suchten geradezu durch Ursprungszeugnisse die Union von dem Mitgenuß selbst der verminderten kanadischen Präferenz auszuschließen. Jede Verschärfung der Spannung zwischen England und der Union aber drückte mit wachsender Stärke auf den unnatürlichen Abschluß der englischen westindischen Kolonien, deren Erzeugung bei der allgemeinen Überfüllung des Weltmarktes von dem Handel des Britischen Reiches allein nicht aufgenommen werden konnte[50]). Und schließlich begann überhaupt an allen Enden die große Handelskrisis der zwanziger Jahre gegen die Fesseln des alten englischen Merkantilismus zu stoßen, etwa die Begünstigung der irischen Leinwandausfuhr und Getreideeinfuhr lästiger empfunden zu werden als mancher ausländische Wettbewerb und vor allem die Getreidehandelsverfassung mit ihren ängstlich verschlossenen, aber darum mittelbar nicht weniger auf die Inlandspreise drückenden Einfuhrlagern der notleidenden englischen Landwirtschaft selbst lästig zu erscheinen.

Entsprechend dieser Entwicklung, über die das preußische Handelsministerium durch unmittelbare Verbindungen mit dem Liverpooler Ausfuhrhandel unterrichtet war[51]), ging man auch dort sogleich über

---

[49]) Hoffmann an Bernstorff 6. Febr., Bericht Maltzahns 6. März, 3. und 17. April 1821 a. a. O. vol. 3. Das Gesetz 1—2 George IV. c. 37 Stat. 18, 335ff., Customs tariffs 262 ff.

[50]) Bericht des Generalkonsuls Giese an Bernstorff London 19. März 1822 a. a. O.

[51]) Denkschrift des Liverpooler Kaufmanns Louis Claude über den Mehlhandel in Liverpool 21. Nov. 1822 a. a. O.

das erreichte nächste Ziel, die Ausgleichung der Holzzölle hinaus zu weiteren Angriffen auf das englische Schutzzollsystem über. Unter Berufung auf die „Schüchternheit" des jungen Maltzahn und die Unkenntnis des Londoner Generalkonsuls Giese, dessen Berichte allerdings den stark anglisierten alten Herrn verraten, versuchte Graf Bülow abermals, wie bei der Mission Brahls 1818, der Londoner Vertretung eine Art von Handelsattaché aufzudrängen. Er scheint dafür an die Person des größten Danziger und überhaupt preußischen Reeders Lesse gedacht zu haben, der, von Schön empfohlen, im Frühjahr 1821 in Berlin weilte und nach seinen Denkschriften einer der Haupturheber der neuen preußischen Flaggengelder (o. S. 144) als einer Ausgleichsbesteuerung hauptsächlich der englischen Schiffahrt wurde[52]). Allein auch im Westen des Preußischen Staats fingen die ersten Bestrebungen des Handels an, den Wettbewerb mit der im Kriege befestigten Vormachtstellung des englischen Überseehandels jetzt im Frieden wiederaufzunehmen. Noch ehe aus Amerika die ersten dringlichen Mahnungen eintrafen, an der neuen Konjunktur der befreiten süd- und mittelamerikanischen Märkte teilzunehmen, und sogar ehe Amerika und England über die politische Behandlung der neuen Republiken dort schlüssig geworden waren, begründete der Unternehmungsgeist C. C. Bechers, des gründlichen Kenners sowohl der englischen als der deutschen Freihandelsbewegung, im Mittelpunkt des rheinisch-westfälischen Industriebezirks die Rheinisch-Westindische Kompanie, die auf den Spuren eines Peter Hasenclever planmäßig die Interessen und die Tätigkeit der beiden großen Kapitalgruppen, Industrie und Handel, für das deutsche Überseegeschäft vereinigen wollte[53]).

Das Gebiet, auf dem alle diese verschiedenen Tendenzen zu einer Lockerung der englischen Zollverfassung die nächste Möglichkeit des Zusammentreffens und daher der Einwirkung fanden, war der Getreidehandel. Hier wiederholte sich das Zusammenspiel zwischen dem englischen Freihandel, der jetzt in den Landwirtschaftsausschüssen des Parlaments keine geringeren Sprecher als den Vorsitzenden Huskisson und David Ricardo für sich hatte[54]), und den preußischen Wirtschaftskreisen, die im Handelsministerium Graf Bülows einen gewissen Ersatz für die parlamentarische Betätigung hatten. Von Staats wegen konnte der Handelsminister dabei für sich anführen, daß die Verzinsung der großen Anleihe eine Besserung des ständig steigenden Wechselkurses auf England durch Hebung der Ausfuhr dahin dringend erheische. Neben dem Abbau der hohen englischen Korneinfuhrzölle selbst kam hauptsächlich eine Änderung des bisherigen Getreidetransits durch England dahin in Betracht, daß die großen Zwischenhandelslager unter Zollverschluß und Zollstundung einer Veredlung zu Mehl und dadurch

[52]) Bülow an das Außenministerium 18. März, an Bernstorff 9. Mai 1821 a. a. O. Über Lesse vgl. Schön an Staegemann 28. März 1827 Rühl 3, 319.

[53]) Ungezeichneter Handelsbericht Philadelphia 12. Juli 1822 A. A. II Rep. 6 Nordamer. 1 v. 2. A. Hasenclever in ForschBrPrG. 28 (1915), 644ff. und Monatsschr. d. BergGV. 23 (1916), 161ff. Dazu Zedlitz 439, Ferber 285ff., Betrachtungen zu Ferber 69f., Berger, Harkort 173ff.

[54]) Vgl. Hollander 104, 131f.

erhöhten Ausfuhrbereitschaft für Übersee zugänglich gemacht würden[55]. Zu dem alten Argument aus der Holzhandelspolitik, daß die bisherige englische Gesetzgebung die preußische und die englische Reederei gleichmäßig zugunsten der Vereinigten Staaten benachteilige, kam jetzt noch die Berufung auf die Wiederaufnahme der Barzahlungen durch die Bank von England, der damals vielfach nach der sogenannten Quantitätstheorie der klassischen Volkswirtschaftslehre die Hauptschuld am Steigen des Geldwerts und dem allgemeinen Preissturz beigemessen wurde; der Preis von 80 s., der nach der Kornbill von 1815 erreicht sein mußte, ehe Einfuhr aus den Zollagern stattfinden durfte, stand zu den Durchschnittspreisen der zwanziger Jahre in einer ganz anderen Spannung als zu denen des vorausgehenden Jahrzehnts[56], wenn es auch eine von den Kühnheiten Graf Bülows war, daraus eine Absicht und entsprechende Verantwortung der englischen Regierung herzuleiten und den Vorteil ganz zu vergessen, daß dafür der steigende Kurs auf England auch dem preußischen Transit über England zugute kam[57].

Die Enttäuschung des Holzhandels über das bescheidene Ergebnis seines ersten Angriffs auf den englischen Protektionismus half die Heftigkeit vermehren, mit der bei dieser zweiten Gelegenheit der Gedanke einer aktiven Vergeltungspolitik gegen England und Schutzpolitik für die heimische Wirtschaft auftrat. Bülows in den Erinnerungen an die Napoleonischen Wirtschaftskriege ganz befangenem Blick erschienen die englischen Korn- und Holzzölle im geraden Gegensatz zu ihrer langen und folgerichtigen Geschichte im 18. Jahrhundert als „feindselige" Maßnahmen der letzten Jahrzehnte, die Preußen „verpflichteten, durch diesseitige Maßregeln die jenseitige monopolistische Ungerechtigkeit möglichst auszugleichen". Anders die Freihändler und Englandfreunde des Außenministeriums. Er verkenne nicht, erwiderte Bernstorff, daß es dem Handelsministerium überlassen bleiben müsse, die Notwendigkeit und Möglichkeit solcher Maßregeln zu beurteilen, aber er könne sich auch seinerseits nicht dazu verstehen, die Londoner Gesandtschaft zu Andeutungen oder gar Drohungen in dieser Richtung anzuweisen, weil seines Dafürhaltens „in der Annahme eines Retorsionssystems jede Unterhandlung mit England ihr unvermeidliches Ziel finden würde". Wie so oft, wurde der Leiter der auswärtigen Politik zum beredten Anwalt des ausländischen Standpunkts: Die englischen Schutzzölle im Ostseehandel wendeten sich ja nicht ausschließlich gegen Preußen, seien vielmehr zum Teil gerade erst durch die scharfe Abschließungspolitik Rußlands und Schwedens hervorgerufen; Bülows ganze Auffassung verkenne die „Stellung unab-

---

[55]) Schriftwechsel Graf Bülows und Bernstorffs 6. und 18. Juni 1821 a. a. O.

[56]) Sie betrugen 1810—19: 91 s. 5 d, 1820—29: 59 s 9½ d. Nicholson 48f. Zur Theorie vgl. Peters 56 Anm. 3. Nach Gieses Bericht 2. Aug. 1822 hätten sich auch die Landwirte von Kent beinahe von dem „erzradikalen" William Cobbett zu einem Protest gegen die Barzahlung fortreißen lassen, wozu der Generalkonsul als guter Freihänder bemerkt: „Da schien mir die Säule des so hochgerühmten Charakters dieser Nation zu wanken." Vgl. Buckingham, Memoirs of the court of George IV. (Lond. 1859) 1, 291 und Bonar 176, 182, 202f.

[57]) An Bernstorff 7. Juli 1821 a. a. O. vol. 4.

hängiger Staaten". Schließlich wurde die alte Befürchtung wieder ausgesprochen, Preußen werde zolltechnisch gar nicht imstande sein, etwaige Drohungen mit Vergeltungsmaßregeln auch wirklich auszuführen, und dann lediglich die „Achtung" Englands und anderer Staaten verscherzen[58]).

Bei dieser regelrechten Obstruktion der Diplomatie konnte die preußische Handelspolitik auf die Gestaltung des englischen Kornzollgesetzes vom 15. Juli 1822 natürlich noch weniger Einfluß ausüben als auf die Holzzollreform. Aber dafür war die Freihandelsbewegung in England inzwischen um so viel stärker geworden. Noch 1821 gab Lord Liverpool seinem konservativen Ministerium aus den Reihen der Opposition die Verstärkung, die dann im folgenden Jahre nach Castlereaghs Selbstmord durch die Nachfolge Cannings ins Auswärtige Amt gekrönt wurde[59]). Neben der neuen Kornbill wurden dem Unterhaus bereits damals die großen Gesetzentwürfe vorgelegt, die vorsichtig, aber systematisch den Abbau der bestehenden Zoll- und Schiffahrtsgesetzgebung und eine Ausdehnung des Zollagerwesens zu einer modernen Freihafenpolitik begannen. Die Londoner Gesandtschaft erklärte darin einen „erfreulichen Beweis des Hinneigens der hiesigen Regierung zu liberaleren Grundsätzen in den Handelsverhältnissen Englands mit dem Ausland" und belegte das noch besonders mit der großen Unterhausrede Wallaces vom 25. Juni 1821, wo in der Tat zum erstenmal auf eine dem Engländer ungewohnte Art die Mitberücksichtigung fremder Interessen der englischen Handelspolitik empfohlen wurde[60]). Dem Bericht des ersten Landwirtschaftsausschusses glaubte Maltzahn in solcher Stimmung schon die Aussicht auf den Übergang zum völlig freien Getreidehandel entnehmen zu können. Auch in der Frage der Mehlmagazinierung schien die Politik des Abwartens erwünschte Früchte zu zeitigen: Was Robinson auf die Vorstellungen sowohl des Liverpooler Ausfuhrhauses Pickering als des preußischen Vizekonsuls Bourcard abschlug, nahm aus Rücksicht auf die Landwirtschaft selber der Ausschuß unter seine Vorschläge auf, und nun versprach nicht bloß Robinson, sondern Castlereagh selbst, daß sich in der Vollberatung die Regierung dafür einsetzen werde. Es war, noch dazu in der Berichterstattung des neuen, von Madrid nach London versetzten Gesandten Werther, Wasser auf die Mühle des Grafen Bülow, daß die Minister ihre Zusage dann einfach brachen, als sie erkannten, daß im Unterhaus noch das alte Mißtrauen gegen jede Veredlung des Durchfuhrgetreides die Mehrheit habe. Wie bei der Zollreform bestand der wesentlichste Fortschritt schließlich in einer Aufgabe der besonderen Härten der Kriegszollpolitik: von dem schroffen Gegensatz der Kornbill von 1815 zwischen Einfuhrverbot über und Zollfreiheit unter dem Inlandspreis von 80 s. (für den Quarter Weizen) kehrte man nach dem Vorgang der neuen französischen Getreidezölle zu den zeitlich und örtlich „gleitenden Skalen" des 18. Jahrhunderts zurück. Aller-

[58]) Bernstorff an Maltzahn und an Graf Bülow 10., dieser an Bernstorff 18. Juli, dieser an Bülow 12 Aug. 1821 a. a. O. vol. 4.

[59]) Walpole, England 2, 42f.

[60]) Vgl. Stapleton, Political life of Canning 3, 9.

dings war das mehr eine Änderung der Form als der Sache: Auch jenseits des von 80 auf 70 s. erniedrigten Mindestpreises wurde auf die Einfuhr zunächst bis zur Preisebene von 80 s. ein verbotähnlich hoher Zoll von 12 s. gelegt und ging durch einen Mittelzoll von 5 s. erst bei 85 s. zu der sogenannten Registergebühr von 1 s. über. Auch die Bevorzugung der Kolonien durch niedrigere Richtpreise wurde beibehalten. Werther vermutete sogleich, daß so zur Erreichung auch nur des Mittelzolls in absehbarer Zeit wenig Aussicht sei, und wirklich ist bis zur Aufhebung der Getreideeinfuhrverbote 1828 der Weizenpreis in England mit Ausnahme der Mißerntejahre 1825/26, wo durch Suspension des Kornzollgesetzes für Einfuhren künstlich Sorge getragen wurde (u. S. 186), niemals auf die Grenzhöhe von 80, ja bis 1825 nicht einmal auf die von 70 s. gestiegen. Kein Wunder, wenn die Vertreter Preußens die Enttäuschung der Partei Ricardos (so nannten sie ganz zutreffend die radikalen Freihändler) darüber teilten, daß statt der erhofften „Riesenschritte" der englischen Zollreform die „vorsichtigen Maximen" Lord Liverpools maßgebend geblieben seien[61]).

Allein während sie untätig oder selbst auf Graf Bülows Betreiben nur einzelnen dringlichen Sonderfragen des preußischen Handels zugewandt die Entwicklung der englischen Zollpolitik verfolgten, hatten Wallaces berühmte fünf Gesetze vom 24. Juni 1822[62]) die Axt an die Wurzel des Kernwerks englischer Schutzzollpolitik, der Navigationsakten gelegt und dadurch im Zusammenhang mit den preußischen Flaggengeldern (o. S. 144) der vordringenden preußischen Handelsfürsorge die erste Einfallsmöglichkeit vorbereitet. Wie in der geschichtlichen Erinnerung die Arbeiten von Wallace alsbald durch die abschließenden Leistungen des neuen Handelsministers Huskisson überschattet werden sollten, so schätzte auch die preußische Diplomatie sie kaum nach Gebühr ein. An der Überwindung des Grundsatzes der unmittelbaren Verschiffung von den Ursprungsländern, wodurch doch wenigstens für England selbst die deutschen Häfen zum erstenmal als die natürlichen Ausfuhrwege eines weiten, territorial zerrissenen Hinterlandes anerkannt wurden, wußte man weiter nichts zu bemerken, als daß Englands Eigennutz die Einfuhrwaren ausgesucht habe, denen es die neue mittelbare Verschiffung zugestehe, und daß der neben Holz und Getreide wichtigste preußische Ausfuhrartikel, die Leinwand, nicht darunter sei. In der Tat verleugnete die erste

[61]) Berichte Maltzahns 26. Juni, 8. Juli, 9. Okt. 1821, Werthers 14. Mai, 21. Juli, 22. Aug., Gieses 5. Juli 1822. Das Gesetz 3 George IV. c. 60 Stat. 18, 785 ff., dazu Customs tariffs 244, Nicholson 35 f. Liverpools Standpunkt in seinen Oberhausreden 1820 f. Memoirs (Lond. 1827) 570 ff., 591 ff.; C. D. Yonge, Life of L. (Lond. 1868) 3, 254 nimmt sogar für ihn das Hauptverdienst der Huskissonschen Reformen in Anspruch. Über Ricardos Projekt zum Abbau der Kornzölle und seine Schrift „On protection to agriculture" Hollander 135 f., 133 Anm. 2.

[62]) 3 George IV. c. 41—5 Stat. 18, 677 ff. Dazu Smart, Ec. ann. 2, 107 ff. und, wenn auch sehr oberflächlich, Walpole, England 2, 84 f. nach G. R. Porter, Progreß of the Nation (ed. 1847) 396. Vgl. A. Stern, Gesch. Europas 2, 435 ff. nach den österreichischen Gesandtschaftsberichten.

Reform der englischen Schiffahrtsgesetze ihren Ursprung aus Englands amerikanischen Verlegenheiten nicht (o. S. 157), indem sie von den beiden Hauptgebieten dieser Gesetzgebung mehr das koloniale als das europäische ergriff: Die Freigabe einigen unmittelbaren Verkehrs der westindischen Kolonien mit Nord- und Südamerika, Afrika und Europa (wenn auch in britischen Schiffen) sollte nur den Vorsprung wieder einholen, den die engherzige Navigationspolitik dem Wettbewerb der Vereinigten Staaten unfreiwillig gegeben hatte (o. S. 92), und den, wie Giese sich ausdrückte, „an fürstlichen Aufwand gewöhnten", durch die Antisklavereibewegung ohnehin schwer gereizten Pflanzern aus der bedenklichen Absatzstockung heraushelfen; nebenbei ermöglichte dies einfache Wirtschaftsgesetz noch vor irgendeiner politischen Anerkennung der neuen südamerikanischen Republiken die Anknüpfung von Handelsbeziehungen mit ihnen. Alles in allem kann man sagen, der Grund für Englands neue Handelspolitik war derselbe, aus dem schon der Liverpooler Ausfuhrhandel das preußische Verlangen nach Vermahlung des Transitgetreides unterstützt hatte (o. Anm. 50): Englands Stellung als Hauptumschlagplatz des europäischen Überseehandels — und sogar Nord- und Südamerika untereinander verkehrten ja damals vielfach über Liverpool — war gegen die wachsende Umgehung von beiden Seiten nur aufrechtzuerhalten, wenn zugunsten des Handels die Schiffahrt und die anderen gewerblichen Nutznießer der Navigationsakten etwas von ihrem gesetzlichen Monopol opferten und sich mehr und mehr zur Aufnahme der freien Weltkonkurrenz entschlossen[63]). Freihäfen und Schiffahrtsabgaben waren in England wie in Preußen die vornehmsten Mittel moderner Schiffahrtspolitik. Frohlockend begrüßten gerade auch die Anhänger eines deutschen Eigenexports nach Übersee wie C. C. Becher Huskissons großen Warehousing Act vom 2. Mai 1823, der im Rahmen einer Neuordnung der ganzen englischen Zollbehörden, übrigens nach dem Zeugnis des Oberhausausschusses in ausdrücklicher Anlehnung an Sir Stanton Raffles' Freihafengründung in Singapore, zum erstenmal das Freihafensystem, bisher ein fast ausschließliches Werkzeug des englischen Kolonialwarenhandels, wiewohl gegen hohe Gebühren, auch dem Handel mit ausländischen Fabrikaten dienstbar machte[64]). Im Schiffahrtsabgabenwesen aber ging nun auch England zu dem Gegenseitigkeitsgrundsatz der Vereinigten Staaten über. Bereits ein Gesetz Wallaces, das die letzte, 1818 vorgenommene Erhöhung der Tonnengelder auch für fremde Schiffe beseitigt hatte, war durch Königliche Verordnung vom 15. November 1822 auf diejenigen Flaggen eingeschränkt worden, die im eigenen Lande keinen solchen Vorzug genossen[65]). Auf der-

---

[63]) Bericht Gieses 5. Juli 1822 a. a. O. vol. 5. Zur kolonialpolitischen Lage vgl. H. E. Egerton, Short history of British colonial policy (Lond. 1894) 257 ff.

[64]) C. C. Becher an Graf Bülow Elberfeld 6. Juni 1823 a. a. O. vol. 5. 4 George IV. c. 24 Stat. 18, 785 ff. Über Raffles Giese 15. Juni 1821 a. a. O. vol. 4., dazu seine geringe Schätzung bei der niederländischen und englischen Regierung Colenbrander, Falck 560, 584 ff.

[65]) 4 George IV. c. 48 Stat. 18, 721 (1. Juli 1822). Die Verordnung im Bericht Werthers 21. März 1823 a. a. O. vol. 5.

selben Grundlage errichtete dann Huskisson sein Schiffahrtsabgabengesetz vom 18. Juli 1823, das ganz nach dem Vorbild der Vereinigten Staaten, frei von der mittelalterlichen Kasuistik der bisherigen Zoll- und Handelsgesetzgebung die Regierung ermächtigte, ausländischen Flaggen auf den Nachweis der Gegenseitigkeit mit der britischen die gleichen Schiffahrtsabgaben zu gewähren[66]).

Bei der Vorbereitung des Gesetzes scheinen zunächst die bisherigen handelspolitischen Rollen Preußens und Englands vertauscht: Jenes unter Führung Graf Bülows verhielt sich spröde und abwartend, dieses unter der von Huskisson sehr reformeifrig. Als die preußischen Flaggengelder in England Aufsehen zu erregen begannen, da wandte sich das preußische Außenministerium auf Grund eines Londoner Berichts der „Vossischen Zeitung" sogleich an den Handelsminister mit der Anfrage, ob die kleine Tonnagereform Wallaces nicht eine entsprechende Milderung der eignen neuen Abgaben erfordere. Graf Bülow verneinte das mit der zutreffenden Begründung, das aufgehobene englische Tonnengeld sei keine differenzielle Belastung der nichtenglischen Schiffahrt gewesen, sondern habe auch für die englische gegolten; übrigens tue man besser, die Entschließungen des Unterausschusses über eine allgemeine Reform des Schiffahrtswesens abzuwarten. Sehr bald aber verlor der Handelsminister die Geduld wieder. Er entwarf nicht nur ausführliche Anweisungen für einen ersten Schritt der Londoner Gesandtschaft bei Huskisson, sondern drängte jetzt selbst auf die Ausführung dieses Vorschlags. Die ersten Unterhaltungen Werthers mit dem neuen englischen Handelsminister, der ja noch ganz anders als Robinson und Wallace der erklärte Reformminister des liberalen Regierungsflügels war, verliefen befriedigend, wenn auch die Art auffiel, wie er seine ganze Haltung gegen die ausländische Schiffahrt von der Zustimmung ihrer englischen Konkurrenten, der Society of Shipowners, abhängig machte. Huskissons Erkundigung, ob Preußen auch seinerseits bereit sei, England die Gegenseitigkeit in der von ihm geplanten Ausdehnung auf die Frachten (nicht bloß die Schiffe) des Vertragsgegners zu gewähren, konnte nach gewissenhafter Beratung der Berliner Ministerien von Werther bejaht werden. Aber die über alles Erwarten glatte Annahme des Schiffahrtsabgabengesetzes in beiden Häusern des Parlaments verführte ihn und die Berliner Ministerien doch zu etwas voreiligen Hoffnungen für die Anwendung des Gesetzes auf Preußen. „Wenn ich", schrieb Graf Bülow zum erstenmal erfreut an Bernstorff, „die Geneigtheit der Britischen Regierung großenteils der geschickten Instruktion unserer Gesandtschaft seitens Ew. Exzellenz zuschreiben darf, so wird es einer weiteren Bevorwortung dieser Angelegenheit bei Denselben für die fernere Behandlung der Sache nicht bedürfen." Wenn das Außenministerium so den Quälgeist daheim auf eine Weile los wurde, so standen ihm in London selbst noch große diplomatische Anstrengungen bevor[67]).

---

[66]) 4 George IV. c. 77 Stat. 19, 405. Smart, Ec. ann. 2, 158ff.

[67]) Außenministerium an Graf Bülow 13. Dez. 1822, dieser an Außenministerium 28. Dez. 1822, 25. Jan., 1. Febr. u. 11. April 1823, Berichte Werthers

Canning, der die Unterhandlung mit Preußen jetzt in eigene Hand nahm, bewies auch dabei das zähe Zielbewußtsein, das seine Diplomatie der seines konservativen Vorgängers machtpolitisch eher noch überlegen machte. Auf zwei Noten und ein Memorandum vom selben Tage (11. August 1823) geschickt verteilt, setzten seine Bedingungen für den Mitgenuß der neuen Schiffahrtserleichterung den preußischen Unterhändler in einige Verlegenheit. Die Ankündigung einer konsularischen Umfrage über den Bestand und die Wünsche des englischen Handels in Preußen war zwar echt englisch geschäftsmäßig, versprach aber bei dem geringen Entwicklungsgrad der preußischen Statistik, die eben erst durch Hoffmann eine bessere amtliche Organisation erhielt, und der Ausdehnung von Schiffahrts- auf allgemeine Handelsfragen nicht gerade eine Beschleunigung des Abschlusses, wie denn auch schließlich nichts Neues dabei herauskam[68]). Die als Denkschrift eingekleidete Beschwerde über den Vorrang der Vertragsschulden vor den Buchschulden im preußischen Konkursrecht enthielt einen Eingriff in fremde Gesetzgebungshoheit, wie ihn England selbst seit Jahren in der Frage der desertierten preußischen Matrosen weit von sich gewiesen hatte[69]). Am peinlichsten aber war die Berührung der Rheinschiffahrtsfrage.

Hier hatte sich die Lage seit dem Kongreß von Verona, wo die Schutzzollpolitik (o. S. 137f.) Hollands ihm den scharfen Einspruch Wellingtons gegen seine Haltung zur „Rheinischen Fahrt“ zugezogen hatte, entschieden zu seinen Gunsten verändert. Unter dem Einfluß des preußischen Doppelkommissars für Zentralkommission und niederländischen Handelsvertrag (o. S. 107f.), des Regierungspräsidenten Delius, der aus naher Beobachtung der rheinländischen Handelsinteressen die preußische und die niederländische Handelspolitik für grundsätzlich unvereinbar hielt, hatte Preußen immer offenkundiger die Zwickmühle der doppelten Unterhandlung dazu benützt, um sich endgültigen Erklärungen sowohl über die eine wie über die andere Angelegenheit zu entziehen. Der niedrige holländische Durchfuhrtarif von 1822 (o. S. 137) stand in schroffem Gegensatz zu den erhöhten preußischen Transitzöllen von 1821 (o. S. 129), und kaum hatte nach langem Zaudern Bernstorff die Drohung des niederländischen Gesandten, sein König werde den Vergeltungsparagraphen des neuen Zollgesetzes gegen Preußen anwenden müssen, mit einer sehr unbestimmten Verhandlungsbereitschaft beantwortet, als im Sommer 1823 die Tätigkeit der Mainzer Zentralkommission nach einer letzten Feststellung der streitenden Ansichten durch Delius' Abreise auch äußerlich lahmgelegt wurde, so daß ihn in Jahresfrist nichts weiter übrigblieb, als sich

11. u. 21. März, 8. Juni, Erlaß an ihn 18. April, Graf Bülow an Bernstorff 5. Juli 1823 a. a. O. Schon 1821 hatte Ricardo die Abhängigkeit Liverpools und Robinsons (der ja mittlerweile Schatzkanzler geworden war) von dem „shipping interest“ mißfallen, Bonar 201. Über dessen Opposition gegen Huskisson Smart, Ec. ann. 2, 373f.

[68]) Erl. Bernstorffs an Werther 11. Okt. 1823 a. a. O.: „Nur Nachrichten, welche der englischen Regierung bereits bekannt.“

[69]) Note Cannings an Maltzahn 6. April 1827 a. a. O. vol. 9. Vgl. o. S. 43.

förmlich zu vertagen[70]. Die natürliche Folge dieser Ereignisse war eine Wiederannäherung der Niederlande an England. Preußens Versuch, Wellingtons Protest zu einem Einheitsschritt der Kongreßmächte in Brüssel zu verdichten, fand bei dem dortigen englischen Gesandten Clancarty, dem Mitschöpfer der Rheinparagraphen in Wien, und mehr noch bei der Londoner Regierung nur laue Unterstützung. Zum Erstaunen des preußischen Gesandten im Haag begab sich der niederländische Handelsminister Falck selbst als Gesandter nach London, um den günstigen Zeitpunkt zur endlichen Auseinandersetzung über die ostindischen Kolonien zu benützen und vielleicht ein allgemeines Handelsabkommen damit zu verbinden[71]. Und die Berichte der Gesandtschaften in Paris, Petersburg, Stockholm und Kopenhagen, die ebenfalls aufgefordert waren, Anknüpfungen der dortigen Regierungen mit England zu melden, zeigten erst recht, wie vorsichtig man sein mußte. Zwar waren in Frankreich die Bemühungen Chateaubriands um einen Gegenseitigkeitsvertrag mit England am Widerstand der Schutzzollpartei unter Villèle gescheitert, und auch in Rußland rückte ein neuer, höherer Tarif solche Möglichkeiten außer Betracht. Aus Dänemark aber erfuhr man von ähnlichen Plänen nicht eher, als bis der dänische Gesandte in London, Graf Moltke, die Weisung erhielt, mit Werther deswegen in Verbindung zu treten, und dem wie Holland mit Preußen gespannten Schweden-Norwegen gelang es, sein Schiffahrtsabkommen mit England 1824 völlig geheim zu verhandeln[72].

Auch sonst war auf die hoffnungsvolle Stimmung in Preußen bald eine gewisse Ernüchterung gefolgt. Zu den Auseinandersetzungen Bechers über das englische Freihafengesetz (o. S. 162) hatte Graf Bülow gleich bemerkt, er teile die Erwartungen des Verfassers in einem so entscheidenden Punkt wie der Durchfuhr von Leinenwaren durch England nicht; außer dem unveränderten Zoll von 15 v. H. verschlechtere noch die Ausfuhrprämie von $12^1/_2$ v. H. für britisches Leinen den Wettbewerb Preußens, und während russisches Segeltuch und französische Cambrics in Tausenden Ellen und Stücken nach England kämen, habe die Einfuhr schlesischen Damasts 1821 nur 77 Ellen und 1822 nur 4 Stück betragen. Wenig später tauchte sogar das Gerücht von einer bevorstehenden Erhöhung der Garnzölle auf, und sofort gab das Handelsministerium, diesmal sogar ein Freihändler wie Ferber, die Bitte der voraussichtlich betroffenen Braunsberger Exporteure, darunter des mächtigen Johann Östreich, um Vergeltungsmaßregeln befürwortend an Bernstorff weiter. Auch Werther in London empfahl von sich aus wiederholt eine solche Einschüchterung der Engländer, freilich nur um im Außenministerium auf den resignierten Einwand seines Vorgängers in London Heinrich von Bülow zu stoßen: „Belegen wir die

[70]) Notenwechsel Perponcher-Bernstorff 25. Febr. bis 25. Mai, Delius an Bernstorff 9. Juli, Note Perponchers 9. Okt. 1823 A. A. II Rep. 6 Niederl. vol. 5f. Nau 4, 126ff., Gothein, Rheinschiff. 123, Eckert, Rheinschiff. 111.

[71]) Erlaß Bernstorffs s. Anm. 68, Bericht Salviatis 28. Dez. 1823 a. a. O. vol. 6. Dazu Colenbrander, Falck 287ff., 565ff.

[72]) Berichte Maltzahns 7., Schölers 11., Tarrachs 16. Jan., Dohnas 27. Jan. und 20. März 1824 a. a. O.

Ware, so geht sie über Hamburg ein.“ In der Tat wagte dann Werther selbst von der ihm schon vorsichtig genug gegebenen Vollmacht zu Andeutungen darüber nur mit noch größerer Vorsicht Gebrauch zu machen. Immer bitterer wurden die Mahnungen Schöns aus Danzig: Schon besitze diese Stadt nur noch 55 Seeschiffe, darunter bloß 22 über 200 Roggenlast große, und gerade diese in meist sehr schadhaftem Zustand. Wenn Huskisson mit gewohnter Liebenswürdigkeit Werther über die Garnzölle beruhigte, so gab Canning Ende 1823 offen zu, daß er durch den Widerstand der Reeder zum Aufschub der Verhandlungen gezwungen werde[73]).

Endlich kam mit dem Frühjahr 1824 und der bevorstehenden Schiffahrtseröffnung wieder Bewegung in die Unterhandlung. Nach Graf Bülows Vorschlag konnte Werther der englischen Regierung die „auf Wahrheit beruhende Zusicherung“ geben, daß über eine Reform des preußischen Konkursrechts bereits von der Immediatkommission zur allgemeinen Revision der Gesetzgebung beraten werde. Huskisson anderseits machte die Mitteilung, daß er eine gegen den Standpunkt der englischen Reeder gerichtete Denkschrift unter seinen Kabinettsgenossen in Umlauf gesetzt habe. Wiederum war es Canning, der unter Berufung auf die ihn voll beschäftigende Spanische Frage keine Zeit für Werther hatte. Aber nun wandte sich dieser geradezu an den Ministerpräsidenten Liverpool mit der Erinnerung, daß man über eine so einfache Sache schon fast ein Jahr habe hingehen lassen. Unmittelbar darauf empfing er von Huskisson den Entwurf zu dem Schiffahrtsabkommen, das in der „weitesten rechtlich zulässigen Ausdehnung“[74]) die gegenseitige Meistbegünstigung festsetzte. Es verdient hervorgehoben zu werden, daß Graf Bülow „mit ganz besonderem Dank für das dieser Angelegenheit gewidmete lebhafte Interesse“ Bernstorff unverzüglich von seiner Billigung dieses Entwurfs benachrichtigte; insbesondere war er damit einverstanden, daß darin die englischen Kolonien noch außerhalb des Gegenseitigkeitsverhältnisses blieben und so gerade für den aufstrebenden preußischen Eigenhandel über See schlecht gesorgt war. Auf seinen Wunsch wurde nur, abweichend von der ursprünglich beabsichtigten unbestimmten Vertragsdauer, die zehnjährige Befristung verabredet, die später einmal für einen wesentlichen Vorzug des Abkommens vom 2. April 1824 vor dem sonst auf ihm fußenden Handelsvertrag des Zollvereins mit England von 1841 gelten sollte. So wenig mißtrauisch war der sonst so eifersüchtige Handelsminister, daß er auf der Stelle die Regierungen der Küstenbezirke anwies, vom 1. Mai ab in den Häfen die gleiche Behandlung englischer Schiffe mit einheimischen eintreten zu lassen. Im geraden Gegensatz dazu erließ England, wiederum nach amerikani-

[73]) Graf Bülow und Ferber an Bernstorff 5. u. 16. Juli, Berichte Werthers 21. März, 4. Juli, 26. Nov., Schön an Graf Bülow, Klewitz und Schuckmann 24. Nov. Notenwechsel Werther-Canning 6. Nov., 3. Dez. 1823 a. a. O. Auch 1815 hatte freilich Danzig nur 79 Schiffe besessen, und dementsprechend war die Gesamtlastenzahl von damals 17493 nur auf 12300 gesunken, Peters 63. Auch Huskisson, Speeches 3, 128 führt diese Zahlen an.

[74]) Clapham, Last years of the Navigation ActsEHR. 25, 484, vgl. Glier 130f.

schem Muster (o. S. 95), die entsprechende königliche Verordnung vom 25. Mai 1824 zugunsten der preußischen Schiffahrt nicht früher, als bis es sich von dem Eintritt der preußischen Begünstigung überzeugt hatte. Eine der wichtigsten Bestimmungen des Schiffahrtsvertrags, seine Erstreckung auf Frachten nichtpreußischen Ursprungs, war zwar nur eine billige Gegenleistung dafür, daß England ohne Einbeziehung seiner Kolonien doch deren Produkte jetzt noch leichter nach Preußen einführen konnte, war aber lediglich der Aufmerksamkeit Werthers zu verdanken, der die rechtliche Möglichkeit dazu in letzter Stunde aus Wallaces neuen Navigationsakten (o. S. 161) abzuleiten wußte[75]).

So erscheint der erste Erfolg preußischer Handelspolitik in England nicht ganz in dem fast heldenhaften Licht, in dem ihn wohl die preußische und sogar die liberale englische Geschichtschreibung als Wirkung der preußischen Flaggengelder oder allgemein preußischer Drohungen gesehen hat[76]). Er war auch weder der einzige noch der größte Erfolg in dem Wettbewerb um die englische Reziprozität, den Wallaces und Huskissons neue Schiffahrtsabgabengesetze (o. S. 162 f.) unter den Seenachbarn Englands entfacht hatten. Gleichzeitig oder etwas später wie der preußischen wurde der hannöverschen, hansischen, dänischen und schwedisch-norwegischen Schiffahrt die begehrte Gleichstellung mit der nationalistischen zuteil, ihnen allen mit Ausnahme Dänemarks noch dazu durch einfache Verordnung ohne vorherigen Vertrag[77]). Immerhin war der Abschluß das erste befriedigende Ergebnis einer veränderten Zeitlage für die bis dahin so unfruchtbaren handelspolitischen Beziehungen mit Westeuropa. Es hat den beteiligten preußischen Staatsmännern offenbar auch gegen die übrigen westlichen Nachbarn neue Zuversicht eingeflößt.

Kaum war der Schiffahrtsvertrag mit England unter Dach, als Graf Bülow damit durchdrang, gegen die Niederlande zum Angriff überzugehen: Der neue Gesandte v. Schladen in Brüssel erhielt den Auftrag, in der Frage der gegenseitigen Schiffahrtsabgaben (o. S. 138) jetzt und heraus die Meistbegünstigung zu fordern und im Weigerungsfall die Anwendung der Flaggengelder auf niederländische Schiffe anzukündigen. Einen nicht unnatürlichen Gegenvorschlag des neuen niederländischen Außenministers de Reede, den Gegenstand mit der allgemeinen Unterhandlung des Regierungspräsidenten Delius zu verbinden, mußte er ablehnen. Die neue Spannung war nicht geeignet, den Stillstand dieser Unterhandlung (o. S. 164 f.) zu beheben, und es

---

[75]) Graf Bülow an das Außenministerium 8. Jan. u. 27. Febr., Berichte Werthers 22. Jan., 3. u. 6. Febr., 24. März, 2. u. 4. April 1824 a. a. O. Der Vertrag Martens, Nouv. suppl. 1, 644 ff., die Order in Council ebd. 2, 405 f. unvollständig, besser Herslet, Treaties 3, 358 f. Die Kabinettsorder in Übersetzung verlesen in Huskissons Rede vom 12. Mai 1826 Speeches 3, 37.

[76]) Die Auffassungen von Kamptz 105, Stapleton, Political life of Canning 3, 22 („forced upon this country"), Walpole, England 86, Levi 164 gehen im Grunde zurück auf Huskissons eigene zeitgenössische Darstellung in den Unterhausreden 6. Juni 1823 und 12. Mai 1826 Speeches 2, 207; 3, 39 f.

[77]) Martens, Nouv. suppl. 1, 560 ff., 568 ff.

ist höchstens erstaunlich, wie lange die gewohnte Verschleppungstaktik der Diplomaten das Verhältnis beider Staaten auch künftig vor ausgesprochenen Brüchen zu bewahren wußte. Eine starke Neigung zu wirklicher Verständigung ist offenbar namentlich von der verwandten oranischen Dynastie ausgegangen. König Wilhelm I., der es ja auch mit seiner Stellung vereinbar gefunden hatte, Gesellschafter der Rheinisch-Westindischen Kompanie zu werden, gewährte noch im Sommer 1824 einem anderen großen rheinisch-westfälischen Wirtschaftsverband, der Ruhrschiffahrtsgesellschaft, auf dem Verordnungsweg eine Zollermäßigung für ihre Durchfuhr von Steinkohlen nach den Ostseehäfen. In Berlin wirkte sein Sohn Prinz Friedrich, König Friedrich Wilhelms III. Schwiegersohn, im Verein mit dem Gesandten Perponcher dafür, die Verhandlungen über einen Handelsvertrag in Gang zu bringen, wozu die bevorstehende zweite Revision des preußischen Zolltarifs Gelegenheit zu bieten schien. Fast in beschwörendem Ton eröffnete gleichzeitig Reede in Brüssel Schladen, „wie sehr es ihn schmerze, der Überzeugung sein zu müssen, der König, sein Herr, werde und könne niemals die von Preußen fortdauernd begehrte freie Schiffahrt bis ins Meer gewähren, da, vorausgesetzt, er wolle seinen Souveränitätsrechten zuwider dies Opfer bringen, er doch auf keinen Fall hierzu die Einwilligung und Ratifikation der Generalstaaten erhalten würde; übrigens sei es höchst wünschenswert, daß man wechselseitig Mittel aufsuche, um eine Streitfrage zu umgehen, deren Diskussion in der bisherigen Art zuletzt nachteilig auf die Verhältnisse beider Höfe gegeneinander wirken müsse". Preußen aber war entschlossen, die Handhabe der Rheinfreiheit gegen die Niederlande um so weniger fahren zu lassen, als Perponchers letzte Vorschläge für den Handelsvertrag in seiner Note vom 9. Oktober 1823 (o. Anm. 70) nicht undeutlich ein sehr einseitiges Nachgeben der preußischen Zollverfassung im Auge hatten. Nach Eichhorns Gutachten stellte sich also das Außenministerium jetzt um so entschiedener auf seinen alten Standpunkt vorheriger grundsätzlicher Aussprache über den Rhein, und auch Schladen hatte Reedes Eröffnung mit der schneidenden Erklärung beantwortet, er habe Befehl zur Herbeiführung eines neuen gemeinsamen Schritts der Kongreßmächte und verschiebe die Ausführung nur wegen der Abberufung des neuen englischen Botschafters Granville [78]).

Ende 1824 scheiterten auch die Verhandlungen in Paris, in denen sich die niederländischen Sondergesandten, der Abteilungsdirektor für Gewerbe Netscher und de Fosse, um eine Herabsetzung der französischen Einfuhrzölle auf Steinkohlen, Leinwand und Vieh, namentlich den holländischen Zwischenhandel mit Pferden aus Holstein und Mecklenburg, bemühten [79]). Daher lebten jetzt die seit 1821 zurück-

---

[78]) Graf Bülow an das Außenministerium 26. Mai, Erlaß an Schladen 1. Juni, Notenwechsel Schladens mit de Reede 21. Juni und 17. Juli, Berichte Salviatis Haag 2. Sept. und Schladens Brüssel 22. Okt., Gutachten Eichhorns 15. Okt. Note Ancillons an Perponcher 18. Nov. 1824 A. A. II Rep. 6 Niederlande 1 vol. 6.

[79]) Bericht Schladens 15. Jan. 1825 a. a. O. Dazu Colenbrander, Falck 430ff.

gedrängten Schutzzollbestrebungen in den Niederlanden selbst mächtig wieder auf[80]): Ganz wie in den Zeiten der Hochschutzzollkriege am Ende des Jahrhunderts und in auffälligem Gegensatz zu der rückläufigen, freihändlerischen Bewegung der englischen Handelspolitik wurde hier die endlose Schraube der wechselseitig einander steigernden Retorsionen bis zur Katastrophe der Belgischen Revolution weiter und weiter angezogen. Das Hauptstück der Zollsteigerungen in dem neuen, beschönigend sogenannten „Gesetz der gleichmäßigen Abgabenverteilung", die starke, mehr als dreifache Erhöhung der Getreideein- und -durchfuhrzölle, traf Preußen keineswegs unvorbereitet[81]). Schon bald nach dem ersten Stocken der Rheinschiffahrtsverhandlungen hatte Graf Lottum von der Amsterdamer Getreidefirma Browne & Sohn die Warnung vor einer solchen Vergeltungsmaßregel erhalten. Dann aber hatte man sich bei der Berichterstattung Salviatis und Schladens beruhigt, die sich an die Oberfläche der Ereignisse hielt und die Versicherungen der Thronrede von 1824 über die Fortdauer der bisherigen Kornzölle für bare Münze nahm, bis im Herbst eine königliche Verordnung durch das Erfordernis von Bürgschaften bei der Einfuhr auf den kommenden Zoll vorbereitete. So wurde das Überschußgebiet Rheinland-Westfalens gerade in dem kritischen Augenblick, da die Eröffnung der ersten Provinziallandtage bevorstand, von der tatsächlichen Einführung des niederländischen Getreidezolls aufs peinlichste überrascht. Die unmittelbare Schädigung vergrößerte sich für die Empfindung durch den wie immer eifersüchtigen Vergleich mit den östlichen Provinzen, deren Getreideausfuhr infolge der englischen Schiffahrtsreformen, wenn nicht nach England selbst, so doch nach Amerika einen unverkennbaren Aufschwung zu nehmen begann[82]). Aber der dringende Antrag sämtlicher Regierungen unter Führung der beiden Oberpräsidenten Ingersleben und Vincke (Berlin 21. Februar 1825), vergeltungsweise die Einfuhr der Agrarprodukte und des Eisens aus und die Ausfuhr der Steine und Erden nach den Niederlanden zu erschweren, fanden nicht einmal an ihrem Bestimmungsort, im Finanzministerium, geschweige denn im Außenministerium Beifall. So verschiedene Staatsmänner wie Klewitz und Bernstorff, Eichhorn und Heinrich v. Bülow waren sich darüber einig, daß solche Maßregeln das dem Westen unentbehrliche Handelsverhältnis mit den Niederlanden nur noch mehr verwirren würden, und der Handelsminister, der seiner Gewohnheit getreu auch hier auf die Seite der tatenlustigen Ortsinteressen trat, blieb damit im Schoße der Zentralbehörden wieder einmal allein. Das Äußerste, wozu Eichhorn riet, war eine Sondierung

[80]) Am lehrreichsten der Hinweis auf den französischen, preußischen und englischen Protektionismus (auch Huskisson billige die Kornzölle!) in den Kammerreden de Gerlaches 2, 115, 117, 121.

[81]) Wie der hier völlig ungenügende Zimmermann 103 meint. Das Folgende nach Akten a. a. O.: Lottum an Bernstorff 24. Okt. 1823, Berichte Salviatis 27. Okt. 1823 und Schladens 7. Febr. u. 11. Okt. 1824. Gesetz vom 10. Jan. 1825 Journ. off. 20 nr. 4 mit Vorverordnung 11. Okt. 1824 ebd. 19 nr. 51.

[82]) Nach Oelrichs 31 betrug der Danziger Getreideexport 1823: 10693 Last, 1824: 13073 Last, 1825: 19504 Last, 1826: 25776 Last, 1828: 38091 Last.

des Präsidenten Delius bei der Mainzer Zentralkommission, ob unter den Rheinuferstaaten Stimmung für gemeinsame Zollerhöhungen gegen den niederländischen Kolonialwarenimport vorhanden sei, wie sie gleichfalls von den Provinzialinstanzen angeregt waren [83]). So sank der handelspolitische Verkehr mit den Niederlanden aus der kurzen Belebung, die ihm von England her mitgeteilt worden war, allmählich wieder in das alte trübe Gleis zurück. Es nützte nichts, daß Perponcher in Beantwortung der letzten preußischen Note (Anm. 78) bei entschiedener Wahrung des grundsätzlichen niederländischen Standpunkts nochmals die lebhafte Geneigtheit zu vertraulichen Abfindungsverhandlungen in der Rheinfrage durchblicken ließ, und daß bald nachher der niederländische Bevollmächtigte in Mainz Bourcourd, ein gemäßigter Mann, schon damals ebenso vertraulich, eine Interessenteilung vorschlug: Preußen solle Holland die Seespedition, dieses ihm dafür die eigentliche Rheinschiffahrt überlassen. Man blieb zuletzt an einer so untergeordneten Frage wie dem Verhandlungsort haften, weil die Niederlande sich nicht ganz mit Unrecht weigerten, am Hauptsitz aller Rheinschiffahrtsschwierigkeiten zu verhandeln, während Delius sich außerhalb seines Amtssitzes in Mainz oder Koblenz für unabkömmlich erklärte [84]).

Eine andere wichtige Folge von Werthers glücklicher Unterhandlung in London war seine Versetzung auf den handelspolitisch schwierigsten Posten, die durch den Tod des Grafen Goltz erledigte Gesandtschaft in Paris. Hier erforderte der Augenblick ganz besonders dringend ein geschicktes Eingreifen der preußischen Handelspolitik. Mit dem Zusammenbruch der Retorsionsversuche seiner östlichen Nachbarn (o. S. 139) hatte Frankreich den Gipfel seines Protektionismus erstiegen. Anfang 1824 gab es seinem Handel und Gewerbe zu der parlamentarischen Übermacht noch eine berufsständische Interessenvertretung, den Conseil supérieur de commerce, in dem die führenden Theoretiker und Praktiker der Großindustrie und Hochfinanz, neben Chaptal und Vaublanc der Begründer der bourbonischen Marine Portal und Napoleons Schatzminister Mollien, unmittelbar amtlichen Einfluß auf die Vorbereitung der Wirtschaftsgesetze ausüben konnten, ihm zur Seite nach dem Vorbild Englands und der Niederlande ein eignes Handelsministerium (Bureau de commerce) unter der Präsidentschaft des Generalzolldirektors St. Cricq, der oft in scharfem Gegensatz zu dem Unabhängigkeitssinn der Privatunternehmung (o. S. 21) dennoch ihre Einwirkung auf die Zollverfassung zunächst nur immer fiskalisch steigerte. Hier fanden die Reformgedanken Huskissons, der 1825 persönlich nach Paris kam, um, umgekehrt wie ein Menschenalter später Napoleon III., die beiden Küsten des Kanals im Freihandel einander zu nähern, in ganz Europa die kühlste Aufnahme, und die

[83]) Graf Bülow an Schuckmann und Bernstorff 26., H. v. Bülow an Eichhorn 28. Febr., Gutachten Eichhorns 1., Klewitz an Bernstorff 10. März 1825 a. a. O.

[84]) Notenwechsel Perponcher-Ancillon 3. März bis 19. April, Berichte Delius' 25. Mai 1825 und 8. Sept. 1826 a. a. O. Über Bourcourd vgl. Colenbrander, Falck 249; danach hatte er 1815 geglaubt, binnen einem Vierteljahr die Rheinschiffahrtsakte zustande zu bringen.

erbfeindliche Scheelsucht durchschaute schon damals, was für große eigene Vorteile das englische Manchestertum aus seiner liberalen Predigt zog[85]). Der weitere Ausbau des Zollschutzes, der auf diese Weise unaufhaltsam betrieben wurde, faßte zunächst die neue Stahlindustrie ins Auge, deren Fertigwaren trotz langsamer Erhöhung der ersten Schutzzölle gegen den englischen und westfälischen Wettbewerb auch auf dem inneren Markt noch immer einen schweren, ja angeblich einen stets schwereren Stand hatten. Die preußische Privatwirtschaft witterte die Gefahr wiederum lange vor der Regierung. Neben der märkischen Industrie unter Josua Hasenclevers mächtiger Leitung regte sich damals zuerst auch das neuerworbene Saarrevier: Das Hochofenwerk Schmidtborn & Co. in Goffontaine bei Saarbrücken, die Ahnin des heutigen Rheinischen Tafelglaskartells, wandte sich damals zuerst an das Außenministerium und dann sogar an den König mit der später oft wiederholten Vorstellung, daß Preußen gerade in der Saargegend in der starken Ausfuhr von Rohstahl, namentlich aber von Steinkohle ein Mittel besitze, die französischen Metallgewerbe empfindlich zu treffen. Die heikle Lage fand die behördlichen Vertreter der preußischen Handelspolitik zunächst nicht auf der Höhe. In wiederholten Gutachten kamen gerade das Finanz- und das Handelsministerium, Maaßen und Beuth, Klewitz und Graf Bülow zu dem Schluß, daß Möglichkeiten zu wirklich durchgreifenden Ausfuhrverboten gegen Frankreich „nicht bekannt" seien. Von Graf Bülow hat Hasenclever überliefert, daß er hauptsächlich im Arbeiterinteresse die Störung des Absatzes der Kohlenbergwerke fürchtete. Unter diesen Umständen war es nicht einmal ein so übler Gedanke des Außenministeriums, sich in Paris an die niederländischen Unterhändler Netscher und de Fosse (o. S. 168) anzuschließen, denen nach den Berichten Werthers und des früheren Geschäftsträgers v. Maltzahn sowohl die Freihandelspartei in Bordeaux und Flandern wie St. Cricq und Portal selbst einige Hoffnung auf ein Zurückdrängen des Protektionismus gemacht hatten. Aber ein glücklicher Zufall verhinderte, daß Preußen so in den gleich darauf folgenden Abbruch dieser niederländischen Verhandlung hineingezogen wurde: Der Erlaß mit dem bestimmten Auftrag dazu blieb, wie nicht selten Handelssachen, im preußischen Außenministerium so lange liegen, daß Werther inzwischen seinen früheren Anweisungen zufolge mit Geschick und Glück selbständig vorgegangen war[86]).

---

[85]) Vaublanc, Commerce maritime 6, 15, Clément 141. Vgl. a. Gülich 1, 214 Anm. 2. Auch Dupin, Sit. progr., der S. 34 Canning als Bringer eines neuen Geistes feiert, meint doch S. 9: „Depuis la paix nous cessons par degrés d'être tributaires à l'étranger." Über Mollien als Lehrer der Finanzminister der Restauration s. Liesse 104.

[86]) Berichte des Geschäftsträgers v. Maltzahn 6. Jan. u. 22. Juli, Werthers 30. Okt., Eingaben Schmidtborns 14. Juni u. 5. Okt., Gutachten Maaßen-Beuth 1. Aug. u. Bülow-Klewitz 19. Sept., Erlaß an Werther 15. Nov. (mit Verfügung H. v. Bülows 9. Dez.: „Antiquität") 1824, Notenwechsel Werther-Damas 28. Nov. 1824 bis 1. Jan. 1825 A. A. II Rep. 6 Frankreich 3 vol. 2. Dazu J. Hasenclever an Vincke 17. Jan. 1827 bei A. Hasenclever, Zur Gesch. des ersten rheinischen Provinziallandtags, Zeitschr. d. Berg. Gesch. Ver. 50 [1917] 62.

Die Auswärtigen Angelegenheiten im französischen Ministerium Villèle verwaltete der Kriegsminister der spanischen Intervention Baron Damas, einer der Emigranten, die in Rußland erzogen waren und im russischen Heer gegen Napoleon gekämpft hatten. Auch der Ministerpräsident selbst, der als Finanzminister ja auch in die Handelspolitik unmittelbar eingriff, erscheint in Werthers Berichten Preußen außerordentlich wohlgesinnt. Umgekehrt wie im England Cannings mußte ja seit dem Tode Hardenbergs und der französischen Kammerauflösung eine gemeinsame Entwicklung nach rechts die Stimmung in Paris günstig für Preußen beeinflussen, und die Person des Gesandten, seine konservative Gesinnung (o. S. 86 Anm. 76) und seine spanischen Erfahrungen konnten diese Gunst nur noch erhöhen[87]. Mit den erwachenden absolutistischen Neigungen der Bourbonen verlor aber auch die Machtstellung der Wirtschaftsinteressen in den parlamentarischen Körperschaften langsam das Zwingende, das in England gerade die freihändlerische Reform der Regierung so sehr einengte. Noch viel mehr als in den ersten Zeiten der Restauration (o. S. 46, 101) gaben daher jetzt dem preußischen Ausfuhrhandel seine alten Verbindungen mit Frankreich Gelegenheit, Hand in Hand mit der Diplomatie der dortigen Schutzzollpartei entgegenzuarbeiten. Bemerkenswert, was für einen bedeutenden Anteil dabei doch die in Berlin erst so wenig beachtete Industrie Lothringens spielte. Neben Hasenclever spielte bei den Verhandlungen auf preußischer Seite der Vertreter des Hauses Schmidtborn, auf französischer der Führer der von der Saarkohle abhängigen Nachbarindustrien, der Deputierte des Maasdepartements Wendel die maßgebende Rolle: Die entscheidenden Faktoren der handelspolitischen Lage setzten sich ohne und selbst gegen die Politik der Regierungen durch. Im geraden Gegensatz zu den Berliner Absichten kam der Abbruch der niederländischen Unterhandlung Preußen jetzt eher zugute. Die ungewöhnlich geschickte Art wie Werther, beraten von Hasenclever[88], freundschaftliche Warnungen vor einem Übermaß des Protektionismus mit der unauffälligen Androhung der Rohstoffsperre zu vereinen wußte, rief endlich den Ministerpräsidenten Villèle selbst gegen die immer neu anstürmenden Schutzzöllner der sonst so gefügigen Kammer auf den Plan. Außer den Zollerhöhungen auf Fabrikate aus Eisen und Stahl wurden gegen den Einspruch der Industrie von Lyon auch die auf die Krefelder Samt- und Seidenbänder und schließlich sogar die auf wenig eingeführte Halbfabrikate wie Stahlblech fallen gelassen und so, wie

---

[87]) Zur Lage und besonders über Damas vgl. Pasquier, Mémoires 5 (1894), 535f. und sehr scharf auch der royalistische Capefigue, Restauration 3 (ed. 1841), 337. Über Villèle gut Liesse 331f.: „Il était, comme presque tous les hommes de son temps et plus encore que beaucoup d'entre eux, en raison de son attachement aux traditions interventionnistes de l'ancien régime, un protectionniste convaincu", gleichzeitig Gegner der Agrarzölle 1821.

[88]) Das geht in Ermanglung gleichzeitiger Akten aus einem Schreiben Schuckmanns an das Außenministerium 3. Dez. 1828 a. a. O. vol. 4 hervor. Sonst noch besonders Berichte Werthers 18. Dez. 1824, 14. Jan. und 27. März 1825 ebd. vol. 2 u. 3.

Werther hervorhob, sämtliche Wünsche der preußischen Exporteure befriedigt. Zum Überfluß brauchte der Gesandte noch die Vorsicht, in besonderer Note Villèle die Hoffnung aussprechen, daß nicht, wie wohl früher im Gesetzgebungsweg, gescheiterte Tarifänderungen durch Verordnungen eingeführt werden würden: Die an Stelle und im Sinne des unfertigen Gesetzentwurfs erlassene Ordonnanz vom 13. Juli 1825[89]) hielt alle gemachten Versprechungen, und die einzige wichtige Mehrbelastung, die sie brachte, die der Leinenwaren, stellte sich auf Anfragen auch in den Niederlanden als unschädlich heraus, weil namentlich der französische Überseehandel, abgesehen von reichlicher vorheriger Eindeckung, die holländischen und westfälischen Leinen auch zu erhöhten Preisen abnahm. Die einzige Gegenleistung, die Frankreich auf Drängen der Bordelaiser Freihändler für so viel Entgegenkommen verlangte und die auch der Pariser Unterhandlung Werthers etwas von einem Abkommen gab, betraf eine vom freihändlerischen Standpunkt sehr wunde Stelle der preußischen Zollverfassung; sehr wirkungsvoll konnte Damas Werthers prozentuale Berechnung der französischen Metallzölle mit der der preußischen Zölle auf französische Weine beantworten, die bei den Verbrauchsgewohnheiten der altpreußischen Provinzen eine Säule des preußischen Staatshaushalts bildeten, aber gerade durch diese Sondernatur und ihre übermäßige Höhe selbst nach der Meinung des tüchtigen Konsuls C. Delbrück in Bordeaux, eines Onkels von Rudolf Delbrück, sehr gehässig wirkten. Schon am 24. Dezember 1824 versuchten daher Klewitz und Graf Bülow durch ein Regulativ, das wenigstens jungem Wein bei der See-Einfuhr ein Fünftel des Zolls vergütete und allgemeine Erleichterungen in den Freihäfen von Stettin und Swinemünde anordnete, Preußens guten Willen zu beweisen[90]).

In mancher Hinsicht wie ein Zerrbild der Wirtschaftspolitik in den führenden westeuropäischen Industriestaaten nehmen sich die Zustände auf der Pyrenäenhalbinsel aus, zu der die preußische Handelspolitik gleichzeitig wie zu jenen wieder in nähere Beziehungen zu treten versuchte. In Spanien enttäuschte der Ausbruch der Revolution von 1822 ziemlich jäh die Aussichten, die der immer offensichtlichere finanzielle Mißerfolg des neuen Hochschutztarifs (o. S. 90) auf erleichterte Zulassung der preußischen Leinen- und Metallwaren, aber auch auf einen Gegenseitigkeitsvertrag über die für Preußen ungünstigen Schiffahrtsabgaben eröffnet hatte[91]). Zwar wies der Mann, der dann an Stelle der abgereisten Mission die handelspolitische Be-

[89]) Bulletin des lois 8 nr. 1166, dazu Note Werthers an Villèle 25. März und sein Bericht 18. Juli Schuckmann an das Außenministerium (Beil. Bericht der Mindener Regierung) 11. Okt., Bericht Schoultz v. Ascheradens Haag 8. Nov. 1825 a. a. O. vol. 3.

[90]) Berichte Delbrücks (R. Delbrück, Lebenserinn. 1, 22 ff.) und des Bayonner Konsuls L. Bardewieck an Werther 17. u. 10. Febr., Graf Bülow und Klewitz an Bernstorff 30. März 1825 a. a. O.

[91]) Berichte Schepelers 5. Juli, 6. Aug. 1821, 12. Jan. 1822 A. A. II Rep. 6 Spanien 1 vol. 3.

richterstattung fortführte, der Kaufmann Wilhelm Jentsch aus Hirschberg (o. S. 23f.), wohl in der Hoffnung auf eine diplomatische Bestallung immer wieder darauf hin, was für eine bedeutende Wirksamkeit ausländische Diplomaten wie der englische Generalkonsul oder der niederländische Gesandte, der bedeutende Diplomat Hugo Zuylen van Nyevelt, auch jetzt noch zugunsten des Handels ihrer Staaten entfalteten[92]), und mitten in den beginnenden Wirren trat dieser unermüdliche Agent mit umfassenden und scharfsinnigen Vorschlägen hervor, wie auch Preußen als neuerdings von allen Mächten am meisten zurückgebliebener Kunde Spaniens die politische Protektion der Heiligen Allianz handelspolitisch ausbauen könne[93]). Das Hauptmittel dazu wäre hier wie in Portugal die Steigerung der iberischen Einfuhr nach Preußen gewesen, die noch beträchtlich geringer war als die preußische Ausfuhr nach der Halbinsel. Aber eben dafür fehlte es an den ersten Voraussetzungen. Englands hundertjährige Machtstellung besonders in Portugal beruhte nicht zuletzt auf seinem großen Verbrauch von Südweinen, wie er bei der Einstellung Preußens auf den französischen Wein dort nicht einzubürgern war. Und auch die einzige andere Massenexportware, das Salz, stieß in den Mengen, in denen es eine gesteigerte preußische Einfuhr hätte bezahlen können, neben der Knappheit des verfügbaren Schiffsraums auf eine solche Starrheit der preußischen Handelsverfassung, deren Salzmonopol sich weder auf eine Abwendung von dem Liverpooler Bezugsmarkt noch auf die Ausweitung ihrer östlichen Absatzmächte noch auch auf eine Eigenproduktion großen Maßstabs wie die Raffinerie iberischen Rohsalzes einlassen wollte oder konnte[94]).

Unter diesen Verhältnissen vermochte einer der wichtigsten Zweige des altpreußischen Exports auch nach Südeuropa, der Getreidehandel, es sich nur in beschränktem Umfang zunutze zu machen, daß gerade in den Jahren des tiefsten Preissturzes durch die Agrarkrise der Griechisch-Türkische Krieg den Schwerpunkt der Kornversorgung für das Mittelmeer noch einmal an die iberische Westecke verlegte. Der Gedanke Jentschs[95]), diese Konjunktur durch einen systematischen Umtausch gegen Salz und Wein wahrzunehmen und zu unterstützen, lag in der Luft: Auch für Portugal ist auf Anregung des Lissabonner Konsuls Poppe unter den preußischen Behörden lange darüber verhandelt worden, bis selbst Graf Bülows Eifer an der Einsicht erlahmte, daß die „Verwaltung des Salzmonopols die Sache mehr aus dem Gesichtspunkt ihrer eigenen Interessen als aus dem, welchen die allgemeine Landeskultur und das Interesse des Handels an die Hand

[92]) Bericht Jentschs an Graf Bülow 14. Sept. 1822 a. a. O. Über den „Sekretär Jentsch“ vgl. A. Baumgarten, Spanien 2, 559.

[93]) Denkschrift W. Jentschs für Bernstorff über den Handel mit Spanien Madrid 1. Sept. 1823 a. a. O.

[94]) Schriftwechsel Graf Bülows mit Klewitz 12. Nov. und 9. Dez. 1823 a. a. O. Portugal 4 vol. 2.

[95]) Denkschrift für Bernstorff über die Getreideschiffahrt nach Spanien Madrid 7. Okt. 1823 a. a. O.

gibt, betrachtet"[96]). Sich selbst überlassen aber fand die preußische Getreideausfuhr in ihrer großen Entfernung von den spanisch-portugiesischen Märkten die dortigen Handelsbedingungen, die durch Ernteausfall, Verkehrslosigkeit und Schmuggel ins Maßlose gesteigerte Spekulation gerade im Haupthafen Lissabon immer verhängnisvoller: Bei der Bindung der Einfuhrerlaubnis an Richtpreise, die anders wie in England wochenweise geschätzt wurden, und der Nichtanwendung des Freihafensystems auf den Getreidehandel mußten preußische Getreideschiffe nicht selten noch auf der Reede des Einfuhrhafens umkehren, wenn sie nicht ins Unbestimmte liegenbleiben wollten, und als die skandalöse Beeinflussung der Zollbehörden durch den einheimischen Getreidehandel dabei den geschädigten pommerschen Importeuren einmal einen vollgültigen Ersatzanspruch in die Hand gab, gelang es selbst der eifrigen Mitwirkung des neuen Gesandten, Gneisenaus Schüler Royer de Luynes, nicht, bei der Seehandlung den von Palmella geforderten Austausch der gewährten „Indemnitäts"-Lizenzen gegen Salz durchzusetzen. Rothers Eigensinn macht beinahe den Eindruck, als habe er von seinen neuen Überseeplänen aus den alten Handel nach der Pyrenäenhalbinsel bewußt fallen gelassen. Und nun rächte sich an den armen preußischen Kaufleuten sogar die Fürsprache ihrer Gesandtschaft: Während ihre dänischen Wettbewerber sich auf eigne Hand mit dem portugiesischen Zoll zu verständigen wußten, wurden sie selbst von untergeordneten Stellen hingehalten, bis ihre Ware dem Kornwurm zum Opfer fiel oder durch die Marktlage und schließlich noch eine rückwirkende Zollerhöhung entwertet wurde[97]).

Wenn so schon die Ungunst der wirtschaftlichen Voraussetzungen dem in Berlin immer wieder aufgenommenen Wunsch nach Handelsverträgen mit Portugal und Spanien vielleicht mehr als in irgend einem andern Lande entgegenstand, so zog auch äußerlich der fortschreitende Verfall der Staatsverwaltung dort der Diplomatie den Boden zu Verhandlungen unter den Füßen fort. Gerade auch zu Anfang der Revolution in Spanien hatte die Angst vor der englischen Macht und die Abhängigkeit von englischen und französischen Staats-

[96]) Graf Bülow an Bernstorff 3. Jan. 1824 auf Bericht Poppes 23. Aug. und Schreiben Bernstorffs an Graf Bülow und Klewitz 15. Okt. 1823 a. a. O. Zur Handelslage Gülich 1, 294; 2, 391. Ein Bericht des Geschäftsträgers v. Schaffgotsch Lissabon 15. Sept. 1824 beziffert die Aufnahmefähigkeit Portugals auf 35—40000 t Weizen und je 4000 t Roggen und Gerste. — Auch die von Jentsch vorgeschlagene Gegeneinfuhr von Holz gegen Salz erwies sich bei dem Verfall des spanischen Schiffbaus als undurchführbar: Berichte der Konsuln Klaeger Vitoria 6, Uhthoff Cadiz 20. Dez. 1823, d'Ogny Barcelona 12. Juni und Roose Malaga 2. Juli 1824 a. a. O.

[97]) Berichte Royers (über ihn vgl. Laubert 72f., Assing 3, 93) 28. Mai, 8. Mai 1825, 13. Jan., 1. Juni 1826, Rother an Bernstorff 27. Juni 1825 a. a. O. Portugal. Die beteiligten Getreidefirmen waren nach einer Aufstellung ihres Lissabonner Kommissionärs v. Mollens Sohn 13. Dez. 1824: M. G. Hoffmann Witwe, J. F. Eggert, G. D. Schlüter, H. Reimarus und E. Rühs in Stralsund, G. und C. V. Vahl und F. A. Spalding in Greifswald.

anleihen die außerordentliche und geheime Tagung der Cortes abermals für den Abbau des Überprotektionismus gestimmt[98]). Aber damals wie unter der folgenden Restauration fehlte der morschen spanischen Behördenorganisation die Kraft zu wirklichen Reformen. Bitter, obwohl kaum ungerecht, schrieb Jentsch, hier der Vertreter eines aufstrebenden Staats und Unternehmertums: „Da in Geschäften, wo ein System zugrunde liegt, nicht so leicht Unterschleife begangen werden können als da, wo dies nicht der Fall ist, so ist es dem Interesse des größten Teils der spauischen Beamten angemessen, daß alles nur interimistisch behandelt werde. Es ist nämlich ein hervorstechender Zug im Charakter der Spanier, alles aufzuschieben, und immer geschieht es unter dem Vorwande, daß reiflichere Erfahrung, Beratung und Untersuchung des betreffenden Gegenstandes die Ergreifung weiser Maßregeln allein möglich machen; auch sieht man selten ein Dekret der spanischen Regierung, worin jene Phrase nicht vorkäme und welches eine Verordnung über irgendeine Sache bestimmt ausspräche; denn fast immer sind die Vorschriften interimistisch und wird stets auf zukünftige Zeiten, welche über den fraglichen Gegenstand die eigentlichen Beschlüsse und feste Gesetze herbeiführen sollen, hingewiesen"[99]). Das blieb so auch nach Wiederherstellung der ordentlichen diplomatischen Beziehungen. Wie in Portugal vermochten bedeutendere Einfuhrgeschäfte nur durch besondere Verhandlung über entsprechende Gegenleistungen die Schutzmauer des inneren Markts zu durchbrechen, z. B. sollte Delbrück in Bordeaux mit seinem dortigen sächsischen Kollegen Albrecht Lizenzen für schlesische und sächsische Leinwand erhalten, wenn sie zusammen 20 Millionen Franken spanischer Staatsanleihe unterbrächten und die Zinsbürgschaft ihrer Regierungen dafür erwirkten. Wer sich auf den gewöhnlichen Geschäftsgang im spanischen Zoll verließ wie der bekannte Seidenfabrikant Diergardt-Viersen, mußte sich auf jahrelange Schikanen gefaßt machen, bei denen Sachverständige der einheimischen Konkurrenz hilfreiche Hand leisteten, wenn auch wahrscheinlich die von ihnen vorgebrachten Bedenken gegen die Echtheit der Ware nicht ganz ungegründet waren (o. S. 27). Zur nicht geringen Verlegenheit

[98]) Bericht Royers Lissabon 15. Okt. 1825 a. a. O. Portugal, Erl. an Liebermann 5. Dez. 1825, Bericht Jentschs an Graf Bülow 9. Sept., an Bernstorff 24. Dez. 1822 a. a. O. Spanien: „Es ist von jeher eine der Eigentümlichkeiten der Spanier gewesen, zu glauben, daß zu allen Zeiten ein oder das andere europäische Kabinett die spanische Nation besonders in Schutz sowie die Motive ihrer jedesmaligen Unzufriedenheit hinwegnehmen und zu ihrem Besten reelle Opfer bringen müsse. Da in dem gegenwärtigen Zeitpunkte nun die allgemeine Meinung sich England dafür ausersehen zu haben scheint, so wurde auf Veranlassung des jener geheimen Sitzung beiwohnenden Ministers der Kolonien P. Badillo von einer großen Anzahl Deputierten einstimmig zugegeben, daß das prohibitive System, welches besonders sehr viele Manufakturartikel Englands träfe, einen für Spanien sehr ungünstigen Eindruck auf die englische Regierung und Nation im ganzen hervorgebracht habe." Vgl. Baumgarten 2, 517 ff. über die Politik San Miguels.

[99]) Bericht Jentschs an Klewitz (den er 10. Okt. irrtümlich für den Handelsminister hält) 20. Okt. 1824 a. a. O.

des Außenministers Salmon, des glücklichen Vermittlers der Heirat Ferdinands VII. mit Marie Christine von Neapel, wies in dieser Sache eine förmliche Note des Gesandten v. Liebermann darauf hin, daß nun schon zwei Jahre ein Zollbeamter straflos den klaren und dringenden Befehl des Katholischen Königs zur Einleitung des endgültigen Prüfungsverfahrens umgangen habe. Wie es Royer in Lissabon unmöglich fand, weisungsgemäß ein Schiffahrtsabkommen nach dem Muster des preußisch-englischen abzuschließen, ehe der Strangfordvertrag von 1810 zwischen Portugal und England (o. S. 87) erneuert sei, so merkte der Innenminister Schuckmann, der jenes Abkommen für die preußischen Gewerbe gewünscht hatte, am Ende auch in Spanien, daß es „einem Staate wie der preußische ganz unnütz sein würde, diplomatische Beziehungen zu einem andern Staate zu unterhalten, der nicht einmal dafür stehen kann, daß seine Behörden das ausführen, was die Regierung ihnen anbefiehlt“ [100]).

Ein letztes, an den Beziehungen zu Westeuropa und Übersee eng beteiligtes Schmerzenskind der preußischen Handelspolitik in der Wirtschaftskrise der zwanziger Jahre war die Sundzollfrage. An der Hand der privaten Durchfahrtstatistiken des spanischen Konsuls in Helsingör, Baden, verfolgte man mit Besorgnis, daß der Handelsvertrag mit Dänemark vom 17. Juni 1818 den Rückgang besonders der preußischen Getreideschiffahrt nicht aufhielt [101]). Vorwurfsvoll und übertreibend wie stets meinte schon der Handelsminister Graf Bülow, der Ostseehandel habe im Gegenteil durch den Vertrag, d. h. eine Festlegung der Abgaben, „sogar die Hoffnung verloren, je wieder gedeihen zu können“ [102]). Nun konnte zwar der Gesandte Dohna in Kopenhagen sein Werk dadurch in Schutz nehmen, daß er auch auf die Zweige des preußischen Ausfuhrhandels aufmerksam machte, die wie Holz und Webstoffe im dänischen Zoll (diese im Sunde sogar bis zu $^1/_4$—$^1/_3$ v. H.) begünstigt waren und diese Begünstigung dank mannigfachen Fehlen der Herstellungs- und Handelstechnik nur nicht genügend ausnützten, und die preußische Eigenausfuhr an Getreide war keineswegs gleichbedeutend mit der Gesamtausfuhr preußischen Getreides überhaupt, da gerade die dänische Schiffahrt ihre Weizenladungen für Portugal und Spanien in diesen Jahren mehr aus Preußen und Rußland als aus dem eigenen Lande holte [103]). Ander-

---

100) Depeschen des Gesandten Salviati Madrid 3. und 10. Okt. 1825 (über Diergardt jetzt zusammenfassend Gothein, Köln 390), Note Liebermanns an Salmon 9. Dez. 1827, Schuckmann an das Außenministerium 20. März 1828 a. a. O. Spanien 1 vol. 4; Erlaß Bernstorffs an Royer 27. Febr. und dessen Bericht 10 April 1826 a. a. O. Portugal 4 vol. 2.

101) Bericht Dohnas 13. Juli 1822, 29. April 1823 a. a. O. Dän. 1 vol. 3.

102) An das Außenministerium 5. Febr. 1821 (Beil. Bericht Sacks 17. Nov. 1820) a. a. O. Danach betrug der Sundzoll bisweilen mehr als die Fracht von Swinemünde nach London.

103) Berichte Dohnas 18. Okt. 1823, 27. März, 1. Mai 1824 a. a. O. vol. 3 und 4. Auf die niedrigen Webstoffzölle verwies später auch Schimmelmann, kurz bevor sie für Leinwand durch Plakat vom 28. Juni 1825 beträchtlich erhöht wurden: Berichte Dohnas 12. Febr. und 5. Juli 1825 a. a. O. vol. 5.

seits aber hatte Graf Bülow doch nicht so ganz unrecht: Eben der frühe Abschluß des dänischen Handelsvertrags hatte den preußischen Handel im wesentlichen auf die Gewichtszölle eines Tarifs aus dem 17. Jahrhundert verpflichtet (o. S. 84), ehe das plötzliche Sinken der Weltmarktpreise diesen Zöllen ein ganz neues Wertverhältnis gab, und vor allem ehe unter Berücksichtigung der neuen Lage die Weser- und die Elbschiffahrtsakte auf den beiden vornehmsten Wettbewerbswegen des Sundes einen ausgesprochen modernen, freihändlerischen Verkehrsfuß einrichteten. Gerade Stettin, das mit seinem Überwiegen der Kolonialwareneinfuhr über die Rohstoffausfuhr unter dem allgemeinen Niedergang des baltischen Exports weniger litt als die west- und ostpreußischen Häfen, beobachtete ingrimmig die Abwanderung wichtiger Handelszweige wie der Kaffee-Einfuhr und der Ausfuhr des schlesischen Zinks zu der verhaßten Nebenbuhlerin Hamburg. Zum Überfluß gewährte Dänemark noch wie Holland (o. S. 138) an dem Vertrag mit Preußen vorbei seinen eigenen Schiffen Zollermäßigungen von einem Sechstel[104]).

Dohnas unangenehme Aufgabe wurde es, für alle diese tatsächlichen Mißstände aus der vertraglichen Rechtslage heraus Abhilfe zu erwirken. Eine nützliche, wenn auch zweischneidige Handhabe dazu bot namentlich die fehlerhafte Doppelkonstruktion des Vertrags aus der Meistbegünstigung und der Kristianopeler Zollrolle, deren Warenlisten und Zollsätze gleich lückenhaft und vieldeutig waren, und der Kampf der preußischen und dänischen Diplomatie um ihre Auslegung war ein langsames Rückzugsgefecht, wobei diese, mitbestimmt durch das Sinken des Ertrags aus den überspannten Zöllen, alle einzelnen Zugeständnisse grundsätzlich als freiwillig, jene ebenso grundsätzlich als Rechtsfolgen darzustellen suchte. Während das Zink in der alten Rolle überhaupt fehlte und sich deshalb Dänemark nur auf das Herkommen, die sogenannten Usancen, berufen konnte, wenn der Zoll davon mehr als den im Zweifel vorgesehenen Satz von 1 v. H. betrug, lagen in der Frage der Kornzölle die Dinge viel verwickelter. Wie in England strebte auch im Sundverkehr der preußische Getreidehandel als Gegenmittel gegen die Krisis den Übergang zu der raumersparenden Veredlung in Mehl an. Dazu reizte im Sund noch besonders eine etwas dunkle Bestimmung des Kristianopeler Tarifs, wonach damals Mehl schlechthin ohne nähere Bezeichnung der Getreideart, also auch Weizenmehl, dem einfachen Zoll für Roggen und Gerste und nur dem halben Weizenzoll unterworfen war. Keine Berufung Dänemarks auf die offenbare Unbilligkeit, ja auch geschichtliche Unwahrscheinlichkeit dieser ausdehnenden Interpretation verfing bei dem preußischen Außen-

[104]) Protestnote Dohnas an Rosenkrans 27. April 1823, Vorstellung der Stettiner Kaufmannschaft an Graf Bülow 18. Jan. 1824 a. a. O. vol. 3. Die Notlage des preußischen Zinkgeschäfts wurde noch erhöht durch die Ermäßigung des Durchfuhrzolls, die Graf Bülow im revidierten Zolltarif vom 19. Jan. 1824 dem Krakauer Zinn zugestehen mußte: Rechtfertigung an Schuckmann (auf Beschwerde der Oppeluer Regierung) 13 Jan. 1825 A. A. II Rep. 6 Rußl. 20 vol. 3. Vgl. die Forderung einer Erhöhung des Zinktransitzolls auf dem schlesischen Landtag Klawitter 83.

ministerium, das getrieben von den Klagen Rothers und Graf Bülows[105]) den starren Rechtsstandpunkt nicht verlassen wollte. Zur selben Zeit, da Bülow für Tabak auf Grund der Meistbegünstigung aus dem dänisch-russischen Handelsvertrag (o. S. 81) eine Ermäßigung des Kristianopeler Zolls forderte, verwarf man die Berufung Dänemarks darauf, daß so auch der Weizenmehlzoll, selbst die preußische Auffassung der Kristianopeler Rolle zugegeben, schon im zweiten Handelsvertrag mit Holland 1701 auf den gegenwärtigen Satz abgeändert sei, und verwahrte sich allgemein und feierlich gegen die einseitige Anwendung der Meistbegünstigung, da Preußen sich durch den Vergleich mit der Behandlung dritter, vielleicht duldsamerer Mächte seinen absoluten Anspruch auf die Alternative des Kristianopeler oder des einprozentigen Zolls nicht beschneiden lassen dürfe[106]).

Der Mann, an den Dohna diese Rechtsverwahrung richten mußte, war schon nicht mehr der alte, reaktionäre Außenminister Rosenkrans, sondern sein Nachfolger Graf Schimmelmann, der bekannte liberale Freund Schillers und alles deutschen Wesens. Rosenkrans hatte bis zu seinem Tode das preußische Andrängen gegen den Sundzoll vorzugsweise mit Gegenangriffen beantwortet, statistisch nachgewiesen, daß Preußen seit 1820 im Jahresdurchschnitt 10000 Rt. Sundzölle durch seinen Vertrag erspart und die Durchfuhr von Mehl sich in derselben Zeit verachtfacht habe, hatte wohl auch Dohna in einige Besorgnis versetzt, indem er drohte, bei weiteren Schwierigkeiten die Zollzahlung statt in Papier nach dem Buchstaben des Vertrags in Silber zu verlangen[107]). Schimmelmann war gleich von Anfang viel entgegenkommender, versicherte Dohna wiederholt seiner persönlichen Hinneigung zu den Anschauungen Preußens und versuchte jede Verzögerung der Unterhandlungen dem Widerstand des Zollkammerpräsidenten Sehested zur Last zu legen[108]). Desto schärfer trieb jetzt die Berliner Leitung Dohna an, zumal auch England unter Huskisson Miene machte, sich für eine Erleichterung des Sundzolls einzusetzen. Kaum ermäßigte Dänemark den Zinkzoll auf den geforderten Satz[109]),

[105]) Graf Bülow an das Außenministerium (Löwenberg) 21. Juli, 7. Dez. 1822, Rother an dasselbe 19. Juli 1821, an Graf Bülow 10. Dez. 1823 a. a. O. vol. 3 u. 4.

[106]) Note Dohnas an Schimmelmann 17. März 1824, Bericht Dohnas 21. März 1826 a. a. O. vol. 4 und 5.

[107]) Berichte Dohnas 19. u. 26. Juli 1823 a. a. O. vol. 4. Nach einer Eingabe der Stettiner Kaufmannschaft an Bernstorff 20. April 1827 vol. 6 zahlte Preußen 1826 mindestens 80000 Rt. Sundzölle.

[108]) Berichte Dohnas 3. u. 27. Juli, Arnims 25. Sept. 1824, Dohnas 17. Jan. 1826 a. a. O. vol. 4 u. 6.

[109]) Note Schimmelmanns an Dohna 26. April 1825; zum folgenden Erlasse (H. v. Bülow) an Dohna 17. Mai, an Arnim 4. u. 14. Juni 1825, 9. u. 10. März 1826 a. a. O. vol. 4 u. 6. Für die preußisch-dänischen Handelsbeziehungen ist doch bezeichnend, daß die 7 Juni 1825 privilegierte Ostseehandelsgesellschaft des größten Kopenhagener Großkaufmanns Duntzfeldt (vgl. Rubin 1807—1814 S. 529 u. ö.), eine Schöpfung in der Richtung der Umschlagspläne von vor zehn Jahren (o. S. 82, vgl. a. Villaume 79 ff.), auch in Berlin Kapitalbeteiligung suchte: Berichte Dohnas 6. u. 13. Nov. 1824, Arnims 25. Juni 1825.

so verlangte man die Erstreckung des Zugeständnisses auch auf die nichtpreußische, d. h. vor allem Krakauer Ware, sowie eine Rückvergütung der zuviel gezahlten Zölle seit dem Handelsvertrag, und der Dohna vertretende Geschäftsträger Heinrich v. Arnim-Suckow, der später so berühmte und angefeindete Unterhändler des belgischen Handelsvertrags von 1843, der auch seinerseits den Bogen bei Schimmelmann nicht überspannen zu dürfen glaubte, erhielt den Verweis, den Gesichtspunkt der preußischen Politik „nicht in seinem ganzen Umfange aufgefaßt" zu haben. Der dänische Vorschlag, in gemeinsamen Erhebungen unter Zuziehung der Kommissionsfirma Deurs in Helsingör, einer alten Korrespondentin der Preußischen Seehandlung, unparteiisch die Warenwerte für die Berechnung der Mehlzollhöhe abzuschätzen, wurde rundweg abgelehnt und Dohna im Stich gelassen, als er sich mit einer halben Erfüllung der preußischen Wünsche in der Mehlfrage zufriedengeben wollte. Dohna nahm verbittert seinen Abschied. Aber sein Nachfolger Meuron, bisher Generalkonsul in dem großen Getreidemarkt Lissabon, führte den Kampf gegen den Sundzoll mit verdoppelter Anstrengung fort und empfing darin entscheidende Unterstützung von Heinrich v. Bülow, dem für den preußischen Ostseehandel besonders warm empfindenden Referenten des Außenministeriums, der eine Dienstreise durch die Ostseehäfen mit einem persönlichen Besuch in Kopenhagen verband. Man weiß aus den Lebenserinnerungen Johann Rists[110]), wie „unbehaglich" der alte König Friedrich VI. es empfand, daß der Ansturm der Preußen jetzt unmittelbar ihn selbst zum Ziel wählte. Nicht einmal die Hoffnung der Dänen bewährte sich, den neuen Sundzolltarif, den sie zum erstenmal auch in seiner amtlichen Gestalt vertraulich mitteilten, von Preußen nun auch endgültig anerkannt zu sehen. Während sie schließlich durch Einwilligung in den sagenhaften Kristianopeler Satz von einem halben Reichstaler für Mehl[111]) zum Ausdruck brachten, daß der Sundzoll als rationeller Tarif tatsächlich nicht mehr zu halten war, war es preußischerseits schon eine große Gefälligkeit Bernstorffs gegen seinen Landsmann und Freund, den langjährigen dänischen Gesandten Fritz Reventlow, wenn er jetzt erklärte, sich in Zukunft mit der einfachen Meistbegünstigung begnügen zu wollen. Bald nach Meuron war auch in Helsingör statt des Dänen Holm, dessen Zuverlässigkeit man bei der Zuspitzung der nationalen Gegensätze immer weniger traute, auf den Vorschlag Sacks ein neuer preußischer Konsul, Forckenbeck, eingezogen, der in der preußischen Handelspolitik der Zollvereinszeit noch eine große Rolle spielen sollte und sich zunächst mit ganzer Kraft der Sundzollfrage widmete[112]).

[110]) Ed. G. Poel 1 (Gotha 1880), 156. Bülows Reise galt nicht, wie Zimmermann 167 will, dem Kaffeezoll, sondern dem Mehlzoll: Außenministerium an Schuckmann 19. Aug. und 12. Nov. 1827, dazu Berichte Meurons 6. u. 16. Jan., 5. u. 26. Mai 1827 a. a. O. vol. 6.

[111]) Noten Schimmelmanns an Meuron 18., Reventlows an Bernstorff 31. Aug. a. a. O.

[112]) Schönberg an Schuckmann 13. März 1826 (Abschr.), Bericht Forckenbecks 12. Juni 1827 a. a. O.

Trägt die preußische Handelspolitik gegen Dänemark die unverkennbaren Züge des Überwiegens einer werdenden über eine gewesene Großmacht, so spiegelt das handelspolitische Verhältnis Preußens zu England nach dem Erfolg des ersten Schiffahrtsabkommens (o. S. 166f.) und zumal nach dem Ausscheiden des Bülowschen Handelsministeriums umgekehrt mit wachsender Deutlichkeit die Tatsache, daß gegenüber dem britischen Weltreich die Monarchie Friedrich Wilhelms III. kaum mehr ins Gewicht fiel als z. B. die skandinavischen Staaten. Hatte sich nach einer Zeit ebenso unbedingter wie unfruchtbarer Gefolgschaft die kleinere Macht Achtung verschafft, indem ihre steigende Verselbständigung einen Augenblick vortrefflich in die ersten Lücken der größeren eindrang, so war doch dieser Höhepunkt der preußischen Handelspolitik ebenso schnell wieder überschritten, nachdem die zunehmende Gefahr der Mittelmächte und Rußlands auch in England lange vor Huskissons Rücktritt und Cannings Tode eine zunehmende Gegenbewegung gegen deren liberale Außenpolitik ausgelöst hatte.

Das zeigte sich zunächst bei der Ausführung des Schiffahrtsabkommens vom 2. April 1824. Schiffahrtsabgaben waren insofern ein schwieriger Vertragsgegenstand, als sich gerade bei ihnen im Unterschied von den Zöllen das ausschließliche Hoheitsrecht des Staats gegen das untergeordneter Körperschaften, vor allem der Gemeinden, überall in Europa bloß erst sehr unvollkommen durchgesetzt hatte. Auch in Preußen bestand, was namentlich Dänemark anfangs wiederholten Anlaß zu Beschwerden aus seinem Handelsvertrage gab, neben den staatlichen Lasten- und Flaggengeldern (o. S. 81) noch eine Reihe von örtlichen Sonderabgaben, wie z. B. die Lotsengebühren auf dem Stettiner Haff oder die Swinemünder „Zulage" von den Marktschiffen nach Stettin, die sich den vertraglichen Verpflichtungen des Gesamtstaats nur langsam fügten, aber sie waren eben auf Dänemarks Betreiben größtenteils schon Anfang der zwanziger Jahre abgeschafft oder wenigstens für fremde und einheimische Schiffahrt gleichgestellt worden[118]. In England waren diese Reste mittelalterlicher kommunaler Selbständigkeit dem ganzen Bau des Staatswesens entsprechend sehr viel zäher und besonders in Schottland und Irland vielfach durch lokale Parlamentsakten anerkannt. Vergebens liefen nicht nur der Werther vorläufig ersetzende Geschäftsträger Arnim, sondern auch sein schwedischer Amtsgenosse Stjerneld dagegen Sturm, daß Huskisson nicht anders als zögernd und vorsichtig die Geltung der Gegenseitigkeitsverordnungen auch auf solche städtischen Schiffahrtsabgaben ausdehnte, und obwohl bereits unter Georg III. eine weitgehende Kodifikation der Hafengelder stattgefunden hatte, erwies es sich doch vorderhand als unmöglich, einem Wunsch der Stralsunder Kaufmannschaft gemäß

---

[118]) Notenwechsel mit dem Gesandten Graf Reventlow 19. Juni 1820 und 12. Juni 1821 a. a. O. vol. 3. Doch erklärte noch 28. April 1827 Schuckmann an Bernstorff (A. A. II Rep. 6 England 39 vol. 3), genaue Zahlen über die preußischen Schiffahrtsabgaben seien wegen ihrer Veränderlichkeit nicht zu beschaffen.

eine vollständige Übersicht darüber zu erlangen[114]). Allein die Hauptschwierigkeit für die wirtschaftliche Ausnützung des neuen Abkommens lag auch hier nicht einmal in der Anwendung, sondern in der Auslegung selbst.

Den Ausschluß der englischen Kolonien aus der Gegenseitigkeit (o. S. 166) faßte England von Anfang an so auf, daß zwar die preußische Schiffahrt dahin verboten bleiben, die koloniale nach Preußen jedoch mit begünstigt sein solle. Nun war ja die Eigenreederei der Kolonien nach Preußen naturgemäß unbedeutend. Gleichwohl bestand Preußen schon in dem ersten Fall, der Landung eines Neubraunschweiger Schiffs in Danzig, auf der Zahlung des vollen Flaggengeldes[115]) und ging überhaupt von vornherein darauf aus, die Befreiung davon, die England in einer Zeit gesteigerter kolonialer Ansprüche (o. S. 162) dringend erwünscht sein mußte, nur auf Grund neuer englischer Zugeständnisse zu bewilligen. Als ein solches kam neben der Öffnung der Kolonien überhaupt vornehmlich in Betracht, den Grundsatz der sogenannten direkten Reise aufzuheben, wonach die Gegenseitigkeit bisher nur dem unmittelbaren Verkehr mit England und den Kolonien, nicht der Ausfuhr von da nach oder der Einfuhr dahin aus dritten Ländern zuteil zu werden pflegte[116]). Hier blieb Englands Fürsorge für den eigenen Handel und die eigene Schiffahrt lange unnachgiebig und ließ sich auch zum Schluß mehr umgehen als überwinden. Unter Huskissons berühmten Handelsgesetzen vom 5. Juli 1825[117]) war auch das zur ferneren Hebung des kolonialen Handels (6. Georg IV. c. 114), das im Interesse der Kolonien selbst die königliche Verordnungsgewalt ermächtigte, ihre Häfen auf den Nachweis der Gegenseitigkeit hin fremden Flaggen zugänglich zu machen: Huskisson verstand es, dem neuen preußischen Gesandten Maltzahn begreiflich zu machen, daß die Anwendung dieser neuen Bestimmung auf Preußen nicht nur eine vollwertige, sondern sogar eine überwertige Entschädigung für die Begünstigung der Kolonialschiffahrt in Preußen sei und im Hinblick auf Preußens Mangel an Kolonialbesitz eigentlich noch besondere Kompensationen, wie etwa die Begünstigung der indirekten englischen Schiffahrt und Wareneinfuhr, erfordere. Als dann Maltzahn eine so weitgehende Abmachung mit Recht bedenklich fand, wurde die Form des genauen Vertrags ganz aufgegeben[118]). Der Erlaß der

---

[114]) Berichte Arnims 2. Aug., 10. u. 17. Sept. 1824 (Hull, Liverpool, Leith, Dublin) A. A. II Rep. 6 England 1 vol. 6. Zur Kodifikation Macgregor, Statistics 5, Suppl. 180 ff.

[115]) Schriftwechsel der Danziger Regierung mit Graf Bülow 15. Juli u. 13. Aug., Beschwerde des englischen Gesandten in Berlin Clanwilliam 25. Aug., Bericht Werthers 29. Aug. und Erlaß an ihn 14. Sept. 1824 a. a. O.

[116]) Berichte Maltzahns 30. Nov., 8. Dez. 1824, Graf Bülow an Bernstorff 24. März 1825 a. a. O. vol. 7.

[117]) Smart, Ec. ann. 2, 272 ff.

[118]) Berichte Maltzahns 9. Mai 1825, 16. u. 26. März, 4. April 1826 a. a. O. vol. 7 u. 8. In dem englisch-schwedischen Handelsvertrag vom 18. März 1826 Art. 6 (Martens 26, 912 ff.) wurde die direkte Schiffahrt ausdrücklich ausgeschlossen.

übereinstimmenden Verordnungen vom 3. und 20. Mai 1826, mit dem man sich statt dessen begnügte, um die Aufnahme des Kolonialverkehrs in das Schiffahrtsabkommen von 1824 zu vollziehen[119]), wurde von Huskisson noch dazu in einem Brief an Maltzahn (24. März 1826) als ein besonderes Entgegenkommen dargestellt, indem er, zweifellos im Widerspruch mit Wortlaut und Sinn des Kolonialhandelsgesetzes, dessen Gegenseitigkeitsbestimmung anfangs als zwingendes Recht bezeichnete, das mit dem Eintritt der preußischen Begünstigungen von selbst in Anwendung komme. So nahm Preußen mit einer summarischen Fassung der englischen Verordnung ohne ausdrückliche Erwähnung der indirekten Kolonialfahrt vorlieb. Der gegen Dänemark so scharfe Heinrich v. Bülow hielt hier weiter nichts für nötig als eine „schriftliche Verwahrung gegen die etwa aus der nicht beobachteten Reziprozität ferner zu ziehenden Folgerungen", und Schuckmanns Mahnung, mindestens auf dieselben Vorteile abzuzielen wie die Franzosen bei ihrem soeben abgeschlossenen Handelsvertrag mit England vom 26. Januar 1826, beantwortete er leichten Herzens dahin, daß auch Frankreich größere Begünstigungen nur durch englische Gesetzesänderungen erreichen könne und diese dann von selber auch Preußen zugute kommen würden[120]). Ganz anders die zähe, vorsichtige Art, wie Cannings Notenwechsel mit dem jungen Grafen Lottum, dem derzeitigen preußischen Geschäftsträger, den Schlußstein, die Reziprozität auch mit den europäischen Außenbesitzungen Englands, in das Vertragsverhältnis mit Preußen einfügte[121]).

Die preußische Nachgiebigkeit in der Verhandlung um das zweite Schiffahrtsabkommen hatte noch einen besonderen Grund: Man hoffte, von ihm allmählich zu einem allgemeinen Gegenseitigkeitsvertrag auch für den Warenhandel zu gelangen. Denn noch immer drängten neben der Reederei besonders der Getreide- und der Holzhandel auf eine Erweiterung von Wallaces ersten Zollerleichterungen (o. S. 160ff.), nur daß jetzt nach so manchen kleinen Errungenschaften die Bedürfnisse des Handels, namentlich des Holzhandels zurück und dafür auf den ersten Generallandtagen der östlichen Provinzen die agrarischen Getreideausfuhrinteressen um so mehr in den Vordergrund traten (u. S. 212). Und gerade dem Kornhandel schienen sich in England mit dem Abflauen der Agrarkrise, steigenden Preisen und einer immer größeren Verbreitung der Freihandelsagitation neue Möglichkeiten zu bieten. Jahr für Jahr beantragte seit 1824 der unermüdliche Abgeordnete Whitmore im Unterhaus die Abschaffung der Kornbill, und trotz der regelmäßigen Ablehnung seiner Anträge konnte Huskisson, dessen Haltung dabei rein opportunistisch war, das System nur noch durch eine fort-

---

[119]) Martens, Nouv. Suppl. 2, 469f. unvollständig, besser Hertslet, Treaties 3, 360f.

[120]) Erlasse an Maltzahn 18. August 1825 u. 28. Jan. 1826, Entwurf zum Schreiben Bernstorffs an Schuckmann 26. März 1826 a. a. O. vol. 7 u. 8. Der französische Vertrag Martens 2, 6, 884ff. Vgl. die anschließende Kammerdebatte über die königliche Vertragsgewalt in Steuersachen Calmon 2, 184ff.

[121]) 18. Juli — 11. Sept. — 24. Okt., eröffnet durch Maltzahns Note 2. Juli 1826 a. a. O.

gesetzte Notgesetzgebung über die Einfuhr aus den Freihäfen retten[122]), die den englischen Getreidehandel zwar den Zuständen auf der Pyrenäenhalbinsel (o. S. 175) bedenklich annäherte, aber den so viel weniger weit entfernten preußichen Exportgebieten ganz andere Gewinne erlaubte als dort; schon 1824 erhielt wenigstens der vor dem letzten Kornzollgesetz magazinierte Weizen ohne besondere Anstrengung die seinerzeit so heiß umstrittene Vermahlungsfreiheit und belebte sogleich bis nach Süddeutschland hinein die Spekulationen von Bechers Rheinisch-Westindischer Kompanie[123]). Gegenüber dieser Entwicklung setzte sich die preußische Handelspolitik wie so oft aus zwei verschiedenen Richtungen zusammen. Kurz vor der Auflösung seines Handelsministeriums trat Graf Bülow, der namentlich bei der freien Getreideeinfuhr aus Irland das Prekäre der preußischen erkannte, wiederum mit Entschiedenheit dafür ein, die englischen Freihändler durch eine planmäßige Propaganda zu unterstützen, das „Geschrei über die Einfuhr englischer Fabrikate ohne einen Ersatz durch Ausfuhr diesseitiger Produkte" ins rechte Licht zu stellen und mit „unangenehmen Maßregeln" Preußens und anderer deutscher Staaten zu drohen; erreiche man nur eine Beseitigung der Gleitzölle und Verbote, so werde der preußische Kornexport selbst bei einem festen Zoll von 15 s. bestehen können[124]). Dieser Gesichtspunkt ging in dem maßgebenden Erlaß an Maltzahn vom 21. Mai 1825 (o. Anm. 122) eine eigenartige Mischung ein: In großartigem Überblick schilderte Heinrich v. Bülow daneben seinerseits noch einmal echt freihändlerisch die Ansprüche, die Preußens Zollverfassung ihm auf die englische Meistbegünstigung erworben habe, und ging, übrigens mit der Zustimmung Maaßens im Finanzministerium, so weit, England „äußerstenfalls" noch eine Herabsetzung der preußischen Fabrikatzölle um ein Drittel anzutragen.

Auf der Stelle aber zeigte sich die Richtigkeit eines späteren freihändlerischen Urteils[125]) über Huskisson, daß seine Leistung und Absicht keineswegs in dem Übergang vom Schutzzoll zur Handelsfreiheit, sondern höchstens in dem von der Prohibition zum Schutzzoll bestand. Hatte Maltzahn, wie die meisten Zeitgenossen ein eifriger Bewunderer des englischen Handelsministers[126]), den Druck der öffentlichen Meinung auf seine Regierung ausspielen sollen, so beriefen sich Canning und

---

[122]) Stapleton, Pol. life of Canning 3, 56 ff., Walpole, England 2, 139 ff. Customs tariffs 245 f. Smart, Ec. ann. 2, 311 f. Dazu Maltzahns Berichte 29. März, 26. April, 3. Mai 1825, 2. u. 8. März, 2. u. 25. Mai 1826 und die Erlasse H. v. Bülows 21. Mai 1825 und Schönbergs 28. April 1826 a. a. O. 39 vol. 1 u. 2.

[123]) Nach Bechers Vortrag in der Direktorialversammlung 26. Juli 1825 (Druck A. A. II Rep. 6 Südam. 2 vol. 1) waren unter den Gönnern seines neuen Mehlhandelsprojektes neben Vincke und Pestel auch Wrede, Bethmann und Süßkind-Augsburg.

[124]) Graf Bülow an Bernstorff 23. u. 31. Aug. 1824 a. a. O. 1 vol. 6.

[125]) [Mac Culloch] Edinburgh Review 74 (1840), 519.

[126]) Er nennt 2. März 1826 Huskissons Verteidigung der niedrigen Seidenzölle gegen den Abg. Ellice (24. Febr. 1826 Speeches 2, 465 ff.) einen „glänzenden Beweis seiner großen Talente". Vgl. den Dank Königsbergs und Memels für Cannings und Huskissons „neue Maßregeln" Schubert 75.

Huskisson jetzt um so wirkungsvoller auf ihre eigeneAbhängigkeit vom Parlament, das kurz vor dem Ende der Legislaturperiode dem Lande keine einschneidenden Zollreformen zumuten, aber auch dem Ministerium dahingehende Zusagen an das Ausland nicht gestatten werde, ja auf den drohenden Abfall Kanadas, den man nur durch das Festhalten an den niedrigeren Holzzöllen verhindern könne; von Preußen dagegen verlangten sie Ermäßigung nicht nur der Einfuhrzölle, sondern auch der fiskalisch so wertvollen[127]) Zölle auf die Rohstoffausfuhr. Auch die berühmte amtliche Erkundungsreise, die um dieselbe Zeit der Kornstatistiker des Handelsamts William Jacob in die Getreideerzeugungsgebiete Ostdeutschlands und Polens unternahm, hat kaum den bedeutenden Einfluß auf die Kämpfe um die Kornbill ausgeübt, die die durch den Besuch geschmeichelten Behörden ihr zutrauten[128]). Vielleicht war es allzu diplomatisch gedacht, wenn Maltzahn vor Jacob geradezu warnte, er sei zwar früher als bankrotter Kaufmann Gegner der Kornbill gewesen, jetzt aber als Beamter umgekehrt von ihrem Fortbestehen abhängig, und wenn daraufhin die Innenbehörden vertraulich verständigt wurden, dem Reisenden ja nur geeignete Auskunftspersonen zuzuführen. Denn wie Maltzahn gleich nach Neujahr 1826 erfuhr, konnte in der Tat kein Zweifel daran sein, daß unter dem doppelten Druck der Getreidekrise und der lockenden, durch Huskissons Zollreform noch erleichterten Wollausfuhr nach England eine wachsende Umstellung der osteuropäischen Landwirtschaft vom Körnerbau zur Viehzucht die bisherigen Kornreserven Englands gerade auch für Zeiten der Not, wie die damaligen, bedenklich in Frage stellte. Schwerlich aber konnte selbst eine so ergreifende und ehrliche Erinnerung an die großen Gedanken der Steinschen Reform, wie Sacks Denkschrift für Jacob, dem englischen Realismus Rücksichten aufzwingen, die er nicht einmal während der Bundesgenossenschaft der Befreiungskriege genommen hatte. In Polen, wo Jacob durch den preußischen Generalkonsul Schmidt in Warschau der Landesregierung zugeführt wurde, kannte ein Staatsmann wie Lubecki besser die geringen Aussichten des freihändlerischen Handelsaustauschs, dessen Plan er persönlich für den englischen Abgesandten entwarf. Weniger den nationalökonomischen Gründen der Statistiker als dem Zwang der Hunger-

---

[127]) Gutachten Beuths für das Finanzministerium 10. Aug. 1825. Ber. Werthers 10. Juni 1825 a. a. O. 39 vol. 1.

[128]) Regierungspräs. Rothe (über ihn s. Anerkennung, aber auch statistische Bedenken Jacob 77) Danzig 28. Aug. 1825 a. a. O.: „Das Publikum hält sich überzeugt, daß er von der gegenseitigen Ersprießlichkeit eines freien Getreidehandels vollkommen überzeugt worden." Zum Folgenden Berichte Maltzahns 10. Juli u. 16. Aug. 1825, 1. März 1826, Kunths an H. v. Bülow 1. Aug., Bernstorff an Schmidt 6. Aug., Sacks Denkschrift 20. Aug. und (pessimistischer) Brief 10. Sept. 1825 a. a. O. 1 vol. 7 u. 39 vol. 1, dazu Memoirs of Liverpool 591 („respectable" W. J.), Smolka, Korrespondencya 232, 236 f., Mayer, Retablissement 32, DNB. 39, 122 (sehr ergänzungsbedürftig), Smart, Ec. ann. 2, 380 ff. Die ostensible Enquete Jacob 157 ff. betraf die Möglichkeit einer osteuropäischen Getreideüberproduktion wie 1791—1805 bei einem englischen Weizenzoll von 10—12 s., die Vf. verneint.

revolten im Industriebezirk von Blackburn und Manchester war es zuzuschreiben, daß in den beiden Notjahren 1825 und 1826 einzelne Bestimmungen des Korngesetzes suspendiert wurden, und auch daran bekam Kanada den Löwenanteil, während von Ostseegetreide Weizen überhaupt nur aus den Zollagern für kurze Zeit hereingelassen wurde. Wiederum innerpolitische Kämpfe und nicht etwa die Deklamationen von Agitatoren[129]) gegen das Korngesetz als Hauptstörung der „Handelsrepublik der Vereinigten Staaten von Europa" entschieden dann, daß noch 1827 bei Einbringung einer Reformvorlage im neuen Parlament das neue Kabinett Cannings von den Großgrundbesitzern unter Wellingtons eigener Führung eine empfindliche Niederlage erlitt und erst 1828 endlich die Beseitigung der Einfuhrverbote und eine zugleich um so wirksamere Heruntersetzung der Zollskalen (mit Registergebühr schon bei einem Weizenpreis von 73 s.) durchging.

Auch bei den übrigen Wünschen des preußischen Handels bewährte sich indes, was die Freihändler in Schuckmanns Ministerium mit unverkennbarem Anklang an J. G. Hoffmanns ehemalige Anschauungen aussprachen: „Die besten Unterhändler für Preußen sind die englischen Minister selbst, die von dem englischen Manufakturstande gedrängt werden." Das Wort fiel bei der Wiederaufnahme der Londoner Handelsvertragsverhandlungen im Frühjahr 1826, die auch seitens des Außenministeriums in der Erwartung geschah, „daß der an das englische Gouvernement gerichtete Antrag vorzugsweise nur dazu dienen werde, die gewünschte Überzeugung zu verschaffen, daß nichts unterlassen sei, was dem diesseitigen Interesse hätte förderlich sein können"[130]). In einer zusammenfassenden Note vom 6. Februar führte Huskisson durch den Mund Cannings zu den früheren Gründen gegen einen Spezialtarif für Preußen zwei neue statistischer Natur an: Die Handelsbilanz beider Länder sei bereits jetzt England sehr ungünstig und die Höhe der preußischen Zölle ihrerseits derart, daß Preußen nicht einmal gegenüber dem französischen Schutzzollsystem Vergeltung üben könne. Zur Widerlegung dieser Auffassungen konnte die preußische Diplomatie immerhin einiges tun. Es machte nach Maltzahns Meinung auch auf einen Kenner der internationalen Handelspolitik wie Huskisson doch großen Eindruck, als ihm vorgehalten wurde, daß Preußen von den Durchschnittssätzen seines Tarifs bis zu den drei- und viermal so hohen englischen Webstoff-, Porzellan- und Holzzöllen jedenfalls einen weiten Spielraum handelspolitischer Maßregeln habe, und die berühmte erste allgemeine Statistik des preußisch-englischen Handels für das Jahr 1823, die Hoffmanns Statistisches Bureau soeben auf Grund der Steuerlisten unvollkommen genug ausgearbeitet hatte, beleuchtete die Fehler und Einseitigkeiten der englischen Bilanzrechnung,

---

[129]) Steimmig 4. Allgemein vgl. Stapleton, Pol. life of Canning 3, 60ff., 318ff. Walpole, England 2, 141f., 478, 527, Stapleton, Correspond. 2, 47ff. Morley, Cobden 1, 164ff. Nicholson 48. Lehrreich mit viel Memoirenmaterial auch Mac Cullagh Torrens, Life of Sir James Graham (Lond. 1863) 1, 175ff., 219f., dessen vermittelnde Broschüre „Corn and currency" bei Maltzahns Bericht 20. Juni 1826 a. a. O. 39 vol. 3.

[130]) Schriftwechsel Bernstorffs mit Schuckmann 18. u. 31. März 1826 a. a. O.

besonders ihre gänzliche Vernachlässigung des mittelbaren Verkehrs über die Nordseehäfen, so grell, daß Huskisson sich kurz vor seinem Ausscheiden aus dem Handelsministerium entschloß, eine Note Maltzahns darüber mit dessen Einverständnis dem Unterhaus vorzulegen[181]).

Denn dort hatte mit dem Sinken des agrarischen Einflusses die nächstwichtige der altenglischen parlamentarischen Mächtegruppen, die Partei der Schiffbauer und Reeder, gegen den Abbau der Navigationsakten immer drohender ihr Haupt erhoben und an Preußen als dem mutigsten der neuen Wettbewerber auch bereits in einem sehr verwundbaren Punkte, der Holzhandelspolitik, ihre Rache gennmmen. Im Rahmen der großen Huskissonschen Reformgesetze vom 5. Juli 1825, die außer der Wolle auch so wichtigen preußischen Erzeugnissen wie Rübsamen, Zink, Baumwoll- und Leinenwaren willkommene Einfuhrerleichterungen brachten, hoffte der preußische Handel und auch die Londoner Mission auch auf eine Fortsetzung der 1822 begonnenen Ausgleichung der Holzzölle. Wie Huskisson mitteilte oder zur eigenen Entlastung vorwandte, hatte in der Tat sein Unterstaatssekretär und baldiger Nachfolger C. Grant beträchtliche Zollermäßigungen besonders für fichtene Planken, darunter das in England stets stärker gefragte Grubenholz, vorbereitet[182]). Wie groß war aber die Enttäuschung und Erbitterung namentlich des Danziger Holzhandels, als seine Konkurrenten im Unterhaus gerade dem Plankentarif ein sehr unangenehmes Anhängsel in Gestalt einer Bestimmung gaben, die der unter dem bisherigen Stückzoll möglichen und eine Zeit lang sehr beliebten Einfuhr von Bauholz als Planken mit einem Schlag ein Ende bereitete. Wie bei allen prohibitorischen Einzelmaßregeln der Art war der gegenseitigen Anklagen kein Ende, zumal trotz des sofortigen Inkrafttretens der Neuerung der betroffene Handel die Zeit zwischen ihrem Antrag und Erlaß zu der in solchen Fällen üblichen gesteigerten Vorratseinfuhr benützte und also wenigstens der vorwurfsvolle Hinweis Schuckmanns auf die vierteljährige Vorankündigung der preußischen Flaggengelder tatsächlich gegenstandslos war. Während Maltzahn in London das beklemmende Gefühl haben mußte, eine Handlung praeter legem zu verteidigen, verbreitete in Berlin eine besondere Danziger Deputation unter Lesse, die die Freigabe aller noch schwimmenden Ladungen zu erwirken bat, die Auffassung, es handle sich lediglich um eine englische „Spekulation auf das Vermögen des Ausländers“[183]). In eigentümlichem Gegensatz zu der amtlichen Überzeugung von der geringeren Bedeutung des Holzhandels (o. S. 183) hat diese Nebenfrage

---

[181]) Berichte Maltzahns 13. März 1826 u. 5. April 1827, Schuckmann an das Außenministerium 26. Mai und Erlaß an Maltzahn 28. April und 11. Juni 1826 a. a. O. Eine Polemik des „Hull Advertiser“ 31. Aug. 1827 gegen die Statistik (Gülich Tab. 1, 2f.) übersendet Forckenbeck Helsingör 20. Sept. 1827 a. a. O. vol. 3. Die entscheidende Verwertung in Huskissons Rede 7. Mai 1827 Speeches 3, 130.

[182]) Berichte Maltzahns 1. u. 4. März, 9., 21. u. 29. Mai 1825 a. a. O. 1, vol. 7.

[183]) Noten Cannings an Maltzahn 8. Okt. 1825 und 6. April 1827, Schuckmann an das Außenministerium 6. Sept., Stobbe, Lesse und v. Weickhausen an Bernstorff 12. Aug. 1825 a. a. O.

dann noch Jahre lang die Schwierigkeiten der preußischen Handelspolitik in England vermehren helfen und infolge der Energie Heinrich v. Bülows schließlich über die Verwertung eines Präzedenzfalles aus der letzten preußischen Heringszollerhöhung zu gereizten Auseinandersetzungen mit Maltzahn[184]) und zum Rücktritt des verdienten Gesandten geführt. Auch der Zusammenstoß der notleidenden preußischen Seehäfen mit dem Finanzminister Motz[185]) stand wohl in Verbindung mit ihrer Empfindung, von der Regierung in ihren hauptsächlichsten Belangen nicht nach Gebühr geschützt zu werden. Auf der anderen Seite war es sicher ein geschickter diplomatischer Schachzug Bernstorffs, wenn er gegen die ausdrückliche Meinung gerade Motzens dem einflußreichen englischen Konsul Gibson in Danzig dadurch schmeichelte, daß er die wertvollen Anker eines gestrandeten Schiffs von ihm den bureaukratischen Forderungen des Zollfiskus entzog[186]). Und wenn Huskisson im Unterhaus die Behauptungen der Reeder über den Verfall ihres Gewerbes glänzend widerlegen konnte und auch die Vorstöße des kanadischen Holzhandels „nur dazu dienten, das liberale Handelssystem in ein günstiges Licht zu stellen", so maß Maltzahns Nachfolger Heinrich v. Bülow das gewiß nicht mit Unrecht zum guten Teil dem vortrefflichen Material bei, das der preußische Innenminister[187]) seinem englischen Amtsgenossen zur Verfügung stellte. Aber dennoch hatte dieser schon Maltzahn gestanden, „er wolle froh sein, wenn es beim alten bleiben könne", und der vergebliche Versuch seines zweiten Nachfolgers Fitzgerald, mit einer Herabsetzung der englischen Holzzölle eine weitere Begünstigung der englischen Schiffahrt in Preußen zu erkaufen, blieb vorläufig der letzte Schritt eiuer lange stockenden Reformpolitik[188]).

In etwas anderem Sinne bewies auch die preußische Handelspolitik gegen Frankreich, deren Milde Canning Maltzahn vorgehalten hatte (o. S. 186) und von deren Entwicklung der Londoner Gesandte deshalb besonders unterrichtet wurde, die wachsenden Schwierigkeiten einer diplomatischen Beeinflussung des ausländischen Wirtschaftslebens: Zwei ungleich befreundetere Regierungen vermochten hier die gegebenen Entwicklungen ihrer Volks- und Staatswirtschaften wesentlich weder aufzuhalten noch zu beschleunigen. In Preußen strebte namentlich die

---

[184]) Bericht Maltzahns 19. Febr. 1827 a. a. O. vol. 8.

[185]) Petersdorff, Motz 2, 315 ff. Dazu Statistiken der Danziger Ältesten der Kaufmannschaft über den dortigen und Schöns über den Memeler Holzhandel 26. Sept. und 9. Nov. 1828 a. a. O. vol. 9.

[186]) Schriftwechsel Motz' und des Innenministeriums (Ferber) mit Bernstorff 8. und 19. Juni, 25. Juli und 9. Aug., Schönberg und Beguelin an Schön 19. Aug. 1826 a. a. O. 1 vol. 8.

[187]) Schuckmann an das Außenministerium 1. März 1827 a. a. O.

[188]) Berichte Maltzahns 12. Juni 1826, 21. und 23. Febr. 1827, Bülows 11. Mai, 12. Sept. und 14. Nov. 1827 a. a. O. 1 vol. 8 und 9, 39 vol. 2. Zur Stimmung in Berlin vgl. den von Varnhagen, Blätter 4, 281, schaudernd angeführten Ausspruch Schuckmanns beim Tode des liberalen Welthelden Canning: „Na, so ist ein schlechter Kerl weniger auf der Welt".

erstarkende westliche Metallindustrie, an der Spitze die Remscheider unter Hasenclever und die Schwelmer unter Moritz Heilenbeck, immer ungeduldiger danach, die eigene Zollverfassung als Sturmbock gegen die wankende französische zu gebrauchen. Aber es bedurfte nicht einmal Werthers diplomatischer Bedenken, um ihr immer wiederholtes Rezept, das Verlangen nach Kampfzöllen auf die Ausfuhr der Hilfsstoffe und Rohprodukte, vorläufig bei den Berliner Zentralbehörden scheitern zu lassen. Eine schärfere Zurückweisung war wohl nicht denkbar als das Gutachten Beuths, dem niemand einen Mangel an Verständnis gerade für die Fertigindustrie zutrauen wird: So etwas sei „tausendmal von den Fabrikanten der Grafschaft Mark und des Bergischen angebracht, die teils kein Interesse dabei haben, ob und wieweit die Hüttenbesitzer dabei verlieren, teils aber zu deren Schaden verminderte Preise der Hüttenprodukte durch verminderte Konkurrenz fremder Käufer wünschen. Der Antrag kommt hier übrigens nur als eine Repressalie in Betracht, und auch hier hat sie keinen Wert, da bereits früher behauptet und durch Erfahrung bewiesen ist, daß Schweden und England die Franzosen mit Gußeisen und Stabeisen versehen, wenn wir es nicht tun, die [Zölle auf] Stahlkuchen aber eine lächerliche Repressalie sind, da darin Ausfuhr kaum der Rede wert ist". Weiter machte Beuths Chef Schuckmann darauf aufmerksam, daß sich die französischen Stahlzölle hauptsächlich gegen die neue englische Konkurrenz mit ihrer Steinkohle und ihrem Puddelverfahren richteten und dadurch mittelbar die alten preußischen Hammerwerke mit Holzkohlefeuerung „momentan" begünstigten. Und den steten Befürchtungen der Eisenleute vor einer Verschlechterung der französischen Zollbedingungen, die statt der erzwungenen Verbesserung folgen werde, hielt er nicht unrichtig, obschon ziemlich manchesterlich entgegen: „Es ist Kurzsichtigkeit, wenn sie nicht einsehen, daß Frankreich, wenn es seine Fabrikation auf einen gewissen Punkt gebracht hat, nach seinem bisherigen System alles Eisen höher besteuern wird; und wenn sie, was die Eisen- und Stahlwaren betrifft . . ., immer von deren Unentbehrlichkeit in Frankreich sprechen, da auch hierin Fortschritte gemacht werden und die Besorgnis der Remscheider Kaufleute wegen einer Steuererhöhung mit der wirklichen Unentbehrlichkeit im Widerspruch steht, wobei der Käufer die Steuer bezahlen muß" [139]),

Eine sehr peinliche Lage entstand daher, als zu Anfang des Jahres 1826, gleichzeitig mit der erfolgreichen Wendung der fran-

[139]) Werther 24. Dez. 1825 zur Vorstellung von J. Hasenclever, F. A. Nonsberg, J. Scharff, J. P. Hilgers 30. Nov., Beuth 28. Jan. 1836 zu der von M. Heilenbeck (vgl. Berger, Harkort 54), C. Bertram, J. H. Elbers und C. J. Elbers & Co., J. P. und D. Goebel, F. und H. Hoefinghoff & Co. 14. Jan., Schuckmann an Bernstorff 10. März 1826 A. A. II Rep. 6 Frankreich 3 vol. 3. Die Darstellung Zimmermann 98 f. von Schuckmann als Schutzzöllner führt völlig irre und mißversteht besonders die Rücksicht auf England. — Das Puddlingsverfahren wurde am Rhein 1825 bei Remy in Neuwied, an der Saar 1831 bei Stumm in Neunkirchen zuerst angewandt, Wiedenfeld in: Die Rheinprovinz 1, 305, Jubiläumswerk Stumm 18 f.

zösisch-englischen Schiffahrtsvertragsverhandlungen (o. S. 183), in Paris Kammern und Kommerzbureau wieder an eine Erneuerung des französischen Tarifs, diesmal auf der Grundlage des Wertzolls, gingen. Bei der Einbringung des Regierungsentwurfs durch St. Cricq zeigte sich, daß an den bisherigen Metallzöllen im wesentlichen festgehalten war, und Werther erhielt von den anwesenden preußischen Fabrikanten „die Bestätigung, daß, wenngleich eine Herabsetzung der Eingangszölle auf preußische Stahl- und Eisenfabrikate sehr wünschenswert wäre, die preußischen Fabriken jedoch auch bei den gegenwärtig bestehenden Zollsätzen auf einen starken Absatz nach Frankreich rechnen könnten, indem die französischen Schmelzhütten und Fabriken weit entfernt wären, Frankreich den Bedarf an Eisen- und Stahlwaren zu liefern, und auch wohl nie dahin kommen können, ohnerachtet des glänzenden Bildes, welches Herr von St. Cricq von ihrem steigenden Flor gegeben hat“ [140]). Um so mehr fühlte sich das Kabinett Villèle berechtigt, seine Stellung gegenüber der Schutzzollpartei dadurch zu decken, daß es Preußen an die, wie es meinte, stillschweigende Abrede über eine Ermäßigung der preußischen Weinzölle (o. S. 173) erinnerte, deren Gewichtsberechnung bei dem steigenden Massenabsatz billiger Sorten sinkende Preise ähnlich und noch schärfer belastete wie etwa der Sundzoll die der preußischen Urprodukte. Als erster Schritt dazu war eine Note des französischen Gesandten St. Priest in Berlin geplant, die dieser halbrussische Schicksals- und Gesinnungsgenosse Damas' indes verspätete [141]), so daß der Hauptantrag von Damas selber Werther und seine Regierung völlig überraschte und auch ihre Verlegenheiten in der Bändigung eigener Schutzzollwünsche um eine neue vermehrte. Statt des anerkennenden Entgegenkommens, das Damas (vielleicht in Wahrheit) erwartet zu haben behauptete, riß so im selben Augenblick wie ihm auch dem preußischen Außenministerium die Geduld. Schon um sich nicht länger von England der Schwäche gegen Frankreich bezichtigen zn lassen, wurde Werther bevollmächtigt, in schärfstem Ton ganz allgemein die Aufgabe der hohen Schutzzölle gegen Preußen zu verlangen und im Weigerungsfall den französischen Handel mit Vergeltungszöllen auf Mode- und Luxuswaren an der empfindlichsten Stelle zu bedrohen, wie er vor zwei Jahren die englische Schiffahrt bedroht hatte (o. S. 166) [142]).

Allein trotz dieser vorübergehenden Zuspitzung war das handelspolitische Verhältnis der beiden Staaten sachlich viel weniger gespannt als etwa der äußerlich so viel höflichere Notenwechsel Maltzahns und Cannings. Die nächste Erwiderung Damas' (5. August 1826) lenkte bereits offensichtlich ein und zog sich vor den preußischen Angriffen auf die echt französich gefaßte staatliche Pflicht zum Schutz der Landesgewerbe zurück. Ebenso dachte Preußen, wo nun erst namentlich die Landwirtschaft die erhöhte Belastung ihrer Woll- und Vieh-

---

140) Bericht Werthers 16. Febr. 1826 a. a. O.

141) Notenwechsel mit Bernstorff 15. und 30. April 1826, Note Damas' an Werther 21. Jan. 1826 und 28. Juni 1827 a. a. O.

142) Note Werthers an Damas 14. April 1826 a. a. O.

ausfuhr durch das französische Zollgesetz vom 17. Mai 1826[143]) zu spüren anfing, keineswegs sogleich an die Ausführung seiner Drohungen. Nur vorübergehend gefiel sich Schuckmann wie die preußischen Industriellen in Berechnungen über die Möglichheit der ins Auge gefaßten Luxuszölle oder eine Umstellung der preußischen Trinksitten auf Ahr- und Ungarweine und entwarf ein neidisches Bild von dem Aufschwung des französischen Welthandels in Spanien, Ägypten und Amerika, wo Frankreich sich in den abgefallenen Kolonien „sogar als vermittelnder Staat mit dem Mutterlande aufstelle" und soeben durch Erwerb neuer Zollbegünstigungen auf dem verselbständigten Haiti das dortige Kontor der Elberfelder Rheinisch-Westindischen Kompagnie zugrunde gerichtet habe; selbst mit der Ausfuhrerschwerung für die Saarkohle begann er sich zu befreunden[144]). Weniger als einen Monat später endete die durch Kabinettsorder verfügte Beratung des gesamten Staatsministeriums über Repressalien gegen Frankreich mit einem ablehnenden Gutachten wie die Schutzzollerörterung von 1822, und dabei blieb es, obwohl gleich darauf die Provinzialstände Rheinlands und Westfalens die dringendsten schutzzöllnerischen Beschlüsse faßten[145]). Schon beim Neujahrsempfang 1827 kündigte dann der Finanzminister Motz, hier einmal ein ausgesprochener Gegner des Zollkriegs[146]), dem Gesandten St. Priest an, daß das Regulativ über die Weinzollermäßigung in den Seehäfen (o. S. 173) auch auf ältere Jahrgänge ausgedehnt und so die lästigen Altersbescheinigungen entbehrlich seien, und die Herabsetzung einiger französischer Leinenzölle war immerhin ein kleines Gegengeschenk, wenn sich auch die bergische Industrie über die Bedeutung der davon betroffenen Artikel nicht einig war[147]). Als vollends Frankreich im Rahmen seiner langjährigen Bestrebungen, den euro-

[143]) Bulletin des lois 8 Nr. 3076. Vgl. Calmon 2, 177 ff. über die anschließende Kammerdebatte betreffend die Grenzen der königlichen Zollverordnungsgewalt.

[144]) Schuckmann an das Außenministerium 28. Aug. und 26. Sept., Zollberechnung der Remscheider Handelskammer 30. Nov., mit Erlaß an Werther 19. Dez. 1826 a. a. O.

[145]) Kabinettsordern vom 22. Juli und 4. Dez., Staatsministerialbeschluß 25. Okt., Bericht des 13. Ausschusses des Rheinischen Landtags: Antrag Heilenbeck-Delius 28. Nov. 1826 a. a. O., Vincke mit dem westfälischen Beschluß 12. Dez 1826 (Finanzmin. III, XVa Gen. 11 vol. 1, vgl. Roebers 78): „Bei diesem System müssen wir immer den kürzeren ziehen".

[146]) Er äußert sich noch 30. Dez. 1828 (Finanzmin. a. a. O.) zu Schuckmann ganz im Sinne Beuths über einen Ausfuhrzoll auf Goffontainer Rohstahl.

[147]) Mit Damas' Note an Werther 28. Juni 1827 vgl. doch Werthers Bericht 3. Febr. 1827 a. a. O. vol. 4: „Die preußischen Fabrikanten der Leinenbänder sowie ihre hier anwesenden Kommissionäre sind einstimmig der Meinung, daß diese Herabsetzung des Einfuhrzolles für unsere Leinenbandfabrikanten von der höchsten Wichtigkeit sei und daß solche den Absatz der Leinenbänder nach Frankreich sicher verdoppeln würde". Auf eine Eingabe der Elberfeld-Barmener Kaufmannschaft unter C. R. Wortmann 18. Nov. 1827 mußte Werther noch in einer Note vom 12. April 1827 Bandzölle von 10 v. H. und fest angenommene Wertsätze (!) fordern.

päischen Transithandel von Rhein und Elbe ab auf die Straße Havre—Straßburg zu ziehen, im Verordnungsweg der preußischen Eisenwarendurchfuhr nach Spanien und der Schweiz immer günstigere Niederlagsbedingungen gewährte, sank die Stimmung der Innenressorts rasch wieder auf die ruhige Temperatur vor der Krise. Als Mann eines neuen Menschenalters, dem die Gesetze der Reformzeit aufhörten Heiligtümer zu sein, kam Motz zu dem denkwürdigen Eingeständnis: „Übrigens ist der preußische Zolltarif um nichts liberaler als der französische. Die Systeme sind in der Hauptsache gleich, die Herkunft der Waren macht in der Besteuerung bei beiden keinen Unterschied, Schutz der inländischen Fabrikation und Produktion gegen ausländische Konkurrenz liegt einem wie dem andern als ein Hauptzweck zum Grunde. Bei einem solchen Verhältnis lassen sich nicht wohl einzelne Artikel, die das Interesse des einen oder des andern Staates besonders berühren, herausgreifen und einander gegenüberstellen. Wollte man dies aber tun, so würde Frankreich immer in Ansehung seines wichtigsten Artikels, des Weins, den preußischen Tarif einer Fiskalität beschuldigen können, wovon der französische kein ähnliches Beispiel liefert.“ [148]) Ganz anders als in England sah man davon ab, St. Cricqs einseitige Statistiken über die gegenseitige Handelsbilanz, die ebenso wie die englischen die mittelbare Einfuhr nach Preußen über Holland und die Hansestädte vernachlässigten, zum Gegenstand weiterer Auseinandersetzungen zu machen, da man zuverlässige Berichtigungsquellen selbst nicht besaß. Je mehr sich das Verhältnis zwischen Regierung und Gesellschaft Frankreichs der Julirevolution zuneigte, desto rücksichtsvoller hütete sich die Reaktion in Preußen, jener durch handelspolitische Forderungen noch mehr Schwierigkeiten zu bereiten. Das Abschwenken Martignacs, des Nachfolgers Villèles, vom Protektionismus hat sich ohne nachweisbaren direkten Druck der preußischen Handelspolitik vollzogen.

Ganz ähnlich entwickelten sich bei aller Abweichung Preußens handelspolitische Beziehungen zu einem andern, nicht minder revolutionsreifen Nachbar im Westen: Auch die Niederlande gaben sich am 24. März 1826 ein neues Zollgesetz, das zwar überall, wo ein Landesinteresse, wie z. B. der Durchfuhrhandel mit Kolonialwaren, es erforderte, dem Freihandel Opfer brachte, sonst aber z. B. durch wirkungsvolle Mehrbelastung den Transit des preußischen Branntweins, des Konkurrenten der Schiedamer Brennerei, durch Übergang zum Gewichtszoll umgekehrt wie in Frankreich den Transit gerade der billigen preußischen Baumwoll- und Halbseidenwaren nach Übersee so gut wie unterband und auch den Handel mit den schweren pol-

---

[148]) Motz an Innenministerium 30. Juli 1827 a. a. O. Zum Folgenden ebd. Maaßen an Schuckmann 16. Juli 1828 (wonach St. Cricq den Einfuhrüberschuß Frankreichs 1826 sogar auf 15 bis 16 Millionen Frank berechnet), Schuckmann an Vincke 3. Jan. 1828, abschließende Kabinettsorder 29. Okt. 1828. Zur Lage vgl. Noel 50 ff., Lexis 72 f. Eine besondere Sendung Hasenclevers durch Schuckmann nach Paris hatte nach seinem Bericht 7. Febr. 1839 (Finanzmin. a. a. O.) lediglich die Aufklärung der Tarifkommission zum Zweck.

nischen Getreidesorten erheblich schädigte[149]). Vergebens hatte der Gesandte Schoultz v. Ascheraden im Haag aus den parlamentarischen Kämpfen zwischen der holländischen Freihandels- und der belgischen Schutzzollpartei umgekehrt wie seinerzeit Hoffmann (o. S. 136 Anm. 4) die Hoffnung geschöpft, daß jene über diese zum Nutzen Preußens den Sieg davontragen würden. Aber die Hoffnung trog im allgemeinen und besonderen: Die erfolgreiche Verteidigung der Königlichen Kolonialhandelsgesellschaft, aus der er diesen Schluß zog[150]), verhinderte doch nicht, daß um dieselbe Zeit deren preußische Schwester, die Rheinisch-Westindische Kompagnie, in ihrer aussichtsreichen Mehlausfuhr nach Amerika (o. S. 184) von dem niederländischen Durchfuhrtarif tödliche Schläge empfing. Genau wie gleichzeitig gegenüber Frankreich blieb nun nichts übrig, als die Möglichkeiten einer Vergeltungspolitik zu überlegen, was auch hier auf den Wunsch Friedrich Wilhelms III. selbst in ausführlichem Meinungsaustausch der beteiligten Ministerien geschah. Aber genau wie dort begegneten sich Finanzen, Inneres und Äußeres in allgemeinen starken Bedenken gegen eine jede aktive Politik der Repressalie sowohl wie der Unterhandlung, und wieder war es Maaßen, der darauf wies, daß doch auch Preußen Getreidezölle habe, und seines eigenen Werks nicht schonend aussprach, daß „der dortige Tarif keine größeren Merkmale eines Prohibitivsystems an sich trägt als der unsrige"[151]). Der einzige Schritt, den man wagte, die Drohung in Brüssel mit der Anwendung der Flaggengelder auf die niederländische Schiffahrt, wurde angesichts der sehr kriegerischen Erwiderung des neuen niederländischen Außenministers Verstolk van Soelen (25. Dezember 1826) auf den Rat Eichhorns, der Heinrich v. Bülow in den Arm fiel, zunächst nicht weiter verfolgt. Und diese Haltung des deutschen Referenten im Berliner Außenministerium hatte ihre guten Gründe: Immer schärfer wurde der Druck, den Delius' Untätigkeit in der Rheinschiffahrtsfrage von der Seite auch der mitteldeutschen Rheinuferstaaten Preußen zuzog. Obwohl es nach Ansicht der drei Minister „der Edelmut Preußens erforderte, daß es nicht ein-

[149]) Bericht Schoultz' 13. April, Delius' 24. April, Gutachten des Innenministeriums (Eytelwein, Ferber, Semler) an das Finanzministerium 29. April 1826 A. A. II Rep. 6 Niederlande 1 vol. 7. Das Gesetz Journ. Off. 21 Nr. 14. Das nächste Zollgesetz 11. April 1827 Journ. Off. 22 Nr. 14 brachte dann wiederum Wohltätiges wie die Aufhebung der Durchfuhrverbote neben Kampfzöllen z. B. gegen die preußischen Traßmühlen: Delius 12. Mai 1827.

[150]) Bericht Schoultz' 31. März 1826 a. a. O. Dazu Kamptz 269 ff., Kemper 598 ff., Blok 386, 408 f., Gothein, Köln 174.

[151]) Maaßen 4. Juli, Schuckmann 2. Aug., Schönberg 29. Aug. auf Kabinettsordern 17. Juni und 5. Juli 1826, die ihrerseits durch den Aprilbericht der Aachener Regierung sowie Throneingaben der Firma Lamensfort & Schopen zu Aachen und des Handelsstands zu Gladbach angeregt waren. Dieser letzte war schon 16. Febr. auf Gutachten Schuckmanns 31. Jan. dahin beschieden worden, daß die preußischen Webstoffzölle mit 50 Rtlr. auf den Zentner höher seien als die niederländischen mit 34 Rtlr. 13 Sgr. Jetzt trug er selbst auf entsprechende Herabsetzung des preußischen Zolles an! Ähnlich Kunth an Stein 10. März 1826: Goldschmidt 380.

seitig über diesen Gegenstand mit den Niederlanden ohne Zuziehung derjenigen Uferstaaten abschließe, welche bisher gemeinschaftlich mit Preußen in dessen Interesse gehandelt und sich demselben angeschlossen haben", verhehlte sich doch das Außenressort nicht, daß die fortwährenden Klagen des niederländischen Bevollmächtigten Bourcourd in Mainz, unvereinbar wie sie in der Tat mit Delius' Darstellung des Sachverhalts waren, „nicht ganz ohne nachteilige Wirkung" bleiben könnten, und mahnte den Kölner Regierungspräsidenten wenigstens den Anschein der Bereitwilligkeit aufrecht zu erhalten. Nachdem dazu das niederländische Angebot der Meerfahrt auf dem einen der Rheinarme, dem Lek, an der trügerischen Hoffnung auf englischen Beistand und dem heftigen Widerstand Motzens gegen Bernstorffs Versöhnlichkeit gescheitert war, hat es bekanntlich bis zur Julirevolution gedauert, ehe das preußische Opfer des Kölner Umschlags die Rheinschiffahrtsakte, und fast noch ein Jahrzehnt länger, ehe weitere Verhandlung den ersten unvollkommenen Handelsvertrag mit dem allein gebliebenen Holland zustande brachte[152]).

Eine günstigere Folgeerscheinung der großen Schiffahrtsabkommen mit England war die unmittelbare Verständigung der preußischen Handelspolitik mit derjenigen unter den kleinen Seemächten, deren Schutzzoll- und Navigationspolitik im Verein mit ihrer rußlandfeindlichen Haltung die gegenseitigen nachbarschaftlichen Beziehungen lange Zeit hindurch mehr als kühl gehalten hatten. Schweden (o. S. 83—143) hatte bald nach dem Erwerb Norwegens (7. Dezember 1818) auch in diesem Staat die fremde Schiffahrt einer Abgabenerhöhung um die Hälfte unterworfen und damit zur Schädigung der preußischen Reederei um so mehr beigetragen, als dort die beiden baltischen Wettbewerber Rußland und Holland aus dänischer Zeit vertragliche Meistbegünstigungsrechte genossen (o. S. 80f.) und mithin von der Mehrbelastung frei blieben[153]). Aber auch hier wirkten die preußischen Flaggengelder vom 20. Juni 1822 Wunder: Kaum ein Jahr später befreite Schweden auch die preußische Schiffahrt von der norwegischen Differenzialabgabe und wurde nun in Berlin auch seinerseits um Befreiung von den Flaggengeldern vorstellig. Über die Form dieser Gegenseitigkeit konnte man sich jedoch damals noch nicht einigen, da Preußen umgekehrt wie später Huskisson (o. S. 183) sich weigerte, die Reziprozitätsklausel seiner Kabinettsorder als zwingendes Völkerrecht anzusehen, und demgemäß zunächst die Erstreckung des

[152]) Bericht Delius' Köln 28. Sept. 1826, Gutachten H. v. Bülows 3., Eichhorns 7. Jan. 1827, Immediatbericht Schuckmanns, Bernstorffs und Motzens 3. März 1826 (Abschr.), Erlaß Schönbergs an Delius 7. Aug. 1826 (auf Bericht des Gesandten v. Maltzahn Darmstadt 11. Juli) a. a. O. Dazu Gothein, Rheinschiffahrt 129 ff., Köln 273 ff., Petersdorff, Motz 2, 304 ff., der aber die Abhängigkeit der ganzen Angelegenheit von der Kölner Frage nicht beachtet und deshalb dem Außenministerium besonders wenig gerecht wird; endlich jetzt die maßvollen Bemerkungen Falcks bei Colenrander 249.

[153]) Klagen des Konsuls Reinhardt Kristiansand 23. Sept. und der Memeler Kaufmannschaft im Königsberger Regierungsbericht 9. Okt. 1820 A. A. II Rep. 6 Schweden 2 vol. 1.

Einvernehmens auch auf den Verkehr mit der schwedischen Reichshälfte forderte, weil dorthin allein die preußische Schiffahrt lebhaft genug war, um einen wirklichen Entgelt für den Verzicht auf die Flaggengelder zu empfangen. Schweden zog es vorläufig vor, auch die norwegische Begünstigung Preußens zur peinlichen Überraschung der betroffenen Handelskreise wieder aufzuheben. Erst nach dem Abschluß des englisch-schwedischen Vertrages vom 18. März 1826 trat der schwedische Generalkonsul, der bekannte Gelehrte H. G. Brandel wiederum mit vertraulichen Eröffnungen an Bernstorff heran, die sich diesmal von vornherein auf Schweden wie Norwegen bezogen, und auch im Namen der preußischen Gewerbefürsorge erklärte jetzt nach Graf Bülows Tode Ferber, obwohl er keinen Vorteil für die preußische Schiffahrt dabei absehe, doch „aus höheren Rücksichten" sein Einverständnis. Vergebens versuchte der alte zuverlässige Vertreter Preußens in Stockholm Tarrach auf eigene Hand die Verhandlungen auch gegen die hohen schwedischen Warenzölle zu kehren, begegnete aber bei dem neuen Außenminister Wetterstedt sofort derselben Theorie von der Schädlichkeit handelsvertraglicher Sonderbindungen, die die Schutzzöllner des 19. Jahrhunderts von den Freihändlern nur zu übernehmen brauchten[154]. Der Schiffahrtsvertrag vom 14. März 1827[155]), der dann im wesentlichen nach einem Entwurf Wetterstedts und seines Referenten Holst zustande kam, fand aber gleichwohl, zuvor Werther als dem klassischen Schiffahrtssachverständigen vorgelegt, dessen lebhaften Beifall. Er war günstiger als die beiden letzten schwedischen Verträge mit England und mit Dänemark (2. November 1826), weil er den gesamten Frachtverkehr einschließlich des bisher schwedischen Schiffen vorbehaltenen Salzes in sich begriff und die Gegenseitigkeit auch auf die schwedische Kolonie St. Barthélémy erstreckte, ja auf Schuckmanns besonderes Betreiben wurde sogar die verpönte indirekte Fahrt (Art. 2) aufgenommen.

Nicht lange vorher und danach wurde das System der preußischen Schiffahrtsverträge — denn zu einem solchen ließ die unfehlbare Wirkung der Flaggengelder den Vertrag mit England sich von selbst

[154]) Notenwechsel Brandel-Bernstorff 14. Juni — 18. Juli, Graf Bülow an Bernstorff 28. Aug., Bericht Reinhardts 22. Okt. 1823. Ferber an Außenministerium 14. Juli, Berichte Tarrachs 11. Juli und 31. Okt. 1826: „S. E. m'a observé qu'elle ne voyait pas la possibitité de faire une réduction pareille par exception en faveur d'un seul pays, sans que les autres ne la réclamassent tout d'abord en la leur, et que du reste les droits d'importation ou d'exportation devant ressortir des tarifs respectifs qui partout étaient assujettis à subir des modifications selon les règles et les chances de l'économie politique de chaque pays, les gouvernements ne pouvaient point à cet égard se lier eux-mêmes les mains."

[155]) Martens 2, 7, 138 ff. Dazu Werthers Immediatbericht 26. Dez. 1826, Schriftwechsel Schuckmanns mit dem Außenministerium 10. und 16. Jan. 1827. Schuckmanns Verdienst war auch die Beschränkung der Gleichheit der Verkaufsbedingungen auf Regierungsankäufe (Art. 5) und die Errichtung der die Kaperei erschwerenden Zusatzdeklaration vom 18. Juni 1827 gemäß Art. 6 über die notwendigen Schiffspapiere.

auswachsen — in Europa durch die Einbeziehung der wichtigsten deutschen Nachbarstaaten an der Ost- und Nordseeküste abgeschlossen. Beide Male konnte dabei an ältere Verhandlungen angeknüpft werden. Die mecklenburgischen Großherzogtümer gehörten seit dem Erlaß des preußischen Zollgesetzes zu den Grenzstaaten, die durch die Verhältnisse mittelalterlicher Streugebietslage auf irgend eine Handelseinigung mit der überlegenen Wirtschaftsgroßmacht angewiesen waren. Gerade Schwerin, das nicht wie Strelitz durch dynastische Verwandtschaft mit Preußen verbunden war, stand dabei vor den schwierigeren Problemen. Nicht nur seine Enklaven im preußischen Staatsgebiet, die Ämter Schönberg, Rossow und das als Unterschlupf friderizianischer Deserteure bekannte Netzeband, sondern auch verschiedene staatliche und private Zoll- und Steuerberechtigungen waren in der bisherigen Verfassung unhaltbar geworden; der mecklenburgische Zoll zu Dransee[156]) lag in einem preußischen Dorf, und der enklavierte mecklenburgische Vasall Graf Königsmarck hat Jahre lang mit dem König von Preußen wie ein Gleichgestellter verhandelt, dabei von sich aus einen Gebietsaustausch vorgeschlagen und schließlich sogar mit gerichtlicher Klage gedroht! Allein so wenig Preußen sich gescheut hatte, hier ähnlich wie gegenüber Anhalt (o. S. 112 f.) die alte nachbarliche Akzisefreiheit des 18. Jahrhunderts aufzukündigen, so ließ es absichtlich auch Mecklenburg die zunehmende Härte seiner agrarischen Schutzzölle fühlen, wie sie sich aus ganz anderen Gründen namentlich im Zollkrieg mit Rußland während der zwanziger Jahre entwickelte (u. S. 213). Das zermürbte am Ende den Souveränitätsstolz des Schweriner Großherzogtums, der wie bei Weimar anfangs im umgekehrten Verhältnis zur Neuheit der Würde zu stehen schien, so weit, daß es im Zollanschlußvertrag vom 2. Dezember 1826 gegen Erleichterungen des Grenz- und inneren Durchgangsverkehrs und die übliche geheime Rückvergütung der bisherigen Enklavensteuer nach dem Muster eines soeben (17. Juni) von Koppe mit Lippe-Detmold (o. S. 124) abgeschlossenen Vertrags nicht nur den Dranseer Zoll preisgab, sondern auch einem dringenden Wunsch von Motz entsprechend in eine regelmäßige preußische Aufsicht über die künftige, vertragsmäßige Enklavenbesteuerung willigte. Inzwischen aber hatten auch die preußischen Flaggengelder den Wunsch nach einem Gegenseitigkeitsvertrag über die Schiffahrtsabgaben rege gemacht, der denn in der Tat dem Enklavenvertrag am 18. Dezember 1826 auf dem Fuße folgte[157]).

Preußens handelspolitische Stellung zu Mecklenburgs westlichen Küstennachbarn, den Hansestädten, war umgekehrt durch eine gewisse Milderung seines früheren Standpunkts verbessert worden. War noch auf der Weserschiffahrtskonferenz, befördert durch die Beziehungen zu Oldenburg, die alte Hansefeindschaft des deutschen Liberalismus

---

[156]) Vgl. Rachel, Handels-, Zoll- und Akzisepolitik Brandenburg-Preußens 68.

[157]) Die Verhandlungen A. A. II Rep. 6 Meckl. 1 vol. 1 u. 2 und Enklaven 2 vol. 2; ebd. Lippe 7 vol. 1. Die Verträge mit Lippe Gesetzs. 1826 S. 101 ff., mit Schwerin Martens 2, 6, 1196 ff. u. 1204 ff. Vgl. Peters 71 (mit falscher Datierung).

(o. S. 123 f.) für Preußen bestimmend geblieben (o. S. 131), so fand nach der vorläufigen Einigung zwischen Oldenburg und Bremen wenigstens dieses auch in Berlin wachsendes Verständnis für seine alte meerbeherrschende Rolle. Als Leiter der laufenden Revisionsverhandlungen, die sich auf der Stelle an die Weserschiffahrtsakte anschlossen, setzte Eichhorn, mit den Gesandten Bremens und Oldenburgs, Gildemeister und Beaulieu-Marconnay, persönlich gleich befreundet, die preußische Vermittlung zwischen ihnen in dem Sinne fort, daß auf diesem wie auf den andern großen deutschen Strömen die Rechte des Mündungsstaates schließlich auch in einer eigenen Bezollung der aus- und eingehenden Seeschiffahrt zum Ausdruck kamen. Ähnliche Verdienste erwarb sich Preußen in derselben Zeit um Hamburg durch diplomatischen Beistand zur Regelung von Entschädigungsfragen aus der napoleonischen Zeit mit Frankreich. Auf der andern Seite hatte sich besonders Lübeck auf eigene Hand in vollem Maß an der wetteifernden Navigationspolitik der baltischen Mächte beteiligt. Es war daher dem preußischen Außenministerium sehr willkommen, als im Frühjahr 1828 der gemeinsame hanseatische Geschäftsträger v. Rebeur, ein preußischer Kammerherr, seine Auftraggeber als die letzten Bewerber um die Schiffahrtsreziprozität mit Preußen anmeldete und auch alsbald einen Vertragsentwurf überreichte. Die Änderungen, die Schönberg unter kurzer Zustimmung Motzens wiederum namentlich auf Wünsche von Schuckmann in den endgültigen Vertrag vom 4. Oktober 1828 hineinbrachte, waren noch Erweiterungen, wie beispielsweise auf die Flußschiffahrt und das gesamte Wareneigentum der vertragschließenden Mächte (mit Ausnahme nur desjenigen an Bord fremder Schiffe). Wenn früher Graf Bülow der Hanse wie Schweden gegenüber die Gleichstellung der Flaggen für ein schlechtes Geschäft gehalten hatte, so schien jetzt die Ausdehnung der preußischen Überseefahrt auch Opfer zu lohnen[158]).

Die neue Ära in der Übersee.

Diese Ausdehnung hing mit den politischen Ereignissen eng zusammen und stellte deshalb an die preußische Handelspolitik in ihrem ganzen Umfange neue und wichtige Anforderungen. Auch für den Welthandel bedeutete die Revolution und die französische Intervention in Spanien eine Epoche, weil gerade mit dieser letzten Anstrengung die Politik der Heiligen Allianz die Kräfte endgültig entfesselte, die im Gegensatz zu ihrem legitimistischen Universalismus den bürgerlich-demokratischen Nationalstaat auch in der Übersee zum vollen Siege

---

158) Vermittlungsgesuch des oldenburgischen Ministers v. Brandenstein (eines Verwandten des leitenden Staatsmanns in Mecklenburg-Schwerin) an Außenministerium 20. Dez. 1824 A. A. II Rep. 6 Weserschiff. 5 vol. 1, Erlaß Eichhorn-Bülow an Koppe 31. Mai 1825 und Schlußbericht Koppes Minden 7. Jan. 1816 ebd. vol. 5 (Schlußprotokoll Gesetzs. 1826 S. 25 ff.). Rebeur 20. und 28. April, Schönberg an Schuckmann und Motz 2. Mai und 23. Juni, an Rebeur 3. Juli 1828, ebd. Freie Städte 1 vol. 2. Der Vertrag Gesetzsamml. 1828 S. 135 ff.

führten. Schon im Herbst 1823 veröffentlichte die englische Presse die Mitteilung des Auswärtigen Amts an die Überseefirma Joseph Marryatt & Sohn, die eben damals auch parlamentarisch als Vertreterin der kolonialen gegen die baltischen Handelsinteressen vielfach hervortrat, daß England nach dem Beispiel seiner Hauptnebenbuhlerin, der Union, eigene Konsulate in Mexiko und Columbia, Peru, Chile und an der Plata errichtete, und wie der preußische Gesandte in London unterderhand erfuhr und im tiefsten Geheimnis berichtete, war das nur die Einleitung zur Anerkennung der neuen südamerikanischen Republiken durch England. Damit war die bequeme Unbestimmtheit, in der noch der Veroneser Kongreß, die wirtschaftliche Begehrlichkeit der Alten Welt mit ihren politischen Bedenken vereinigend, einen Handelsverkehr mit Südamerika in das Ermessen der Mächte gestellt hatte, durch eine bestimmte Entscheidung der führenden Handelsstaaten übertroffen, und das übrige Europa mußte je nach seiner beharrlicheren oder fortschrittlicheren Verfassung versuchen, diesen Vorsprung mit mehr oder minder Zurückhaltung einzuholen [1]). Das diplomatische Bild dieses Vorgangs war überall das eines in seiner Schwächlichkeit und Unaufrichtigkeit geradezu tragikomischen Doppelspiels, in dem die europäischen Staaten das Höchstmaß legitimistischer Wohlanständigkeit und wirtschaftlicher Vorteile zu verbinden strebten. Aber dahinter enthielt die Frage für den verfassungsrechtlichen und gesellschaftlichen Aufbau dieser Staaten ein Problem von größtem Ernst, das in seiner ganz verschiedenen Stärke für den einzelnen von ihrem wirtschaftlichen wiederum bis zu ihrem allgemeinsten politischen Wettbewerb untereinander reichte: Die Beziehung zu den neuen überseeischen Staatsschöpfungen wurde, ein Schulfall für die Form wirtschaftlicher und politischer Wechselwirkung in der Geschichte, zu einer symbolischen Probe auf die verhältnißmäßige Bedeutung der alten und neuen, monarchistisch-feudalen und demokratisch-kapitalistischen Staatsorgane und Gesellschaftsklassen überhaupt.

In Preußen sahen vor allen anderen die Kreise der rheinisch-westfälischen Unternehmung, die lange von unmittelbaren Handelsverbindungen mit Übersee die Erneuerung ihrer alten Weltstellung erwartet hatten (o. S. 86), mit steigender Ungeduld zu, wie dieselbe Regierung, von deren fiskalischer [2]) oder bevormundender Wirtschaftspolitik (o. S. 19f) sie sich allenthalben beengt fühlten, nun auch aus Gründen derselben, ihrer Ansicht nach veralteten Staatsanschauung den sich öffnenden Kolonialmarkt Lateinisch-Amerikas einer immer wachsenden Konkurrenz zu überlassen drohte. Es war Bechers Elber-

[1]) Berichte Werthers 21. Okt. 1823 und 25. Febr. 1826, entzifferter Auszug seiner Depesche vom 7. Nov. 1823. Immediatbericht Schuckmanns und Bernstorffs 24. Febr. 1826 A. A. II Rep. 6 Südamerika 1 vol. 1, 2 vol. 1. Da über die spanischen Angelegenheiten in Verona kein Protokoll geführt wurde (aus Metternichs nachgel. Pap. 3, 577), findet sich die Nachricht davon nur bei Chateaubriand, Congrès de Vérone (Paris 1838) 2, 254.

[2]) Selbst ein Beamter wie Ferber 235 führte die Abnahme des Wechselhandels nicht auf die vielgeschmähten Staatsanleihen, sondern auf die Stempelsteuern zurück.

felder Kompanie, der „erste öffentliche allgemeine Handelsbund seit seiner weltberühmten Hanse“, wie er selber sich bezeichnete, der in schwerem Ringen gegen die nationale Handelspolitik Frankreichs und der Niederlande (o. S. 191f.) zuerst Mexiko der Aufmerksamkeit der höchsten Stellen im Staat, des Kronprinzen Friedrich Wilhelm als Vorsitzenden des Staatsministeriums und danach des Ministeriums des Auswärtigen empfahl: Kaum erschloß nach der Abdankung des Kaisers Iturbide die neue mexikanische Verfassung die ersten Aussichten auch auf eine liberalere Zollpolitik des Kongresses, als Becher bereits mit gewohnter Energie der schlesischen Leinwand dort einen unmittelbaren Markt zu erschließen gedachte, ehe noch England die alte Bevorzugung einer Baumwollwaren wiedererlange; auf Heinrich v. Bülows Wunsch entwarf er einen Plan für die Errichtung besonderer Überseekonsulate, die mit gründlichen Kennern nicht nur der „politisch-merkantilischen“, sondern auch der industriellen Verhältnisse zu besetzen und zu einer systematischen Einwirkung auf die Zollverfassungen der Empfangsländer im Sinne von „Nationalvorteilen“ vor der Konkurrenz anzuhalten seien. Übereinstimmend berichtete die Breslauer Regierung von dem großen Eindruck, den die „neuen politischen Handelsereignisse“ in der dortigen Kaufmannschaft und Industrie hervorriefen[3]). Aber wie die agrarischen und industriellen Schutzzollwünsche der östlichen und westlichen Provinzen hatte auch dies positivere handelspolitische Streben eine verfassungsmäßige Gelegenheit zur Äußerung auf den neuen Landtagen. Die Unterstützung, deren das Begehren der schlesischen Stände nach der Anknüpfung mit Südamerika durch den baldigen Tod des Oberpräsidenten Merckel und seines Nachfolgers Graf Bülow beraubt wurde, ließ Vincke der gleichen Petition der westfälischen desto eifriger angedeihen. In der hohen Berliner Beamtenschaft erzählte man sich, daß er den König „fußfällig“ um seine Einwilligung in die neue Politik gebeten habe, und in der Tat hat er durch unermüdliche Vorstellungen Friedrich Wilhelms III. legitimistische Bedenken immer von neuem überwunden und durch ihn die Beratung des Staatsministeriums in der Angelegenheit wach erhalten[4]).

Wenn aber hier Schuckmann nachdrücklich die Meinung vertrat, das Vertrauen des Handels auf die Fürsorge des Staats dürfe nicht ungerechtfertigt bleiben, so bedurfte doch auch Bernstorff, den sein Widersacher Varnhagen früher für einen grundsätzlichen Gegner der südamerikanischen Beziehungen gehalten hatte, schon nicht mehr des Antriebs durch königliche Befehle. Er beauftragte zunächst die Gesandtschaft in Brüssel mit vertraulicher Annäherung an den dortigen mexikanischen Konsularagenten Gorostiza, dann, als der feindliche Einfluß des russischen Gesandten in den Niederlanden, des früheren

[3]) Die Direktion der Rheinisch-Westind. Kompagnie an den Kronprinzen 30. Juli, an das Außenministerium 18. Aug. 1825, Becher an Bülow 10. Febr. 1826, Bresl. Regierungsbericht 29. Nov. 1825 a. a. O. Dazu Ward 1, 280ff., 469ff.

[4]) Immediatberichte Vinckes 15. Dez. 1825, 31. Okt. 1826, Kabinettsordern an Bernstorff und Schuckmann 21. Jan., 28. Nov. 1826 a. a. O., Klawitter 83, Roebers 78 als Ergänzung zu Treitschke DG. 3, 388, Staegemann an Olfers 16. Jan. 1816, Rühl 3, 242.

Finanzministers Guriev, und des von seiner Petersburger Gesandtschaftszeit her russenfreundlichen niederländischen Außenministers Verstolk dem störend entgegenwirkte, auch noch Maltzahn in London mit der gleichen Taktik gegenüber dem dort beglaubigten Vertreter Mexikos Rocafuente und sandte endlich einen der berühmtesten Handelspolitiker, den alten Kunth, nach Aachen zu einer halb privaten Zusammenkunft mit Gorostiza. Die Notwendigkeit dazu schien um so dringender, als Gorostiza bereits durch Bechers Sohn, den er als mexikanischen Agenten für ganz Westdeutschland angenommen hatte, auch an den süddeutschen Höfen eine lebhafte Propaganda für Mexiko ins Werk gesetzt hatte. Man merkt Kunths Bericht die Verlegenheit darüber an, daß er dem Mexikaner noch immer nicht einmal für den Konsulardienst bestimmte Vorschläge zu machen hatte; aber es gelang ihm, den anfangs Widerstrebenden wenigstens zum Austausch amtlicher Bereitschaltserklärungen über eine Meistbegünstigung der beiderseitigen Schiffahrt zu bewegen; es ist bemerkenswert, daß dabei trotz der kühlen Haltung der Vereinigten Staaten gegen den Panamerikanischen Kongreß der neuen Schwesterrepubliken 1825 eine Ausnahme zu ihrem Vorteil gemacht werden mußte[5]). Trotz aller dieser Verzögerungen bedurfte es erst der Mahnung Kunths, daß er sich von solchen „höchstens halboffiziellen Schritten keinen Erfolg weiter" verspreche, damit die Aachener Verabredung durch einen förmlichen diplomatischen Notenwechsel zwischen Maltzahn und Rocafuentes Nachfolger Camacho am 20. Januar 1827 eine auch nur vorläufige Rechtskraft erhielt. Was fehlte, war auf der Seite Preußens die unumwundene Anerkennung der fremden Staatsform, in der es die mangelnde Beständigkeit zu fürchten vorgab und in Wirklichkeit noch immer die Republik fürchtete, auf der Seite Mexikos die vorschriftsmäßige Ratifikation des Abkommens durch den Senat. Etwas leichtsinnig freute sich Heinrich v. Bülow, in der Ausführungsverfügung an die Regierungen der Küstenprovinzen diesen Umstand gar nicht erwähnen zu lassen, und empfahl Schuckmann, der auf einen öffentlichen Bescheid für die Landtage drängte, auch sonst eine möglichst unbestimmte Fassung, da „es dabei nur darauf anzukommen scheine, solche Worte zu gebrauchen, welche, indem sie den Willen und die Absicht S. M. des Königs ausdrücken, weder die spanische Regierung noch die neue amerikanische Regierung verletzen". Umsonst hatte Vincke angeregt, dem englischen Gesandten in Mexiko J. A. Ward, dem Verfasser der ersten wissenschaftlichen Landeskunde der Republik, einen Mann wie Alexander v. Humboldt an die Seite zu stellen. Ein ordentlicher Handelsvertrag ist diesen Vorbereitungen erst 1831 gefolgt

[5]) Schriftwechsel Schuckmanns mit Bernstorff 13. Dez. 1825, 1. u. 5. Jan. 1826, ihre Immediatberichte 24. Febr. und 17. Dez., Instruktionen für Maltzahn 21. Jan., für Kunth 9. Juni, Berichte Maltzahns 3. März, Kunths 12. u. 27. Juli und 22. Nov. 1826 a. a. O. Vgl. Colenbrander, Falck 300 ff., Varnhagen 23. Febr. 1823 Blätter 2, 311 und über die gleichzeitigen hansischen Verhandlungen mit Südamerika, Bippen, Smidt 255 f. — Über den Panamakongreß vgl. Am. St. P. 5, 834 ff., aber dann den Handelsvertrag der Union mit Mexiko Febr. 1827, ebd. 6, 578 ff.

und gar erst im Zollvereinsjahr 1834 ratifiziert worden[6]). Und als habe sich die Tatkraft der preußischen Handelspolitik in der mexikanischen Anstrengung erschöpft, führte ein gleichzeitiger Versuch, nach dem Vorgang der Niederlande durch Camacho mit dem Vertreter des Mexiko nächstbefreundeten Columbia in Verbindung zu treten, trotz Rothers und Schuckmanns Lust auf den besonders vorteilhaften columbianischen Vertragstarif überhaupt zu keinem Ergebnis[7]).

Wie Mexiko im mittleren war Brasilien im eigentlichen Südamerika der beherrschende Kern der neuen republikanischen Staatenbildungen. Hatte sich doch auch dort zugleich mit der Revolution in den pyrenäischen Mutterländern die neue, von Portugal getrennte kaiserliche Gewalt einer parlamentarischen Bindung nach demokratischen Vorbildern anbequemen müssen, und war doch der Unabhängigkeitskampf der spanischen Cisplatina, des heutigen Argentinien, neben den nationalen Triebfedern auch ein Kampf um die sinkende monarchische Staatsform. Seltsamerweise brachte es der Gegensatz gegen England als Patin des brasilianischen Kaisertums mit sich, daß gerade das absolutistische Preußen seinen Handelsvorteil wiederholt auf der Gegenseite zu finden glaubte: Aus Äußerungen des ersten allmächtigen Ministerpräsidenten José Bonifacio de Andrade glaubte der ausgezeichnete Nachfolger Flemmings als Vertreter Preußens in Rio, Konsul Theremin, schließen zu dürfen, daß im selbständigen Brasilien Preußen die Hoffnung habe, in den wichtigsten Einfuhrzweigen, wie z. B. der Waffenlieferung, England geradezu zu ersetzen, und längst nach dem Wiederaufschwung der Kaisermacht hat Rother die preußische Diplomatie in Rio erheblich dadurch beeinträchtigt, daß er mit der ihm eigenen Hartnäckigkeit den Verkehr der Seehandlung nach dem aufständischen Buenos Aires aufrechterhielt[8]). Die Verfassung des preußischen Brasilienhandels entsprach insofern diesen Bestrebungen, als weit über den Machtbereich des Preußischen Staats hinaus Deutsche und besonders Preußen von altersher die wichtigsten Konsulate aller Staaten innehatten und bei der Unsicherheit der preußischen überseeischen Handelspolitik Theremin nichts anderes übrigblieb, als in Form regelmäßiger Versammlungen und stetiger Bemühungen um deren Beachtung durch die brasilianischen Behörden eine Art handelspolitischer Selbsthilfe der preußischen Kaufleute zu schaffen, „da das hiesige Gouvernement durch seinen Traktat mit England Korporationen und Kasten ganz natürlich hervorbringt“ [9]).

---

[6]) Außenministerium (Bülow) an Schuckmann 7. Febr., Verfügung des Innen- und Finanzministeriums 22. Febr., Erlaß an Maltzahn 17. März a. a. O., Kamptz 338ff.

[7]) Erlaß an Lottum 7. Sept. 1826 a. a. O. Die weiteren fruchtlosen Verhandlungen Zimmermann 102f. nach den Akten a. a. O. 3 vol. 1.

[8]) Bericht Theremins 2. Juli 1822 A. A. II Rep. 6 Portugal 4 vol. 1 (Zur Lage vgl. Handelmann 742ff.), Bericht Olfers' 10. Okt. 1827 a. a. O. Brasilien 1 vol. 2.

[9]) Berichte Theremins 31. Jan., 2. Aug. 1823 A. A. II Rep. 6 Brasilien 1 vol. 1. Nach einem Bericht von Olfers (ohne Ort und Datum) waren die preußischen Kaufleute in Brasilien angesehener als die französischen. Sogar

Dennoch war nur die preußische Regierung selbst imstande, dem preußischen Handel durch einen Staatsvertrag wie den Englands das entscheidende Vorrecht des englischen Handels im brasilianischen Zoll, die Anerkennung der eigenen kaufmännischen Wertangabe, zu verschaffen, und das wurde kostbare Jahre des Übergangs hindurch versäumt. Dem Bedenken, ob die Anerkennung der brasilianischen Unabhängigkeit wirklich nach der Auffassung Flemmings wenigstens „für jenen Weltteil das monarchische Prinzip aufrechterhalten" werde, stand auch der wirtschaftliche Zweifel daran gegenüber, daß die Erlangung einer verbesserten Zolltechnik das dafür geforderte Zugeständnis verminderter Eingangszölle für brasilianische Kolonialwaren wert sei, obwohl Theremin mit Recht darauf aufmerksam machte, daß bei dem ganz einseitigen Schiffsverkehr Preußens nach Brasilien allein die Meistbegünstigung in den Schiffahrtsabgaben auch Opfer lohne. Eine inhaltliche Kopie des Strangfordvertrags, wie Graf Bülow, oder auch nur eine allgemeine Meistbegünstigung außer mit England, wie Flemming wollte, war immer schwerer zu erreichen, nachdem Andrade gestürzt war und Englands Verhandlungen um eine doppelte Erneuerung seines Vertrags in Brasilien und Portugal immer klarer bewiesen, daß auf dessen Befreiung vom englischen Einfluß in absehbarer Zukunft nicht zu rechnen sei[10]). Trotz des Drängens von Rother, der gemeinsam mit Evert Delius in Bremen eine regelmäßige, wenn auch bescheidene Frachtverbindung von 100 Lasten nach Brasilien einzurichten beabsichtigte (vgl. o. S. 142 Anm. 17), dauerte es noch Jahre, bis Theremin seiner Regierung klargemacht hatte, daß er mit seiner beschränkten Konsularvollmacht bei der halbjährigen Verzögerung jeder Rückfrage den Handelsvertrag gar nicht abschließen könne und vom Kaiser nicht einmal empfangen werde. Erst im letzten Augenblick, als die Regelung der portugiesischen Thronfolge die Legitimitätsfrage zu lösen im Begriff war und außer dem Protektor England auch Frankreich und die Hansestädte, in den Augen der Brasilianer noch immer „die eigentlichen Frachtfahrer des Nordens", dicht vor dem Abschluß von solchen Handelsverträgen standen, gelang es Bernstorff, König Friedrich Wilhelm III. zur Unterordnung der dynastischen Etikette unter den preußischen Handelsvorteil zu bestimmen und an Stelle Flemmings, der sich als Nachfolger Schoultz-Ascheradens in Neapel mit dem ausartenden Protektionismus eines der legitimsten Reiche herumschlug, den bisherigen Neapeler Legationssekretär, Staegemanns Schwiegersohn Ignaz v. Olfers als Gesandten nach Rio abzufertigen; zur Schonung der königlichen

---

ein deutscher Kleinstaat wie Mecklenburg hatte in Brasilien einen Konsul, A. F. Biesterfelt, dem J. F. v. Weech, Brasiliens gegenwärtiger Zustand und Kolonialsystem (Hamburg 1828) gewidmet ist.

[10]) Graf Bülow an das Außenministerium 2. Jan., Flemming an Lottum d. Ä. 2. Febr., Theremins Denkschrift 24. Mai 1823 und Berichte 2. Aug. 1823 a. a. O. Der Sturz Andrades war nicht entscheidend (Zimmermann 110); sein Bruder Martin Francisco erscheint im Finanzministerium schon als Gegner des preußischen Handelsvertrags. Nach Spix-Martius 1, 137 war die Ausfuhr der Prov. Rio 1817 allein an Baumwolle 2560000 Milreis, Zucker 1360000 Milreis, Kaffee 687597 Milreis, Ochsenhäute 614000 Milreis, Tabak 180000 Milreis.

Gefühle wurde ihm statt des üblichen Beglaubigungsschreibens eine bloße Unterhandlungsvollmacht mitgegeben [11]). Olfers, der als Liberaler eine Mission nach dem republikanischen Mexiko vorgezogen hätte, fand die Handelslage bereits vielfach sehr ungünstig für Preußen, das preußische Mehl durch das reinere und trocknere nordamerikanische, die preußischen Leinenbänder nach Aufhören ehemaliger Zollvorzüge durch die billige englische Baumwollkonkurrenz verdrängt. So wurde der Abschluß des Handelsvertrags vom 9. Juli 1827 mit den eigentümlich dekadenten, zugleich primitiven und kapitalistisch geriebenen brasilianischen Staatsmännern in fortwährendem Wetteifer mit den europäischen Rivalen ein diplomatisches Meisterstück, an dem, da nach dem Ausdruck des Außenministers Queluz die Geschäfte „nicht im Galopp" gingen, bis kurz vor der Ratifikation am 21. April 1828 gearbeitet wurde. Von größtem Wert war namentlich die ausgiebige Verwendung der Meistbegünstigung, die trotz aller Nebenbuhlerschaft doch etwas wie eine einheitliche Front des europäischen Handels in Brasilien schuf. Die im Vertrage vorgesehenen Ursprungszeugnisse für die Einfuhr, die bei der Zerstreuung der Konsulate große Schwierigkeiten zu machen anfingen, kamen z. B. mit ihrer Beseitigung in dem hanseatischen Handelsvertrag auch für Preußen von selbst in Wegfall [12]).

Einen noch günstigeren Verlauf nahmen ohne sehr viel mehr Zutun der preußischen Regierung ihre handelspolitischen Beziehungen zu den Vereinigten Staaten. Das Schiffahrtsabkommen mit ihnen war am 1. Januar 1824 abgelaufen und in demselben Jahr ein neues Zollgesetz von ihnen angenommen worden, dessen „ungeheure" Erhöhungen ein Überseekenner wie Evert Delius in Bremen (o. S. 122) zunächst für undurchführbar hielt, ohne daß der verstorbene Greuhm durch einen neuen Berufsvertreter Preußens dort ersetzt worden wäre [13]). Gleichwohl wurde dieser, als er endlich zu Ausgang 1825 in der Person des Generalkonsuls Niederstetter, eines Freundes des Generaladjutanten v. Witzleben, ernannt und eingetroffen war, von dem neuen Präsidenten Adams und seinem Staatssekretär Clay mit der früheren Zuvorkommenheit aufgenommen. Es war die Zeit, da die beginnende

---

[11]) Berichte Theremins 18. u. 30. Sept. 1825, Immediatbericht Bernstorffs 14. Juni, Instruktion für Olfers 28. Juli 1826 a. a. O. Dazu Staegemann an Olfers 8. April 1825 u. 6. Jan. 1826, Rühl 3, 207, 241. — Flemmings lediglich passive Berichte über den trotz der Reformpolitik des Cavaliere Medici wachsenden neapolitanischen Protektionismus A. A. II Rep. 6 Italien 4 vol. 1. Doch vgl. o. S. 87 Anm. 77.

[12]) Berichte Olfers' 23. Jan., 16. Aug., 29. Nov. 1827, Erlasse an Konsul Ziese in Rio 19. Juli, 30. Dez. 1828 a. a. O. Am 15. Nov. 1827 schlugen Schuckmann und Motz dem Außenministerium vor, die Ernennung von Wahlkonsuln in Brasilien unter dem zum Generalkonsul beförderten Theremin zur „ehrenvollen Einführung" preußischer Kaufleute dort zu benützen.

[13]) Berichte Sperrys 20. Jan., 2. Juni, Delius an Bernstorff 4. März 1824 A. A. II Rep. 6 Nordamerika 1 vol. 2. Vgl. Taussig 46, Macmaster 5, 229 ff. Durch Gesetz vom 7. Jan. 1824 Publ. Stat. 3, 2 verfügte aber die Union von sich aus die weitere Meistbegünstigung der preußischen und anderen bevorzugten Schiffahrt bis zum Aufhören der Gegenseitigkeit.

Reaktion der englischen Schiffahrtskreise auf die Lockerung der Navigationsakten (o. S. 187) die seit 1818 (o. S. 92) fortschreitenden Verständigungsversuche zwischen England und der Union ernsthaft wieder in Frage stellte. Schuld sei, so klagte Clay dem neuen preußischen Geschäftsträger, die „eifersüchtige Politik des britischen Kabinetts, welches die Schiffahrt der Vereinigten Staaten soviel als möglich zu schmälern und, was sie davon für England selbst nicht erhalten könne, denjenigen Staaten zuzuwenden trachte, die keine Seemächte wären", und obwohl diese Anspielung sich unverkennbar auf Englands neue Schiffahrtsverträge und also mit auf Preußen bezog, fuhr der Staatssekretär fort, auch die Union freue sich demgemäß ihrerseits über jeden Zuwachs der nichtenglischen Schiffahrt und vornehmlich der preußischen, die nach seiner Schätzung (welcher Widerspruch zu den Klagen der preußischen Reeder), abgesehen von Rußland und der Pyrenäenhalbinsel, drei Fünftel des europäischen Handelsverkehrs sogar mit Einschluß des englischen betreibe[14]). Da gleichzeitig auch die niederländische Vorzugsbehandlung der nationalen Schiffahrt (o. S. 138) sich unangenehm bemerkbar machte, erhielt eine zweite kriegerische Kongreßbotschaft an die Adresse Englands am 5. Dezember 1826 eine auffällige politische Wendung zugunsten Preußens und Rußlands, die in dem europäischen Streit zwischen dem englischen Einfluß und den Ostmächten für diese eine nicht gering zu veranschlagende Unterstützung bedeutete[15]).

In dieser freundlichen Umgebung ging doch Niederstetters Diplomatie trotz der Schlauheit, mit der er nach seinen Berichten die Amerikaner über die von Preußen zu erwartenden Vorteile im unklaren zu halten verstand, anfangs etwas über die Linie der gebotenen Vorsicht hinaus: Auf ein noch unfertiges Gesetz hin, das der meistbegünstigten Schiffahrt auch den indirekten Verkehr mit der Union erschließen sollte, veranlaßte er seine Regierung Clays Wunsche gemäß, schon am 15. April 1826 ihrerseits die Meistbegünstigung für amerikanische Schiffe erneut zu erklären, während das amerikanische Gesetz mehr als zwei Jahre auf sich warten ließ und nicht bloß durch den Wechsel der Legislatur und den Amtsantritt des neuen Präsidenten Jackson sein Erlaß, sondern durch die abermalige Verschärfung der Schutzzölle besonders auf Leinen- und Wollwaren sein Wert für Preußen immer weiter ins Ungewisse rückte; denn natürlich machte es auf den Sprecher des Repräsentantenhauses wenig Eindruck, daß Niederstetter für gut fand, ihn unter Hinweis auf den alten preußischen Merkantilismus vor übertriebener Protektion zu warnen. Auf der anderen Seite faßte auch Schuckmann, um so vorsichtiger geworden, die handelspolitischen Erfahrungen des letzten Jahrzehnts noch immer in der Richtung der alten Theorie zusammen: „Ein Handelsvertrag im gewöhnlichen Stil ist der allerunsicherste Vertrag von allen, der,

---

[14]) Bericht Niederstetters Georgetown 9. Mai 1827 a. a. O. vol. 3. Dazu Macmaster 5, 486 f.

[15]) Bericht Niederstetters Philadelphia 12. Dez. 1826 a. a. O., die Botschaft Am. St. P. 6, 208 ff.

sowie sich die Verhältnisse ändern, nicht gehalten wird, wenn dem Teil, der ihn aufrechterhalten will, nicht überwiegende Macht zur Seite steht"[16]. Unter solchen Umständen wurde der Handels- und Schiffahrtsvertrag, den Niederstetter (ein Halbjahr nach den Hansestädten) am 1. Mai 1828 schloß, weder ein bloßer Meistbegünstigungsvertrag noch ein spezieller Tarifvertrag, sondern nach dem Muster des Friderizianischen Vertrags von 1785 und seiner Erneuerung von 1799 eine allgemeine Regelung der Handelsbeziehungen, bei der eigentliche Völkerrechtsfragen, wie die widersprechenden Bestrebungen Englands und der Union im Seebeuterecht, fast mehr Arbeit erforderten als wirtschaftliche. Eine unmittelbar belebende Wirkung auf den Handel hat man in Berlin gar nicht davon erwartet[17].

Zollkrieg und neuer Handelsvertrag mit Rufsland.

Selten hat, und daran dachte Schuckmann wohl hauptsächlich, seine pessimistische Bewertung des Handelsvertragsprinzips schlagendere Bestätigung gefunden als in der schon frühesten Geschichte des Handelsvertrags mit Rußland vom 29. Dezember 1818. In der Art, wie dieser Vertrag die wirtschaftliche Nebenbuhlerschaft der beiden politisch so sehr aufeinander angewiesenen Ostmächte vergeblich zu versöhnen versucht hat, war er ein typischer Vorläufer der späteren deutsch-russischen Handelsverträge. Einen ganz eigenen Charakter aber erhielten damals noch die preußisch-russischen Verhandlungen durch ihre Begründung auf den polnischen Teilungsvertrag des Wiener Kongresses: Während überall anders die Politik der neuen Nationalstaaten nicht schnell genug von der Gebundenheit durch eine internationale Rechtsordnung und Diplomatie loskommen konnten, fühlten hier beide Parteien, wesentlich bestimmt durch die zwischen ihnen stehende polnische Frage, fortdauernd das Bedürfnis, ihren Standpunkt durch eine Art Berufung bei der europäischen Staatsgesellschaft zu unterstützen.

Nach der ganzen Vorgeschichte des Handelsvertrags konnte es nicht zweifelhaft sein, daß in beiden vertragschließenden Ländern starke Interessen mit seinen Bestimmungen alles andere als einverstanden waren und nach Kräften versuchen würden, seiner Ausführung wenigstens passiven Widerstand entgegenzusetzen. Das Verhältnis war dabei im ganzen durchaus das typische, aus der mittelalterlichen Handelsgeschichte so bekannte zweier Staaten von ungleicher wirtschaftlicher Entwicklung, deren einer als der überlegene Kulturbringer des anderen

---

[16]) Berichte Niederstetters Georgetown 3. Dez. 1825 Auszug, 26. Jan. 1826, 25. Jan. 1827, Schuckmann an Außenministerium 22. Aug. 1827 a. a. O. Niederstetters Note an Clay 9. Mai 1828 mit Verfügung Schuckmanns Am. St. P. 6, 945f. Ges. v. 24. Mai 1828 Publ. Stat. 3, 308f. Über den Höhepunkt der amer. Schutzzollpolitik 1828 W. MacKinley bei C. Colton, Works of H. Clay 7 (New York 1897), 6.

[17]) Berichte Niederstetters 29. Mai, 10. Juni, Erlaß an ihn 19. Okt., Vincke an Außenmin. 28. Sept. 1828 a. a. O. Der Vertrag Gesetzsamml. 1829 S. 25ff.

doch gerade darum langsam zurückgedrängt wird und nun seine alte Stellung ebensosehr mit allen Mitteln zu wahren sucht, wie der andere aus seiner bisherigen Abhängigkeit herausstrebt. Freilich wurde dies Verhältnis hier für das wirtschaftlich reifere Preußen dadurch beträchtlich verschoben, daß seinem unreiferen Gegner der Masse nach weltpolitisch ein überragender Einfluß und außerdem trotz aller russisch-polnischen Gegensätze doch auch immer wieder das polnische Problem als eine Waffe der slawischen Rasse zu Gebote stand. Aber das darf nicht dagegen verblenden, daß Preußen, und zwar gerade seinen Handel selbst eher noch mehr als seine Politik, ein großer Teil der Schuld daran trifft, daß, wie man klagte, der Handelsvertrag von 1818 überhaupt nie eigentlich zur Erfüllung kam [1]). Die Entrüstung der west- und ostpreußischen Provinzialbehörden über die vertraglichen Beschränkungen des alten preußischen Küstenhandels, die bis zu kaum verhüllter Auflehnung gegen die Zentralregierung ging, war doch nur ein Symptom der öffentlichen Meinung, die wenig später einhellig die Beseitigung des ganzen Vertrags gewünscht hat [2]). Und wenn sich diese Mißstimmung vor allem gegen Polen richtete, so stand der Hauptzweig des preußischen Ausfuhrhandels nach Rußland, der Tuchtransit nach China, auch nach der letzten vertraglichen Regelung (o. S. 79) in fortwährendem zähem Kampf mit den argwöhnischen russischen Zollbehörden, wobei wenigstens der etwas junkerliche Blick des eigenen preußischen Gesandten von vornherein viel „kaufmännische Ungenügsamkeit“ zu sehen meinte; namentlich der Schmuggel des jüdischen Händlerproletariats aus den Grenzbezirken dauerte fort, und als auf Betreiben der russischen Behörden und der jüdischen Großhändler eine Rabbinenkonferenz in Wilna mit dem Bann der Synagoge dagegen einschritt, zeigten sich auf der Stelle verhängnisvolle Folgen für den preußischen Absatz [3]), so daß man begreift, warum die preußische Regierung stets gegen eine allzu strenge Aufsicht über die Beobachtung der russischen Zollgesetze gewesen war. Zu dem allen kam noch das unglückliche Zusammentreffen des neuen Vertragstarifs gegenüber Rußland mit der Einführung des neuen autonomen Generaltarifs vom 26. Mai 1818 und setzte wenigstens das Finanzministerium stark der Versuchung aus, schon des übersichtlichen Zolldienstes wegen manche von den zugunsten Rußlands getroffenen Sonderbestimmungen zunächst unausgeführt zu lassen; selbst der so vorbildlich rechtliche Hoffmann, der anfangs mit Schöler und Graf

---

1) Meier 446. Vgl. jedoch Immediatber. 12. Mai 1822 (u. S. 209 Anm. 12): „Nachdem Handel und Gewerbe danach eine bestimmte Richtung genommen hatten, konnten die betreffenden Ministerien nur wünschen, denselben fortdauernd unverändert erhalten zu sehen.“

2) Schön an die Departements des Auswärtigen und des Gewerbes Danzig 15. März, Schuckmann und Hoffmann an die Regierung in Gumbinnen 9. Sept. 1819 A. A. II Rep. 6 Rußl. 11 vol. 1. Regierungspräsident Königsberg an Klewitz 16. Nov. 1822 Finanzmin. XV. Gen. 5 vol. 4.

3) Bericht Schölers 23. Dez. 1819 A. A. II. Rep. 6 Rußl. 11 vol. 2. Oberpräsident v. Auerswald Königsberg 29. Aug. u. 16. Okt. 1820 A. A. II. Rep. 74 K XII 4.

Bülow vor solchen Verletzungen auch nur des Vertragsbuchstabens gewarnt hatte, fand es nach Verlauf des ersten Geltungsjahres möglich, dem Beharrungsvermögen der Zollverwaltung vielfach entgegenzukommen [4]). „Daß sämtliche Behörden", schrieb wieder ein Jahr darauf ein so vaterländisch denkender Offizier wie Schöler, „in jedem einzelnen Falle die ganze politische Stellung beider Staaten hinreichend würdigen und der natürlichen Empfindung aller Preußen gegen Polen die richtigen Schranken setzen, muß ich fast bezweifeln, da Graf Nesselrode mir häufig den Vorwurf macht, daß wir in unserer Abneigung gegen Polen und in den Behauptungen der von dorther uns erwachsenden Verletzungen zu weit gingen [5])."

Schöler, der sonst selber zu gerechtfertigten Beschwerden eher trieb als ihnen auswich, äußerte dies Bedenken aus einem bestimmten politischen Grunde. Eine der wenigen Möglichkeiten, die Preußen gehabt hätte, die fast naturnotwendige Verschlechterung seiner Handelslage gegenüber Rußland aufzuhalten, war nach wie vor der politische und wirtschaftliche Gegensatz zwischen Rußland und dem Königreich Polen. Dieses wurde in seiner Volks- und Staatswirtschaft seit dem Vollzug der Zolleinigung mit Rußland vom 1. Januar 1820 [6]) von dem jungen Industriestaat im Osten und dem alten im Westen gewissermaßen zwischen zwei Feuer genommen und bekämpfte unter Führung seines großen Finanzministers Lubecki eine Weile mit gleicher Leidenschaft die stammverwandte wie die fremde Teilungsmacht. Schöler ist im Anblick dieses Verhältnisses immer wieder auf den Gedanken zurückgekommen, sich mit Rußland allein über die gemeinsame Niederhaltung der polnischen Industrie und die völlige Beseitigung des unbequemen Teilungsvertrags von 1815 zu verständigen [7]), und die Ernüchterung, die seit den Tagen der neuen polnischen Verfassung in Alexanders I. Gefühlen für Polen eintreten mußte, ließ eine solche Politik durchaus nicht unausführbar erscheinen. In Warschau knüpfte dann auch der preußische Generalkonsul Schmidt sehr freundliche Beziehungen zu dem verhaßten russischen Zolldirektor, Novosilcevs

---

[4]) Handels-, Innen- und Außenministerium an Regierung Königsberg 8., Bericht Schölers 9., Graf Bülow an das Finanzministerium 10., Finanzministerium an Regierungen Danzig 23., Marienwerder 28., an das Außenministerium 31., Hoffmann an das Finanzministerium 28. Jan. 1820, Hoffmann an Klewitz 11. Jan. 1821, Finanzmin. XVa Gen. 5 vol. 2f.

[5]) Bericht Schölers 26. Dez. 1821 A. A. II Rep. 6 Rußl. 11 vol. 3.

[6]) Ukaz 15. Okt. 1819 mit Nebenverordnungen Smolka, Polityka 2, 594 Anm. 53. Dazu Ber. Schölers 25. April 1823 A. A. II Rep. 6 Rußl. 12 vol. 5. Rußland freilich verhinderte durch eine Zwischenrevision in Warschau seine eigene Überführung mit ausländischen Waren als polnischen: Schmidt 7. Juni, Schöler 22. Dez. 1819.

[7]) Bericht 24. Aug. 1822 a. a. O. 12 vol. 3. Nach seinem Bericht vom 27. Mai 1822 verstand Schöler noch die Worte „mesures d'une utilité européenne" in Alexanders Handschreiben von 27. Febr. (U. 1416) als Andeutung einer Wandlung, in seiner Polenpolitik. — Über die damalige Entfremdung zwischen Schöler und dem russischen Hof vgl. den Bericht Laferronnayes (Sept. 1821) bei V. K. Nikolai Michailovič, Imp. Aleksandr I. 2, 341.

Schüler Lange, an und ging in seiner Neigung, die russischen Zollbehörden zu rechtfertigen und Rußland gegen Lubecki aufzuhetzen, sogar Schöler zu weit[8]). Auf der anderen Seite aber blieben doch ganz wie früher Rußland und Polen stets bereit, sich auf der Grundlage mächtiger gemeinschaftlicher Interessen miteinander gegen Preußen zu wenden. Denn, darüber lassen die erhaltenen Statistiken gar keinen Zweifel, beiden brachte der preußische Handelsvertrag, mit den alten Maßstäben merkantilistischer Nationalwirtschaft beurteilt, eine ernste Hemmung auf dem Wege zur wirtschaftlichen Unabhängigkeit[9]). Und das Mißgeschick der preußischen Diplomatie bestand letzten Endes darin, nicht verhindern zu können, daß durch das Verhalten der eigenen Innenbehörden und Kaufleute diese gemeinsame Empfindlichkeit fortwährend auf der ganzen Linie gereizt und wach gehalten wurde. So erwiderten russische Wut und polnische Rachsucht die preußischen Nadelstiche bald mit Keulenschlägen.

Der erste war die Entwertung des preußischen Chinatransits in der Weise, daß die gleichzeitig mit dem Handelsvertrag gewährte Befreiung von der Zollkaution in Übereinstimmung mit dem strengeren Wortlaut des letzten Ukaz zur Verhütung des Schmuggels dem bloßen Kommissionshandel entzogen wurde, wodurch der unmittelbare Ver-

---

[8]) Berichte Schölers 8. April 1822, 18. Aug. 1823, Schmidts 16. Okt. 1819, 5. u. 22. Sept. 1822 a. a. O. 11 vol. 1, 12 vol. 1, 3, 5. Aber auch die posensche Regierung und der Petersburger Konsul Pflug berichteten nach Inkrafttreten des Handelsvertrags, alle russischen Plackereien hätten aufgehört: Graf Bülow an Außenministerium 27. Mai 1820, Geschäftsträger v. Liebermann 7. Juni 1821 a. a. O. 11 vol. 21. Über Lange Smolka, Polityka 1, 293f.

[9]) Nach Studnicki 190 stieg der polnische Einfuhrüberschuß von 41 Mill. fl. in 1817 auf 51,5 in 1820, um dann wieder bis 1823 auf 9,8 zu fallen, und nach einer Statistik Schölers (Ber. 8. Apr. 1822) bzw. (1823ff.) Macgregor 2, 497 betrug die russische

	Einfuhr	Ausfuhr
1818	276 Mill. Rubel	264 Mill. Rubel
1819	189 „ „	219 „ „
1820	254 „ „	236 „ „
1823	157,9 „ „	195 „ „
1824	174,76 „ „	201,56 „ „
1825	183,5 „ „	234,7 „ „
1826	178 „ „	181 „ „

Nach Reden 118f. erzeugten in Rußland

1811—12: 150 Baumwollfabriken mit 32568 Arbeitern 8052477 Arschin und 136 Wollfabriken mit 35000 Arbeitern 2800000 Arschin.

1820: 440 Baumwollfabriken mit 36667 Arbeitern 34718995 Arschin und 304 Wollfabriken mit 36000 Arbeitern 5287557 Arschin.

1830: 538 Baumwollfabriken mit 76228 Arbeitern 83889421 Arschin und 389 Wollfabriken mit 67241 Arbeitern 7665889 Arschin.

Allgemein vgl. über Polens Entwicklung Šilder, Nikolaj 2, 217. Die Stimmung der Polen bei Lubecki (Smolka, Korrespondencya 1, 90) an Sobolewski 9.—10. Dez. 1821: „[Konwencya] przeciwna jest traktatom [1815], a taryfy do niej dołączone są przeciwne samej konwencyi.“

kehr mit Kiachta entweder dem russischen Zwischenhandel anheimfiel oder, was bei dem steigenden Tauschkurs der chinesischen Warenkontingente, namentlich des Tees, gleichfalls in Rußlands Absicht lag, überhaupt ausfiel[10]. Der nächste Streit betraf nach einigen minder wichtigen Plänkeleien über beiderseitige Erhöhung der Flußschiffahrtsabgaben, über die neue russische Verbrauchs- und die neue preußische Tranksteuer, über preußische Kornmessergebühren und polnische Viehausfuhrerschwerungen die bei der ungeheuren Grenzausdehnung außerordentlich bedeutsame Frage der Zahl und Verteilung der Zollstellen, von der für Preußen mehr die Bequemlichkeit des Handels, für Rußland mehr die Bekämpfung des Schmuggels abhing[11]. Für alle preußischen Erfüllungsmängel war es hier doch eine unverhältnismäßige Vergeltung, wenn Polen aus Ersparnisgründen 15 Zollämter auf einmal einzog und gleich darauf, eine Hauptvergünstigung des Transitorischen Vertrags von 1818 beseitigend, den vornehmsten Zweig der preußischen Einfuhr, den Wein- und Kolonialwarenhandel, zugunsten des Krakauer Ungarweinhandels und der russischen Ostseehäfen dem relativen Einfuhrverbot einer Beschränkung auf den Wasserweg unterwarf[12]. Schließlich und am drohendsten erhob sich unter der Peitsche einer zusammenstürzenden Spekulationshauße der kaum zurückgedrängte russische Protektionismus, der auch die Skeptiker, wie Nesselrode, Gurievs Schwiegersohn, durch finanzielle Beteiligung an den geschützten Unternehmungen zu gewinnen verstanden hatte[13]. In die Gewitterstimmung fiel dann als ein letztes auslösendes Moment der neue preußische Zolltarif vom 25. Oktober 1821, der, von Preußen bei der ganzen Verhandlung sorgsam in den Hintergrund geschoben, mit seiner systematischen Verbindung zwischen Einfuhrzoll und Verbrauchssteuer (o. S. 129) und seiner Mehrbelastung besonders der östlichen Rohstoff-

---

[10]) Berichte Schölers 23. Dez. 1819 und 25. April 1823 a. a. O. 11 v. 1, 12, 5. Vgl. die schlechten Geschäfte Eichborns mit seinem Petersburger Kommissionär Stieglitz, Moriz-Eichborn 295 Anm. 3. Der russische Chinahandel war um so unruhiger, als er seinen Pelzabsatz gleichzeitig durch die 1815 gegründete American Fur Company des Pfälzers Joh. Jac. Astor gestört sah, vgl. Buch der Deutschen in Amerika (Philad. 1909) 630.

[11]) Graf Bülow und Hoffmann an Hardenberg 20. April und 13. Mai, Noten von Lubeckis Vorgänger Węglowski und seines Stellvertreters Wichliński 10. Juni und 31. Aug. 1820, Bericht Schölers 28. Mai 1820 und Note Alopeus' 14. Juni 1821, Hoffmann an Klewitz s. Anm. 4, Note Alopeus' 25. Aug. und Graf Bülow an Bernstorff 31. Jan. 1822 a. a. O. 11 vol. 2f.

[12]) Immediatbericht Graf Bülows, Klewitz', Schuckmanns und Bernstorffs 12. Mai 1822 Rep. 74 K. XII. 4. Dekret des Staathalters Zajączek 31. Juli 1821, nach Meier 446 „wahrscheinlich Repressalie wegen der diesseitigen Schwierigkeiten an den Grenzzollämtern".

[13]) Denkschrift Schölers 26. Dezember 1821 a. a. O. 11 vol. 4. Es bezeichnet das wirtschaftliche Nationalgefühl des damaligen Rußlands, daß es 1820 die Errichtung einer Eisenfabrik durch Friedrich Krupp wegen mangelnden Bedarfs ablehnte, Jubiläumswerk 1912 S. 42f. Über die kurze Periode des Kölner Weinhandels (Mumm) mit Rußland s. Gothein, Köln 179, 344.

einfuhr auch von preußischer Seite die Lücke in dem Vertragsverhältnis entscheidend erweiterte[14]).

Es gibt keinen Grund, zu bezweifeln, daß auch hier wieder die Schwierigkeit und Peinlichkeit der Lage selbst viel guten Willen auf beiden Seiten zunichte machte. Wie die Berichterstattung des russischen Gesandten in Berlin[15]) übereinstimmend mit anderen Nachrichten ergibt, wurde dieser keineswegs übelwollende Mann durch den Auftrag seiner Regierung, ihren Rückzug von dem Handelsvertrag langsam vorzubereiten, in nicht geringe Verlegenheit versetzt, weil es an jeder persönlichen Anknüpfungsmöglichkeit fehlte: Der so ausgesprochen anglophile Bernstorff (o. S. 152 Anm. 39) stand mit ihm auf gespanntem Fuß, Graf Bülow erschien nicht mit Unrecht als zu „obstiné", und der alte Staatskanzler wie der König selbst blieben unzugänglich; ja, es würde der bekannten Unordnung der Staatskanzlei nicht geradezu widersprechen, wenn dort Alopeus' Mitteilung wirklich zunächst verschwunden wäre. So konnte es kommen, daß der preußische Hof erst im Frühjahr 1822 auf dem allerdings nicht ungewöhnlichen Weg eines ausführlichen Handschreibens des Zaren an den König ganz kurz zuvor von dem Ukaz verständigt wurde, durch den dann am 24. März die russische Zollverfassung endgültig die Fesseln des Handelsvertrags und bald darauf (1. August) des Zollvereins mit Polen abstreifte[16]). Als eine Art Wahrung des Gewissens oder wenigstens des Gesichts griff man auf eine Auskunft zurück, die schon nach dem ersten russischen Schutzzolltarif von 1810 (o. S. 33) in russisch-jüdischen Maklerkreisen vergeblich als eine neue Verhandlungsgrundlage zwischen Rußland und Preußen vorgeschlagen worden war und darin bestand, gewissen preußischen Firmen oder Städten Ausfuhrerlaubnisse für bestimmte Mengen Tuch und Leinwand zu erteilen[17]). In solchen Höchstmengen, wenn auch nicht zum alten Zoll, sollten auch nach dem Inkrafttreten des neuen Tarifs noch bis Ende 1822 die drei 1818 bevorzugten Klassen von Woll-, Leinen- und Lederwaren und die Transittücher für China in Rußland eingehen dürfen, wie man den europäischen Höfen sagen ließ, in der Erwartung der mit Preußen zu treffenden Neuregelung der gesamten Handelsverhältnisse. Zu gleicher Zeit verfügte auch in Warschau in Vorwegnahme des neuen polnischen Sonder-

---

[14]) Bernstorff an Klewitz 17. und 30., an Hardenberg 31. Juli 1822, Erlaß Nesselrodes an Alopeus 2. Aug. 1822 a. a. O. 12 vol. 2. — Ein typisches Beispiel für die Befangenheit nationaler Geschichtschreibung ist, daß Zimmermann 68 den preußischen, Smolka, Polityka 1, 218 den polnischen Zolltarif ganz übergeht.

[15]) Verwertet bei Martens, Russie 8, 2ff. Vgl. Schölers Bericht 8. April 1822 o. Anm. 8.

[16]) Handschreiben Alexanders 27. Febr. 1822, Bailleu Nr. 312 S. 315ff. Der Ukaz Polnoe Sobranie Zakonov nr. 28965, 29149.

[17]) Schuckmann an Hardenberg 4. Juni 1811 a. a. O. 6 vol. 1. Die in Aussicht genommenen Firmen waren für Tuch Perez (der Urheber des Gedankens) und Eichborn in Breslau, Förster in Grünberg (Jacobi 221), Possorts Erben in Züllichau und Lesse in Konitz; für Leinwand Alberti in Waldenburg, Duttenhofer in Landeshut, Salomon Waeber in Schmiedeberg (s. Goldschmidt, Kunth 188), Jentsch in Hirschberg und Lachmann in Greifenberg.

tarifs der neue Finanzminister Lubecki einschneidende Verkaufsbeschränkungen für preußische Warenlager.[18])

Preußen konnte selbst von einer so offenkundigen Vertragsverletzung doch nur schwer den geeigneten diplomatischen Gebrauch machen. Seine Webstoffausfuhr, die im Einverständnis mit Seehandlung und Handelsministerium der englischen Textilindustrie u. a. die Bekleidung des russischen Heeres mit Erfolg streitig zu machen begonnen hatte[19]), stürzte sich zu begierig auf die dargebotenen „Vergünstigungen", als daß der Staat sie hätte zurückweisen können; ja, der Mißbrauch einiger nachträglicher Erleichterungen verwickelte Schölers alte Abneigung gegen den spekulativen Handel in Unannehmlichkeiten mit diesem und Rußland zugleich, so daß hier gerade im entscheidendsten Zeitpunkte die preußische Handelspolitik nach beiden Seiten waffenlos war. Hierzu aber kam ein politisches Bedenken von größtem Gewicht: Im Augenblick, da in Deutschland und Europa der Ansturm des demokratischen Gedankens gegen den Absolutismus die beste Gegenwehr bei dem Block der drei Ostmächte zu finden schien, da zugleich auch in der deutschen Handelspolitik Preußens ein entschlossenes nationales Vorgehen auf die legitimistischen Befürchtungen der Dynastie und des Hofes stieß (o. S. 129f), anderseits aber der Übergang zum allgemeinen Schutzzoll gegen die Westmächte vom Staatsministerium abgelehnt wurde, war eine Politik des ausschließlichen National- oder auch nur Rechtsstandpunkts gegenüber Rußland vollends starken Widerständen ausgesetzt. Friedrich Wilhelms Antwort auf Alexanders Handschreiben sagte sogar die möglichste mit den preußischen Interessen vereinbare Berücksichtigung der Lage Rußlands zu[20]), und während die Ministerien über die Ausführbarkeit dieses Versprechens berieten, beraubte man sich selber der in Rußland so eindrucksvollen Unterstützung durch die öffentliche Meinung der geschädigten Privatwirtschaft, indem man fast ein Vierteljahr lang den Zeitungen verbot, über den neuen russischen Zolltarif zu schreiben[21]). Die Anordnung von Vergeltungsmaßregeln, die der Immediatbericht der Minister (o. Anm. 12) deutlich ins Auge faßte, wurde sogleich ausgesetzt, als ein neues Handschreiben des Zaren den König bat, vorher noch einmal Alopeus mit seiner Regierung unterhandeln zu lassen. Als das sich trotz der

[18]) Dekret 7. April 1822, Polnoe Sobranie Zokonov 28982; Runderlaß Nesselrodes 4. April 1822, Beschwerde von Waeber-Schmiedeberg an Handelsministerium 8. Mai, Semler an Bernstorff 1. Juni 1822 a. a. O. 12 vol. 1f.

[19]) Akten des Handelsministerium CXIII Gen. 9 vol. 1. Die Firma Harrer in Züllichau war mächtig genug, zur Entschädigung eine diplomatische Umfrage des Außenministeriums bei den ausländischen Regierungen nach etwaigem Heeresbedarf durchzusetzen, die jedoch nur in den deutschen Staaten (Baden) einigen Erfolg hatte: Antrag Harrers 22. März, Dankschreiben Eichborns 21. Aug. 1822 ebd., Denkschrift Harrers 31. März, Bericht Schölers 15. Febr. 1823 A. A. II Rep. 6 Rußl. 12 vol. 5.

[20]) Bailleu Nr. 314 S. 320f. vom 22. März 1822.

[21]) Der brandenburgische Regierungssekretär John an Bernstorff 24. April, Bernstorff an Graf Bülow 4. Juli 1822 a. a. O. 12 vol. 1f. Zimmermann 71 kehrt das wahre Verhältnis um, wenn er die Ministerien vom König angeregt erscheinen läßt.

russischerseits gewünschten Zuziehung von Semler und Schütz aus dem Handels- und Finanzministerium als ganz fruchtlos erwies und die auf das Gesamtministerium erweiterte innere Beratung sich endlich zu ganz bestimmten Repressalien gegen die russisch-polnische Ein- und Durchfuhr vereinigte, blieb die entsprechende Kabinettsorder unvollzogen, und das persönliche Zusammentreffen der beiden Herrscher auf dem Veroneser Kongreß genügte, um den entgegengesetzten Befehl zur Fortführung der Verhandlungen ergehen zu lassen[22]. Und wiewohl der russische Gesandte, statt die Gelegenheit zu ergreifen, sich zuerst neue Instruktionen des Kaisers aus Warschau, dem Sitz des Widerstandes, holte, ist die Frage, ob selbst das den preußischen Gegenschlag ausgelöst hätte, wäre nicht dem geplagten Handel auf derselben Seite der Staats- und Gesellschaftsordnung, auf der die Ursache des langen Zauderns lag, ein ungewöhnlicher Bundesgenosse in den Schutzzollwünschen der Landwirtschaft erstanden.

Seit dem Beginn der Agrarkrise im Jahre 1821[23]) waren diese Wünsche in verschiedenen Teilen des Preußischen Staats, sogar im Rheinland gegen die Niederlande, laut geworden und damals im Begriff, namentlich auf den Landtagen der östlichen Provinzen beredten Ausdruck zu finden (o. S. 183), nachdem die alte merkantilistische Politik der staatlichen Stützungskäufe von Getreide sich unzulänglich gezeigt hatte. Dabei war natürlich die russisch-polnische Kornausfuhr, so sehr auch sie sich mit abnehmender Nachfrage vermindern mochte, allenthalben der gefährlichste Wettbewerber auf dem Binnen- und Weltmarkt[24]).

---

[22]) Briefwechsel Friedrich Wilhelms und Alexanders 13. und 30. Juli 1822, Bailleu Nr. 315f., S. 321f. Verhandlung mit Alopeus 14. Sept. 1822, Martens, Russie 8, 14. In den Ministerialberatungen war Schuckmann für, Klewitz aus fiskalischen Gründen scharf gegen Kampfzölle: Gutachten Graf Bülows 15. Juni, Bernstorffs 31. Aug., Klewitz' 28. Juni und 12. Sept., Protokoll 21. Aug. 1822 a. a. O. 12 vol. 2f., Immediatberichte des Staatsministeriums 18. Sept. 1822, 31. März 1823 Rep. 77 K. XII. 1 v. 1. Bezeichnend für die äußerliche Wahrung freundschaftlicher Formen ist die gegenseitige Mitteilung von Aktenstücken wie Nesselrodes Erlaß für Alopeus an Schöler (o. Anm. 14) oder der Veroneser Kabinettsorder vom 20. Okt. 1822, die den Immediatbericht vom 30. März 1823 forderte, durch Ancillon an Alopeus (Note 9. Nov. 1822 a. a. O. 12 vol. 4). Zimmermann 77 irrig Schulz für Schütz.

[23]) Eingaben an Hardenberg von Landbewohnern von Cleve u. Appeldorn 7., Klönne und Genossen Wesel 19. Juli, der Ruppinischen Ritterschaft 11., der Priegnitzischen Stände 12. Dez. 1821, Throneingabe des Landrats v. Zieten-Wustrau 3. Febr. mit Immediatbericht Klewitz' 16. März 1822 Rep. 74 K XIII 24. Vgl. Immediatbericht Bernstorffs 8. Mai 1824 a. a. O. Rußl. 21 v. 1 „in den letzten 5 Jahren".

[24]) Jacob 70, Mayer 33, 85ff. — Rep. 74 XIII 4 enthält eine Throneingabe polnischer Gutsbesitzer unter Führung des Distriktsmarschalls J. de Buthadyn aus 1821 um Regierungsankauf ihres Getreides, der sogenannten polnisch-russischen Abkunft, das nur noch 120 statt der früheren 1000 Wittinnen (zu 25 Last) fülle; sie wurde auf den Rat des Oberpräsidenten Auerswald selbstverständlich abgelehnt. Vgl. die Mitteilungen aus dem Danziger Regierungsarchiv und die Tabelle der Getreidepreise nach der „Warschauer Zeitung" 1818—1825 bei Smolka, Polityka 2, 600f.

Diese Rücksicht entschied. Einem neuen Immediatbericht, in dem das Staatsministerium am 31. März 1823 (o. Anm. 22) unter dem Vorsitz des Kronprinzen selbst seinen Antrag vom vorigen Jahr mit der neuen Begründung, freilich auch unter geschickt auf Friedrich Wilhelms Menschlichkeit berechneten Schutzmaßregeln für die Verbraucher wiederholte, folgte schon am 10. April mit Wirkung vom Tage der Veröffentlichung der Erlaß des neuen Kampftarifs gegen Rußland und Polen, der den Transit von der See nach jenen Ländern seines bisherigen Zollvorzugs beraubte, den „Tribut" von ihrer agrarischen Aus- und Durchfuhr aber gleichmäßig auf das Drei- bis Siebenfache hinaufschraubte[25]).

Ähnlich den Flaggengeldern von 1822 auf die fremde Schiffahrt hat dieser Tarif, der fast noch mehr Aufsehen erregte, seinen nächsten Zweck, die Erzwingung einer günstigeren Handelspolitik des Auslandes, nicht schlecht erfüllt. Den preußischen Seehäfen zwar ging er erheblich zu weit, und ihren „wohlbegründeten" Beschwerden schloß sich Maaßen im Finanzministerium mit der Voraussage an, daß die Maßregel durch die Abwendung des Transits wenigstens von der Memel einen „unangenehmen Rückschritt" in den Handelsverhältnissen zur Folge haben werde[26]). Und wirklich ist das zunächst in sogar noch weiterem Maße der Fall gewesen. Der alte Gedanke einer Ablenkung des preußischen Durchfuhrhandels nach den Häfen der russischen Ostseeprovinzen lebte in Lubeckis vaterländischer Beredsamkeit neu wieder auf, und russische Truppen arbeiteten fieberhaft an dem Hauptmittel dazu, der nach einem Lieblingsplan des Herzogs Eugen von Württemberg über Augustowo herzustellenden Kanalverbindung zwischen Memel und Düna[27]). Im Süden aber drohte Österreich, sich wegen der Benachteiligung des galizischen Transits wie früher auf die Seite Rußlands zu stellen, und auch der Freistaat Krakau schloß jetzt am 22. August 1823 den von Lubecki längst betriebenen Zollverein mit dem Königreich Polen, der, an sich durch die Abwendung von den Triestiner Einfuhrwegen Preußen eher vorteilhaft, für den Augenblick doch auch wirtschaftlich einen ernsten russisch-polnischen Machtzuwachs bedeutete: Während noch der Senat über Durchfuhrerleichterungen für das Krakauer

---

[25]) Notenwechsel Alopeus-Bernstorff 10. Juni bis 18. Juli 1823 a. a. O. Rußl. 12 v. 5. Vgl. die Tabelle der Getreidezölle bei Smolka, Polityka 398:

	1818	1821	1823	1824	1825	
Weizen	$3^1/_2$	$3^3/_4$	10	4	4	Rt. die Last
Roggen	$1^1/_6$	$1^1/_2$	10	2	1	„ „ „

[26]) Gutachten Maaßens über die Beschwerde der Memeler Kaufmannschaft 15. Aug. 1823, Finanzministerium XV Gen. 5 vol. 6.

[27]) Berichte Schmidts 2. und 5. Juli 1824 bei Smolka, Korrespondencya 2, 438f. Die in Preußen vielfach (z. B. von Graf Bülow an Außenministerium 25. Aug. 1824 a. a. O. 20 vol. 1) vertretene Auffassung des Kanalprojekts als Bluff war doch wohl ein durch die Überschätzung hervorgerufener Irrtum (ebd. 183, 401 ff.). Nach Schmidts Bericht 16. Okt. 1823 erregte es den besonderen Zorn des Zaren, daß er auf der Rückreise von Warschau in Brest einen Agenten der Königsberger Regierung mit Erkundung der Kanalarbeiten beschäftigt fand.

Zink, den „Hauptstützpunkt des freistädtischen Verkehrs", verhandelte, suchte diese Ware schon auf dem Landweg mit billigem zweirädrigem Fuhrwerk die Märkte von Moskau und Petersburg auf, wo ihr angeblich die vollen Weltmarktpreise Hamburgs und Londons winkten[28]). Ja sogar weit hinten in der Türkei drückten die neuen preußischen Zölle auf den Viehhandel der Moldau[29]).

Anderseits konnte natürlich eine so plötzliche Störung und Umlegung des russisch-polnischen Handels nicht ohne die empfindlichsten Nachteile vor sich gehen. Die stolze Erklärung der Polen, den Transit durch Preußen als rechtmäßigen Anspruch aus dem Teilungsvertrag nicht „kaufen" zu wollen, mußte, wie Bernstorff erwartet hatte, wenigstens der Form nach bald einer wesentlich milderen Auffassung Platz machen, zumal eben damals mit dem neuen russischen Finanzminister Kankrin auch in Petersburg wieder eine schärfere Richtung gegen die polnische Konkurrenz einsetzte und der Staatssekretär für Polen Grabowski geflissentlich in Unkenntnis von der Haltung der Regierung gegenüber dem preußischen Kampftarif gelassen wurde: Es war nur das Warschauer Spiegelbild der Ratlosigkeit in Rußland, wenn Lubecki mit dem Statthalter Großfürst Konstantin übereinkam, Preußen „auf dem Weg des Unrechts nicht zu folgen". Schon tauchten auf der Leipziger Messe die ersten Gerüchte von einer Milderung der neuen russischen Schutzzölle auf; durch das Ausbleiben der Ledereinfuhr seien zwei ganze Regimenter ohne Fußbekleidung[30]). Kankrin, der nachmalige klassische Leiter der russischen Schutzzollpolitik, ist bei seinem Amtsantritt um so mehr als Befreier von Gurievs krassem Protektionismus begrüßt worden, als er sich vor wenig Jahren (1818) wissenschaftlich gegen Einfuhrverbote, „unmäßig hohe" Zölle und den „schlaffen Geist" der Monopole ausgesprochen hatte[31]). Man kann

---

[28]) Runderlaß Bernstorffs 20. Juli 1822 A. A. II Rep. 6 Rußl. 12 vol. 1, Notenwechsel des österreichischen Gesandten Graf Zichy mit Bernstorff 24. Sept. bis 2. Okt. 1824 ebd. Österr. 1 v. 2. Berichte des Residenten Darrest 5. und 15. Sept 1823 ebd. Krakau 1 vol. 1f., dazu Klewitz und Graf Bülow an Bernstorff 4. Okt. 1823 Finanzministerium XV Gen. 5 vol. 6 und Berichte Schmidts 15. Jan. 1824 A. A. II Rep. 6 Rußl. 20 vol. 1.

[29]) Briefwechsel des Hospodaren mit Friedrich Wilhelm III. 21. Sept. 1824 und 24. März 1825 A. A. II Rep. 6 Türkei 2 vol. 1.

[30]) Berichte Schmidts 26. Mai und 21. Aug. (vgl. Smolka, Korrespondencya 1, 397 f.), Bernstorff an Graf Bülow 4. Juni, Bericht Baumgaertners 18. Juni 1823 A. A. II Rep. 6 Rußl. 12 vol. 5 f., dazu Grabowski an Lubecki 27. Juni, 5. Juli 1823, Smolka a. a. O. 258 ff., 265 ff. Vgl. auch Lubecki an Grabowski 1. Aug. 1823 ebd. 288: „Je vois les efforts du gouvernement, les sacrifices, les travaux des habitants, les bienfaits même de l'Empereur annullés par la simple volonté d'une administration timide qui croit faire prospérer son industrie en tuant la nôtre."

[31]) [Kankrin] 151, Bericht Schölers 8. Juni 1823 a. a. O. 12 vol. 6. Doch vgl. schon [Kankrin] 105 über den „wichtigen Satz", daß man lieber billig kaufen als teuer erzeugen solle: „Indessen widerstreitet dies dem Grad von Unabhängigkeit, den wir als wesentliche Bedingung der Nationalexistenz bewiesen haben"; aber auch die Äußerung seines Hauptgegners (Bil'bassov 8, II ff.)

nicht sagen, daß die preußische Diplomatie es verstanden hätte, aus dieser Lage den größtmöglichen Nutzen zu ziehen. Schöler, in dem die Polen nicht mit Unrecht ihren gefährlichsten Gegner sahen, war ohne den Handelsberater, den ihm Semler nach dem Handelsvertrag vergebens beizuordnen versucht hatte, doch zu einseitig in seinem Mißtrauen gegen allen Handel und in seiner agrarischen Angst um „des Thrones Stütze", die durch den Wettbewerb des polnischen Getreides an den „weißen Stab" gebracht wurde, als daß es ihm gelungen wäre, die Fäden der Unterhandlung in seiner Hand zu behalten. Seine offene Aufforderung zur Verständigung ohne und auf Kosten von Polen beantwortete Nesselrode damit, daß er den Großfürsten Konstantin ersuchte, mit Alopeus über endgültige Verhandlungsgrundsätze in Verbindung zu treten[82]), und ein besonderer Schritt Preußens zur Begütigung Rußlands, die Entsendung des Prinzen Wilhelm an den Zarenhof im Winter 1823, hatte so wenig greifbare Ergebnisse, daß die Staatsmänner sich hinterher nicht einmal einigen konnten, ob der fürstliche Abgesandte einen günstigen oder ungünstigen Eindruck mit nach Hause genommen habe[83]).

Demgegenüber war der Weg, den Großfürst Konstantin inzwischen zur Ausführung von Nesselrodes Wunsch gewählt hatte, die Sondermission seines vertrauten „secrétaire général des commandemens" v. Mohrenheim nach Berlin, eine höchst geschickte Vermittlung zwischen den sachlichen und persönlichen Neigungen und Vorurteilen der beiden oder eigentlich der drei streitenden Parteien. Der Unterhändler selbst, Konstantins „Briefträger", wie ihn Lubecki verächtlich zu nennen liebte, war in Preußen durch seinen Verkehr mit dem Warschauer Generalkonsul Schmidt als einer jener gewandten und ehrgeizigen Mischlinge russischer, deutscher und französischer Kultur und Bureaukratie bekannt, die zu allen nationalen und politischen Richtungen gleich leicht das ihrem eigenen Vorteil angemessenste Verhältnis fanden. In der Sache schien zunächst das unablässige Drängen des polnischen Finanzministers den bestimmenden Einfluß zu gewinnen, der noch heute den Erfolg der Berliner Unterhandlung in Polen mehr als sein denn als Mohrenheims Werk zeigt. Einer größeren Arbeit Lubeckis war der Hauptgedanke in der Verhandlungsinstruktion entnommen, daß vor allen Dingen der erleichterte polnische Seetransit durch Preußen im Notfall mit Opfern in der Art der russischen Einfuhrbegünstigungen für die preußischen Spezialartikel wiederzuerlangen

Mordvinov zum englischen Botschafter in Schölers Bericht 1. Mai 1824 (a. a. O. 20 vol. 1), der hundertjährige „Irrtum" des Merkantilismus habe Englands Glück gemacht (vgl. auch die Zitate aus Huskisson Bil'bassov 10, 48, 52), ganz im Sinne von Lubecki an Sobolewski 2. Dez. 1821, Smolka, Korr. 1, 82.

[82]) Berichte Semlers 10. Nov. 1818, Schölers 21. Nov., 28. Aug., Nesselrode an ihn 30. Aug. 1823 a. a. O. 12 vol. 6. Vgl. Lubecki an Grabowski 31. Okt. 1823 (Smolka, Korrespondencya 1, 347 ff.) über Schölers Versuche „à morceler la négotation pour en faire décider séparément quelques points".

[83]) Für das erste Kabinettsrat Albrecht an Bernstorff 11. Dez. 1823, für das zweite Berichte Schölers 4. u. 11. Jan. mit Schreiben Nesselrodes 9. Jan. 1824 a. a. O. 12 vol. 6, 20 vol. 1.

sei[84]). Aber gerade in diesem Punkte wich der Verlauf der Mission erheblich von den polnischen Erwartungen ab. Eifersüchtig beobachtete man in Warschau, wie Mohrenheim im Unterschied von Alopeus sogleich in die besten Beziehungen zu dem preußischen Hof und den Berliner Behörden trat und der Großfürst-Statthalter sich in allem auf die Seite seines Sekretärs stellte. Und das sogenannte Mohrenheimsche Protokoll, das nach verhältnismäßig kurzer Zeit am 22. April 1824 als vorläufige Vereinbarung mit Bernstorff unterzeichnet wurde, ließ deutlich erkennen, daß der Gesandte zu allererst russischer Beamter war: Schon in dieser ersten Gestalt war der neue Handelsvertrag im Wesen die von Schöler erstrebte Verständigung des russischen Industrie- und des preußischen Agrarprotektionismus auf Kosten zwar zunächst des preußischen Handels, aber auch, obschon in geringerem Maße, der polnischen Volkswirtschaft. Gefallen waren aus den mühsamen Errungenschaften der Verträge von 1818 die wertvollsten Begünstigungen des preußischen Exports besonders von Webstoffen, und zwar weit mehr aus Rücksicht auf die russischen Seehäfen und den russischen Wettbewerb als auf Polen, und die preußische Regierung war sich vollkommen bewußt, diese Opfer ausschließlich gebracht zu haben, um von den Getreidezöllen von 1823 wenigstens einen Teil zu retten und sich für die Viehzölle freie Hand vorbehalten zu können[85]).

Wie auf jeder Stufe der preußisch-russischen Verhandlungen erhob sich ganz besonders gegen das Mohrenheimsche Protokoll der heftigste Widerstand von beiden Seiten. In Warschau bot Lubecki alles auf, um die Verwerfung des Protokolls durchzusetzen, und erreichte damit doch wenigstens noch unangenehme Zugaben, wie die Sperrung der Zollämter Jurburg (Georgenburg) und Polangen für den Tuch- und Spirituosenhandel im Endvertrag (Art. 12)[86]). In ähnlich leidenschaftlicher Weise kämpfte auf preußischer Seite der alte Schön, der nicht nur zugunsten seines Danzig und der anderen Umschlagshäfen fast sämtliche 1818 geschaffene Sicherungen der Polen gegen

---

[84]) Bericht Schmidts 5. Jan. 1824 a. a. O. 20 vol. 1. Die Instruktion (Beil. zu Nesselrodes Erlaß an Alopeus 23. Jan.) bei Martens, Russie 8, 17 f. vgl. mit Lubeckis Précis historique 8. Aug. 1823 Smolka, Korrespondencya 1, 388 und den vorbereitenden Verwaltungsratssitzungen 14. Okt. und 29. Dez. 1823 ebd. 1, 403 ff., 2, 375 ff. Vgl. die charakteristischen Abänderungen des Einführungsschreibens des Zaren an den König 18. Dez. 1823 Bailleu Nr. 327, S. 332. Die Gesamtbewertung Smolkas, Polityka 1, 264 oberflächlich, weil ungenau in der Kornzollfrage.

[85]) Immediatbericht Bernstorffs 8. Mai 1824 o. Anm. 23. Mohrenheim an Schmidt 5. Febr. 1824 Smolka, Korrespondencya 2, 425 ff. (426 Zeile 8 v. o. ist Beuth statt Bethe zu lesen), Entwurf Mohrenheims (31. Jan.), Gegenentwurf H. v. Bülows (28. Febr.) und Schlußprotokoll bei Zimmermann 447 ff., 450 ff., 456 ff. Der „jesuitische" Schlußartikel des Mohrenheimschen Entwurfs mit dem Vorbehalt der Prinzipien von 1815 sollte natürlich nicht, wie Zimmermann 80 will, den Chinatransit ausschließen, sondern die polnische Seedurchfuhr wahren. Die Polen empfanden den Verzicht darauf schon an sich als Rechtsbruch.

[86]) Smolka, Polityka 1, 337 ff., Korrespondencya 2, 413 ff., 433 ff. Der Endvertrag 11. März 1825 Gesetzsamml. 1825 S. 57 ff.

den preußischen Zwischenhandel, vor allem die Ausnahmerechte der Zeitbürger und Konsuln, beseitigte (Art. 1—3 und 22), sondern namentlich den wachsenden agrarischen Neigungen seiner späteren Entwicklung gemäß Kornschutzzölle im doppelten bis dreifachen Betrage der vorgesehenen forderte[87]. Dagegen aber blieben die leitenden Männer in den Berliner Ministerien fest. Mit gleicher Ehrwürdigkeit und mehr Treue gegen die Überlieferungen der Reformzeit wie Schön wandte sich Kunth, der damals auch schriftstellerisch gegen den landwirtschaftlichen Protektionismus auftrat, unter Verweis auf die Fortschritte Thaers und der holländischen Landwirtschaft gegen eine solche „Kontribution" der Verbraucher zum Vorteil einer Einzelklasse. Semler warnte vor dem Punkt, an dem die angestaute polnische Erregung selbst die höchsten Zollmauern überfluten müsse, wie z. B. gerade sie von den preußischen Stützungskäufen (o. S. 212) den meisten Gewinn gehabt habe. Und auch Maaßen, der sich auf die Beibehaltung der Kampfzölle vom Vorjahr eher eingelassen hätte, bemerkte vielsagend: „Was Herr Kunth sagt, möchte wohl noch mehr beherzigt werden, als es gegenwärtig geschieht"[88]. Trotz der auch in der auf Bernstorffs Immediatbericht ergehenden Kabinettsorder (29. Mai 1824) unverkennbaren Hinneigung des Königs zum ausgesprochenen Schutzzoll gelang es dann im Herbst Mohrenheim im Verein mit einem der von Schön so eifrig bekämpften russisch-polnischen Konsularbeamten, dem Generalkonsul Makarowicz in Danzig, von den beiden Hauptsätzen des Mohrenheimschen Protokolls für Weizen und Hülsenfrüchte auf der einen und die übrigen Getreide auf der anderen Seite wenigstens den zweiten noch auf die Hälfte herabzudingen, womit sich ein Ministerrat unter Zuziehung der beteiligten Oberpräsidenten und Schölers gegen entsprechende Bürgschaften für die Wiederausfuhr endlich einverstanden erklärte (Art. 10)[89]. Weiter aber vermochte der polnische Standpunkt nicht vorzudringen. Immer ungeduldiger trieb der Zar durch Grabowski darauf, nun auch die polnische „Unbeugsamkeit" aufzugeben und „ein Ende zu machen"; es war vielleicht doch mehr als eine Redensart, wenn der polnische Staatssekretär dem Finanzminister in Warschau bedeuten mußte, man könne schließlich um seiner Forde-

[87]) Schön an Bernstorff und Graf Bülow 13. Jan., 25. Febr., 18. Juni 1824 a. a. O. 20 vol. 1f. Die Präklusion weiterer handelsrechtlicher Reformen in den Seehäfen Art. 3 rettete z. B. die Danziger Holzbrake: Außenministerium an Schuckmann 12. März 1826 ebd. vol. 5.

[88]) Gutachten Semlers 2., Kunths 5., Maaßens 6. Juli 1824 a. a. O. Vgl. Goldschmidt, Kunth 385 (Brief an Stein 23. April 1826): „. . . in dieser Zeit, da ich fortwährend ein Feudalregiment roher und dreister verteidigen hören muß, als wogegen ich schon vor 49 Jahren kämpfte . . . In den Jahren 1816—18 hatten einige hiesige Fabrikanten, besonders des Wollenfachs, nicht übel Lust, mich tot zu schlagen, wenigstens mich tot oder vom Amt zu ärgern. Soll ich mir auch noch die Junker von jetzt — denn freilich von 1807—15 waren oder schienen sie verständiger — auf den Hals ziehen?"

[89]) Makarowicz an Semler 6., Aufzeichnung Semlers 7. Okt. 1824 (undatiertes Projekt Zimmermann 462ff.), Verhandlung mit Mohrenheim 14. Febr. 1825 a. a. O. 20 vol. 2.

rungen willen keinen Krieg anfangen[40]). Daß am 19. November 1824 die zweite Revision des preußischen Zolltarifs ergangen war und am 29. Dezember durch einen Tarif für die polnische Durchfuhr mit etwas höheren Sätzen als denen des Protokolls ergänzt wurde[41]), drückte ebenfalls auf die Zähigkeit der Gegner. Aber bereits Makarowicz überbrachte mit einer vor den Polen geheim gehaltenen Instruktion[42]) den entscheidenden Vorschlag Alexanders, nach dem man am 11. März 1825 den Knoten der unübersehbaren Einzelbindungen durchhieb und mit einziger Ausnahme der Getreidezölle und eines Vorzugstarifs für den Transit rechts der Weichsel (Art. 17) die Belastung der Aus- und Einfuhr der autonomen Regelung vorbehielt (Art. 8 f.), die lediglich für den Rest des östlichen Durchfuhrhandels einer teilweisen Beschränkung auf die neue Ordnung vom 29. Dezember 1824 unterworfen wurde (Art. 18); die Freiheit der Weichsel und Memel von Schiffahrtsabgaben (Art. 5) war schon seit dem Beginn der Verhandlungen durch die allgemeine Aufhebung der russischen Binnenschiffahrtsabgaben entschieden[43]).

Der Immediatbericht, mit dem am 16. März 1825 das Außenministerium den Vertrag dem König zur Ratifikation vorlegte, verzichtete wohlweislich auf Einzelheiten im Sinne seines Vorgängers über das Mohrenheimsche Protokoll. In einem Punkte war er sogar irreführend: Wenn zuerst eine begrenzte Meistbegünstigung verabredet war und nur ein Geheimartikel Preußen das Recht gab, den mecklenburgischen Großherzogtümern (o. S. 196) niedrigere Einfuhrzölle einzuräumen[44]), so hatte man sich am Ende zu einem völligen ausdrücklichen, in dem Handelsvertragssystem der damaligen Zeit sehr auffälligen Verzicht auf die Meistbegünstigung verstehen müssen (Art. 9), und bald sollten russische Begünstigungen des holländischen Handels in der Ostsee und des englischen auch im Schwarzen Meer[45]) beweisen, wie trügerisch die Hoffnung des Außenministeriums auf den Mitgenuß

[40]) Grabowski an Lubecki 1. Dez. 1823 Smolka, Korrespondencya 2, 140 (wo Z. 2 v. u. Jurburg statt Jusborg zu lesen): „mais le moyen d'exiger impérieusement si l'on ne veut par faire la guerre." Nachschrift 15. zum Brief vom 13. Dez. ebd. 149: „Il faut bien enfin que cela finesse."

[41]) Gesetzsamml. 1824 S. 181 ff., 243 ff.

[42]) Grabowski an Lubecki 13. Dez. 1824 Smolka a. a. O. Makarowicz führte sich auch durch die Überbringung der ratifizierten Konvention über Aufhebung des zehnprozentigen Abschosses 3. Mai 1824 (Gesetzsamml. 1824 S. 59 ff.) gut ein: Bericht Schmidts 11. Sept. 1824 a. a. O. 20 vol. 2.

[43]) Russischer Zolltarif vom 30. Dez. 1823 Polnoe Sobranie Zakonov Nr. 29 698: Bericht Schölers 7. Jan. 1824 a. a. O. 20 vol. 1.

[44]) Undatiertes Projekt Zimmermann 466 f.

[45]) Außenministerium an Oberpräsident v. Merckel 30. Okt. 1825 (auf Breslauer Regierungsbericht vom Nov.), Bericht Küsters 17. Dez. 1825 a. a. O. 20 vol. 3; über Thomas Attwoods Handelsunternehmungen in Krim und Kaukasus schon Berichte der Konsuln Walb Odessa 16. Jan. 1824 und Protzen Brody o. D. ebd. vol. 1. Über den abermals erhöhten russischen Tarif vom 4. Jan. 1826 (Polnoe Sobranie Zakonov 2 Nr. 14) tröstete sich selbst Schuckmann am 29. Jan. mit der Bemerkung, er sei immer noch besser als ein Verbotssystem. Zur Meistbegünstigungstechnik vgl. Glier 94.

aller Errungenschaften des russischen Freihandels war. Weniger Bedeutung hatte an sich die (Art. 15) auf spätere Verhandlung verwiesene Frage der Nebenzollämter, von denen besonders der preußische Grenzhandel wohl nicht immer ganz gutgläubig eine gewisse Erleichterung der neuen großen Nachteile des Vertrags erwartete und an der gerade deshalb Lubecki im Streit mit Schmidt, aber auch mit Mohrenheim Rache für die Enttäuschung der polnischen Wünsche zu nehmen suchte. Selbst Maaßen, dessen neuer Chef Motz die mangelhafte Ausführung des Vertrags durch die Gegner sonst mit gewohnter Schärfe rügte, gestand hier, daß es ihm nicht „zusagen“ wolle, „mehrere Zollämter für Orte zu fordern, wo man sie eigentlich nicht einmal haben möchte und nicht nötig glaubt, um damit andere Zwecke zu erreichen“[46]). Um so bitterer war die Entrüstung der Handelskreise und der so vielfach von ihnen abhängigen Ortsbehörden, die ja bereits den viel besseren Vertrag von 1818 so entschieden gemißbilligt hatten. Immer wieder hat sich das Außenministerium mit der Empfindlichkeit des nicht ganz freien Gewissens beim Innenressort über die Art beschwert, wie die Regierungen über die russische „Grenzsperre“ klagten, und spöttisch schrieb einmal der neue Direktor Schönberg an Schöler über Schuckmann und Motz: „Diese Ministerien scheinen wirklich zuweilen von der Voraussetzung auszugehen, man könne ein fremdes Kabinett wie eine Provinzialregierung nach der Stufenfolge der Exzitatorien am Ende mit Ordnungsstrafe zur Erledigung der bei ihm schwebenden Sachen anhalten“. Diese Atmosphäre der verlegenen Gereiztheit führte den Tiefpunkt der preußischen Handelspolitik herbei, wo das Außenministerium Anfragern aus dem Handel anheimgab, sich über die fortwährenden russischen Tarifänderungen durch eigene Korrespondenz zu unterrichten[47]).

Trotz der großen und gegenüber 1818 gesteigerten Unvollkommenheiten war der Handelsvertrag von 1825 als bloßer Vertrag immerhin ein letztes Bollwerk gegen den aus Abschließung und Angriffslust zusammengesetzten Nationalismus der russischen Volkswirtschaft; denn trotz aller Mißstände der Schutzpolitik und trotz immer wiederholter Hemmungen durch die freihändlerischen Strömungen der Zeit konnte die Entwicklungsrichtung der russischen Handelspolitik in der Zukunft genauen Beobachtern schon damals nicht zweifelhaft sein[48]).

---

[46]) Gutachten Maaßens (unter Beitritt Beuths) 13. Juli 1825 a. a. O. 20 vol. 4. Zum Ganzen vgl. Smolka, Korrespondencya 2, 491 ff.

[47]) Außenministerium an Schuckmann 27. Dez. 1825, an ihn und Motz 13. u. 20. Jan. 1826, Schönberg an Schöler 27. April 1827, Bescheid an die Porzellan- und Lederexporteure G. A. Ulff und J. G. C. Neander in Berlin 1. Jan. 1825 a. a. O. 20 vol. 4f.

[48]) Bericht Küsters St. Petersburg 25. Nov. 1824. Ein halbamtlicher Artikel der St. Petersburger Zeitung vom 23. April 1826 (vom Außenministerium 21. Mai an Schuckmann und Motz übersandt a. a. O. 20 vol. 5) wandte sich gegen die „einseitigen Klagen“ besonders der südrussischen Kaufleute über die sinkende Handelsbilanz und suchte Stimmung für eine Ausfuhrsteigerung durch Abbau der Ausfuhrzölle auf Vieh und Häute und andere, wenn auch allmähliche und vorsichtige Reformen zu machen.

Während es Österreich weder mit Preußen noch mit Rußland gelang, den Vertragsfuß von 1815 und 1818 wiederherzustellen[49]), hat der preußisch-russische Vertrag so bei allen Unzuträglichkeiten der Anwendung die ihm zunächst bestimmte neunjährige Geltungsfrist hindurch, mithin bis nach der polnischen Revolution und bis an die Schwelle des nordsüddeutschen Zollvereins gedauert, und noch kurz vor der Revolution von 1848 haben sich bezeichnenderweise die posenschen Provinzialstände darauf berufen, daß nach einem Vorbehalt in seinem Schlußartikel (23) infolge seiner Nichterneuerung die „Grundsätze" des alten Wiener Teilungsvertrags wieder maßgebend geworden seien[50]).

[49]) Preußen vertagte eine österreichische Anregung zu Vorschlägen darüber (Gutachten Beuths und Ferbers 24. u. 26. Aug., Erlaß an den Gesandten v. Maltzahn in Wien 18. Sept. 1825 Finanzmin. XVa Gen. 5 vol. 8), Rußland verhandelte durch den Zolldirektor Lange zwei Jahre hindurch vergeblich in Wien (Bericht Schmidts 9. Juni 1827 A. A. II Rep. 6 Rußl. 20 vol. 5).

[50]) 1845 Kamptz 395 f. Anm. 1.

Schluß.

Der Übergang zu den Zollvereinsverhandlungen.

Das Zollgesetz von 1818 hatte im ersten Jahrzehnt seines Bestehens vornehmlich durch den Druck der Schutzzollpolitik in den europäischen Nachbarstaaten manche Abweichung von seiner ursprünglichen staatswirtschaftlich-freihändlerischen Grundlage erleiden müssen. Aber wie die alten Vorkämpfer dieser liberalen Staatswirtschaft am Ende dieser ersten Bewährungsfrist aller Anfeindung zum Trotz hervorhoben [1]), war der Preußische Staat auch im ganzen bei ihren Grundsätzen nicht schlecht gefahren. Ähnlich hatte sich die neben der zolltechnischen wichtigste, die organisatorische Seite des Gesetzes entwickelt: Auch hier verzeichnete gerade die stolze Selbstgenügsamkeit, mit der das geschlossene Zollgebiet in aller seiner nationalen Unvollständigkeit seine Zeit abwartete, in den Zollanschlußverträgen mit den kleinen Nachbarstaaten die ersten wirklichen Erfolge einer mehr als einzelstaatlichen Handelspolitik. In dem Maße jedoch, wie hier der einfache Gegensatz zwischen Freihandel und Schutzzoll verwickelten Verhältnissen zu der bürgerlich-demokratischen Bewegung hüben und dem partikularen Legitimismus drüben Platz machte, war auch dies preußische Organisationsprinzip eben in der ersten Epoche seiner Wirksamkeit noch größeren Gefahren ausgesetzt als sein liberaler Sachinhalt. Dicht vor seinem entscheidenden Sieg, dem Zollverein mit Hessen-Darmstadt vom 14. Februar 1828, haben die ihm feindlichen Mächte vergebens noch einmal zu einem tödlichen Schlage gegen ihn ausgeholt.

Der Darmstädter Handelsverein stockte hauptsächlich bei den wirtschaftlichen und politischen Interessenunterschieden der süddeutschen Mittelstaaten und der mitteldeutschen Kleinstaaten. Weder in der einen noch in der anderen Beziehung konnte der Anschluß an Süddeutschland im Widerstreit mit den beiden Großmächten Preußen und Österreich die Kleinstaaten für die Vorteile guter Beziehungen zu diesen Mächten entschädigen. Aber die darin zutage tretende Gemeinsamkeit preußischer und österreichischer Interessen war natürlich allzu verneinender oder wenigstens träger Natur, um ihrer eigenen Handelspolitik und der der Kleinstaaten irgendeine zukunftsvolle Richtung

---

[1]) Ferber 2, vgl. o. S. 23 Anm. 80. Die Schutzzöllner konnten sich darauf stützen, daß unmittelbar nach der ersten Revision von 1821 und der Einführung der Flaggengelder von 1822 der Ausfuhrüberschuß von 2,88 Mill. Rt. 1822 auf 12,7 in 1823 stieg.

weisen zu können. Der schutzzöllnerische Länderstaat Österreich [2]) wandte sich schon rein technisch an ganz andere Kräfte des deutschen Staatslebens als die, die der liberale Einheitsstaat Preußen mehr noch durch sein bloßes Dasein als durch irgendeinen politischen Willen anzog. Es ist bisher nicht in vollem Umfang bekannt gewesen, wie tief von hier aus das beherrschende Widerspiel der politischen Strömungen zur deutschen Demagogenzeit in Wechselwirkung mit der preußisch-deutschen Handels- und Zollpolitik am Vorabend des Zollvereins verflochten war.

Seit den Darmstädter Konferenzen war auch das ausgemacht, daß der Kampf um die deutsche Handelseinheit zwischen Preußen, Österreich und der Trias der süddeutschen Mittelstaaten in den kleinen Grenz- und Paßstaaten Mitteldeutschlands und genauer noch in dem beiderseits der Mainlinie ausgebreiteten Großherzogtum Hessen zum Austrag kommen werde. Ebenhier setzte gleich nach dem Scheitern der Konferenzen eine Bewegung ein, die im kleinen eine äußerst bemerkenswerte Abwandlung der preußischen Zollverfassung von 1818 darstellte: Ein gesamtstaatliches Grenzzollgesetz sollte der unter den benachbarten Mauten Preußens, Bayerns und Badens zum Teil wirklich schwer leidenden Landwirtschaft [3]) das Mittel zugleich zur Verselbständigung gegen diese und womöglich zur Erzwingung eines Übereinkommens mit ihnen in die Hand geben; was von dem späteren Zollverein unter Preußens Führung rückwärts gesehen als endgültiger Bruch mit den außerpreußischen Handelsvereinsgedanken erschien [4]), war an sich ebenso geeignet, sie von neuem zu begründen, und so seltsam die Vorstellung Darmstadts als Führerin zur deutschen Zolleinheit nachträglich anmuten mag, so gelang es dieser Politik doch schon am 8. September 1824, durch einen Handelsvertrag über freien Rohstoff- und sehr erleichterten Halbzeugverkehr wenigstens für ein Jahr das benachbarte badische Großherzogtum aus der süddeutschen Trias herauszulösen und damit das erste heute fast vergessene [5]) Muster eines größeren Handelszusammenschlusses im Deutschen Bunde, wenn auch nur vorübergehend, an die Stelle der bisherigen schönen Worte und Pläne zu setzen. Die Gefahr, die in dieser Verständigung gerade

---

[2]) Nachdem dort z. B. ein neues Transitreglement vom 24. Mai 1822 von den Ländern, besonders in Italien durch den Vizekönig, den handelspolitisch bedeutenden Erzherzog Rainer (vgl. Stiassny 29, Hudeczek 118ff.), einfach nicht ausgeführt worden war, hies es schließlich: „Große Reformen werden in jeglichem Zweige der Administration hier sorgfältig vermieden." Berichte der Geschäftsträger Piquot 13. u. 16. Nov., 4. Dez. 1822, v. Brockhausen 10. Sept. 1828 A. A. II Rep. 6 Österreich 1 vol. 2. Zur Haltung Österreichs gegenüber Mitteldeutschland vgl. jetzt Schwemer 2, 125ff.

[3]) F. Eckert, Die Preußisch-Hessische Zollunion 1828 Schmollers Jb. 26, 512.

[4]) Aegidi 119, Eckert a. a. O. 514ff.

[5]) Martens 2, 6, 575ff. Weber 35 verwechselt Baden mit Württemberg. Auch Treitschke DG. 3, 623ff. (falsches Datum 10. Sept.) übergeht gerade die entscheidende Episode Otterstedts. Der Vertrag wurde nach einem Jahr gekündigt, nach Du Thil (Ulmann 297) wegen badischer Unehrlichkeit mit Ursprungszeugnissen.

zweier deutscher Verfassungsstaaten auch für das absolutistische Preußen lag, wurde dort nicht so sehr von den Vertretern des im Zollgesetz so wesentlich sich darstellenden modernen Einheitsstaats als von den Anhängern der alten, landschaftlich lockeren, hierarchisch starren Staatsordnung empfunden, die in dem deutschen Drängen zur Handelseinheit schon damals ganz richtig einen Teil des politischen Freiheits- und Einheitsstrebens beargwöhnten. Zum zweitenmal trat jetzt vom Standpunkt der zahlreichen südwestdeutschen Missionen, die ihm in steten Ortswechsel in der Tat einen vorzüglichen Überblick über diese Dinge gewährten, der ehrgeizige Otterstedt hervor, um im Augenblick des Zollkriegs mit Rußland, der Spannung mit Österreich und der handelspolitischen Annäherung an England vor der demokratischen Welle der süddeutschen Wirtschaftspolitik zu wachen. Wie seinerzeit der Wettbewerb Bayerns (o. S. 116) diente ihm jetzt der Schatten des französischen Einflusses, den er nach dem Mißlingen der Retorsionspolitik (o. S. 135ff.) auf ganz Süd- und Westdeutschland fallen sah, zur Begründung außergewöhnlicher Anstrengungen Preußens, und es muß für immer denkwürdig bleiben, daß im Verfolg dieser Gedanken die preußische Reaktion in seiner Person empfohlen hat, das größte Machtmittel des neuen Preußen die einheitliche Zollverfassung preiszugeben und mit Teilanschlüssen an die südwestlichen Nachbarn, wie sie wohl früher von den Zentralbehörden befürchtet worden waren (o. S. 132), freiwillig auf beiden Seiten etwaige revolutionäre oder gar landesverräterische Neigungen [6]) zu beschwichtigen.

Während sich der König wie immer aus legitimistischen Bedenken auch vor dieser Anregung mindestens unentschieden verhielt und ein ganzes Jahr zögerte, zu Otterstedts Berichterstattung Stellung zu nehmen [7]), hat sich im Außenministerium Heinrich v. Bülow das Verdienst erworben, die ganze Auffassung des Gesandten alsbald scharf zu widerlegen. Der dazu bestimmte Immediatbericht vom 13. Juli 1824 (gez. Ancillon) kann als ein Denkmal preußischer Handelspolitik zum Schutze des Zollgesetzes billig der großen Denkschrift des Staatsministeriums über die Frage der protektionistischen Tarifänderung

[6]) Depesche Otterstedts 3. März 1824 A. A. II Rep. 6 Gen. 17 vol. 1. Von unruhiger Stimmung der Bevölkerung erzwungen wurde z. B. kurz vor der Julirevolution die Freigabe des Verkehrs zwischen den Kreisen Erfurt-Land, Schleusingen und Ziegenrück einer- und den Reußischen Fürstentümern anderseits 9. Dez. 1829 A. A. II Rep. 6 Reuß 1, Kommissionsakten 35. — Otterstedt noch deutlicher im Ber. 17. Sept. 1824: „Da ch das Treiben der genannten [süddeutschen] Regierungen und der liberalen Partei darin zu genau kenne, um mich irgend wodurch täuschen zu lassen, so bleibt meine seit Jahren so bestimmt ausgesprochene Meinung deshalb auch unerschüttert fest, nämlich: keine finanziellen Opfer zu scheuen, um zu verhindern, daß nicht einmal zwei, desto weniger mehrere Regierungen zu einem Verein ohne Preußen zusammentreten.“ A. a. O.

[7]) Erst auf Mahnung Bernstorffs an Lottum 3. Febr. wurde durch Kabinettsorder 20. März die Genehmigung zu den Erlassen vom 3. März u. 5. Mai 1825 erteilt, a. a. O., vgl. bei Ulmann 387 Bernstorffs Antwort auf Du Thils erste Zollvereinssondierung, auf eine „quasi Mediatisation“ werde Friedrich Wilhelm III. „nach seinen Grundsätzen“ niemals eingehen.

(o. S. 142) an die Seite gestellt werden. Man weiß nicht, ob man mehr die ruhige Klarheit oder den Mut bewundern soll, mit denen hier an der Hand von Otterstedts eigenem Beweismaterial aus den Darmstädter Ständeverhandlungen nicht nur die Unbedenklichkeit, sondern geradezu das Aussichtsreiche des volkstümlichen deutschen Handelseinheitsstrebens für Preußen dargetan ist. Von einer solchen Warte aus konnten die preußischen Staatsmänner auch nach der Ersetzung des ängstlichen Klewitz durch Motz der Entwicklung der deutschen Zollverhandlungen ruhig zuschauen und es sich sogar leisten, bei Gelegenheit der Rheinschiffahrtserörterungen ein Handelsvertragsangebot des neuen Bayernkönigs Ludwig I. für den ganzen Preußischen Staat unbeantwortet zu lassen und damit die bereits geknüpften Beziehungen zwischen Bayern und Frankreich noch festigen zu helfen[8]). Verglichen mit der wirtschaftlichen Macht des einheitlichen preußischen Zollgebiets stand Bayern auch in Gesellschaft seines süddeutschen Mitkönigtums viel zu schwach da, als daß es nach Norden und Süden mühelos und ohne Nachteil die nötigen Engänzungen für seine wirtschaftliche Einflußsphäre hätte finden können. Wie in der späteren deutschen Wirtschafts- und politischen Geschichte war es Baden, dessen alte Eifersucht nicht ohne Mitwirkung Preußens sowohl der Schweiz wie den hessischen Landen gegen die süddeutschen Könige den Rücken stärkte[9]). So ist Otterstedts Ziel, die Einigung mit Mitteldeutschland durch Hessen-Darmstadt, in der Stunde, da der Bayrisch-Württembergische Zollverein die Krisis dieser ganzen Verhältnisse brachte, durch das Gegenteil seiner Politik erreicht worden, das politisch und wirtschaftlich vorwärts statt rückwärts führte.

---

[8]) Berichte des Gesandten v. Küster München 4. Jan. (Auszug), 3. Nov. u. 19. Dez., Schuckmann und Motz an Außenministerium 21. März 1826, 10. März 1827, a. a. O. Bayern 1 Bericht Otterstedts Karlsruhe 14. Juni ebd. Schweiz 1 vol. 1. Dazu Haushalter 194ff.

[9]) Bericht Otterstedts Karlsruhe 18. Mai 1825 über den Zollermäßigungsantrag der Abg. Keßler und Zachariae als Unterstützung für Nebenius' Stuttgarter Verhandlung a. a. O. Gen. 17 vol. 2. Bericht Maltzahns Darmstadt 3. Febr. 1826 über die Solidarität Darm- und Kurhessens a. a. O. Hessen 3 vol. 1. Im Bericht 6. Febr. 1826 ebd. rühmt sich Otterstedt, dem Badisch-Schweizerischen Handelsvertrag als Gegengewicht gegen den Württembergisch-Schweizerischen durchgesetzt zu haben, vgl. Huber 98ff., 103f. Doeberl 26ff.

Bücherverzeichnis.

(Akten, wenn nicht anders bezeichnet, im Geh. Staatsarchiv in **Berlin.**)

L. C. Aegidi, Aus der Vorzeit des Zollvereins. Hamburg 1865.

Derselbe, Die Schlußakte der Wiener Ministerialkonferenzen zur Ausbildung und Befestigung des Deutschen Bundes. 2 Tle. Berlin 1860—69.

Joh. Bapt. Albert, Bayerns Zollwesen. München 1829.

American State Papers I, Foreign Relations, Band 4—6. Washington 1832—59.

Artaud de Montor, Histoire de la vie et des travaux politiques du Comte d'Hauterive. 1839.

L. Assing, K. A. Varnhagen von Enses Briefwechsel mit K. E. Ölsner. Stuttgart 1865.

G. d'Audiffret, Système financier de la France. 2 Bde. Paris 1840.

E. Baasch, Die Hansestädte und die Barbaresken. Kassel 1897.

Th. Bach, Th. G. v. Hippel. Breslau 1863.

Jul. Becker, Das deutsche Manchestertum. Karlsruhe 1907.

J. F. Benzenberg, Über Handel und Gewerbe, Steuern und Zölle. Elberfeld 1819.

Derselbe, Über Provinzialverfassung. Hamm 1819—21.

Derselbe, Preußens Geldhaushalt. Leipzig 1820.

Alex. Bergengrün, D. Hansemann. Berlin 1901.

Betrachtungen über die Finanzen und die Gewerbe im Preuß. Staate, veranlaßt durch die Schrift des Herrn G. O. F. R. Ferber über Preußens gewerblichen und communalen Zustand. Berlin 1830.

A. Berger, Der alte Harkort. Berlin 1892.

A. Bil'basov, Archiv grafov Mordvinovych. 10 Bde. Petersburg 1901—03.

W. v. Bippen, Gesch. d. Stadt Bremen. 3 Bde. Bremen 1892—1905.

Derselbe, Johann Smidt. Stuttgart, Berlin 1921.

P. J. Blok, Geschiedenis van het Nederlandsche Volk. Band 7. Leiden 1907.

E. Bosse, Norwegens Volkswirtschaft. 2 Bde. (Probleme der Weltwirtschaft 22.) Jena 1916.

L[eonar]d B[ra]ff, Einige Bemerkungen über die Nützlichkeit der Fabriken und Manufakturen, über deren jetzigen Verfall im Großherzogtum Niederrhein und die dringende Notwendigkeit, solche in Höchsten Schutz zu nehmen; nebst einem Anhange über Handelstribunäle. Geschrieben im August 1817 und den Mitbürgern gewidmet von einem Aachener Bürger. Aachen, Beaufort Sohn, Peterstr. 596, 1818.

O. Brandt, Studien zur Wirtschafts- und Verwaltungsgesch. der Stadt Düsseldorf im 19. Jh. Düsseldorf 1902.

J. Bresson, Hist. financière de la France depuis l'origine de la monarchie jusqu'à 1828. 2 Bde. Paris 1829.

Joh. C. Brunner, Was sind Maut- und Zollanstalten der Nationalwohlfahrt? Nürnberg 1816.

A. Calmon, Histoire parlementaire des finances de la Restauration. 2 Bde Paris 1868—70.

Nic. Franç. Canard, Grundsätze der Staatswirtschaft. Aus dem Französischen. Wien 1814.

G. v. Cancrin, Weltreichtum, Nationalreichtum und Staatswirtschaft. Oder Versuch neuer Ansichten der politischen Ökonomie. München 1821.

George Chalmers, An estimate of the comparative strength of Great Britain and of her trade. New edition. 1810.

J. A. Chaptal, De l'industrie française. 2 Bde. 1819.

P. Clément, Hist. du système protecteur en France. Paris 1854.

H. T. Colenbrander, Gedenkschriften van A. R. Falck (Rijks Geschiedkundige Publ. 13). Haag 1913.

Customs Tariffs of the United Kingdom. 1800—1897. London 1897. Presented to both Houses of Parliament by Command of Her Majesty. (C. 8706.)

R. Delbrück, Lebenserinnerungen². 2 Bde. Leipzig 1905.

O F. W. Dieterici, Der Volkswohlstand im Preuß. Staate. Berlin, Posen, Bromberg 1846.

Derselbe, Zur Gesch. der Steuerreform in Preußen 1810—20. Berlin 1875.

M. Doeberl, Bayern und die wirtschaftliche Einigung Deutschlands. (Abh. der Bayerischen Akademie.) München 1915.

M. Dorow, Erlebtes. 4 Bde. Leipzig 1843—45.

Max Dreßler, Der Kampf Anhalt-Köthens gegen die preußische Handelspolitik 1819-28. (Beiträge zur anh. Geschichte ed. F. P. Hoerning 12.) Köthen 1908.

J. A. Drieling, Bijdragen tot een vergelijkent overzigt van Nederlands zeevaart en handel. Amsterdam, Haag 1829.

Charles Dupin, Discours d'inauguration de l'Amphithéâtre du Conservatoire des Arts et Métiers, prononcé le 8 janvier 1821. Paris 1822.

Derselbe, Situation progressive des forces de la France depuis 1814. 3. éd. Paris 1827.

Therese Ebbinghaus, Napoleon, England und die Presse 1800—03. (Hist. Bibl. 35.) München 1914.

Christian Eckert, Rheinschiffahrt im 19. Jh. (Schmollers Forschungen 81.) Leipzig 1900.

C. T. Elout van Soeterwoude, Bijdragen tot de geschiedenis der onderhandelingen met England betreffende de overzeesche bezittingen. Haag 1865.

Alexander H. Everett, Europe, or a general survey of the principal powers with conjectures on their future prospects. London 1822.

A. R. Falck, Brieven. Haag 1861.

Derselbe, Ambtsbrieven. Haag 1878.

H. Fechner, Die handelspolitischen Beziehungen Preußens zu Österreich. 1741—1806. Berlin 1886.

Derselbe, Wirtschaftsgeschichte der preuß. Provinz Schlesien 1741—1806. Breslau 1907.

C. W. Ferber, Beiträge zur Kenntnis des Preußischen Staats. Berlin 1829.

Derselbe, Neue Beiträge zur Kenntnis des gewerblichen und commerciellen Zustandes der Preußischen Monarchie. Berlin 1832.

H. Freymark, Die Reform der preußischen Handels- u. Zollpolitik 1800—21 und ihre Bedeutung. (Conrads Samml. nationalök. u. statist. Abh. 17.) Jena 1897.

E. C. de Gerlache, Histoire du Royaume des Pays-Bas. 2 Bde. Brüssel 1839.

L. Glier, Die Meistbegünstigungsklausel. (Veröffentl. des Mitteleurop. Wirtschaftsvereins 2.) Berlin 1911.

C. Goeser, Der junge Friedrich List. Stuttgart 1914.

F. und P. Goldschmidt, Das Leben des Staatsrats Kunth². Berlin 1890.

Eberhard Gothein, Geschichtliche Entwicklung der Rheinschiffahrt im 19. Jahrhundert. (Schriften des Vereins für Soz. Pol. 101.) Leipzig 1903.

Derselbe, Die Stadt Cöln im ersten Jahrhundert unter preußischer Herrschaft. Köln 1916.

J. Gråberg di Hemsö, Das Sultanat Mogh'rib-ul-Aksa. Aus der italienischen Handschrift übersetzt von A. Reumont. Stuttgart und Tübingen 1833.

Derselbe, Theorie der Statistik. Bearb. von A. Reumont. Aachen und Leipzig 1835.

Henryk Großmann, Österreichs Handelspolitik mit Bezug auf Galizien in der Reformperiode. (Studien zur Sozial-, Wirtschafts- und Verwaltungsgesch. ed. K. Grünberg 10.) Wien 1914.

Judith Grünfeld, Die leitenden sozial- und wirtschaftspolitischen Ideen in der deutschen Nationalökonomie und die Überwindung des Smithianismus bis auf Mohl und Hermann. Wien 1913.

G. v. Gülich, Geschichtliche Darstellung des Handels, der Gewerbe und des Ackerbaus der bedeutendsten handeltreibenden Staaten unserer Zeit. 2 Bde. Jena 1830.

H. Handelmann, Geschichte von Brasilien. Berlin 1896.

J. Hansen, Gustav v. Mevissen. 2 Bde. Berlin 1906.

Derselbe (ed.), Die Rheinprovinz 1815—1915. Hundert Jahre preußischer Herrschaft am Rhein. 2 Bde. Bonn 1917.

F. Harkort und G. Rauschenbusch, Friedr. v. Hövells hinterl. Schriften. Elberfeld 1832.

Josua Hasenclever, Erinnerungen aus meinem Leben. Hamburg 1810.

Peter Hasenclever. Landeshut 1797.

G. Hassel, Statistischer Abriß des russischen Kaisertums. Nürnberg und Leipzig 1807.

Haushalter, Anfänge der modernen Zollverwaltung Bayerns. (Forschungen zur Gesch. Bayerns 16.) München 1908.

A. M. d'Hauterive, Élémens d'Économie politique. Paris 1817.

P. J. v. Herrenschwand, Über die Mittel, den öffentl. Kredit in einem Staate herzustellen, dessen politische Ökonomie zerstört worden ist. Deutsch herausg. v. d. Obr. Chr. K. A. Ludw. v. Massenbach. Amsterdam 1810.

L. Hertslet, A complete collection of the treaties and conventions and reciprocal regulations at present subsisting between Great Britain and foreign powers so far as they relate to commerce and navigation. Vol. 1—5. London 1827—40 mit Index vol. 22 (1905).

J. Heyderhoff, Joh. Fr. Benzenberg. Düsseldorf 1909.

C. F. Fr. v. Hock, Die Finanzen und Finanzgeschichte der Vereinigten Staaten von Amerika. Stuttgart 1867.

J. D. A. Höck, Statistische Darstellung des deutschen Fabrik- und Handelswesens nach seinem ehemaligen und jetzigen Zustande. Schmalkalden 1822.

J. G. Hoffmann, Die Lehre von den Steuern mit besonderer Beziehung auf den Preuß. Staat. Berlin 1840.

Derselbe, Das Verhältnis der Staatsgewalt zu den Vorstellungen ihrer Untergebenen. Berlin 1842.

Derselbe, Sammlung kl. Schriften staatswissenschaftlichen Inhalts. Berlin 1843.

Ludwig Hoffmann, Ökonomische Geschichte Bayerns unter Montgelas. (Bayerische Wirtschafts- u. Verwaltungsstudien ed. G. Schanz II, 1.) München 1897.

A. Huber, Die Entwicklung des eidgenössischen Zollwesens vom Beginn des ersten Tarifs bis zur Bundesverfassung d. J. 1848. Jur. Diss. Bern 1890.

K. Hudeczek, Österreichische Handelspolitik im Vormärz. (Studien zur Sozial-, Wirtschafts- und Verwaltungsgesch. ed. K. Grünberg 11.) Wien 1918.

William Huskisson, Speeches. 3 Bde. London 1831.

W. Jacob, Bericht an den Britischen Geheimen Rat über Kornhandel und Kornbau im Norden von Europa. Übersetzt von C. Richard. Aachen und Leipzig 1826.

L. Jacobi, Das Wollengewerbe von Grünberg. Schlesische Provinzialblätter 1867.

A. F. de Jaucourt, Correspondance avec Talleyrand. Paris 1905.

E. Käding, Beiträge zur preußischen Finanzpolitik in den Rheinlanden 1815—40. Bonn 1913.

J. C. Kaffka (Engelmann), Statistische Schilderung vom gegenwärtigen Rußland. Leipzig 1809.

C. A. v. Kamptz, Die Handels- und Schiffahrtsverträge des Zollvereins. Berlin 1845.

J. de Bosch-Kemper, Staatkundige Geschiedenis van Nederland. Amsterdam 1868.

W. Klawitter, Der erste schlesische Provinziallandtag. Bresl. phil. Diss. 1909.

J. F. Knapp, Geschichte der Städte Elberfeld u. Barmen. Elberfeld 1835.

M. Kriele, Die Regulierung der Elbschiffahrt 1819—21. (Abh. a. d. Staatsw. Seminar Straßburg 13.) Straßburg 1894.

G. Krökel, Das preußisch-deutsche Zolltarifsystem. Jena 1881.

Krug, Betrachtungen über den Nationalreichtum des Preußischen Staates und über den Wohlstand seiner Bewohner. Berlin 1805.

Joh. Georg Krünitz, Ökonomische Enzyklopädie. Berlin 1773 ff.

Erich Kühn, Der Staatswirtschaftslehrer Chr. Jak. Kraus und seine Beziehungen zu Adam Smith. Berner phil. Diss. 1902.

E. Ladenthin, Zur Entwicklung der nationalökonomischen Ansichten Fr. Lists 1820—25. (Grünbergs Studien 7.) Wien 1912.

K. H. Ritter v. Lang, Memoiren. 2 Tle. Braunschweig 1841—42.

L. Láng, Hundert Jahre Zollpolitik. Übersetzt a. d. Ungarischen von A. Rosen. Leipzig 1906.

M. Laubert, Studien zur Geschichte der Provinz Posen. Posen 1908.

J. M. von Lauderdale, Über Nationalwohlstand. Berlin 1807.

M. D. Learned, Guide to the Ms. materials relating to American hist. in the German State Archives. Washington 1912.

Aug. Wilh. von Leipziger, Geist der Nationalökonomie u. Staatswirtschaft für Nationalrepräsentation. 2 Bde. Berlin 1813—14.

W. E. Lindner, Das Zollgesetz von 1818 und Handel und Industrie am Niederrhein. Westdeutsche Zeitschrift 30 (1910), 297—408.

Leone Levi, Hist. of British commerce. 1763—1878.[2] 1880.

W. Lexis, Die französischen Ausfuhrprämien. Bonn 1870.

J. M. v. Liechtenstein, Grundlinien der Statistik des österr. Kaisertums. Neue Ausg. Wien 1817.

A. Liesse, Portraits de financiers. Paris 1908.

O. Linke, P. Th. Merkel im Dienste fürs Vaterland. (Quellen u. Darst. zur schlesischen Gesch. 5 u. 10.) 2 Bde. Breslau 1907—10

Memoirs of the public life and administration of the Earl of Liverpool. London 1827.

H. Loening, J. G. Hoffmann und sein Anteil an der staatswirtschaftlichen Gesetzgebung Preußens. Jur.-staatswissensch. Diss. Tübingen 1914.

John Mac Gregor, The commercial and financial legislation of Europe and America. London 1841.

J. B. Macmaster, History of the people of the United States 1784—1820. Bd. 4. New York 1895.

T. R. Malthus, Versuch über Bedingung und Folgen der Volksvermehrung. Übers. von F. J. Hegewisch. 2 Bde. Altona 1807.

K. Mamroth, Gesch. der preußischen Staatsbesteuerung im 19. Jh. Tl. 1. Leipzig 1890.

Derselbe, Der Kriegsimpost des Befreiungskrieges. Berlin 1888.

G. F. v. Martens, Recueil (Martens 2 = Nouveau Recueil) des principaux traités. Gött. 1817 ff.

F. de Martens, Recueil des traités et conventions conclus par la Russie. Bd. 7—8. St. Petersburg 1885—88.

Friedr. Matthaei, Der auswärtige Handel Rußlands. Petersburg 1874.

E. W. Mayer, Das Retablissement Ost- und Westpreußens unter der Mitwirkung und Leitung Theodor von Schöns. Jena 1916.

B. Meakin, The Moorish Empire. London 1899.

E. v. Meier, Reform der Verwaltungsorganisation unter Stein und Hardenberg. 2. Aufl. v. F. Thimme. München und Leipzig 1912.

H. Meier, Beiträge zur Handels- und politischen Geschichte Königsbergs. Königsberg 1864.

J. F. Meuß, Die Unternehmungen des Kgl. Seehandlungsinstituts zur Emporbringung des preuß. Handels zur See. (Veröffentlichungen des Instituts für Meereskunde NF. Bd. 2.) Berlin 1913.

P. v. Miller, Der Transithandel Rußlands im 19. Jh. Conrads Jbb. 89 (1907), 656 ff.

C. H. A. Mindel, Wegweiser Düsseldorfs. Düsseldorf 1817.

P. v. Mitrofanov, Joseph II. Seine politische und kulturelle Tätigkeit. Übersetzt von V. v. Demelic. 2 Bde. Wien und Leipzig 1910.

A. Moreau de Jonnès, Le commerce au 19. siècle. Paris 1825.

K. Moriz-Eichborn, Das Soll und Haben von Eichborn & Co. in 175 Jahren. Breslau 1903.

Elsbeth v. Nathusius, Joh. Gottl. Nathusius. Stuttgart 1915.

B. S. v. Nau, Beiträge zur Kenntnis und Beförderung des Handels und der Schiffahrt 1—4. Mainz 1818—24.

K. F. Nebenius, Bemerkungen über den Zustand Großbritanniens in staatswirtschaftlicher Hinsicht. Karlsruhe 1818.

Derselbe, Der deutsche Zollverein. 1835.

P. Neubaur, Matthias Stinnes und sein Haus. Mülheim 1888.

O. Noel, Hist. du commerce extérieur de la France depuis la révolution. Paris 1879.

J. S. Nicholson, The hist. of the English Corn Laws. London 1904.

H. Oelrichs, Beiträge zur Statistik des Danziger Handels. (Ergänzungsheft 1 der Zeitschrift des Kgl preuß. statist. Bureaus.) Berlin 1864.

[J. W. Oelsner,] Welches ist der Gesichtspunkt, aus dem man Schlesien überhaupt, besonders aber in Rücksicht seiner Leinwand- und Tuchfabriken betrachten muß? Einige patriotische Ideen von einem Schlesier veranlaßt durch den bei den gegenwärtigen Konjunkturen auf den 30. Juni d. J. in Breslau angesetzten Wollmarkt. 1. Juli 1807.

J. van Ouwerkerk de Vries, Verhandeling over de oorzaken van het verval des Nederlandschen handels. Haarlem 1827.

M. Peters, Die Entwicklung der deutschen Reederei seit Beginn des 19. Jahrhunderts bis zur Begründung des Deutschen Reiches. 2 Bde. Jena 1899—1905.

H. v. Petersdorff, Friedrich v. Motz. 2 Bde. Berlin 1913.

H. Petrich, Pommersche Lebens- und Landesbilder. 3 Bde. Hamburg 1880. Stettin 1884—87.

A. Graf Pozzo di Borgo, Correspondance avec Nesselrode. 2 Bde. Paris 1890—97.

Friedrich v. Raumer, Lebenserinnerungen und Briefwechsel. 2 Bde. Leipzig 1861.

[Derselbe,] Sechs Dialogen über Krieg und Handel. In den letzten Monaten 1805—06. Hamburg.

Fried. Wilh. v. Reden, Das Kaiserreich Rußland. Statistisch-geschichtliche Darstellung seiner Kulturverhältnisse. Berlin, Posen, Bromberg 1843.

F. C. H. v. Restorff, Topographische Beschreibung der Provinz Pommern. Berlin und Stettin 1827.

D. Ricardo, Letters to J. R. Mc. Culloch 1816—23. Ed. J. H. Hollander. (Publ. of the American Economic Association 10, 5 f.) New York 1895.

Derselbe, Letters to Hutches Trower and others 1811—23. Ed. J. Bonar and J. H. Hollander. Oxford 1899.

Derselbe, Grundsätze der polit. Ökonomie. Übers. von Chr. Aug. Schmidt. Weimar 1821.

J. Roebers, Die Errichtung der westfälischen Provinzialstände und der erste westfälische Provinziallandtag. Münster 1815.

H. Roemer, Die Baumwollspinnerei in Schlesien bis zum preuß. Zollgesetz von 1818. (Qu. u. Darst. z. schles. Geschichte 19.) Breslau 1914.

[Rother], Die Verhältnisse des Kgl. Seehandlungsinstituts. Berlin [1845].

Vital Roux, Vom Einflusse der Regierung auf den Wohlstand der Handlung. Aus dem Franz. übersetzt u. mit Anm. versehen. 2 Tle. Dresden 1802.

M. Rubin, Frederik VI.s tid. Kopenhagen 1895.

F. Rühl, Briefe und Aktenstücke zur Geschichte Preußens und Friedrich Wilhelms III. 3 Bde. Leipzig 1899—1902.

Derselbe, Briefwechsel F. A. Staegemanns mit K. E. Oelsner 1818—19. (Bausteine zur preuß. Gesch. ed. M. Blumenthal 3, 1.) Berlin 1901—02.

G. Rüthning, Oldenburgische Geschichte. 2 Bde. Bremen 1911.

Jean Baptiste Say, Abhandlungen über die Nationalökonomie, aus dem Franz. mit Anmerkungen u. Zusätzen v. L. H. Jakob. 2 Bde. Halle-Leipzig 1807f.

Derselbe, Ausführliche Darstellung der Nationalökonomie, aus dem Franz. von Carl Eduard Morstadt. 2 Bde. Heidelberg 1818f.

Derselbe, Lettres à M. Malthus sur différents sujets d'économie politique, notamment sur les causes de la stagnation générale du commerce. Paris, London 1820.

L. Say, Principales causes de la richesse ou de la misère des peuples et des particuliers. Paris 1818.

Derselbe, Considérations sur l'industrie et la législation. Paris 1822.

N. K. Šil'der, Imperator Aleksandr I. 4 Bde. Petersburg 1897—98.

Derselbe, Imperator Nikolaj I. 2 Bde. St. Petersburg 1903.

F. W. Schubert, Ostpreußens Handel. Wiederdruck aus Hesperus. Königsberg 1826.

M. Schwann, Geschichte der Kölner Handelskammer. Köln 1906.

O. Schwarzer, B. J. Grund. Breslau 1909.

R Schwemer, Geschichte der Freien Stadt Frankfurt. 3 Bde. Frankfurt 1912—14.

Jean-Charles-Léonard Simonde de Sismondi, De la richesse commerciale, ou principes d'économie politique, appliqués à la législation du commerce. 2 Tle. Genf 1803.

Derselbe, Nouveaux principes d'économie politique. Paris 1819.

W. Smart, Economic annals of the 19th century. 2 Bde. London 1910—17.

St. Smolka, Polityka Lubeckiego przed powstaniem listopadowem. 2 Bde. Krakau 1907.

Derselbe, Korrespondencya Lubeckiego z ministrami sekretarzami stanŭ Jgn. Sobolewskim i Stefanem Grabowskim. 4 Bde. Krakau 1909.

E. Solly, Versuch einer Berichtigung der Urteile einiger deutschen Schriftsteller über Englands äußere und innere Verhältnisse. Berlin 1816.

J. B. v. Spix und C. J. P. v. Martius, Reise in Brasilien auf Befehl Max Josephs I. von Bayern 1817—20. 2 Tle. München 1823—28.

A. G. Stapleton, Political life of George Canning. 3 Bde. mit Additions. London 1831.

Derselbe, Some official correspondence of George Canning. 2 Bde. London 1887.

K. G. Steimmig, Mißverhältnisse des britischen Korngesetzes. Veranlaßt durch Sir John Sinclair. Danzig 1826.

P. Stiaßny, Der österreich. Staatsbankerott 1811. Wien-Leipzig 1912.

H. F. v. Storch, Handbuch der Nationalwirtschafstlehre. Mit Zus. von K. H. Rau. 3 Bde. Hamburg 1819—20.

W. Stroh, Das Verhältnis zwischen Frankreich und England in den Jahren 1801—03 im Urteil der politischen Literatur Deutschlands. (Eberings Hist. Studien.) Berlin 1914.

W. Studnicki, Sprawa Polska. Posen 1910.

C. Sudre, Les finances de la France au 19e siècle. Paris 1883.

W. Surowiecki, O upadku przemyslu i miast w Polszcze. Warschau 1810.

F. W. Taussig, Tariff History of the United States of America. New York 1880.

A. W. Tijdeman, De Nederlandsche Handelsmaatschappij. Leiden 1867.

H. Ulmann, Denkwürdigkeiten aus dem Dienstleben des Hessen-Darmstädtischen Staatsministers Frhrn. Du Thil. (Geschichtsquellen des 19. Jh. 3.) Stuttgart-Berlin 1921.

C. A. Varnhagen von Ense, Blätter aus der preußischen Geschichte. 5 Bde. Leipzig 1868 f.

Vincent-Marie de Vaublanc, Du commerce maritime, considéré sous le rapport de la liberté entière du commerce et sous le rapport des colonies. Paris 1828.

Derselbe, Du commerce de la France — examen des états de M. le directeur général des Douanes. Paris 1824.

C. A. Villaume, Dänemarks Handelslage. Kopenhagen 1823.

E. Vincens, Exposition raisonnée de la législation commerciale et examen critique du Code de Commerce. Paris 1834.

F. Vollheim, Die provisorische Verwaltung am Nieder- und Mittelrhein. Bonn 1912.

Joh. Jac. Wagner, Grundriß der Staatswissenschaft und Politik zum Gebrauch bei akademischen Vorlesungen. Leipzig 1805.

Derselbe, Der Staat. Würzburg 1815.

Derselbe, Lebensgeschichten und Briefe. Ulm 1851.

S. Walpole, Hist. of England from the conclusion of the Great War. 6 Bde. London 1890.

H. G. Ward, Mexico in 1827. 2 Bde. London 1828.

D. B. Warden, A statistical, political and historical account of the U. S. America. Edinburgh 1819.

Wilh. Weber, Der Deutsche Zollverein. Leipzig 1869.

M. Wehrmann, Geschichte Stettins. Stettin 1911.

L. v. Zedlitz-Neukirch, Die Staatskräfte der preuß. Monarchie. Bd. 1. Berlin 1828.

Alfred Zimmermann, Blüte und Verfall des Leinengewerbes in Schlesien. Breslau 1885.

Derselbe, Gesch. der Preußisch-Deutschen Handelspolitik. Oldenb. 1892.

J. Zizius, Betrachtungen über die Handelsbilanz. Wien, Triest 1811.

Namen- und Sachverzeichnis.

A = Anmerkungen. Nicht näher bezeichnete Beamte preußisch.

Herrosé & Ziemsen GmbH. & Co., Wittenberg (Bez. Halle).

Herrosé & Ziemsen GmbH. & Co., Wittenberg (Bez. Halle)

FSC
www.fsc.org
MIX
Papier | Fördert gute Waldnutzung
FSC® C083411

Kolibri 360 GmbH
Ferdinand-Jühlke-Straße 7
99095 Erfurt, Deutschland
produktsicherheit@kolibri360.de